utb 3520

utb.

Eine Arbeitsgemeinschaft der Verlage

Böhlau Verlag · Wien · Köln · Weimar
Verlag Barbara Budrich · Opladen · Toronto
facultas · Wien
Wilhelm Fink · Paderborn
Narr Francke Attempto Verlag / expert verlag · Tübingen
Haupt Verlag · Bern
Verlag Julius Klinkhardt · Bad Heilbrunn
Mohr Siebeck · Tübingen
Ernst Reinhardt Verlag · München
Ferdinand Schöningh · Paderborn
transcript Verlag · Bielefeld
Eugen Ulmer Verlag · Stuttgart
UVK Verlag · München
Vandenhoeck & Ruprecht · Göttingen
Waxmann · Münster · New York
wbv Publikation · Bielefeld

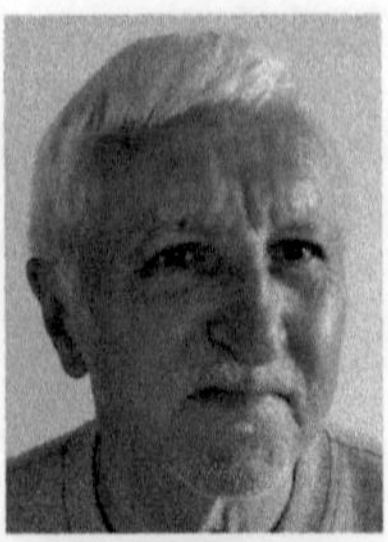

Prof. Dr. Werner Koller lehrte Angewandte Sprachwissenschaft und Übersetzungswissenschaft an der Universität Heidelberg und germanistische Linguistik an der Universität Bergen.

Prof. Dr. Kjetil Berg Henjum lehrt germanistische Linguistik an der Universität Bergen.

Werner Koller / Kjetil Berg Henjum

Einführung in die Übersetzungswissenschaft

9., überarbeitete und aktualisierte Auflage

Narr Francke Attempto Verlag Tübingen

Umschlagabbildung: languages concept, English, Italian, German, French, Spanish. Paper signpost on a wooden desk, tumsasedgars © iStock

Bibliografische Information der Deutschen Nationalbibliothek
Die Deutsche Nationalbibliothek verzeichnet diese Publikation in der Deutschen Nationalbibliografie; detaillierte bibliografische Daten sind im Internet über http://dnb.dnb.de abrufbar.

Dischingerweg 5 · D-72070 Tübingen

Internet: www.narr.de
eMail: info@narr.de

Einbandgestaltung: Atelier Reichert, Stuttgart
CPI books GmbH, Leck

utb-Nr. 3520
ISBN 978-3-8252-5157-4 (Print)
ISBN 978-3-8385-5157-9 (ePDF)

Inhalt

Vorwort zur 9. Auflage

Diese „Einführung in die Übersetzungswissenschaft" besteht aus zwei Hauptteilen, die mit GRUNDLAGEN und ÄQUIVALENZ überschrieben sind. In den GRUNDLAGEN wird Übersetzen und Übersetzung in ihrer Vielschichtigkeit und ihrem Perspektivenreichtum behandelt: Übersetzen als Praxis und Problem der Übersetzer[1], Übersetzen und Übersetzungen unter kultur- und sprachgeschichtlichem Aspekt, Definitionen, Faktoren und Bedingungen der Übersetzungskommunikation, linguistische Grundprobleme der Übersetzung. Mit der Überschrift ÄQUIVALENZ zum zweiten Hauptteil wird, vor dem Hintergrund einer zeitweise intensiv und kontrovers geführten Diskussion, ein deutlicher Akzent gesetzt. Die **Klärung der Übersetzungsbeziehung (Äquivalenzrelation)**, d. h. der für die Übersetzung konstitutiven Beziehung zum Ausgangstext, ist von fundamentaler Bedeutung für die Übersetzungstheorie. Übersetzungspraxis heißt – um es auf diese einfache Formel zu bringen – Herstellung von Äquivalenz; die Übersetzungstheorie hat die vorrangige Aufgabe, sich mit deren Voraussetzungen, Bedingungen, Faktoren, Möglichkeiten und Grenzen zu beschäftigen. Das kann sie aber nur, wenn die Übersetzungswissenschaft als empirische Wissenschaft Übersetzungen so, wie sie uns vorliegen (und nicht: wie sie sein sollten) in ihrem Verhältnis zu den Ausgangstexten analysiert und versucht, ihre Wesensmerkmale zu bestimmen und zu erklären. Übersetzung wird verstanden als **Resultat einer textreproduzierenden Operation**. Insofern ist ein breit gefasster sprach- und textwissenschaftlicher Ansatz unabdingbar für die Übersetzungswissenschaft.

Auch eine Reihe anderer thematischer Schwerpunkte wird behandelt, wobei der Äquivalenzproblematik immer ein wichtiger Stellenwert zukommt:

- Das faszinierende und auch beunruhigende Problem der **Übersetzbarkeit** wird in sprachphilosophischer und -theoretischer Perspektive eingehend erörtert.

---

1 In diesem Buch wird *Übersetzer* als neutrale Form für *Übersetzer und Übersetzerin* oder *ÜbersetzerIn* verwendet. Ebenso wird mit *Leser, Empfänger, Adressat* usw. verfahren.

- Auf die **kulturellen und historischen Aspekte der Übersetzung** wird – in verschiedenen Perspektiven und anhand zahlreicher Beispiele – ausführlich eingegangen; wer sich mit Übersetzen als sprachlich-textueller **Kulturtechnik** beschäftigt, muss immer wieder deren Geschichtlichkeit (und damit auch Relativität) bedenken. Am Deutschen lässt sich – über die Jahrhunderte hinweg – die kultur-, literatur- und sprachgeschichtliche Bedeutung der Übersetzungstätigkeit aufs schönste aufzeigen.
- Die Frage **Was ist Übersetzung?**, d. h. das Problem der Gegenstandsbestimmung, wird in mehreren Anläufen und unter verschiedenen Blickwinkeln zu beantworten versucht.
- Ein eigenes Kapitel geht der Frage nach, was Fiktiv- und Sachtexte, literarisch-ästhetische Kommunikation und Sachkommunikation in übersetzungsbezogener Perspektive voneinander unterscheidet.

Ein Kapitel zur **Übersetzungskritik** fehlt; deren Kategorien und Kriterien lassen sich aus den Kap. II.2–4 ableiten. Ausgangspunkt für die kritische Analyse von Übersetzungen und deren Bewertung sind die Bezugsrahmen der Äquivalenz, wie sie in Kap. II.3 dargestellt werden.

Dieses Buch setzt sich das Ziel, übersetzungsrelevante Fragestellungen, Probleme und Theorien in verständlicher Darstellungsweise und Sprache einem breiteren Leserkreis nahezubringen. Diesem didaktischen Ziel dienen nicht zuletzt die zahlreichen Beispiele und Infokästen. Dabei handelt es sich so weit wie möglich um authentische Übersetzungstexte, die, wo dies der Raum zulässt, ausführlicher analysiert werden.

Kjetil Berg Henjum hat die Überarbeitung vorgenommen, u. a. Textaktualisierungen und -kürzungen, neue Beispiele, Fußnotenrevision, neue Literatur, Infokästen und kurze Kapitelresümees.

Bergen, im August 2020 Kjetil Berg Henjum und Werner Koller

Einführung

Die Übersetzungswissenschaft ist die Wissenschaft vom Übersetzen und von den Übersetzungen. Sie beschäftigt sich einerseits mit dem **Prozess des Übersetzens**, d. h. dem Prozess, der von einem geschriebenen ausgangssprachlichen Text (AS-Text) zu einem geschriebenen zielsprachlichen Text (ZS-Text), der Übersetzung, führt. Die prozessorientierte Übersetzungswissenschaft ist primär psycholinguistisch und kognitionspsychologisch ausgerichtet; sie geht von der Frage aus: Was läuft in den Köpfen von Übersetzern ab, wenn sie übersetzen?[1] Andererseits untersucht die Übersetzungswissenschaft Übersetzungen, d. h. die **Produkte des Übersetzungsprozesses**. Dieses Buch versteht sich als Einführung in die produktorientierte Übersetzungswissenschaft.

Die **Dolmetschwissenschaft** beschäftigt sich mit dem Dolmetschen, d. h. dem Prozess der mündlichen Umsetzung von Texten, die in mündlicher Form vorliegen, und den Produkten des Dolmetschprozesses („Dolmetschungen“). Übersetzungswissenschaft und Dolmetschwissenschaft werden auch unter dem Begriff der **Translationswissenschaft** (auch: Translatologie oder Translatorik) zusammengefasst; statt von Übersetzen/Dolmetschen wird von Translation, statt von Übersetzungen von Translaten gesprochen.[2]

Die Unterscheidung von Übersetzungswissenschaft und Dolmetschwissenschaft scheint gerechtfertigt, weil es sich – trotz sich überschneidender linguistischer Bereiche (zwei Sprachen sind beteiligt, der Sprachwechsel ist ein fundamentales Kennzeichen) – beim Übersetzen und Dolmetschen um zwei Tätigkeiten handelt, deren Vollzug unter unterschiedlichen Bedingungen erfolgt. Verschieden sind:

---

1 S. dazu H. P. Krings (1986), W. Wilss (1988), W. Lörscher (1991, 2004a), G. Hansen (2006), S. Göpferich (2008).

2 Der Begriff der Translationswissenschaft wird auch verwendet, wenn es um einen weiter gefassten Gegenstandsbereich geht: Als Translate gelten nicht nur die äquivalenzorientierte Übersetzung, sondern alle möglichen Arten von Texttransfer, manchmal unter Einschluss der intersemiotischen „Übersetzung“, s. u., II.2. – Ein terminologisches Wörterbuch zu Übersetzung und Übersetzungswissenschaft, das insbesondere für den Übersetzungsunterricht gedacht ist, haben J. Delisle/H. Lee-Jahnke/M. C. Cormier (1999) herausgegeben. Es berücksichtigt das Französische, Englische, Spanische und Deutsche.

- die äußere (Kommunikations-)Situation (der Empfänger der Übersetzung ist nicht präsent, ein Feedback ist nicht möglich/Dolmetschen erfolgt in Präsenz des Empfängers, ein Feedback ist oft möglich),
- die Verarbeitungsweise (Übersetzen ist – im Idealfall – nicht zeitgebunden, Dolmetschen erfolgt unter Zeitdruck),
- die Textpräsentation
- die Bedingungen des Textverständnisses (Übersetzen: ein ganzer Text liegt vor/Simultandolmetschen: der Text wird sukzessive produziert bzw. präsentiert).

Zum Dolmetschen und zur Dolmetschwissenschaft, s. die Beiträge von D. Gile und D. Seleskovitch in H. Kittel u. a., Hrsg. (2004, Kap. X „Dolmetschwissenschaft"), D. Seleskovitch (1988), D. Seleskovitch/M. Lederer (1984, 1989), F. Pöchhacker (2000), A. F. Kelletat (2001), D. Andres (2002), B. Ahrens (2004), M. Kadrić (2011) und die Beiträge in S. Kalina u. a., Hrsg. (2000).

Die Frage nach dem **Verhältnis von Übersetzungstheorie und Übersetzungspraxis** ist ein Dauerbrenner in der übersetzungswissenschaftlichen Debatte, auch in Diskussionen zwischen Theoretikern und Praktikern der Übersetzung. Es kann nicht Aufgabe der Übersetzungstheorie sein, den Übersetzern vorzuschreiben, wie sie zu übersetzen haben, und auch nicht, ihnen eine (oder gar *die*) theoretische Konzeption als Richtschnur für ihre praktische Arbeit vorzugeben. Vielmehr liefern die Übersetzer mit ihren Übersetzungen, aber auch mit ihren Kommentaren zu ihrer Übersetzungsarbeit, das empirische Material, das man als Wissenschaftler analysiert, beschreibt, und vielleicht sogar zu erklären versucht. Zu hoffen ist, dass der Übersetzer wenigstens in einem Teil der Probleme, mit denen sich die Wissenschaft beschäftigt, seine eigenen erkennt, mit denen er es in seiner täglichen Praxis zu tun hat, und dass sie dem Didaktiker (mit-)hilft, seine Unterrichtspraxis zu gestalten oder mindestens zu reflektieren. Übersetzungswissenschaft ist keine präskriptive Wissenschaft; bei der Bestimmung ihres Gegenstandes kommt sie allerdings nicht ohne normative Festlegungen aus, muss sie doch auf die Frage antworten, welche Texte als Übersetzungen zu ihrem Untersuchungsbereich gehören und welche nicht.

Wie aber sieht es mit der **Übersetzungswissenschaft** *qua* **Wissenschaft** aus?[3] Ende der 1980er Jahre zeichnet G. Thome (1989:89) ein alles

3 S. dazu L. N. Zybatow (2004); zum heutigen Stand, s. die Übersicht von A. M. Bernardo (2004).

andere als optimistisches Bild: Obschon die Übersetzungswissenschaft seit einigen Jahrzehnten ihre „universitären Weihen" erhalten habe, sei sie immer noch „auf der Suche nach einer eigenen Identität" und bleibe „den inhaltlichen Vorstellungen und methodischen Prinzipien benachbarter Disziplinen allzu sehr verhaftet, ohne freilich zu einer fruchtbaren Zusammenarbeit mit diesen zu gelangen". Es hätten sich zudem „ganz unterschiedliche theoretische Ansätze" herausgebildet, ein Gesamtkonzept sei „nach wie vor nicht in Sicht". Die Kluft zwischen Theorie und Praxis bestehe weiter fort; und gleichsam zwischen Stuhl und Bank sitze der Übersetzer-Student, „dessen Ausbildung sich über weite Strecken losgelöst von der Forschung, zugleich aber auch in Distanz zur beruflichen Realität vollzieht".[4]

Diese kritische Einschätzung ist aber noch harmlos im Vergleich mit der Breitseite, wie sie von M. Snell-Hornby (1986) gegen die linguistisch orientierte Übersetzungswissenschaft abgefeuert wird. Ihre „neuorientierte" Übersetzungswissenschaft tritt mit dem Anspruch auf, „weit über die Grenzen der bisherigen, linguistisch orientierten Übersetzungswissenschaft" hinauszugehen. Pauschal abgerechnet wird schon mit dem Begriff Wissenschaft:

> Damit [mit dem Terminus Übersetzungswissenschaft] wird aber keine exakte Wissenschaft postuliert, denn davon kann beim Übersetzen nicht die Rede sein: vielmehr handelt es sich hier um eine Geisteswissenschaft wie bei der Sprach- und Literaturwissenschaft, bei den Kultur- und Sozialwissenschaften. (27)

Da werden Visionen einer zukünftigen Übersetzungswissenschaft, einer programmatischen „Interdisziplin"[5] beschworen, deren Umrisse jedoch höchst unscharf (geblieben) sind und deren Methoden weder beschrieben noch an einem größeren Textmaterial erprobt worden sind. Und anzumerken ist auch: Selbst wenn das Übersetzen selbst keine Wissenschaft ist (wer immer dies behauptet haben mag – die Rede ist im Allgemeinen vom Übersetzen als Kunst oder als Handwerk oder als Kunst und Handwerk), so schließt das nicht aus, dass man sich wissenschaftlich mit ihm beschäftigt –

4 Vgl. auch M. Bakker/T. Naaijkens (1991:193), die feststellen: „There are probably few scientific disciplines in which the confusion of application and theory, description and object of description, studied activity and study of the activity is so conspicuous as it is in Translation Studies."

5 S. dazu auch das Kap. „The ‚interdiscipline' of the 1990s" in M. Snell-Hornby (2006).

und es erscheint durchaus möglich, dass man auf wissenschaftlicher Grundlage übersetzt.[6]

Die Wissenschaftlichkeit der Übersetzungswissenschaft ist aber auch gefährdet bei spekulativen Ansätzen, in denen der Übersetzungsbegriff selbst aufgegeben wird. So wird in der „modernen Translationstheorie" die Notwendigkeit der sachlichen und terminologischen Abgrenzung von Paraphrase, Kommentar, Zusammenfassung, Nachdichtung usw. mit folgender Begründung bestritten:

> Die Diskussion, wie das Kind zu nennen ist, scheint mir müßig. Man schafft den Absolutismus nicht ab, ohne dass sich dabei gleichzeitig Rolle, Funktion und Benennung von König, Junker oder Knecht ändern. Auf der Grundlage der modernen Translationstheorien lässt sich von „Translation" sprechen, wenn ein Ausgangstext (mündlicher oder schriftlicher Art) zu einem bestimmten Zweck als Vorlage für die Herstellung eines Textes in der Zielkultur verwendet wurde. Als Translator kann ich auch zu dem Schluss kommen, dass ein bestimmter Ausgangstext als Vorlage für einen zielkulturellen Text unbrauchbar ist, und dem Auftraggeber vorschlagen, für die Zielkultur einen neuen Text zu erstellen. In diesem Fall kann man darüber diskutieren, ob der neue Text noch als Translat zu bezeichnen sei. Er ist jedoch immer noch ein Produkt translatorischen Handelns (in diesem Fall: Beratung des Auftraggebers). (M. Ammann in einer Rezension in *TextconText*, 4, 1989, 106–129, hier 107.)

Es wird also nicht von vornherein ausgeschlossen, dass ein völlig neuer Text (vielleicht sogar die Nicht-Übersetzung?) als Translat gelten kann; als Beispiel wird in diesem Zusammenhang immer wieder die „Übersetzung" von Werbetexten/-botschaften angeführt. Bei einer derartig ausufernden Gegenstandsbestimmung ist es mehr als zweifelhaft, ob eine Übersetzungswissenschaft als Wissenschaft überhaupt noch möglich ist.

Ziel dieser „Einführung in die Übersetzungswissenschaft" ist es, übersetzungsrelevante Fragestellungen, Probleme und Theorien einem breiteren Leserkreis nahezubringen. Wenn man von **übersetzungsrelevanten Fragestellungen** spricht, setzt dies voraus, dass der Begriff der Übersetzung und damit die Frage nach dem Gegenstand der Übersetzungswissenschaft geklärt werden. Diese Begriffs- und Gegenstandsbestimmung kommt nicht aus ohne die **Klärung der Frage nach der übersetzungskonstituieren-**

6 „Methoden des wissenschaftlichen Übersetzens" lautet der Titel eines Buches von H. Gerzymisch-Arbogast/K. Mudersbach (1998).

den Beziehung zwischen Zieltext und Ausgangstext. Um es ganz allgemein zu fassen:

info

> Eine Übersetzung ist das **Resultat einer textreproduzierenden Operation**, die von einem AS-Text zu einem ZS-Text führt, wobei zwischen ZS-Text und AS-Text eine **Übersetzungs- (oder Äquivalenz-)relation** hergestellt wird.

Und weil, wie G. Thome (1990:2 f.) feststellt, „jede Beschäftigung mit übersetzungsbezogenen Problemen zugleich auch die dahinterstehende Auffassung von Äquivalenz" reflektiert, muss diesem Begriff besondere Aufmerksamkeit gewidmet werden. Die textreproduzierende Operation des Übersetzens ist von unterschiedlichen sprachlichen und außersprachlichen Faktoren bestimmt. Eine Übersetzung ist nicht nur die Konfrontation eines Ausgangstextes mit den sprachlich-stilistischen Mitteln und Möglichkeiten einer Zielsprache – das ist sie indessen auch, und zwar in einem so fundamentalen Sinne, dass eine deskriptiv orientierte Übersetzungswissenschaft ohne linguistische Komponente nicht denkbar erscheint –, sondern es geht um die Konfrontation mit einer Reihe teilweise widersprüchlicher, manchmal schwer miteinander zu vereinbarender Bedingungen und Faktoren, die jede Übersetzungstheorie zu thematisieren und jede Analyse von Übersetzungen zu berücksichtigen hat. In der Übersetzung wirksam, d. h. die Äquivalenzrelation bedingend, ist ein ganzes Gefüge von Faktoren:

- die Ausgangssprache und die Zielsprache mit ihren strukturellen Eigenschaften, Möglichkeiten und Zwängen,
- die „Welt", wie sie in den Einzelsprachen unterschiedlich klassifiziert wird,
- unterschiedliche Wirklichkeiten in ihren einzelsprachspezifischen Repräsentationen,
- der Ausgangstext mit seinen sprachlichen, stilistischen und ästhetischen Eigenschaften im Kontext der sprachlichen, stilistischen und ästhetischen Normen der Ausgangssprache,
- sprachliche, stilistische und ästhetische Normen in der Zielsprache und auf Seiten des Übersetzers,

- mehr oder weniger „individuelle" Merkmale und Qualitäten des Originaltextes,
- die Übersetzung im Zusammenhang der „Textwelt" der Zielkultur,
- Verstehensvoraussetzungen der Leser der Übersetzung,
- Gestaltungswillen und Werkverständnis des Übersetzers,
- explizite und/oder implizite Übersetzungstheorie des Übersetzers,
- Übersetzungstraditionen und -normen,
- Übersetzungsprinzipien/-vorschriften und Selbstinterpretation des Autors des Originaltextes,
- Vorgaben des Auftraggebers, Zweckbestimmung und Positionierung der Übersetzung im Markt in der Zielkultur,
- praktische Bedingungen, unter denen der Übersetzer arbeitet bzw. arbeiten muss.

Die sprachlich-textuelle Dimension ist also nur ein Aspekt, unter dem die Übersetzung gesehen werden kann – aber es ist ein zentraler Aspekt. Ist man der Auffassung, dass der Kern der Übersetzungsproblematik im sprachlich-textuellen Bereich zu suchen ist, liegt es nahe, sich dem Übersetzen primär von einem sprachwissenschaftlichen (sprachwissenschaftlich in einem weiten Sinne) Ausgangspunkt zu nähern. Es ist ein Ansatz, der im Blick auf die Bedingungskomplexität der Übersetzung natürlich seine Grenzen hat.[7] Aber man sollte sich auch immer die Tatsache vor Augen halten, dass in der übersetzerischen Praxis „sprachenpaarbedingte Probleme nach wie vor einen großen Teil der tatsächlich auftretenden Übersetzungs- und Dolmetschprobleme ausmachen" (M. Schreiber 2004a:84). Übersetzen heißt, sprachlich-stilistische Probleme lösen: Am Schluss muss ein Text dastehen, in dem diese Probleme auf die eine oder andere Weise gelöst sind. Eine zentrale Aufgabe der Übersetzungswissenschaft als empirische Wissenschaft besteht darin, die Lösungen, die die Übersetzer in ihren Übersetzungen anbieten, zu analysieren, zu beschreiben und zu systematisieren – und, wenn dies möglich ist, daraus Vorschläge oder sogar Anleitungen für die Übersetzungspraxis abzuleiten.

Das Phänomen Übersetzung ist nicht zuletzt deshalb so faszinierend, weil man sich ihm auch von ganz anderen Ansätzen her nähern kann als dem sprachlich-textuellen, wie er in dieser „Einführung" im Vordergrund steht:

7 S. dazu A. D. Švejcer (2004), M. Baker (2004), A. Neubert (2004), W. Koller (2004b), J. Albrecht (2004, 2005).

dem philosophischen, dem poetischen und poetologischen, dem semiotischen, dem ethnographischen, dem theologischen, dem literaturgeschichtlichen, dem computerlinguistischen usw.[8] Diese unterschiedlichen Ansätze kommen in der Vielfalt von Definitionen zum Ausdruck, die ganz unterschiedliche Aspekte des Übersetzens thematisieren. Eine Definition, die das Übersetzen unter philosophisch-hermeneutischem Aspekt betrachtet,[9] sieht anders aus als eine, die sich mit dem künstlerisch-ästhetischen, nach- oder neubildenden Umsetzungsprozess poetischer Texte beschäftigt.[10] Eng linguistische Definitionen, die das Übersetzen als Umkodierung bzw. als Substitution von sprachlichen Einheiten auf verschiedenen Ebenen darzustellen und (im Zusammenhang mit der maschinellen oder maschinengestützten Übersetzung) direkt oberflächenbezogen oder indirekt über eine vermittelnde Konstruktsprache zu formalisieren versuchen,[11] sehen anders aus als Definitionen, die den Aspekt der zweisprachigen Kommunikation bzw. die linguistisch-kommunikativen Charakteristika der Übersetzungssituation in den Vordergrund stellen,[12] die sich auf das Übersetzen als „Textverarbeitungs- und Textreverbalisierungsprozess" konzentrieren,[13] oder die sich primär mit der Funktion von Original und Übersetzung in ausgangs- und zielsprachlicher Kultur und der Übersetzung als „kulturellem Transfer", als „cross-cultural event"[14] bzw. dem Stellenwert der Übersetzung im Kontext der Empfängerkultur befassen.[15]

Im Zusammenhang mit dem von S. Bassnett und A. Lefevere (1990) geforderten „cultural turn" ließ sich im Laufe der 1990er Jahre in der Übersetzungsforschung eine verstärkte **Fokussierung auf die Machtverhältnisse in der „Welt der Übersetzung"** feststellen; im Vordergrund standen dabei (übersetzungs-)soziologische, feministische und postkolonialistische/

8 In H. Kittel u. a., Hrsg. (2004) wird in einer Reihe von Artikeln dargestellt, wie das Phänomen Übersetzung in verschiedenen Disziplinen behandelt wird: in der Sprachphilosophie, der Kulturanthropologie, der Psychoanalyse, den *gender studies*, der Literatur- und Kulturwissenschaft.

9 Vgl. dazu etwa H.-G. Gadamer (1960), G. Steiner (1975, Kap. 1 „Understanding as Translation").

10 S. beispielsweise R. Kloepfer (1967:126): Übersetzung als „Dichtung der Dichtung".

11 S. dazu A. Blatt u. a. (1985).

12 Vgl. P. Newmark (1981).

13 S. dazu W. Wilss (1977:72).

14 S. dazu die Arbeiten von K. Reiß/H. J. Vermeer (1984), H. J. Vermeer (1986), M. Snell-Hornby (1988:39 ff.).

15 S. dazu die richtungsweisenden Arbeiten von G. Toury.

poststrukturalistische Aspekte. Die diesbezüglichen Forschungsresultate waren mehr oder weniger weit von einer empirischen, textbezogenen und äquivalenzorientierten Übersetzungswissenschaft entfernt. Für die soziologische Perspektive sei verwiesen auf den von M. Wolf/A. Fukari (2007) herausgegebenen Band „Constructing a sociology of translation".

Nicht ganz neu in der Übersetzungswissenschaft ist die feministische Perspektive. L. von Flotow (1999:130) legt sie für den anglo-amerikanischen Sprachraum auf Ende 1970er Jahre fest, im Übrigen auf die 1990er Jahre, und erläutert sie folgendermaßen:[16]

> Feministische Aspekte bringen Erkenntnisse der Frauenforschung in die Übersetzungspraxis und -wissenschaft, welche angrenzenden Disziplinen wie z. B. Literatur- und Sprachwissenschaft, Philosophie, Soziologie, Politikwissenschaft, Publizistik oder Geschichtswissenschaft entspringen.

L. von Flotow charakterisiert die feministischen Ansätze als geschichtlich, ethisch und philosophisch: Im geschichtlichen Ansatz habe man sich mit Frauen als Übersetzerinnen und Texten von „Frauen in Übersetzung" auseinandergesetzt, bei den ethischen Fragen stünden „frauenbewegte Übersetzerinnen" im Mittelpunkt des Interesses, und bei den philosophischen Fragen beschäftige man sich mit Metaphern und Selbstbildern in der Übersetzungstätigkeit von Frauen. – In postkolonialistischen Arbeiten zur Übersetzung steht die Opposition „Selbst-Anderer" im Mittelpunkt des Interesses. Nach M. Wolf (1999:103 f.) geht es dabei darum,

> nicht relativistisch individuellen Interpretationen das Wort zu reden und nicht in der binären Opposition ‚Selbst-Anderer' westliche Autorenschaft umzukehren, sondern vor dem Hintergrund einer kulturell heterogenen Interpretation die Stimme des ‚Anderen' im Translat hörbar zu machen: In diesem kreativen Prozess soll die Polyphonie des ausgangskulturellen Texts in das Translat eingebracht werden und eine Multiperspektivität schaffen, die das kulturelle und sprachliche Repertoire des zielkulturellen Texts erweitert.

Von diesen verschiedenen Ansätzen her sind **verschiedene Übersetzungstheorien** nicht nur möglich, sondern auch notwendig, wenn das Phänomen Übersetzung in seiner Vielschichtigkeit und in seinen unterschiedlichen Facetten beleuchtet werden soll: philosophische, poetische, semiotische, ethnographische, theologische, literaturgeschichtliche, computerlinguistische.

---

16 S. dazu auch die Beiträge in J. Santaemilia, Hrsg. (2005).

Wir haben uns bemüht, auf diese Vielfalt der Aspekte einzugehen oder mindestens weiterführende Hinweise zu geben. Die (mindestens ansatzweise) Berücksichtigung unterschiedlicher Perspektiven ist auch im Zusammenhang zu sehen mit der – trotz schwerpunktmäßiger Konzentration auf den sprachlich-textuellen Aspekt – weiten und undogmatischen Konzeption von Übersetzungswissenschaft, wie sie in dieser „Einführung“ vertreten wird.

Dieses Buch ist für einen breiten Kreis von an der Übersetzung interessierten oder mit Übersetzen beschäftigten Lesern verfasst; es richtet sich an Lehrende, Lernende und Forschende mit ganz unterschiedlichen fachlichen Ausgangspunkten. Es hat seinen Platz insbesondere auch in der Ausbildung von Übersetzern und Dolmetschern gefunden. Deshalb soll an dieser Stelle auf das Thema **Übersetzungswissenschaft in der Übersetzerausbildung** eingegangen werden.[17]

Aufgabe der Ausbildungsinstitute für Übersetzen ist es, den zukünftigen Übersetzern jene Fähigkeiten systematisch und zielgerichtet zu vermitteln, die sich der „autodidaktische Übersetzer“ in der Praxis selbst aneignen konnte und musste. Viele Übersetzer (und unter diesen eine große Zahl hochqualifizierter Übersetzer) haben nie eine institutionalisierte, wissenschaftlich fundierte Ausbildung durchlaufen. Dies gilt sowohl für literarische als auch wissenschaftlich-technische, juristische usw. Texte, die bekanntlich nicht selten von Schriftstellern bzw. von Fachleuten der betreffenden Gebiete übersetzt werden.

Für eine systematische Ausbildung spricht nicht nur die Überlegung, dass die Methode des *learning by doing* sehr zeitaufwendig ist, oder der Sachverhalt, dass sich der Arbeitgeber (etwa der öffentliche Dienst) bei der Einstellung von Übersetzern auf einen gewissen Standard verlassen können muss, sondern auch die Einsicht, dass die sprachlich-stilistischen und sachlich-inhaltlichen Schwierigkeiten, die viele Texte bieten, vom Übersetzer wesentlich mehr verlangen als nur ausreichende Kenntnisse der betreffenden Fremdsprache und Beherrschung der Sprache, in die übersetzt wird (in der Regel die Muttersprache). Die Kompetenz des Übersetzers geht über die rein fremdsprachliche Kompetenz hinaus, wie man sie sich im Fremdsprachenstudium erwirbt. Übersetzungskompetenz als die Fähigkeit, zu einem AS-Text einen bestimmten Forderungen (Äquivalenzforderungen) genügenden ZS-Text herzustellen, ist qualitativ etwas anderes als die Beherrschung der betreffenden Sprachen, die reine Sprachkompetenz also. Diese

17 Zur Rolle der Theorie in der Übersetzerausbildung, s. D. di Mango (2018).

an sich triviale, in der Praxis sich immer wieder bestätigende Erkenntnis wird gestützt durch die Tatsache, dass Bilingualismus, d. h. die ganz oder annäherungsweise gleiche Beherrschung zweier Sprachen, nicht zugleich bedeuten muss, dass auch Übersetzungskompetenz gegeben ist. Übersetzungskompetenz ist nicht nur mehr Sprachkompetenz in AS und ZS (man denke etwa an die Anforderungen im Bereich der Fachterminologien, der Syntax und Stilistik der Wissenschaftssprachen, der ästhetischen Qualitäten literarischer Texte). Sie beinhaltet auch die Kreativität, die im Finden und Wählen von Äquivalenten und in der immer wieder notwendigen textproduzierenden Aktivität besteht.

Für eine systematische Ausbildung von Übersetzern spricht ferner die mangelnde Qualität vieler Übersetzungen, die mit der mangelnden Qualifikation ungeschulter oder überforderter Übersetzer zusammenhängt. Allerdings führt der Zeit- und ökonomische Druck, unter dem viele Übersetzer arbeiten müssen, auch bei qualifizierten Übersetzern bisweilen zu Resultaten, die kaum zu rechtfertigen sind.

Auf die Inhalte, Methoden und Probleme der institutionalisierten Übersetzerausbildung, auf ihren sprachlich-übersetzerischen und fachlichen Aspekt, auf die Problematik des Verhältnisses von Übersetzungskompetenz und Fach-/Sachkompetenz, auf Ausbildungsmomente, die sich durch das veränderte Berufsbild in der modernen Arbeitswelt ergeben (d. h. Ausbildungskomponenten wie Textverarbeitung, maschinelle Übersetzungshilfen, Desktop Publishing usw.) kann hier nicht eingegangen werden.[18] Wir beschränken uns auf einige Überlegungen zum Stellenwert einer übersetzungswissenschaftlichen Komponente in der Übersetzerausbildung. Es ist kein Geheimnis, dass die Übersetzungstheorie immer noch unter einem eigentlichen **Legitimationszwang** steht, wobei es letztlich um das Problem des Verhältnisses von Theorie und Praxis geht. Mit dem (vielfach negativ gemeinten) Schlagwort von der „Verwissenschaftlichung der Ausbildung“ wird von Übersetzungspraktikern und Studierenden, aber auch von aus der Praxis kommenden Lehrkräften nicht nur bezweifelt, dass eine wissenschaftlich-theoretische Durchdringung der mit dem Übersetzen zusammenhängenden Probleme relevant ist für die Praxis (aufgefasst als Überset-

---

18 S. dazu den von J. Best und S. Kalina herausgegebenen Sammelband „Übersetzen und Dolmetschen“ (2002), in dem theoretische Grundlagen und ein breites Spektrum von ausbildungs- und berufsbezogenen Aspekten behandelt werden; s. auch D. Gile (2009), M. Kadrić/K. Kaindl/M. Cooke (2011).

zungsfertigkeit), sondern es wird auch befürchtet, dass die Einbeziehung dieser wissenschaftlichen Komponente auf Kosten der Ausbildung der praktischen Sprach- und Übersetzungskompetenz geht.

Beim ersten Vorwurf ist der Relevanzbegriff selbst in Frage zu stellen. Wenn die Vermittlung von (theoretischem) Wissen erst dann ihre Berechtigung findet, wenn sie der Effizienzsteigerung der Ausbildung im Interesse einer direkten Umsetzbarkeit in der späteren Berufspraxis dient, dann müsste in der Tat gefragt werden: Ist ein Übersetzer, der eine wissenschaftlich-theoretisch fundierte Ausbildung erhalten hat, dem Übersetzer überlegen, der „nur übersetzungspraktisch" ausgebildet wurde? So gestellt kann die Frage nur rhetorisch gemeint sein. Denn jahrzehntelang sind Übersetzer und Dolmetscher an Universitätsinstituten ausgebildet worden, ohne dass die Studiengänge explizit übersetzungswissenschaftliche Veranstaltungen enthielten. Der Übersetzungswissenschaftler wird also kaum ohne Weiteres begründet behaupten können, dass die Praxis seine Wissenschaft zwingend braucht. Der rein auf Nützlichkeit und Verwertbarkeit bezogene Relevanzbegriff muss aber als solcher zurückgewiesen werden. Wenn es eine Wissenschaft gibt, die Übersetzen und Übersetzung zum Gegenstand hat, dann müssen ihre Erkenntnisse den Studierenden eines wissenschaftlichen Universitätsfachs vermittelt werden.

Zurückzuweisen ist auch das Argument, dass es genüge, wenn die Lehrenden über die theoretischen Grundlagen verfügten und diese didaktisiert in die Lehre umsetzen würden. Dem Studierenden ist die Möglichkeit der wissenschaftlichen Kritik genommen, wenn ihm das reflektierte und kritisch hinterfragbare Wissen vorenthalten wird. Ein Studium, das der Ausbildung praktischer Fertigkeiten dient, wird erst dann zu einem wissenschaftlichen Studium, wenn diese Praxis theoretisch reflektiert wird und wenn die Theorien des Gegenstandsbereichs, selbst wenn sie mit der Ausbildung praktischer Fähigkeiten nicht unmittelbar zusammenhängen, vermittelt werden. Das „Sich-Bewusstmachen der Einflussfaktoren, denen eine Übersetzung unterliegt" (W. Wilss 1988:96), bedeutet zwar nicht notwendigerweise, dass man „besser" übersetzt, mindestens erlaubt es aber dem Übersetzer-Studenten, die Probleme zu erkennen und zu formulieren.

Mit dieser Argumentation zugunsten der Übersetzungswissenschaft ist auch der zweite Vorwurf gegen eine theoretische Komponente des Studiums hinfällig. Denn wenn Übersetzungswissenschaft zum Übersetzerstudium als wissenschaftlichem Studium gehört, so kann der eine Teil des Studiums nicht auf Kosten der anderen Teile gehen. Übersetzungswissenschaftlich-theoretische und übersetzungspraktische Komponenten gehören zusammen; das Studium muss so geplant und aufgebaut sein, dass beide Komponenten ihren Platz haben.

Die Bedenken der Praktiker gegenüber der Übersetzungswissenschaft hängen zum Teil mit einem problematischen Selbstverständnis der Übersetzungswissenschaft und mit einigen problematischen Entwicklungen in dieser Wissenschaft selbst zusammen. Es ist nicht zu übersehen, dass einzelne Beiträge zur Übersetzungswissenschaft sich durch eine solche **Abstraktheit**, mindestens in der Terminologie, auszeichnen, dass sich der Übersetzer fragt, was das noch mit seiner Tätigkeit und seinen Problemen und Erfahrungen zu tun haben könnte. In anderen Beiträgen wiederum wird alles Mögliche zwischen Himmel und Erde behandelt, wo irgendwie und irgendetwas „übersetzt" wird. Und es überrascht nicht, dass sich der Lehrende nicht selten außerstande sieht, die überaus komplizierten Modelle – inklusive Übersetzungen in eine entweder undurchschaubare oder triviale Formelsprache! – so zu verstehen, dass er sie auf seine Lehraufgaben zu beziehen, geschweige denn den Studenten zu vermitteln vermag.

Aber hat denn die Übersetzungswissenschaft nicht hinreichend gezeigt, wie fruchtbar und notwendig sie im Blick gerade auf die übersetzungspraktische Ausbildung ist? Ein zielstrebiger und effektiver Aufbau der übersetzerischen Kompetenz kann nur unzulänglich durch das mehr oder weniger mechanische Übersetzen möglichst vieler Texte, die zusammenhanglose Behandlung von sprachlichen und sachlichen Einzelfällen und die unsystematische Aneinanderreihung von Übersetzungsschwierigkeiten erfolgen. Es geht vielmehr darum, Übersetzungsfälle und -schwierigkeiten systematisch aufzuarbeiten und zu vermitteln; die Grundlagen dazu stellen Untersuchungen im Bereich der sprachenpaarbezogenen Übersetzungswissenschaft bereit. Sinnvoll ist es auch, wenn die Übersetzungsfälle systematisch innerhalb ganzer Textgattungen (etwa politische Texte, Texte der Medizin, Werbetexte, poetische Texte) analysiert werden. Die Grundlagen dazu erarbeitet die textbezogene Übersetzungswissenschaft. Jedem Übersetzen sollte die Textanalyse vorausgehen; die Methodik dafür findet sich in Arbeiten zur übersetzungsrelevanten Textanalyse. Schließlich sollen Übersetzungen auch beurteilt und bewertet werden; hier hat die wissenschaftliche Übersetzungskritik ihren Ort. Die Prinzipien schließlich, aufgrund deren in der Übersetzungskritik der Adäquatheitsgrad einer Übersetzung festgestellt wird, sollten in der allgemeinen Übersetzungswissenschaft oder Übersetzungstheorie reflektiert und begründet sein.

Die Notwendigkeit der Vermittlung von Grundfragen und -lagen der Übersetzungstheorie in der Übersetzerausbildung ergibt sich daraus, dass Probleme und Verfahren des Übersetzens, indem sie theoretisch reflektiert werden, bewusst gemacht werden.[19] Theoretische Einsichten führen zwar nicht zwangsläufig zu besseren praktischen Lösungen, wenn es um konkrete Übersetzungsprobleme geht. Wohl aber fühlt sich der Übersetzer in seiner praktischen Arbeit sicherer, wenn er seine Problemlösungen begründen, ggf. verteidigen, wenn nötig auch begründet revidieren kann – dies nicht zuletzt darum, weil er in der Lage ist, das einzelne Problem, die isolierte Schwierigkeit, in einem größeren Problemzusammenhang zu beurteilen. In diesem Sinne steht die Übersetzungstheorie in unmittelbarem Bezug zu und im Dienste der Übersetzungspraxis.

19 Das ist nach J. S. Holmes Rechtfertigung genug: „If translation theory, even at its present state, can give us some more awareness of what we are doing as translators and help us to think and become conscious of our activity, then I think it has fulfilled an important role.“ (1988:98).

I. GRUNDLAGEN

was übersetzen auf sich habe, läszt sich mit demselben wort, dessen accent ich blosz zu ändern brauche, deutlich machen: übersétzen ist 'übersetzen, traducere navem. wer nun zur seefart aufgelegt, ein schif bemannen und mit vollem segel an das gestade jenseits führen kann, musz dennoch landen, wo andrer boden ist und andre luft streicht. (J. Grimm in „Über das pedantische in der deutschen sprache“, 1847)

Western Europe owes its civilization to translators. (L. G. Kelly 1979:1)

1 Übersetzen als Praxis

1.1 Notwendigkeit, Funktion und Wert der Übersetzung

1955, im ersten Heft der Zeitschrift *Babel,* der Revue internationale de la traduction, zitiert Pierre-François Caillé, Präsident der „Fédération Internationale de la Traduction", den Ausspruch „Nous sommes à l'âge de la traduction" – in einem Zeitalter der Übersetzung leben wir auch heute noch. Notwendigkeit, Wert und Funktion des Übersetzens, die Wichtigkeit des Übersetzerberufs und die Rolle der Übersetzung in allen Kommunikationsbereichen unserer Kultur sind erkannt, inzwischen auch in einer breiteren Öffentlichkeit und bei vielen, aber bei weitem nicht allen Auftraggebern („Frau Meier, übersetzen Sie mir mal schnell diesen Text. Sie können ja Englisch.")[1]. Niemand wird bestreiten, dass Übersetzen (schriftliche Vermittlung eines Textes in einer anderen Sprache) und Dolmetschen (mündliche Vermittlung) als Praxis unentbehrliche menschliche Aktivitäten sind. Dies ganz einfach darum, weil man in den verschiedensten Bereichen des menschlichen Lebens, in den zwischen- und innerstaatlichen Beziehungen, in Wissenschaft und Technik, im internationalen Geschäfts- und Handelsverkehr, als Leser schöner Literatur, darauf angewiesen ist oder das Bedürfnis hat, Texte anderer als nur der eigenen Sprache zu rezipieren. Übersetzungen verwendet man so selbstverständlich wie (muttersprachliche) Originaltexte.

Übersetzer und Schriftsteller weisen immer wieder auf die fundamentale Bedeutung des Übersetzens und Dolmetschens für Mensch und Gesellschaft hin. Der Übersetzer wird als Mittler zwischen Sprachen, Völkern, Ideologien, Literaturen, Wissenschaften und Kulturen gewürdigt – ja sogar als „Geheimsender" betrachtet, „durch den menschliche Partisanen in der ganzen Welt sich gegenseitig Nachricht von ihrer gefährdeten Existenz geben", wie es H. E. Nossack (1965:15) ausdrückt. A. W. Schlegel (1826, in H. J. Störig, Hrsg. 1973:98), sieht im Übersetzer einen Boten von Nation zu Nation, einen „Vermittler gegenseitiger Achtung und Bewunderung, wo sonst Gleichgül-

1 Damit ist die Aussage von K. Reiß (1985:47) zu kontrastieren: „Übersetzen heißt, die vertrackteste Angelegenheit der Welt zu bewältigen versuchen." –Zum sogenannten Translationsmanagement, s. H. Risku (2016).

tigkeit oder gar Abneigung stattfand". E. Cary (1956:180) spricht dem Übersetzer die Rolle eines „intermédiaire entre l'univers connu et inconnu" und eines „*pontife* jeteur de ponts" zu: der Übersetzer als Brückenbauer zwischen Sprachen, Texten und Kulturen.

Dass **Rolle und Wert des Übersetzens** erkannt, **Leistung und Funktion der Übersetzer** anerkannt werden, ist eigentlich eine Selbstverständlichkeit, wenn man sich Notwendigkeit und Zweckbestimmung des Übersetzens vor Augen hält. Überall und immer, wo Menschen verschiedener Sprache in irgendeiner Weise miteinander zu tun haben und wo das Bedürfnis oder die Notwendigkeit besteht, anderssprachliche Äußerungen und Texte oder Zeugnisse älterer Sprachstufen zu verstehen, und wo es nicht möglich ist, sich einer gemeinsamen Sprache zu bedienen, braucht und gibt es Dolmetscher und Übersetzer, die dank ihrer Sprachkenntnisse die **Kommunikation herstellen** und das sonst Unverständliche oder Unzugängliche verstehbar machen können.

Mittels Übersetzen und Übersetzungen werden **Sprach- und Kulturbarrieren** überwunden. Der Begriff der Sprachbarriere steht bewusst an erster Stelle: Das primäre kommunikative Hindernis ist die Sprachverschiedenheit, an ihr scheitert die Verständigung schon im Ansatz. Es gehört zu den trivialen Erfahrungen etwa auf Reisen, dass es nicht die kulturelle Fremdheit ist, die die Kommunikation verunmöglicht, sondern schlicht und einfach die fremde Sprache. Sprachbarrieren sind (sieht man ab von gegenseitig verständlichen Sprachen) absolute Größen, Kulturbarrieren „nur" relative. Mit sprachlichen Mitteln werden kulturelle Barrieren überwunden oder mindestens verkleinert (man gestatte dem Autor diesen – wie er meint: berechtigten – aufklärerischen Optimismus). Sprachbarrieren sind immer Kommunikationsbarrieren, und oft genug sind sie zugleich auch Kulturbarrieren. Aber viele kulturell bedingte Barrieren sind keine Sprachbarrieren und können mit Übersetzen als sprachlich-kulturellem Transfer überwunden werden.

Sprachbarrieren sind das Resultat der **Vielsprachigkeit der Menschheit**, deren Ausmaß unfassbar und letztlich auch irgendwie „ärgerlich" ist: Man ist geneigt, die Fähigkeit, sich sprachlich mitzuteilen und sprachlich Mitgeteiltes zu verstehen, als spezifisch menschliche Fähigkeit aufzufassen. Aber sogleich muss man die Einschränkung machen, dass dies zunächst ja nur innerhalb *einer* Sprachgemeinschaft gilt, und zwar einer von Tausenden.

Die Zahlen sind umstritten und die Schätzungen schwanken beträchtlich.[2] H. F. Wendt (1987:356) spricht von „über 2500 auf der Erde gesprochenen Sprachen“. Noch unbestimmter ist K. Katzner (2002:IX), wenn er schreibt, dass die Zahl der Sprachen „in die Tausende“ gehe; er rechnet allein mit mehr als tausend Indianersprachen und knapp tausend Sprachen in Afrika. Auf Neuguinea soll es 700 verschiedene Sprachen geben; Indien weist über 150, Russland über 100 und China mehrere Dutzend Sprachen auf.

Allerdings muss man sich vor Augen halten, dass die überwiegende Mehrzahl dieser Sprachen kleine bzw. Kleinstsprachen sind (mit z. T. weniger als 100 bis zu einigen tausend Muttersprachlern). Von über 95 % der Weltbevölkerung werden weniger als 100 Sprachen gesprochen. Außerdem hängen Definition und damit die Zählung von Sprachen entscheidend davon ab, wie man Sprache und Dialekt unterscheidet. Aber selbst wenn man die Sprachen nicht mitzählt, die gegenseitig verständlich sind wie etwa Schwedisch, Norwegisch und Dänisch oder Spanisch und Portugiesisch (mit Einschränkungen, vor allem im mündlichen Bereich), vielleicht auch Italienisch und Spanisch, ist die Zahl der Sprachen und damit der **potentiellen Sprachbarrieren** unglaublich hoch.

Übersetzungen braucht man, weil man aktiv oder passiv im Allgemeinen nur eine oder zwei Fremdsprachen beherrscht. Die in einer bestimmten gesellschaftlichen oder privaten, beruflichen oder wissenschaftlichen Praxis relevante Literatur kann jedoch in Sprachen abgefasst sein, die man gerade nicht beherrscht. Und selbst wenn einem die betreffende Fremdsprache geläufig ist, heißt das nicht, dass diese Kenntnisse für das Verständnis von allen Texten der betreffenden Sprache (selbst in eingeschränkten Sachbereichen) ausreichend sind. Man denke etwa an die Schwierigkeiten, die ein Kant-Text französischsprachigen Lesern (deutschsprachigen allerdings auch) selbst mit guten Deutschkenntnissen bereiten muss. Man vergegenwärtige sich die stark differenzierten Sprachschichten (etwa Slang oder dialektale Einschläge), die einem in der betreffenden Fremdsprache nicht geläufig sind. Man denke an ältere Sprachstufen: Während das Frühneuhochdeutsche einem deutschsprachigen Leser vielleicht bei einiger Anstrengung noch zugänglich ist,[3] stellt es den Fremdsprachigen vor große Probleme.

2 Nach D. Crystal (2010:294) bewegen sich die Angaben in der Fachliteratur zwischen 3.000 und 10.000 Sprachen. – In D. Crystal (2010) finden sich kurze, hervorragend illustrierte Übersichtsartikel zu einer Reihe von Themen, die in Teil I dieses Buches behandelt werden: Sprachbarriere, künstliche Sprachen, Weltsprachen, Multilingualismus, Fachsprachen – und natürlich Übersetzen und Dolmetschen.

3 Man mache die Probe aufs Exempel mit den Luther-Zitaten in I.2.4.

Hinzu kommt das Kriterium des effizienten Lesens und Verstehens: Einen Text in der eigenen Sprache versteht und rezipiert man im Allgemeinen rascher und besser als einen fremdsprachigen Text (dies gilt selbst dann, wenn man über beachtliche Kenntnisse der betreffenden Sprache verfügt). Hierin liegt übrigens ein Argument für das Übersetzen im fremdsprachlichen Unterricht (mindestens auf einer höheren Stufe): Das Übersetzen in die eigene Sprache zeigt, ob (und wie) man einen Text verstanden hat und wo Verstehensschwierigkeiten liegen. Das Übersetzen in die Fremdsprache wiederum bringt muttersprachliche Verstehensschwierigkeiten an den Tag. Übersetzung kann als **Kritik des ausgangsprachlichen Textes** fungieren: Als Übersetzer macht man immer wieder die Erfahrung, wie ungenau oder vage, ja wie unlogisch Originaltexte in sprachlicher und argumentativer Hinsicht sein können, ganz zu schweigen von sachlichen Fehlern. In diesem Zusammenhang stellt sich die Frage, wie weit der Übersetzer den Text in der Übersetzung „verbessern“ soll (s. u., II.4.1.2/II.4.1.3).[4]

Es gibt vereinzelte Stimmen, die im Zusammenhang mit der Behauptung, literarische, insbesondere poetische, Texte ließen sich grundsätzlich nicht adäquat übersetzen, geltend machen, dass man nicht übersetzen sollte, ja eigentlich nicht übersetzen dürfe, weil **der negative Effekt** durch die „verfälschende“ Übersetzung größer sei als der Gewinn, einen sonst unzugänglichen Text lesen zu können.[5] Es ist die Auffassung, dass man Latein und Griechisch beherrschen müsse, wenn man die antiken Klassiker lesen wolle. Diese Einstellung ist nicht selten gepaart mit Geringschätzung und Abwertung der Leistungen literarischer Übersetzer, der Unterschätzung ihrer kreativen Fähigkeiten, bei gleichzeitiger unsachgemäßer Überdimensionierung der tatsächlichen sprachlichen, kulturbedingten und formal-ästhetischen Hindernisse beim Übersetzen. Johann Wolfgang von Goethe nahm diesbezüglich eine großzügi-

---

4 Verfasser technischer Texte beispielsweise sind in der Regel Ingenieure, deren schriftliche Ausdrucksfähigkeit nicht selten zu wünschen übrig lässt. Die Verbesserung solcher „defekter“ AS-Texte in der Übersetzung setzt beim Übersetzer nicht nur die entsprechenden sprachlich-stilistischen Fähigkeiten, sondern auch Sachkenntnisse voraus. – Zum Übersetzen als wissensbasierter Tätigkeit, s. W. Wilss (2004); P. A. Schmitt (1999, Abschnitt 2.2. „Probleme durch Ausgangstextdefekte“).

5 Vgl. die Gründe, die J. Grimm dazu anführt, warum er „jede Bearbeitung eines Gedichts für eine Verletzung, also für schlecht und namentlich jede Übersetzung für unrecht, also ein Übel“ hält („Briefe der Brüder Grimm an Savigny“, hrsg. v. W. Schoof, Berlin 1953, Brief vom 20. 5. 1811). Die Brüder Grimm streiten sich darüber, ob die Herausgabe altdeutscher Poesie in Form einer Übersetzung (Standpunkt Wilhelms) oder einer kritischen Textausgabe (Standpunkt Jacobs) erfolgen sollte.

gere (und wohl auch realistischere) Haltung ein. In den „Gesprächen mit Eckermann“ ist überliefert, dass er in einem Gespräch mit einem englischen Ingenieur-Offizier dessen Landsleuten empfiehlt, neben dem Französischen, das als „Sprache des Umgangs“ und auf Reisen unentbehrlich sei, das Deutsche zu erlernen, denn griechische, lateinische, italienische und spanische Werke könne man „in so guten deutschen Übersetzungen lesen, dass wir ohne ganz besondere Zwecke nicht Ursache haben, auf die mühsame Erlernung jener Sprachen viele Zeit zu verwenden“ (10. Januar 1825).

1.2 „Kleine“ und „große“ Sprachen

In besonderem Maße auf Übersetzungen angewiesen sind die Angehörigen „kleiner“ Sprachgemeinschaften. Selbstverständlich nicht nur auf Übersetzungen: Eine ebenso große Rolle spielt hier zweifellos der Fremdsprachenunterricht, die Aneignung mindestens einer „Weltsprache“. Denn in den „großen“ Sprachen gibt es wiederum Übersetzungen von jenen Texten, deren Herausgabe in einer „kleinen“ Sprache unökonomisch wäre. In diesem Zusammenhang sind die Bemühungen in den nordischen Ländern mit ihren kleinen Sprachen zu sehen, in den Schulen die Weltsprache Englisch so früh und so intensiv wie möglich zu lehren.

Umgekehrt gilt natürlich auch, dass wissenschaftlich-technische ebenso wie literarische Texte dieser kleinen Sprachen in die großen übersetzt werden müssen, wenn sie international zur Kenntnis genommen werden sollen. Kein Wunder übrigens, dass immer mehr Wissenschaftler, deren Muttersprache eine kleine Sprache ist, ihre Arbeiten in einer Weltsprache abfassen. Und diese Weltsprache ist zunehmend das Englisch-Amerikanische. Die literarische Produktion in kleinen Sprachen kann nur mit Übersetzungen an der Weltliteratur teilnehmen und zur Weltliteratur werden.

Probleme gibt es nicht nur im Zusammenhang mit dem Verhältnis kleiner zu den großen Sprachen, sondern auch bei großen Sprachen. Russische, chinesische, japanische, aber auch spanische und italienische Fachliteratur ebenso wie die schöne Literatur dieser Sprachen müssen ins Deutsche (oder bei Fachliteratur ins Englische) übersetzt sein, wenn sie im deutschen Sprachraum rezipiert werden sollen. Dass hier große Lücken bestehen, zeigt – um ein beliebiges Beispiel zu wählen – die Forschungslage zur Phraseologie: Die deutsche Sprachwissenschaft hat die sowjetische Phraseologie-Linguistik kaum rezipiert, nicht rezipieren können, weil die betreffenden Arbeiten fast ausschließlich in russischer Sprache erschienen sind. Oder unser Fachgebiet selbst: Der übersetzungstheoretisch innovative J. S. Holmes beklagt in verschiedenen seiner Arbeiten, dass ihm die sowjetrussische Übersetzungstheorie mangels Übersetzungen nicht zugänglich sei.

Groß und klein sind relative und veränderliche Größen: In den letzten Jahrzehnten sind bisher höchst selbstverständlich als „groß" betrachtete Sprachen zu mittleren, ja kleinen Sprachen geworden. Im Zuge der europäischen Einigung haben große Sprachen wie Deutsch und Französisch und sogar eine Weltsprache wie Spanisch ihre bisher unangefochtene Position eingebüßt. Und eine „mittlere" Sprache wie das Italienische ist nur noch ein gewöhnliches Mitglied im Chor der Sprachen. Unbestrittener Solist ist das Englisch-Amerikanische; aber wer weiß, ob nicht in absehbarer Zeit ein zusätzlicher Solist die Bühne betreten wird: das Chinesische (zu den internationalen Verkehrssprachen, s. u., I.4.2).

1.3 Übersetzungsproduktion in Deutschland

Von den 72.499 im Jahre 2017 in Deutschland produzierten Buchtiteln (Erstauflagen) sind 9.890 Titel (13,6 %) Übersetzungen. 2008 war die Prozentzahl wesentlich kleiner, und zwar 8,8 % (7.342 von 83.381), im Jahre 1988 in der BRD mit 14,4 % (9.878 von 68.611) allerdings noch größer. Diese und weitere aufschlussreiche statistische Angaben zur Übersetzungsproduktion finden sich in der Publikation *Buch und Buchhandel in Zahlen*, die jährlich vom Börsenverein des Deutschen Buchhandels herausgegeben wird.

Für die internationale Übersetzungsproduktion sei verwiesen auf den *Index translationum* der UNESCO (Paris 1932 ff.; Neue Serie, 1949 ff.). Der Index erschien ab 1993 als CD-ROM, inzwischen ist er als Online-Datenbank zugänglich (s. dazu W. Heidermann 2007): <http://www.unesco.org/culture/xtrans/>. Hier finden sich zahlreiche Suchmöglichkeiten: Welches sind die meist übersetzten Autoren, die Sprachen, aus denen/in die am meisten übersetzt wird, wie heißt ein bestimmter Roman in einer anderen Sprache? Welche Übersetzungen gibt es von Max Frischs „Montauk"? W. Heidermann zeigt auch die Schwächen der Datenbank auf und macht konkrete Vorschläge, wie man „diesem *per se* unverzichtbaren Instrumentarium mehr Effizienz verleihen könnte" (134).

In Tab. I.1-1 wird die Zahl der Übersetzungen (Erstauflagen) nach Herkunftssprache aufgelistet (für das Jahr 2017). Die der Schrift *Buch und Buchhandel in*

Zahlen, Ausgabe 2018, S. 98, entnommene Tabelle zeigt das Übergewicht des Englischen, die (relativ) starke Stellung des Französischen und die (relativ) schwache Stellung anderer mittlerer und großer europäischer Sprachen und des Japanischen. Interessant ist, dass die Weltsprache Chinesisch zahlenmäßig in der gleichen Größenkategorie vertreten ist wie etwa das Finnische, Polnische und Türkische. Fasst man die acht Herkunftssprachen zusammen, die mehr als 100 übersetzte Titel aufweisen, d. h. Englisch bis und mit Russisch, dann stellen diese nicht weniger als 90,9 % aller Übersetzungen.

Sprache	Anzahl der Übersetzungen	Anteil in %
Englisch	6.347	64,2
Französisch	1.136	11,2
Japanisch	612	6,2
Italienisch	254	2,6
Schwedisch	242	2,4
Niederländisch	177	1,8
Spanisch	143	1,4
Russisch	107	1,1
Norwegisch	99	1,0
Dänisch	73	0,7
Hebräisch	46	0,5
Finnisch	44	0,4
Polnisch	44	0,4
Griechisch (alt)	41	0,4
Chinesisch	37	0,4
Türkisch	35	0,4
Portugiesisch	30	0,3
Latein	25	0,3
Tschechisch	24	0,3

Griechisch	20	0,3
Sonstige	271	2,7
Insgesamt	**9.890**	**100**

Tab. I.1.-1: Herkunftssprachen der Übersetzungen ins Deutsche 2017 (Top 20)

Tab. I.1.-2 zeigt, wie sich 2017 die deutsche Übersetzungsproduktion hinsichtlich der einzelnen **Sachgruppen** verteilt (nach *Buch und Buchhandel in Zahlen*, Ausgabe 2018, S. 100 ff.).

Sachgruppe	**Anzahl der Übersetzungen**	**Anteil an allen Übersetzungen in %**	**Anteil an allen Sachgruppentiteln in %**
DK 000: Allgemeines, Informatik, Informationswissenschaft	69	0,7	4,3
DK 100: Philosophie und Psychologie	471	4,8	10,7
DK 200: Religion	656	6,6	13,0
DK 300: Sozialwissenschaften	405	4,1	3,3
DK 400: Sprache	22	0,2	1,1
DK 500: Naturwissenschaften und Mathematik	114	1,2	6,5
DK 600: Technik, Medizin, angewandte Wissenschaften	818	8,3	6,8
DK 700: Künste und Unterhaltung[6]	2.037	20,6	20,7
DK 800: Literatur	5.619	56,8	18,5
DK 900: Geschichte und Geografie	419	4,2	6,2
Insgesamt	**9.890**	**100,0**	**13,6**

Tab. I.1.-2: Übersetzungen ins Deutsche nach Sachgruppen (Dewey-Dezimalklassifikation)

6 In diesem Bereich fällt der große und wachsende Anteil von Übersetzungen von Comics auf: Es handelt sich 2017 um 1501 Titel, d.h. 73,7 % der Titel unter DK 700 (2008 waren es 222 von 715 Titeln, d.h. 31 %).

Die Sachgruppe DK 800 Literatur ist im Jahre 2017 mit 5.619 Titeln mit den meisten Übersetzungen vertreten. Dabei stellen Übersetzungen von belletristischen Werken nicht weniger als 26,1 % (3.720 Titel) aller Titel dieser Sachgruppe (s. Tab. I.1.-3). Auch die Kinder- und Jugendliteratur ist mit 1.809 Titeln, 20,7 % aller Titel dieser Sachgruppe, stark vertreten. Bei den Herkunftssprachen der übersetzten literarischen Werke sind es wieder das Englische und Amerikanische, die dominieren; es folgen die Übersetzungen aus dem Französischen, anderen germanischen und den romanischen Sprachen.

Ausgewählte Untergruppen zu DK 800: Literatur	**Anzahl der Übersetzungen**	**Anteil an allen Übersetzungen in %**	**Anteil an allen Sachgruppentiteln in %**
810 Englische Literatur Amerikas	1.403	14,2	91,5
820 Englische Literatur	1.027	10,4	79,5
839 Literatur in anderen germanischen Sprachen	270	2,7	82,3
840 Französische Literatur	326	3,3	70,3
850 Italienische, rumänische, rätoromanische Literatur	130	1,3	70,7
860 Spanische und portugiesische Literatur	102	1,0	59,0
B Belletristik	3.720	37,6	26,2
K Kinder- und Jugendliteratur	1.809	18,3	20,7

Tab. I.1.-3: Ausgewählte Untergruppen zu DK 800: Literatur

Bei Fachtexten dürfte sich die Dominanz des Englisch-Amerikanischen in Zukunft noch verstärken; sie werden, soweit sie sich an ein internationales Publikum richten, in dieser *lingua franca* verfasst oder in englischen Übersetzungen vermittelt. Im Bereich populärwissenschaftlichen Schrifttums und der schönen Literatur wird die Übersetzung aber ihre starke Position behalten: Der Durchschnittsleser will diese Texte in seiner Muttersprache rezipieren.

1.4 Zusammenfassung

Kapitel 1 beschäftigt sich mit der Rolle und dem Wert der Übersetzung und mit der Leistung und Funktion der übersetzerischen Tätigkeit vor dem Hintergrund der Vielsprachigkeit der Menschheit. Die besondere Bedeutung des Übersetzens für die „kleineren" Sprachgemeinschaften wird thematisiert. Schließlich wird die Übersetzungsproduktion in Deutschland mit den neuesten zugänglichen Zahlen dokumentiert.

2 Die Übersetzer und ihre Theorien

2.1 Explizite und implizite Übersetzungstheorie

Parallel zur übersetzerischen Praxis, die Jahrtausende alt ist, gibt es **Aussagen über diese Praxis**, also deren theoretische Reflexion, die als **vorwissenschaftliche Beschäftigung mit der Übersetzungsproblematik** gelten kann. Sie besteht aus

1. Sprüchen und metaphorischen Äußerungen zum Übersetzen, die theoretisch zum Teil zwar von beschränktem Aufschlusswert sind, aber doch Hinweise auf grundsätzliche Probleme enthalten (I.2.2 und I.2.3).
2. Äußerungen, Reflexionen zum Übersetzen und ausführlichere Erörterungen der Übersetzungsproblematik, die von Übersetzern selbst stammen, meistens in direktem Zusammenhang mit der Übersetzungstätigkeit entstanden sind und in denen (oft unmittelbar praxis- und fallbezogen) prinzipielle Aspekte diskutiert werden (I.2.5). Von besonderer Bedeutung für die deutsche Übersetzungstheorie sind die grundlegenden und immer wieder diskutierten Beiträge von Martin Luther und Friedrich Schleiermacher (I.2.4).

Bei den theoretischen Äußerungen zu Übersetzungsmethoden, -prinzipien und -verfahren, mit denen Übersetzer ihre Übersetzungsarbeit begleiten, handelt es sich um **explizite Übersetzungstheorie**. Diese Theorien der Übersetzer schlagen sich seit dem Spätmittelalter in Vor- und Nachworten, in Kommentaren und Anmerkungen zu deutschen Übersetzungen nieder; seit dem 16./17. Jahrhundert finden sich zunehmend selbständige Aufsätze und Abhandlungen zu prinzipiellen Aspekten der Übersetzung wie auch zu praktischen Einzelproblemen.[7]

7 S. dazu W. Graeber (2004), S. Schwarze (1995, 1999), J. Kitzbichler (2008); Sammlungen von Übersetzervorreden: W. Graeber, Hrsg., (1990), M. Grimberg (1998), F.-R. Hausmann (1997, abrufbar unter <http://www.freidok.uni-freiburg.de/volltexte/357/>). – Zu bedenken ist dabei immer, dass die theoretischen Aussagen der Übersetzer reine „commonplaces of humility" sein können, die nicht viel mit der Praxis des Übersetzens zu tun haben, wie S. K. Workman (1940:83) für englische Übersetzungen des 15. Jahrhunderts feststellt.

Unter **impliziter Übersetzungstheorie** werden die Übersetzungsvorentscheidungen und -prinzipien verstanden, die sich aus der Übersetzung selbst bzw. aus dem Vergleich von Übersetzung und Original erschließen lassen.[8] Übersetzungstheorie in althochdeutscher und mittelhochdeutscher Zeit ist weitgehend nur als implizite Theorie fassbar; ausführlichere explizite Aussagen zum Übersetzen gibt es im deutschsprachigen Raum erst seit dem deutschen Frühhumanismus (s. u., I.3.5). Es ist Aufgabe der Übersetzungskritik, die Prinzipien, von denen sich ein Übersetzer leiten lässt, d. h. seine implizite Übersetzungstheorie, durch den Vergleich von Original und Übersetzung(en) herauszuarbeiten; es geht dabei um die Rekonstruktion der Hierarchie von Äquivalenzforderungen, welcher der Übersetzer in seiner Arbeit folgt.

2.2 Sprüche

> Denn, was man auch von der Unzulänglichkeit des Übersetzens sagen mag, so ist und bleibt es doch eins der wichtigsten und würdigsten Geschäfte in dem allgemeinen Weltwesen. (J.W. von Goethe)[9]

Es sind nicht die positiven Äußerungen, die in den Sprüchen und Aphorismen dominieren, sondern die **Aussagen zur Unmöglichkeit des Übersetzens allgemein bzw. der Unzulänglichkeit einzelner Übersetzungen**. Da gibt es zunächst ganz pauschale, weiter nicht begründete Abrechnungen mit dem Übersetzen,[10] wie sie in folgenden Sprüchen, Epigrammen und Gedichten zum Ausdruck kommen:

ein übersetzt Buch – ein verletzt Buch
traduction – trahison (‚Übersetzung – Verrat')
traduttore – traditore (‚Übersetzer – Verräter')
libro tradotto – libro corrotto (‚übersetztes Buch – korruptes Buch')

---

8 Zu expliziter und impliziter Übersetzungstheorie im 18. Jahrhundert, s. F. Münzberg (2003).

9 „Goethes Briefwechsel mit Thomas Carlyle", hrsg. v. G. Hecht, Dachau o. J., Brief vom 20. 7. 1827.

10 Auf die Spitze getrieben in Thomas Bernhards Komödie „Der Weltverbesserer", wo es heißt: „Sie [Die Übersetzer] haben meinen Traktat entstellt/total entstellt/Die Übersetzer entstellen die Originale/Das Übersetzte kommt immer nur als Verunstaltung auf den Markt" etc. etc.

In der Sammlung „Deutsche Epigramme“ (hrsg. von K. Altmann, 1966), finden sich folgende Zeilen von Friedrich August Weisshuhn (1759–1792):

Die Übersetzung
In diesem Buch, sprach Rolf, versteh’ ich nicht ein Wort,
Drum seid so gut und helft mir doch ein wenig fort.
Da wird euch, sprach ich, wohl die Übersetzung dienen,
Die jüngst davon in Wien erschienen.
Nicht doch, erwidert Rolf, und lacht:
Denn, Freund! Die hab’ ich selbst gemacht

Johann Christoph Friedrich Haug (1761–1829) dichtet:

Über eine schlechte Übersetzung
Kommt die Verdeutschung wohl heraus? – „Ich zweifle nicht;
Denn jeder Totschlag kommt an’s Licht.“

Und Ephraim Moses Kuh (1731–1790) reimt:

Der Übersetzer der Alten
Du übersetzt die alten Poeten?
Das heißt wohl recht, Gestorbene töten.

Friedrich Gottlieb Klopstock lässt in einer Ode ein Gedicht verzweifelt ausrufen:[11]

Vor Dolmetschungen, ach, bewahret mich, Göttinnen, hab’ ich
  Allen Musen gefleht; aber sie hörten mich nicht.
Auch dem dritten Ohr des lacedämonischen Phöbus
  Fleht’ ich umsonst und, ach, selber dem vierten umsonst!
Hattest, Apollo der Kriegerstadt, du allein denn nicht Pfeile,
  Daß du, mich rettend, damit träffst die translätinge Faust?
Gallier haben noch jüngst mich übersetzt; doch sie wähnen’s
  Nur, sie haben mich dort über den Lethe gesetzt.
O, wie grub mir der Wunden so viel’ ihr triefender Dolch ein,
  Und wie röthete sich mir die getroffene Brust!

11 „Klage eines Gedichts“ (1796), in „Klopstocks sämmtliche Werke“, Bd. IV, Leipzig 1854, 382. – Merkwürdig, wie fremd, ja eigentlich kaum mehr nachvollziehbar uns diese Art von klassischem Bildungshumor heutzutage anmutet.

2.3 Vergleiche und Metaphern

Das, was dem Übersetzer (oder dem Leser und Kritiker von Übersetzungen) problematisch erscheint, wird nicht selten in höchst geistreiche Vergleiche und Metaphern gefasst, die sich zum Teil unverändert durch Jahrhunderte hindurch verfolgen lassen.[12] Diese stellen einen ersten Ansatz zu einer theoretischen Auseinandersetzung dar. So greift Miguel de Cervantes zum Bild mit dem **gewendeten Teppich** (in H. J. Störig, Hrsg. 1973:VII), um das grundsätzliche Ungenügen von Übersetzungen zu illustrieren – wie vor ihm schon Plutarch und nach ihm zahlreiche Autoren, die über das „fragwürdige Geschäft" des Übersetzens reflektieren:

> Desungeachtet scheint es mir, dass das Übersetzen aus einer Sprache in die andere, wenn es nicht aus den Königinnen der Sprachen, der griechischen und lateinischen geschieht, sich so verhält, als wenn man die flamländischen Tapeten auf der unrechten Seite sieht, denn obgleich sich die Figuren zeigen, so sind sie doch voller Fäden, die sie entstellen, und sie zeigen sich nicht in der Schönheit und Vollkommenheit wie auf der rechten Seite; auch beweist das Übersetzen aus leichten Sprachen ebensowenig Talent wie Beredsamkeit, sowenig wie der beides zeigen kann, der ein Papier vom andern abschreibt. Deswegen aber will ich nicht sagen, dass das Übersetzen keine löbliche Arbeit sei, denn der Mensch kann noch mit andern, schlimmern Dingen seine Zeit zubringen und die ihm weniger Nutzen gewähren.

Bei W. Winter (1961:68) findet sich folgender Vergleich:

> It seems to me that we may compare the work of a translator with that of an artist who is asked to create an exact replica of a marble statue, but who cannot secure any marble. He may find some other stone or some wood, or he may have to model in clay or work in bronze, or he may have to use a brush or a pencil and a sheet of paper. Whatever his material, if he is a good craftsman, his work may be good or even great; it may indeed surpass the original, but it will never be what he set out to produce, an exact replica of the original.

Zu den tiefsinnigsten Äußerungen zum Übersetzen gehört W. Benjamins (1923:166) Wesensbestimmung der Übersetzung:[13]

---

12 S. dazu W. Koller (1972:40 ff.), K. Reiß (1970), T. Hermans (2004), R. Stolze (2003:9 ff.), J. St. André, Hrsg. (2010).

13 W. Benjamins Nachdenken über das Übersetzen ist im modernen philosophischen Diskurs wieder aufgenommen worden, vgl. etwa J. Derrida (1985, 1988), A. Benjamin (1989).

> Die wahre Übersetzung ist durchscheinend, sie verdeckt nicht das Original, steht ihm nicht im Licht, sondern lässt die reine Sprache, wie verstärkt durch ihr eigenes Medium, nur um so voller aufs Original fallen. Das vermag vor allem Wörtlichkeit in der Übertragung der Syntax, und gerade sie erweist das Wort, nicht den Satz als das Urelement des Übersetzers. Denn der Satz ist die Mauer vor der Sprache des Originals, Wörtlichkeit die Arkade.

Auch in neueren übersetzungstheoretischen Arbeiten finden sich Vergleiche und Metaphern; in ihrem Aufsatz „Taking Fidelity Philosophically" geht B. Johnson (1985:143 f.) von der Analogie zwischen **Übersetzung und Ehe** aus, ja Übersetzung ist Bigamie, schlimmer noch – Inzest (selbst die sprachliche Kastration bleibt uns nicht erspart!).

W. Wilss (1988) knüpft an die in der Übersetzungstheorie fruchtbare **Schifffahrts-Metaphorik** an (s. das diesem Hauptteil vorangestellte Grimm-Zitat): „Übersetzungsprobleme sind wie Stromschnellen, um die man vorsichtig herummanövrieren muss" (60); der Steuermann (d. h. der Übersetzer) muss „den Kurs des Schiffes ständig justieren", daraus resultiert ein „Zickzackkurs" (83), und:

> Auch Übersetzen hat oft Labyrinth-Charakter; hier den richtigen Navigationspfad zu finden ist schwierig, weil es beim Übersetzen nicht um einfache Ortsveränderungen in einem physikalischen Umfeld, sondern um komplexe Bewusstseinsvorgänge geht, für die es keine leicht kopierbaren Ariadnefäden gibt. (92)

2.4 Luthers und Schleiermachers Rechenschaftsberichte

Für die deutsche Übersetzungstheorie grundlegend sind die Arbeiten von Martin Luther und Friedrich Schleiermacher – mit ihren Thesen (die in einer Tradition stehen, die bis in die Antike zurückreicht) setzt man sich immer wieder und auch heute noch intensiv auseinander. In seinem „Sendbrief vom Dolmetschen" aus dem Jahre 1530 umreißt M. Luther sein Übersetzungsprinzip mit folgenden berühmt gewordenen Sätzen:[14]

> man mus die mutter jhm hause/die kinder auff der gassen/den gemeinen mann auff dem marckt drumb fragen/und den selbigen auff das maul sehen/wie sie

14 Nach der Ausgabe des „Sendbriefes" von E. Arndt, Halle/Saale (1968:32); in H. J. Störig, Hrsg. (1973:21); s. dazu H. Gelhaus (1989:109 ff.).

reden/und darnach dolmetzschen/so verstehen sie es den/und mercken/das man Deutsch mit jn redet.[15]

Das **Prinzip des Verdeutschens**, das bedeutet, „die Buchstaben fahren zu lassen", gilt für Luther freilich nicht uneingeschränkt. Dort, wo es in seinem Verständnis um wichtige theologische Begriffe („wo etwa an einem ort gelegenn ist") geht, übersetzt er „buchstäblich", d. h. wörtlich, was unter Umständen auf Kosten der unmittelbaren Verständlichkeit und Eingängigkeit im Deutschen geht. Verstehen als Auslegung – bei Luther theologische Auslegung – und Übersetzen gehören, das macht der „Sendbrief" deutlich, zusammen: **Jede Übersetzung ist eine bestimmte Art von Auslegung**. Luthers „Sendbrief" ist Erläuterung und Verteidigung einiger theologisch umstrittener Stellen. Es geht insbesondere um den für die Reformation so bedeutsamen Zusatz des Wortes „allein" (Römer 3,28): eine Stelle, die Luther selbst als „Hauptstück christlicher Lehre" bezeichnet.[16] Derartige Diskussionen über die „rechte", das heißt treue und inhaltlich adäquate Übersetzung machen deutlich, wie Textauslegung und Sorge und Bemühen um das richtige Verstehen Teil der übersetzerischen Tätigkeit sind. Bei einer Neuübersetzung geht der Übersetzer davon aus, dass der vorliegende Text hinsichtlich Übersetzungsmethode, sprachlich-stilistischer Fassung und Textinterpretation den veränderten Auslegungs- und Übersetzungsgegebenheiten nicht (mehr) entspricht.

Luthers Entscheidung bezüglich Wörtlichkeit und Freiheit ist eine **theologische Entscheidung** und als solche bestimmt durch seinen Glauben. F. Rosenzweig (1926) macht geltend, dass die „Glaubensfrage" als Frage nach der neuen Auslegung, die die Übersetzungsarbeit bestimmt, neu gestellt werden müsse. Denn in seiner Zeit sei der Offenbarungsbegriff Luthers verloren gegangen; sie erhoffe sich die „Offenbarung des ihr Glaubenswürdigen" gerade in dem, „was Luther als bloßes Bild und Exempel des Lebens aus dem fest und sichtbar und für immer eingegrenzten Glaubenskern des Buchs herausverwiesen hatte" (224). Es geht letztlich um den subjektiven Faktor im Übersetzungsprozess, um den Übersetzer, der festlegt, welche Auslegungsmöglichkeit sprachlich reali-

15 Die Mutter im Hause, die Kinder auf der Gasse, der „gemeine" Mann auf dem Markt: was für ein wunderschönes Beispiel für die kulturell-historische Gebundenheit von Texten und für das Problem der Übersetzung aus älteren Sprachstufen (s. u., I.5.3., zur intralingualen Übersetzung) und für die Diskussion der Übersetzungsmethoden. Soll man aus dem Mann auf dem Markt einen *man in the street* machen? Und was mit der Mutter im Hause? Oder wäre *Menschen wie du und ich* eine gute Lösung? Oder alles so belassen, wie es ist: als nachvollziehbares Zeugnis einer vergangenen Kultur?

16 In der Ausgabe von E. Arndt, 36; in H. J. Störig, Hrsg. (1973:25).

siert werden soll. Der Einfluss, den die Auffassung des Übersetzers vom „richtigen" und „rechten" Übersetzen und die Interpretation des zu übersetzenden Textes[17] auf die Übersetzung haben, lassen sich gut nachweisen – und das nicht nur an der Bibelübersetzung, sondern an jedem auslegungsoffenen und interpretationsbedürftigen Text.[18]

In seiner Abhandlung „Ueber die verschiedenen Methoden des Uebersezens" (1813), dem im 19. Jahrhundert im deutschen Sprachraum wohl wichtigsten theoretischen Beitrag zum Übersetzen, stellt Friedrich Schleiermacher die Prinzipien dar, die seiner Platon-Übersetzung zugrunde liegen. Es ist ein Aufsatz, in dem wichtige Probleme und Aspekte, insbesondere auch die Aporien angesprochen werden, mit denen sich eine Theorie des Übersetzens zu beschäftigen hat:

1. Übersetzung ist ein Vorgang des Verstehens und des Zum-Verstehen-Bringens, also ein **hermeneutischer Prozess**.[19] Dieser Vermittlungsvorgang ist nicht nur zwischen verschiedenen Sprachen notwendig, sondern auch innerhalb einer Sprache: zwischen verschiedenen Dialekten, historischen Sprachstufen und den Sprachen verschiedener sozialer Schichten. Schleiermacher weist darauf hin, dass man sogar seine eigenen Texte nach einer gewissen Zeit wieder „übersetzen" müsse (38 f.).[20]
2. Texte, in denen die Sprache gleichsam Vehikel ist, um intersubjektiv identisch erfasste Sachverhalte zu vermitteln und zu „transportieren", stellen andere Übersetzungsprobleme als Texte, in denen die spezifisch einzelsprachliche Sprachform mit dem transportierten Inhalt eine Einheit höherer Ordnung bildet. Es geht also um die Unterschei-

17 W. Schadewaldt (1966:851) spricht von einem „übersetzerischen Glaubensbekenntnis".

18 Auf die Übersetzung als Auslegung und als individuelle Verstehens- und Interpretationsleistung des Übersetzers fokussiert der hermeneutische Ansatz in der Übersetzungswissenschaft (s. II.2.8.).

19 Diese Perspektive wird wieder aufgenommen bei H.-G. Gadamer; vgl. dazu die Abschnitte in „Wahrheit und Methode" (1960, in H. J. Störig, Hrsg. 1973), die sich mit dem Übersetzen befassen.

20 Vgl. dazu G. Antos (1982:116 ff.), für den Texte „ihrem Wesen nach" *Verständnisangebote* sind: „Diese Bestimmung respektiert die Tatsache, dass Texte interpretations*fähig* und bisweilen auch interpretations*bedürftig* sind. Ferner wird damit verständlich, warum Texthersteller mit einer prinzipiellen, wenn auch minimierbaren Diskrepanz zwischen im Text Gesagtem und Verstandenem zu rechnen haben. Eine Konsequenz ist, dass sogar Texthersteller ihre eigenen Texte manchmal nicht mehr/unterschiedlich oder anders verstehen als früher. Texte erscheinen somit als Verständnisangebote auch für den Hersteller." (198)

dung verschiedener **Textgattungen**, die an den Übersetzer unterschiedliche Anforderungen stellen. Schleiermacher unterscheidet zwischen dem **Dolmetschen**, das sich auf Texte des „Geschäftslebens" bezieht, und dem **Übersetzen**, das es mit Texten der Wissenschaft und der Kunst zu tun hat:

> Je weniger in der Urschrift der Verfasser selbst heraustrat, je mehr er lediglich als auffassendes Organ des Gegenstandes handelte und der Ordnung des Raumes und der Zeit nachging, um desto mehr kommt es bei der Uebertragung auf ein bloßes Dolmetschen an. So schließt sich der Uebersezer von Zeitungsartikeln und gewöhnlichen Reisebeschreibungen zunächst an den Dolmetscher an, und es kann lächerlich werden wenn seine Arbeit größere Ansprüche macht und er dafür angesehen sein will als Künstler verfahren zu haben. Je mehr hingegen des Verfassers eigenthümliche Art zu sehen und zu verbinden in der Darstellung vorgewaltet hat, je mehr er irgend einer frei gewählten oder durch den Eindrukk bestimmten Ordnung gefolgt ist, desto mehr spielt schon seine Arbeit in das höhere Gebiet der Kunst hinüber, und auch der Uebersezer muß dann schon andere Kräfte und Geschikklichkeiten zu seiner Arbeit bringen und in einem anderen Sinne mit seinem Schriftsteller und dessen Sprache bekannt sein als der Dolmetscher. (40)

3. Bei Schleiermacher ist die Unterscheidung angelegt zwischen Terminologien, die sich in verschiedenen Sprachen eins-zu-eins entsprechen, weil sie sich auf klar abgrenzbare und konventionell abgegrenzte Sachverhalte beziehen (**Nomenklaturen**), und jenen Teilen der Lexik, die nicht Sachen erfassen, sondern **Begriffe, Gefühle und Einstellungen**. Diese sind, in der Geschichte geworden und sich in der Geschichte verändernd, mit der Sprache als einem geschichtlichen Phänomen auf spezifische Weise verknüpft:

> Alle Wörter, welche Gegenstände und Thätigkeiten ausdrükken, auf die es ankommen kann, sind gleichsam geaicht, und wenn ja leere übervorsichtige Spizfindigkeit sich noch gegen eine mögliche ungleiche Geltung der Worte verwahren wollte, so gleicht die Sache selbst alles unmittelbar aus. Ganz anders auf jenem der Kunst und Wissenschaft zugehörigen Gebiet, und überall wo mehr der Gedanke herrscht, der mit der Rede Eins ist, nicht die Sache, als deren willkürliches vielleicht aber fest bestimmtes Zeichen das Wort nur dasteht. (42 f.)

Das Problem des Übersetzens, der Übersetzbarkeit, des Verstehens und Auslegens stellt sich nur beim zweiten Fall. Das System der Begriffe und der Zeichen ist von Sprache zu Sprache verschieden; die Übersetzbarkeit einzelner Ausdrücke ist damit prinzipiell in Frage gestellt. Und anders als bei Sachtexten ist die „Textwirklichkeit" dichterischer und philosophischer Texte nicht an Gegenständen und Sachverhalten außerhalb der Textwirklichkeit messbar und ggf. korrigierbar (s. u., II.4.1.2).

4. Texte der Wissenschaft und der Kunst (d. h. philosophische und poetische Texte) sind als **unübersetzbar** zu betrachten, weil das, *was* gesagt wird, mit der Art und Weise, *wie* es sprachlich gefasst ist, auf einzelsprachspezifische Weise verbunden ist. Die Sprache ist nicht nur Vehikel von Inhalten, sondern sie ist selbst Inhalt bzw. determiniert diese Inhalte. Mit anderen Worten: Wenn man den betreffenden Text adäquat verstehen will, muss man in den „Geist der Sprache" eindringen, in das also, was in der Sprache selbst gedacht ist. Diese Position wird uns wieder begegnen bei der Behandlung des Problems der Übersetzbarkeit; es ist die Sprachauffassung, wie sie von L. Weisgerber im Anschluss an Wilhelm von Humboldt vertreten wird und wie sie im Sapir-Whorfschen „linguistischen Relativitätsprinzip" zum Ausdruck kommt (s. u., II.1.3).
5. Nach Schleiermacher müssen Texte so übersetzt werden, dass dem Leser der „Geist der Sprache" des Originals auch in der Übersetzung vermittelt wird. Die Übersetzung muss versuchen, dem Leser

> ein solches Bild und einen solchen Genuss zu verschaffen, wie das Lesen des Werkes in der Ursprache dem so gebildeten Manne gewährt, den wir im besseren Sinne des Worts den Liebhaber und Kenner zu nennen pflegen, dem die fremde Sprache geläufig ist, aber doch immer fremde bleibt, der nicht mehr wie die Schüler sich erst das einzelne wieder in der Muttersprache denken muß, ehe er das Ganze fassen kann, der aber doch auch da wo er am ungestörtesten sich der Schönheiten des Werkes erfreut, sich immer der Verschiedenheit der Sprache von seiner Muttersprache bewußt bleibt. (51)

Es geht also um das **Prinzip der Wirkungsgleichheit**, die sich bei Schleiermacher nicht an einem imaginären Originalleser, sondern an zeitgenössischen „gebildeten" Lesern des Originals orientiert. Als Übersetzungsmethode kommt dabei nicht das Verdeutschen, Adaptieren, Paraphrasieren oder Nachbilden in Frage; das Prinzip, die

Übersetzung solle sich lesen lassen wie ein Original, wird entschieden zurückgewiesen:

> Ja man kann sagen, das Ziel, so zu übersezen wie der Verfasser in der Sprache der Uebersezung selbst würde ursprünglich geschrieben haben, ist nicht nur unerreichbar, sondern es ist auch in sich nichtig und leer; denn wer die bildende Kraft der Sprache, wie sie eins ist mit der Eigenthümlichkeit des Volkes, anerkennt, der muß auch gestehen daß jedem ausgezeichnetsten am meisten sein ganzes Wissen, und auch die Möglichkeit es darzustellen, mit der Sprache und durch sie angebildet ist, und daß also niemanden seine Sprache nur mechanisch und äußerlich gleichsam in Riemen anhängt, und wie man leicht ein Gespann löset und ein anderes vorlegt, so sich jemand auch nach Belieben im Denken eine andere Sprache vorlegen könne, daß vielmehr jeder nur in seiner Muttersprache ursprünglich producire, und man also gar die Frage nicht aufwerfen kann, wie er seine Werke in einer anderen Sprache würde geschrieben haben. (60 f.)

Die Übersetzung hat sich nach Schleiermacher so weit wie möglich an der Sprache des Originals auszurichten. Es ist die **Methode des Verfremdens**, die gekennzeichnet ist durch „eine Haltung der Sprache, die nicht nur nicht alltäglich ist, sondern die auch ahnden lässt, dass sie nicht ganz frei gewachsen, vielmehr zu einer fremden Aehnlichkeit hinübergebogen sei“ (55). Nur mit dieser Methode ist die „treue Wiedergabe“ des Originals in der ZS gewährleistet. Der Vorwurf der Ungelenkheit in der ZS ist dabei in Kauf zu nehmen, denn anders ist der „Geist der Sprache“ gar nicht in die ZS zu retten.

Drei Jahre nachdem Schleiermacher seine Abhandlung über das Übersetzen in der Königlichen Akademie der Wissenschaften zu Berlin verlesen hat, erscheint 1816 Wilhelm von Humboldts Übersetzung des „Agamemnon“ von Aeschylos. In der Einleitung dazu (s. u., I.2.5) beschäftigt er sich mit ähnlichen Fragen wie Schleiermacher. Bezüglich des Verfremdens unterscheidet er zwischen Fremdheit und Fremde:

> Mit dieser Ansicht ist freilich nothwendig verbunden, dass die Uebersetzung eine gewisse Farbe der Fremdheit an sich trägt, aber die Gränze, wo dies ein nicht abzuläugnender Fehler wird, ist hier sehr leicht zu ziehen. Solange nicht die Fremdheit, sondern das Fremde gefühlt wird, hat die Uebersetzung ihre höchsten Zwecke erreicht; wo aber die Fremdheit an sich erscheint, und vielleicht gar das Fremde verdunkelt, da verräth der Uebersetzer, dass er seinem Original nicht gewachsen ist. (83)

Übergeordnetes Ziel der Übersetzung ist auch für Humboldt, dass sie „der Sprache und dem Geist der Nation dasjenige aneignen [soll], was sie nicht, oder was sie doch anders besitzt“ (83), d. h. es geht um Sprach- und Kulturerweiterung.

M. Luther und F. Schleiermacher haben in ihren Beiträgen zum Problem des Übersetzens Fragen angesprochen und – von ihrer Position aus – beantwortet, die auch die moderne Übersetzungstheorie beschäftigen. So ist von Luthers verdeutschender und Schleiermachers verfremdender Übersetzungsmethode ein Bogen zu schlagen zu E. A. Nidas Prinzipien von dynamischer und formaler Äquivalenz (s. u., II.2.3). Es sind Grundfragen folgender Art:

- Was ist Übersetzen?
- Welche Faktoren bestimmen den Übersetzungsprozess?
- Welche prinzipiellen sprachlichen Probleme stellen sich?
- Verhalten sich verschiedene Textgattungen unterschiedlich hinsichtlich Übersetzung und Übersetzbarkeit?
- Wo liegen die Grenzen des Übersetzens?
- Von welchen Prinzipien lassen sich Übersetzer leiten?
- Welche Methoden und Verfahren verwendet der Übersetzer bei der Lösung von Übersetzungsproblemen?

2.5 Vor- und Nachworte, Erfahrungsberichte

In Vor- und Nachworten zu ihren Übersetzungen sowie in Erfahrungsberichten über ihre Übersetzungsarbeit gehen die Übersetzer auf prinzipielle Entscheidungen ein; es sind oft eigentliche **Rechenschafts- und Rechtfertigungsberichte**, in denen Übersetzungsprinzipien und -methoden, aber auch Einzelentscheidungen verteidigt und praktische Schwierigkeiten erörtert werden. Aus ihnen lassen sich die expliziten Übersetzungstheorien der Übersetzer rekonstruieren.

Beispiel I.2.-1

Der amerikanische Strindberg-Übersetzer gibt folgenden Grund dafür an, dass er seinen „Five Plays“ eine „Translator’s Note“ voranschickt:

> Every translation is an interpretation that implies the making of choices, and the reader has the right, I think, to know the criteria used by the translator to arrive at his choices.

Eines der Ziele, die H. G. Carlson mit seiner Übersetzung verfolgt, besteht darin,

> to render his [Strindbergs] dialogue as playable as possible, even if that meant excising certain forms of social address that were common in Strindberg's day but seem unnecessarily formal or stilted today, or altering stage directions to conform to changing conventions, such as allowing a little more time to elapse between the moment a servant is summoned and the moment he or she appears. (xxi)

Beispiel I.2.-2

In einer „Vorbemerkung" begründet und rechtfertigt Willi Reich (1960: 83) seine Kürzungen in der Übersetzung von Strindbergs „Nach Damaskus": Der ganze Text wäre für die Werkauswahl zu umfangreich gewesen, und würde zudem „manchen mit dem Gesamtwerk nicht ganz vertrauten Leser durch eine nicht immer gerechtfertigte Weitschweifigkeit verwirren". Die Kurzfassung wahre aber „die innere und äußere Kontinuität des Originals", außerdem entspreche sie „den heutigen Gegebenheiten der Bühne", d. h. das Stück müsse an einem Abend aufgeführt werden können.

In den Vor- und Nachworten handelt es sich dabei oft – ganz handfest – um Überlegungen und Kommentare zu einzelnen schwierigen Übersetzungsfällen (Fachwörtern, landesspezifischen Ausdrücken, redensartlichen Wendungen usw.). **Terminologische Probleme** stehen beispielsweise in Vor- und Nachworten zu Übersetzungen moderner linguistischer Arbeiten im Vordergrund. Die generative Transformationsgrammatik ist hauptsächlich in den USA entwickelt worden; die Terminologie ist englisch. Wie soll bei der Übersetzung ins Deutsche verfahren werden? Betrachten wir dazu die Vorbemerkung der Übersetzer von N. Chomskys „Aspects of the Theory of Syntax" (1965, dt. „Aspekte der Syntax-Theorie", 1969):

> Die Begründung eines neuen Wissenschaftszweiges ist stets verbunden mit der Etablierung einer eigenständigen Terminologie, deren Funktion – im Idealfalle – einzig darin besteht, neue Begriffsbildungen mit neuen, differenzierenden Etiketten zu versehen. In unserer Übersetzung hat daher auch der Werkzeugcharakter des terminologischen Apparats bei der Suche nach deutschen Äquivalenten den Ausschlag gegeben, insofern, als wir auf praktische Verwendbarkeit und internationalen Gebrauch mancher Prägung mehr Wert legten als auf eine puristische Übertragung ins Einheimische. So haben wir versucht, die Übersetzung insgesamt möglichst dicht am Original zu halten und für etliche Termini jeweils einen (nach Möglichkeit) parallel zum Englischen konstruierten Ausdruck einzuführen, der bei der Lektüre englischer oder auch französischer Fachpublikationen mühelos wiederzuerkennen ist. Diese Überlegung betrifft bereits das erste Titelwort, für dessen deutsche Wiedergabe „Grundriss" oder „Grundzüge" denkbar, eventuell treffender wären als „Aspekte". Das Buch ist jedoch unter dem Namen „Aspects" bereits zum Standardwerk aufgerückt, so dass wir auf eine Umbenennung verzichtet haben, die der Verbreitung der deutschen Ausgabe eher hinderlich sein könnte. (7)

Stellt sich das Problem der Auswahl unter mehreren dt. Äquivalenten, schließen sich die Übersetzer „meist an die in der Schriftenreihe *Studia Grammatica* eingeführten Prägungen" (8); zur Orientierung des Lesers werden davon abweichende Varianten vermerkt.

Folgende Punkte sind in diesem Zusammenhang wichtig:

- Entscheidend für die Terminologie ist die praktische Verwendbarkeit, wobei es insbesondere auf den internationalen Gebrauch ankommt. Wenn überhaupt dt. Ausdrücke eingeführt werden, sind sie so gewählt, dass sie möglichst wörtlich zurück ins Engl. übersetzt werden können, d. h. man nimmt die Ungewöhnlichkeit einiger dt. Bildungen in Kauf.
- Manchmal werden fremdsprachliche Wörter mit formal ähnlichen Ausdrücken wiedergegeben, selbst wenn deutsche Wörter inhaltlich zutreffender und idiomatischer wären (*Aspekte* vs. *Grundzüge* – der Anspruch der „Aspects" ist wesentlich umfassender als bloß „Gesichtspunkte" zu vermitteln).
- Bei mehreren dt. Entsprechungsmöglichkeiten schließt man sich bereits eingeführten Termini, d. h. der Bezeichnungstradition in der ZS, an.

Die Analyse der „Aspects"-Übersetzung, wie auch von Übersetzungen anderer linguistischer Arbeiten, zeigt allerdings, dass inkonsequent verfahren wird. Das Resultat ist ein Durcheinander in der linguistischen Terminologie. Dazu ein Beispiel: der engl. Ausdruck *concatenation* der „Aspects" wird mit *Verkettung* übersetzt. In W. Weltes „Moderne Linguistik: Terminologie/Bibliographie" (1974) wird für *concatenation* jedoch der Ausdruck *Konkatenation* gebraucht; *Verkettung* bleibt der Übersetzung des engl. *linking* vorbehalten, das U. Weinreich in seiner semantischen Theorie für einen anderen Sachverhalt braucht. In W. Ulrichs „Linguistische Grundbegriffe" (1972) wiederum wird Weinreichs *Verkettungs*-Begriff als *das Linking* ins Dt. übernommen. Umgekehrt wird in der „Aspects"-Übersetzung das engl. *derivation* übernommen als *Derivation*; in W. Weltes Terminologie-Handbuch wird es jedoch übersetzt mit dt. *Ableitung*. Auch die beiden grundlegenden Begriffe *competence* und *performance* werden unterschiedlich behandelt: Der erste wird direkt übernommen als *(Sprach-)Kompetenz*, obwohl das Fremdwort *Kompetenz* im Dt. etwas anderes bedeutet. Dagegen wird *performance* eingedeutscht zu *Sprachverwendung*, obwohl der Begriff der *Sprachverwendung* wesentlich weiter ist als Chomskys *performance* (andere linguistische Arbeiten benützen dt. *Performanz*). Im Bereich der Terminologie zeigt sich die verantwortungsvolle und folgenreiche Arbeit des Übersetzers, aber auch seine Ohnmacht: Durch das Gestrüpp linguistischer Terminologien ist heutzutage, selbst mit Hilfe terminologischer Wörterbücher, kaum mehr durchzusehen. (Zu den Übersetzungsverfahren bei Lücken, s. u., II.3.3.4)

Im Zusammenhang mit der Erläuterung terminologischer Probleme findet man bisweilen ausführliche Erörterungen, die veranschaulichen, wie sehr Übersetzen ein **Verstehens- und Interpretationsprozess** ist, bei wissenschaftlichen Arbeiten ein Prozess des wissenschaftlichen Verstehens und Interpretierens. Es wird deutlich, dass der Übersetzer auf Probleme und Schwierigkeiten stößt, über die man beim Lesen des Originals leicht hinwegliest. Übersetzen erweist sich in diesem Sinne als **spezifischer Prozess der Aneignung**: Verstehen des Fremden als Fremdes in seinem fremden Zusammenhang, und zugleich Verstehen als Kontrastieren und Konfrontieren mit dem bekannten sprachlichen, kulturellen und fachlich-wissenschaftlichen Hintergrund. So heißt es im Vorwort zur dt. Ausgabe von B. Bernsteins „Class, Codes and Control" (1971, dt. „Studien zur sprachlichen Sozialisation", 1972):

> Wo die deutsche Sprache es auf keine Weise erlaubte, adäquat zu formulieren, sind die originalen Begriffe oder Text-Stellen mit aufgenommen. Es erfüllt damit, abgesehen von der Eindeutschung, die Übersetzung noch einen anderen wichtigen Zweck. Überall dort, wo Erläuterungen erforderlich sind oder das sinnverstehende Lesen ins Stocken gerät, weist sie auf Inkongruenzen zwischen zwei kulturellen Konstellationen hin, die ihren Niederschlag in der jeweils anderen sprachlichen Repräsentation und Ausdeutung finden. Das sind zugleich die ersten, wenn auch nicht die einzigen Indikatoren für die Sprachabhängigkeit der Theorie(n). (39)

Aufschlussreich ist in dieser Beziehung das Nachwort zur dt. Ausgabe von A.V. Cicourels „Cognitive Sociology" (1973, dt. „Sprache in der sozialen Interaktion", 1975):

> Die Zeilen, die wir unserer Übersetzung nachschicken, sollen der Rechtfertigung einzelner Wörter und Phrasen dienen in Fällen, wo der deutsche Ausdruck den englischen nur unvollkommen trifft, bzw. in Fällen, wo wir uns im Gegensatz zu schon vorgegebenen und zum Teil eingebürgerten Übersetzungen für eine eigene, neue entschieden haben. (243)

Die Übersetzer sind hier zu bescheiden: Die „Rechtfertigung einzelner Wörter und Phrasen" ist nichts weniger als die ausführliche **Interpretation** dessen, was inhaltlich mit bestimmten engl. Ausdrücken gemeint ist bzw. gemeint sein könnte. Ein Beispiel dazu:

> Wir haben uns entschieden, den englischen Ausdruck *everyday knowledge*, der üblicherweise mit *Alltagswissen* wiedergegeben wird, in der Regel mit *Alltagskenntnisse* zu übersetzen. Wie auch bei der damit übereinstimmenden Übersetzung der Formel *what everyone knows* durch *was jedermann kennt* war die Begründung dafür der Versuch, im Deutschen einen Anklang an den Bedeutungscharakter von *knowledge* und *to know* im Sinne auch von praktischen Kenntnissen, also solchen, die ein entsprechendes praktisches *Können*, das entsprechende *know how* voraussetzen, zu finden. Unsere Übersetzung sollte also andeuten, dass es bei *everyday knowledge* weniger um Erkenntniswissen als um praktische Kenntnisse, um *Rezeptwissen* geht. Entsprechend sollte die Übersetzung *was jedermann kennt* für *what everyone knows* wenigstens andeutungsweise zum Ausdruck bringen, dass hiermit Kenntnisse gemeint sind, über die jedermann ohne Spezialbildung allein aufgrund seiner normalen praktischen Sozialisationserfahrungen verfügt. (243)

Um das Problem der Adaptation und im Zusammenhang damit die Frage, wann die Grenze zwischen (treuer) Übersetzung und Bearbeitung überschritten ist, geht es dem Übersetzer von F. de Saussures „Cours de linguistique générale" (1916, dt. „Grundfragen der allgemeinen Sprachwissenschaft", [2]1967), der im „Vorwort zur deutschen Übersetzung" schreibt:

> Jedoch habe ich mich getreu dem Original angeschlossen und biete nicht eine deutsche Bearbeitung. Es werden im Allgemeinen auch nicht die Beispiele aus der französischen Sprachgeschichte durch solche aus der deutschen ersetzt. Denn auch aus der Wahl der Beispiele verspürt man den Geist Saussures, gerade darin seine Lehrgabe, seine Klarheit, seine Art der Vereinfachung. Sie sind oft so schlagend und wirksam wie seine Bilder und Vergleiche. Nur manche Beispiele, die mehr beliebiger Art, nicht so ausgewählte Belege und konzentrierte Veranschaulichungen seiner Theorien zu sein schienen, wurden durch ebenso beliebige aus dem Deutschen ersetzt. Darin weiterzugehen oder noch zurückhaltender zu sein, kann man schwanken. (III)

Der Übersetzer stellt die **treue Übersetzung**, die sein Ziel ist, der **Bearbeitung** gegenüber; es geht ihm also um die Abgrenzung von übersetzerischer TextREproduktion und Textproduktion (s. u., I.5.2, II.2.4). Aus dem Zitat wird jedoch ersichtlich, dass die Originaltreue nicht jedem Element des AS-Textes gilt. Der Übersetzer ist durchaus bereit zu bearbeiten, wo ihm etwa bestimmte Beispiele „beliebig" erscheinen. Wir sind damit wieder bei der Frage, die sich Luther in seinem „Sendbrief" stellt: Wann muss etwas wörtlich übersetzt werden, weil dadurch allein Treue gewährleistet ist und diese Treue unter Umständen wichtiger ist als unmittelbare Verstehbarkeit und Verständlichkeit? Wann darf der Übersetzer freier verfahren, ohne dass dadurch die Autonomie des Originaltextes verletzt wird? Die Entscheidung hängt im Einzelfall von der Interpretation des Textes ab: bei der Übersetzung von F. de Saussures „Cours" von der sprachwissenschaftlichen Interpretation, bei Luthers Bibelübersetzung von der theologischen Interpretation.

in\ fo\

Für die Übersetzungskritik ist daraus folgender Schluss zu ziehen: Wenn sie der Übersetzungsleistung gerecht werden will, müssen die Interpretation des Übersetzers und die Äquivalenzforderungen, die der Übersetzer aus der Interpretation ableitet, rekonstruiert werden.

Bei der Übersetzung von D. Riesmans „The Lonely Crowd“ (1950, dt. „Die einsame Masse“, 1958), einer Analyse der amerikanischen Gesellschaft, stellt sich die Frage: Soll man diesen Text wie einen ethnographischen Text übersetzen, d. h. wie wenn es sich um die Beschreibung einer Kultur handeln würde, die Europäern ähnlich fremd ist wie die Kultur der Trobriand-Eingeborenen, wie sie B. Malinowski beschreibt? Oder soll man ihn so übersetzen, dass Gemeinsamkeiten mit der europäischen Kultur hervortreten? Eine solche Feststellung von Gemeinsamkeiten/Übereinstimmungen stellt aber bereits eine soziologische Interpretation des Textes dar. In ihrem Nachwort führt die Übersetzerin aus:

> Ich habe mich bemüht, die vielen idiomatischen Ausdrücke der amerikanischen Darstellung durch entsprechende Schlagworte und Ausdrücke aus der deutschen Umgangssprache zu ersetzen oder, wo dies nicht möglich war, den oftmals nur mit einer Formel angesprochenen Sachverhalt durch eine freiere Übersetzung deutlich zu machen. Dies geschah vielfach auch bei den psychologischen und soziologischen Begriffen, die überdies in der amerikanischen Literatur und Sprache populärer als bei uns sind, wobei dann die amerikanischen Fachaudrücke in Klammern angeführt wurden. Dazu glaubte ich mich auch im Hinblick auf die Tatsache berechtigt, dass dieses Buch in Form und Stil keine rein wissenschaftliche Abhandlung darstellt und deshalb über die fachlich interessierten Kreise hinaus einem weiteren Publikum zugänglich sein sollte, während der sich für Amerika, Land und Leute interessierende Leser es sicherlich vorziehen wird, das Original zu lesen, um sich auf diese Weise nicht den Reiz des amerikanischen Idioms entgehen zu lassen. (321)

Folgende Punkte scheinen von Interesse zu sein:

- Die Übersetzerin ist der Auffassung, dass die europäischen (deutschen) Verhältnisse so stark mit den amerikanischen Verhältnissen übereinstimmen, dass amerikanische durch deutsche Beispiele ersetzt werden können.
- Fachbegriffe werden als umgangssprachliche Ausdrücke wiedergegeben (ggf. mit den amerikanischen Ausdrücken in Klammern).
- Das Buch wendet sich an ein breiteres Publikum, nicht nur an Fachleute; Spezialisten lesen ohnehin das Original und nicht eine Übersetzung.

Es wird also gar nicht erst der Versuch gemacht, das „amerikanische Idiom“ in der ZS durchscheinen zu lassen. Hier wird der Abstand spürbar zum

Schleiermacherschen Prinzip des Verfremdens, das gerade darauf angelegt ist, dieses „Durchscheinen“ zu ermöglichen.

Die Übersetzerin von D. Riesmans „The Lonely Crowd“ verwendet ein weiteres Verfahren bei der Wiedergabe fremdsprachlicher Fachausdrücke: Man sucht nach deutschen Entsprechungen und setzt die Ausdrücke des Originals in Klammern hinzu. Bei der Wahl der deutschen Ausdrücke ist der Übersetzer allerdings nicht frei, denn bestimmte fachsprachliche Ausdrücke sind bereits in anderen Texten übersetzt worden. Der Übersetzer steht dann vor dem Problem, ob er sich dieser „Tradition“ anschließen oder ob er ihm vielleicht geeigneter scheinende Ausdrücke verwenden soll. Die Entscheidung hängt u. a. vom Grad der Etabliertheit einer bestimmten Terminologie ab.

Wir haben uns oben hauptsächlich mit Übersetzungsproblemen beschäftigt, die Übersetzer von Fach- und Sachtexten ansprechen, vor allem Problemen im terminologischen Bereich. Auch in Übersetzungen literarischer Texte gehen Übersetzer auf prinzipielle Aspekte und praktische Übersetzungsprobleme ein. Das verwundert nicht, wenn man sich vor Augen hält, dass literarische Sprache alle Möglichkeiten realisieren kann, die in einer Sprache enthalten sind. E. Coseriu (1971:185) vertritt die These, „dass die dichterische Sprache die volle Funktionalität der Sprache darstellt, dass also die Dichtung der Ort der Entfaltung, der funktionellen Vollkommenheit der Sprache ist“. Auch inhaltlich kann ein literarischer Text alles umfassen: von der Erläuterung einer mathematischen oder physikalischen Formel über die Beschreibung fiktiver oder realer geographischer Räume bis zur sprachmusikalischen Umschreibung von Gefühlen. Alle formal-ästhetischen, oft spezifisch einzelsprachlichen Möglichkeiten können ausgenutzt werden: Reim, Alliteration, Sprachspiel, metrische Formen, Rhythmus. Viele literarische Werke leben von Assoziationen, wecken Assoziationen zu einer literarischen Tradition, zu anderen Werken des Autors (s. u., II.3.7 und II.4.1.4). Damit finden sich in literarischen Texten auch alle nur denkbaren Übersetzungsprobleme.

Vor- und Nachworte zu literarischen Übersetzungen, in denen praktische Übersetzungsprobleme diskutiert und Übersetzungsprinzipien erläutert und ggf. gerechtfertigt werden, finden sich allerdings nicht so häufig, wie man in Anbetracht der Übersetzungsschwierigkeiten vermuten könnte. Hier zwei denkbare Gründe:

- „Normalleser“ einer literarischen Übersetzung liest diese im Allgemeinen nicht als Übersetzung, sondern gleichsam als Originaltext. Er erwartet, dass der Übersetzer die Probleme gelöst hat; ihn interessieren die Lösungswege, Entscheidungsschwierigkeiten und Alternativen wenig.

- Literarische Texte haben einen anderen Gültigkeitsanspruch als nichtfiktive Sachtexte. Mag der fiktive Text noch so genau – wie Günter Grass' „örtlich betäubt" – zahnheilkundliche Prozeduren schildern: Der Text wird sicher nicht als Lehrbuch verwendet. Dem Verfasser wird deshalb auch kein Vorwurf gemacht, wenn er die betreffenden Sachverhalte nicht adäquat oder nicht auf der Basis neuester wissenschaftlicher Erkenntnisse beschreibt. Für den Übersetzer wiederum heißt das: Sollte ihm eine Ungenauigkeit oder ein Fehler unterlaufen, so hat dies nicht die Konsequenzen, die ein Fehler in einer Fachtextübersetzung haben könnte. Hier ist der Übersetzer auf eine ganz andere Weise verantwortlich und vielleicht auch verantwortbar.

Diese Überlegungen legen nahe, vom Standpunkt des Übersetzers und seiner Verantwortung dem Text gegenüber zwei Hauptkategorien von Übersetzungen zu unterscheiden: **Sachtexte**, bei denen die Verantwortung des Übersetzers sich primär auf die Sache, die im Text sprachlich vermittelte Wirklichkeit bezieht, und **fiktive Texte**, bei denen diese Verantwortung, um es auf diese vorläufige Weise auszudrücken, dem Text als solchem gilt (s. dazu II.4).

Im Nachwort zu seiner Übersetzung von Lewis Carrolls „Alice's Adventures in Wonderland" (dt. „Alice im Wunderland", 1973) führt Christian Enzensberger aus:

> Das Wirksame an allen Gesprächen, in die Alice im wörtlichen Sinne verstrickt wird, ist, wie genau sie *sitzen*, und daran hat sich die vorliegende Übersetzung vor allem – und manchmal mehr als an wörtliche Genauigkeit – gehalten. So ist aus Wilhelm dem Eroberer und seinen unaussprechlichen Earls Napoleon geworden und aus der Menai-Brücke der Eiffelturm (obwohl es den noch gar nicht gab). Aber wer will zunächst im Lexikon nachschlagen und danach noch lachen? Man muss sich in diesen Büchern so unterhalten, wie man sich wirklich unterhält; denn die originale *Alice* hat durchweg teil an dem unerschöpflichen Vorrat ihres Jahrhunderts an realistischer Kraft, ohne die keine absurde Literatur auskommt, wenn ihr nicht die Luft ausgehen soll. (137)

Enzensberger geht es also nicht um eine philologisch genaue Übersetzung, sondern um die **Bewahrung des kommunikativen Effekts**, und das heißt im Zusammenhang mit „Alice": Der deutschsprachige Leser soll an den Stellen unmittelbar lachen können, bei denen auch der englische Originalleser lacht. Das ist aber nach Auffassung Enzensbergers nicht möglich, wenn man die kulturgebundenen Elemente wörtlich in die ZS übernimmt. Der Übersetzer ersetzt deshalb bestimmte für einen kommunikativen Hintergrund relevante Erscheinungen durch solche, die im kommunikativen Zusammenhang der ZS relevant sind, d. h., er adaptiert bzw. verdeutscht (s. u., I.3.2). Es handelt sich (in der Terminologie von E. A. Nida) um dynamische (funktionelle) Äquivalenz (s. u., II.2.3). Die Äquivalenzforderung zielt hier nicht auf inhaltliche Invarianz, sondern auf **Invarianz der Wirkung** (Wirkungsgleichheit wird in diesem Zusammenhang allerdings anders verstanden als bei F. Schleiermacher, bei dem diese gerade durch möglichst weitgehende „Wörtlichkeit" zu erreichen versucht wird).

In Vor- und Nachworten wird auch darauf hingewiesen (und dafür ist man als Leser dankbar), wenn eine Übersetzung nur eine gekürzte Fassung darstellt (s. o., *Beispiel I.2.-2*), wenn eine Übersetzung eine besondere Funktion hat, oder wenn sie in einer bestimmten Übersetzungstradition steht. Daneben werden sprachlich-stilistische Probleme erörtert. Dazu zwei Beispiele:

1. F. Kemp macht im Nachwort zur Übersetzung von Charles Baudelaires „Les Fleurs du Mal" (dt. „Die Blumen des Bösen", 1962) darauf aufmerksam, dass die Übersetzung in einer zweisprachigen Ausgabe als „Lesehilfe" gedacht ist, wobei die einzelnen Texte keinen Anspruch erheben, als „eigenständige poetische Gebilde" zu gelten:

   > Da die vielberufene Kongenialität außer jeder Reichweite liegt, hat diese Übersetzung nur den einen Wunsch, eben durch den eingehaltenen Abstand zum Original dessen Originalität um so deutlicher hervortreten zu lassen. Allerdings wird jede Prosaübersetzung von Gedichten etwas Schielendes an sich haben. Ihr Ideal wäre es, der Vorlage entschieden den Rücken zu kehren und in eigener Richtung davonzugehen. Das ist ihr hier verwehrt, und so bleibt es beim Schielen. (282)

2. In der von L. L. Schücking herausgegebenen zweisprachigen Ausgabe von Shakespeares Werken weist der Herausgeber darauf hin, dass es bei der Wiedergabe der Schlegel-Tieck-Übersetzung leitender Gedanke war, „das Werk des großen Übersetzers und seiner Mitarbeiter so pietätvoll anzufassen, wie es die Sache nur irgend erlaubt". Von Interesse ist insbesondere folgende Bemerkung:

   > Es sind also Veränderungen nur da vorgenommen, wo ersichtlich ein mehr oder weniger *nennenswertes Missverständnis des englischen Urtextes* durch

den Übersetzer vorlag; sei es nun, dass ihm der lexikographische Sinn eines englischen Wortes nicht bekannt war (so, wenn er Hamlet an einer bedeutungsvollen Stelle sagen lässt [III,2] „Ich muss müßig sein" statt „Ich muss den Narren spielen" für: „*I must be idle*"; oder wenn er im selben Drama [V,2]: „*he is fat and scant of breath*" mit „Er ist fett und kurz von Atem" wiedergibt, statt: „in Schweiß und außer Atem").

Ausführlich haben sich Übersetzer von schöner Literatur in Zeitschriften wie *Babel* und *Lebende Sprachen* und in Anthologien zum Problem des Übersetzens[21] zu Wort gemeldet; es sind außerdem Sammelbände erschienen, die sich auf einzelne Autoren und Texte konzentrieren, zu denen Übersetzer mit verschiedenen Zielsprachen Stellung nehmen.[22] Viele dieser Beiträge enthalten tiefsinnige und grundsätzliche Erörterungen zur Übersetzungsproblematik; sie schildern die zunächst als unüberwindbar erscheinenden Schwierigkeiten, die ungeliebten Kompromisse, die Erlebnisse des Erfolgs und des Versagens, übersetzerische Euphorie und Resignation, das „Ringen" um eine verantwortbare Übersetzung. Für die Theorie der literarischen Übersetzung sind diese Beiträge von unentbehrlichem Wert. Mit Recht stellt R. Kloepfer (1967:15) der Übersetzungstheorie die Aufgabe, „das Verdeckte und Verschüttete wieder sichtbar zu machen". Es ist Aufgabe der theoriegeschichtlichen Komponente der Übersetzungswissenschaft (s. u., I.8.1.), die Übersetzungstheorien einzelner Übersetzer darzustellen und in Übersetzungstheorie(n) einzelner Epochen zusammenzufassen.

Damit man sich ein Bild von der übersetzungstheoretischen Bedeutung dieser Übersetzerbeiträge machen kann, seien auch hier Beispiele vorgestellt:

1. In dem von H. J. Störig herausgegebenen Sammelband „Das Problem des Übersetzens" (1973) findet sich E. H. von Tscharners Aufsatz „Chinesische Gedichte in deutscher Sprache" (1932), in dem von folgender Feststellung ausgegangen wird:

   Die Probleme, die sich dem Übersetzer fremder Dichtung stellen, erscheinen wohl nirgends in so grellem Licht, in so scharfen Umrissen wie ange-

21 Vgl. etwa W. Arrowsmith/R. Shattuck, Hrsg. (1961), R. Italiaander, Hrsg. (1965), *Die Kunst der Übersetzung* (1963), R. A. Brower, Hrsg. (1966), J. S. Holmes, Hrsg. (1970), *Übersetzer – Kuriere des Geistes* (1986), J. Biguenet/R. Schulte, Hrsg. (1989).

22 S. etwa A. Daigger/G. Militzer, Hrsg. (1988), zu Robert Musil; A. Finck/H. Wechselbaum, Hrsg. (1991), zu Georg Trakl; H. Frielinghaus, Hrsg. (2002), zu Günter Grass; M. Kusurman/E. L. Lysenkkowa (2004) zu Wolfgang Borchert.

> sichts der chinesischen Dichtung. Sprachlich, metrisch, inhaltlich, geistig unterscheidet sich kaum eine andere Dichtung mehr von der unsrigen. – Wenn wir auch räumlich und zeitlich bedingt sind und nie in Vergangenheit und Fremdheit völlig heimisch werden können, so gelingt uns dies doch innerhalb europäischer Verhältnisse oft bis zu einem recht hohen Grade; denn mehr oder weniger ähnlichen Geist, ähnliche Vorstellungen, ähnlichen Sprachbau treffen wir in Europa immer und überall, und wenn wir auch nur eine Muttersprache haben können, so haben wir doch sozusagen eine „europäische Grammatik", eine „europäische Vorstellungswelt", einen „europäischen Geist". Wenden wir uns aber der Dichtung Chinas zu, so werden wir lange vergebens nach einem Wege der Annäherung suchen – ein Abgrund scheint uns zu trennen von einer ganz anderen Sprache, einem anderen Geist, ja einer anderen Welt. (242 f.)

Im Anschluss an diese Feststellung unternimmt es E. H. von Tscharner, die „wesentlichsten Züge" des chinesischen Geistes, der chinesischen Welt- und Lebensanschauung wie auch der chinesischen Sprache zu skizzieren. Aufschlussreich ist seine Überlegung, dass die europäische Kultur im Großen und Ganzen doch eine Einheit darstellt, die die Übersetzbarkeit entschieden vergrößert; grundlegend andere Verhältnisse liegen vor, wenn es sich um eine Kultur wie die europäische im Vergleich mit der chinesischen handelt (s. u., II.1.2).[23]

2. Der gleiche Sammelband enthält einen Aufsatz von K. Dedecius (1961), Übersetzer aus den slawischen Sprachen, der Probleme der Übersetzung von Lyrik behandelt.[24] K. Dedecius geht von drei Übersetzungstypen aus, die sich hinsichtlich der „Zuverlässigkeit" und des „künstlerischen Charakters" unterscheiden:[25]

> Wenn man mich fragte, würde ich folgende Unterscheidungen (auf einen einfachen Nenner gebracht) vorschlagen:

23 Man vergleiche dazu die Beiträge in A. Finck/H. Weichselbaum, Hrsg. (1991), die zu ganz unterschiedlichen Schlüssen hinsichtlich der Übersetzbarkeit Trakls in z. T. entfernte Sprachen und Sprachgemeinschaften kommen. W. Weber etwa hebt die Kulturgemeinsamkeiten, die Verflochtenheit von österreichischer und russischer Kultur, der europäischen Literatur überhaupt hervor. Die Übersetzung Trakls in die russische Sprache werde dadurch erleichtert, dass diese im 20. Jahrhundert all die Ausdrucksmöglichkeiten entwickelt habe, die für die Wiedergabe der poetischen Sprache Trakls (Wortschatz, Bilder, Reimmöglichkeiten) notwendig seien.

24 S. hierzu auch H. Nikula (1998).

25 Zur Übersetzung versus Übertragung, s. G. A. Baeva (2012).

> Übersetzung – zuverlässig, aber unkünstlerisch
> Übertragung – künstlerisch *und* zuverlässig[26]
> Nachdichtung – künstlerisch, aber unzuverlässig
> (Unzuverlässig oder zuverlässig bezöge sich auf die fremde Vorlage.) – Die Übersetzung wäre somit etwas, was sich auf die (natürlich relative) Synonymik der Wörter stützte. Die Übertragung müsste außerdem den Takt und die Tonart des Stückes festhalten, das Tempo und die Spielweise angeben, die Farbe und die Form der einzelnen Klangelemente wahren. – Der Nachdichtung stünde das weite Feld poetischen Spiels – bis zur Verfremdung – offen. (443)

Es geht K. Dedecius letztlich um die Frage, wann eine Übersetzung poetischer Texte als „eigentliche" Übersetzung gelten kann. Sie ist es nicht, wenn sie – als Nachdichtung – die Autonomie des zu übersetzenden Textes verletzt. Sie ist es aber auch nicht, wenn sie von einer dem literarischen Text unangemessenen Hierarchie der zu bewahrenden Werte ausgeht, d. h. wenn sie die ästhetischen auf Kosten der denotativen Werte vernachlässigt. In diesem Sinne wäre die „Lesehilfe", die F. Kemp mit seiner Baudelaire-Übersetzung geben will (s. o.), keine Übersetzung im eigentlichen Sinne.

3. Ein Beitrag soll im Folgenden ausführlicher vorgestellt werden, weil er gleichsam ein Muster solcher übersetzerischer Reflexion darstellt: Wilhelm von Humboldts Einleitung zu seiner Übersetzung des „Agamemnon" von Aeschylos (1816, zitiert wird nach der Ausgabe in H. J. Störig, Hrsg. 1973). Diese Einleitung besteht aus drei Teilen:
   1. Einer Einführung in das Werk selbst, d. h. Inhaltsangabe und Interpretation des Textes in seinen sprachlichen, ästhetischen und historischen Bezügen; es ist dies recht eigentlich eine (übersetzungsrelevante) **Analyse des Originaltextes**.
   2. Der Reflexion des Übersetzungsprozesses, der Erläuterung der prinzipiellen Übersetzungsschwierigkeiten und der grundsätzlichen übersetzungstheoretischen Vorüberlegungen. W. von Humboldt führt aus, dass ein Text wie „Agamemnon" „seiner eigenthümlichen Natur nach [...] unübersetzbar" sei. Dies begründet er mit folgender sprachwissenschaftlichen Feststellung:

26 Zu vielen Beiträgen über Übertragung, s. A. Kleihues/B. Naumann/E. Pankow, Hrsg. (2010).

> Man hat schon öfter bemerkt [...], dass, so wie man von den Ausdrücken absieht, die bloss körperliche Gegenstände bezeichnen, kein Wort Einer Sprache vollkommen einem in einer andren Sprache gleich ist. Verschiedene Sprachen sind in dieser Hinsicht nur ebensoviel Synonymieen; jede drückt den Begriff etwas anders, mit dieser oder jener Nebenbestimmung, eine Stufe höher oder tiefer auf der Leiter der Empfindungen aus. [...] Wie könnte daher je ein Wort, dessen Bedeutung nicht unmittelbar durch die Sinne gegeben ist, vollkommen einem Worte einer andern Sprache gleich seyn? Es muss nothwendig Verschiedenheiten darbieten, und wenn man die besten, sorgfältigsten, treuesten Uebersetzungen genau vergleicht, so erstaunt man, welche Verschiedenheit da ist, wo man bloss Gleichheit und Einerleiheit zu erhalten suchte. (80 f.)

Die Wörter erfassen die Begriffe auf unterschiedliche Weise, weil sich die Bedeutungen der Wörter von Sprache zu Sprache unterscheiden. Eine Ausnahme sind die Ausdrücke, die sich auf konkret erfassbare Gegenstände beziehen. W. von Humboldt unterscheidet damit wie F. Schleiermacher (s. o., I.2.4) zwischen Nomenklaturen (Terminologien) und dem historisch und kulturell bestimmten Teil des Wortschatzes (dass auch im Bereich der Terminologie die Verhältnisse keineswegs so einfach sind, zeigt die moderne Fachsprachen- und Terminologieforschung (s. II.4.2.2). Das Problem und die Herausforderung des Übersetzens besteht darin, dass trotz dieser Unterschiedlichkeiten versucht werden muss, das in der anderen Sprache Gedachte (und Denkbare) mit den Mitteln der eigenen Sprache wiederzugeben. Deshalb kann es *die* Übersetzung nicht geben, und die vorliegenden oder möglichen Übersetzungen eines Textes stellen nur Annäherungen, (Teil-) „Bilder" des Originaltextes dar:

> Denn Uebersetzungen sind doch mehr Arbeiten, welche den Zustand der Sprache in einem gegebenen Zeitpunkt, wie an einem bleibenden Massstab, prüfen, bestimmen, und auf ihn einwirken sollen, und die immer von neuem wiederholt werden müssen, als dauernde Werke. Auch lernt der Theil der Nation, der die Alten nicht selbst lesen kann, sie besser durch mehrere Uebersetzungen, als durch eine, kennen. Es sind eben so viel Bilder desselben Geistes; denn jeder giebt den wieder,

> den er auffasste, und darzustellen vermochte; der wahre ruht allein in der Urschrift. (87)

Übersetzungen literarischer Texte müssen immer wieder von neuem unternommen werden. Jede Übersetzung gibt eine bestimmte und immer nur partielle Interpretation des Originals; deshalb altern (oder besser: verändern sich) Übersetzungen nicht nur in sprachlicher Hinsicht, sondern auch in den in ihnen festgeschriebenen Interpretationen (ihren Konkretisationen, s. u., I.7.2.6). Diese Einsicht darf aber, wie W. von Humboldt ausführt, „vom Uebersetzen nicht abschrecken":

> Das Uebersetzen und gerade der Dichter ist vielmehr eine der nothwendigsten Arbeiten in einer Literatur, theils um den nicht Sprachkundigen ihnen sonst ganz unbekannt bleibende Formen der Kunst und der Menschheit, wodurch jede Nation immer bedeutend gewinnt, zuzuführen, theils aber und vorzüglich, zur Erweiterung der Bedeutsamkeit und der Ausdrucksfähigkeit der eignen Sprache. (81)

3. Schließlich behandelt W. von Humboldt die konkreten Übersetzungsprobleme, die insbesondere Silbenmaß und Rhythmus darstellen, und er rechtfertigt im Einzelnen seine Übersetzerentscheidungen.

2.6 Zusammenfassung

In Kapitel 2 geht es um Äußerungen von Übersetzern zu ihrer Praxis und um die zugrundeliegenden Prinzipien, die sich daraus ableiten lassen. Besondere Aufmerksamkeit gilt dabei Schleiermachers Übersetzungstheorie und Luthers Übersetzungsprinzipien.

3 Zur kultur-, literatur- und sprachgeschichtlichen Bedeutung von Übersetzungen und Übersetzungstheorien (am Beispiel des Deutschen)

3.1 Übersetzung als Kultur- und Spracharbeit

Die Geschichte der Übersetzung (als Geschichte der übersetzerischen Tätigkeit und der Übersetzungen) zeigt, dass Übersetzen und Dolmetschen menschliche Tätigkeiten sind, denen man in allen Menschheitsepochen begegnet. Auf den biblisch-mythologischen Ausgangspunkt für die Notwendigkeit des Übersetzens und Dolmetschens weist der Titel von G. Steiners gelehrtem Buch „After Babel. Aspects of Language and Translation“ (1975). In der Erzählung vom Turmbau zu Babel erscheinen die Vielsprachigkeit der Menschheit und die damit verbundenen Verständigungsprobleme „mythologisch verdichtet“ (W. Wilss 1977:27). Überall dort, wo Menschen verschiedener Sprachen miteinander zu tun hatten und haben, brauchte und braucht es – zunächst im mündlichen, dann auch im schriftlichen Verkehr – Dolmetscher und Übersetzer, die mitteln und vermitteln, d. h. Verständigung ermöglichen. Die Geschichte der Übersetzung, der übersetzerischen und dolmetschenden Tätigkeit in den verschiedenen Menschheitsepochen und in den verschiedenen Kultur- und Sprachräumen, vom ägyptischen Alten Reich bis in unsere Zeit, ist immer noch nicht ausreichend erforscht und dokumentiert.[27] Immerhin sind in den letzten Jahrzehnten breit angelegte Untersuchungen erschienen, die sich das Ziel setzen, diese Lücken zu schließen. Insbesondere sei hingewiesen auf die drei Bände von „*Übersetzung – Translation – Traduction.* Ein internationales Handbuch zur Übersetzungsforschung“ (hrsg. von H. Kittel u. a. 2004, 2007, 2011), in dem die Übersetzungskulturen in Raum und Zeit weltweit dokumentiert werden. Das Spektrum reicht von der Übersetzung in und zwischen den Kulturen in der antiken Welt, im Vorderen Orient, im Europa des Mittelalters, in der Re-

27 S. dazu den geschichtlichen Abriss in W. Koller (1972:13 ff.), L. Kelly (1979), L. Venuti (2008). – Zur Geschichte des Dolmetschens, s. M. Bowen (1999).

naissance und in der Neuzeit über die Übersetzungskulturen in den einzelnen europäischen Ländern, im Mahgreb, in afrikanischen und asiatischen Ländern bis Australien und Amerika. Außerdem werden Übersetzungsgeschichte, Verbreitung und Wirkung ausgewählter Texte und Verfasser (Bibel, Homer, Shakespeare, Marx, Tolstoj, Freud) behandelt.[28]

Studien zu einzelnen Übersetzungstexten wie auch breiter angelegte Untersuchungen zur Übersetzungsliteratur zeigen immer wieder, dass die kultur-, literatur- und sprachgeschichtliche Bedeutung von Übersetzungen nicht überschätzt werden kann. Nach A. P. Frank (1987:ix) trug „die Übersetzung antiker Autoren schon während der Renaissance wesentlich zur Herausbildung der modernen europäischen Literaturen bei". R. Jürgensen (1990:xi f.) macht geltend, dass die Entstehung einer deutschen Nationalliteratur in der Wende zum 17. Jahrhundert nur aus dem Zusammenhang der europäischen Literaturtraditionen begriffen werden könne. Mit Nachahmung und Übersetzung wurden die fremden literarischen Formen angeeignet. Unter Nachahmung wird dabei die „freie Nachbildung unbekannter literarischer Muster im Kontext der eigenen Literaturtraditionen" verstanden; unter Übersetzung der „Versuch, das Nicht-Vertraute in einer fremden Sprache nachzuvollziehen und möglichst unverfälscht in der eigenen kulturellen Sphäre heimisch zu machen".

Übersetzung ist in einem weiteren Sinne immer **Kulturarbeit**, in einem engeren Sinne **Spracharbeit**: Arbeit mit der anderen und an der eigenen Kultur, Arbeit mit und an der eigenen Sprache (s. u., I.5.6, wo vom Übersetzen als einer sprachlichen Kulturtechnik die Rede ist).[29] Die Übersetzungsaufgabe ist eine kommunikative Herausforderung, die unter zwei Aspekten gesehen werden muss: dem Aspekt des Kulturkontakts und dem Aspekt des Sprachkontakts.

---

28 Wer sich für die „Übersetzung im mesopotamischen Raum", für die „Übersetzung aus dem Tibetischen ins Mongolische und umgekehrt" oder die „Übersetzungskultur in der DDR" interessiert, kommt ebenso auf seine Rechnung wie jemand, der sich über die „übersetzerische Entdeckung des Orients am Beispiel der Feerei" oder die spanischamerikanische Übersetzungskultur in vorkolumbianischer und frühkolonialer Zeit" informieren möchte.

29 Zur Bedeutung der Übersetzung für die Entwicklung der Kultursprachen, s. J. Albrecht (2007).

3.2 Übersetzung unter den Aspekten des Kultur- und des Sprachkontakts - Übersetzungsmethoden

Jeder Text ist **in einem bestimmten kommunikativen Zusammenhang, einer Kultur, verankert**. Textproduktions- und -rezeptionsbedingungen sind von Kommunikationsgemeinschaft zu Kommunikationsgemeinschaft verschieden; sie unterscheiden und verändern sich auch innerhalb einer Kommunikationsgemeinschaft. Je stärker die kommunikativen Zusammenhänge voneinander abweichen, umso größer ist die kommunikative Herausforderung für den Übersetzer, der diese **kommunikative Differenz** überbrücken muss. Idealtypisch lassen sich zwei Übersetzungsmethoden (man würde vielleicht besser von Übersetzerhaltungen sprechen) unterscheiden, mit denen sich Übersetzungen dieser Herausforderung stellen:

- Die **adaptierende Übersetzung** ersetzt AS-Textelemente, die spezifisch in der AS-Kultur verankert sind, durch Elemente der ZS-Kultur; die Übersetzung assimiliert den AS-Text im ZS-Kontext.
- Die **transferierende Übersetzung** versucht, kulturspezifische AS-Elemente als solche im ZS-Text zu vermitteln. Schwierigkeiten treten dann auf, wenn die kulturelle Differenz so groß ist, dass beim ZS-Leser die Verstehensvoraussetzungen erst geschaffen werden müssen, um eine adäquate Rezeption zu ermöglichen. Mit der transferierenden Übersetzung wird der kommunikative Zusammenhang der ZS erweitert, und das kann (muss aber nicht) bedeuten, dass die fremdkulturellen Elemente durch den Einsatz neuer sprachlich-stilistischer Ausdrucksformen in der ZS vermittelt werden: Die Übersetzung verändert oder erneuert ZS-Sprach- und Stilnormen.

Die **Sprachkontaktsituation des Übersetzens** ergibt sich daraus, dass ein Text, der sich der Ausdrucksmittel einer bestimmten AS bedient, in einen Text überführt wird, der sich anders strukturierter sprachlich-stilistischer Mittel bedienen muss. Wiederum idealtypisch lassen sich zwei Übersetzungsmethoden im Blick auf die kommunikative Herausforderung unterscheiden, die sich aus der **Divergenz zwischen den sprachlich-stilistischen Gegebenheiten des ausgangssprachlichen Textes und den zielsprachlichen Möglichkeiten** ergibt:

- Die **sich einpassende Übersetzung** (aufs Deutsche bezogen: **verdeutschende Übersetzung**) bewegt sich im Rahmen der sprachlich-stilistischen Normen, die in der ZS zum Zeitpunkt der Übersetzungsarbeit gelten.
- Die **verfremdende Übersetzung** versucht, die sprachlich-stilistischen Strukturen des AS-Textes so weit wie möglich im ZS-Text nachzuvollziehen oder wenigstens „durchscheinen" zu lassen, wodurch (im Extremfall) eine eigentliche Übersetzungssprache entstehen kann, die sich von der Sprache originaler Texte abhebt. Während sich einpassende Übersetzungen in die Menge von Originaltexten einordnen und zur Bestätigung und Verfestigung geltender sprachlich-stilistischer Normen beitragen, können verfremdende Übersetzungen bestehende sprachliche Normen verändern, erweitern oder erneuern, bzw. sie verstärken Tendenzen der Normveränderung, die unter Umständen auch in Originaltexten fassbar sind.[30]

Im Folgenden werden die Geschichte deutscher Übersetzungstheorie und die sprachgeschichtliche Bedeutung von deutschen Übersetzungen querschnittartig und in gedrängter Form behandelt; es kommt uns darauf an, die übersetzungstheoretische Diskussion in ihrer Geschichtlichkeit und damit zugleich ihrer geschichtlichen Relativität darzustellen.[31]

3.3 Althochdeutsche Zeit (8.–11. Jahrhundert)

Geschriebene deutsche Sprache ist in ihren Anfängen das Resultat einer Übersetzungstätigkeit, deren Spektrum von Glossen und Wort-für-Wort-Umsetzungen bis zu selbständigen Übersetzungsleistungen reicht. Autonome, von lateinischen Vorlagen unabhängige Texte bilden die Ausnahme in der althoch-

---

30 Übersetzung als Spracharbeit wird besonders bei der Übernahme von fremdem Wortgut (Zitatwörtern) direkt an der Sprachoberfläche sichtbar. Möglichkeit und Bedingungen für dieses Verfahren sind historisch unterschiedlich; vgl. dazu die mehrere Sprachen berücksichtigenden Beispiele in W. Koller (1972, Abschnitt 4.4.), und B. Bödeker/K. Freese (1987), wo auf die Übernahme von Ausdrücken wie *Stuga*, *Sump*, *Länsman* usw. in Übersetzungen der um die vorige Jahrhundertwende im deutschen Sprachraum überaus populären skandinavischen Literatur eingegangen wird (s. u., II.3.3.4). – Zur verfremdenden Übersetzungsmethode bei der Übersetzung von Dramen aus dem Deutschen ins Griechische, s. A. Anastasiadis (2009).

31 S. dazu ausführlicher W. Koller (2007), mit Quellen- und Literaturangaben.

deutschen Überlieferung. In den Jahrhunderten althochdeutscher Spracharbeit, die primär Übersetzungsarbeit ist, stehen die althochdeutschen Dialekte in ihrem germanisch-„heidnischen“ Gepräge vor der kommunikativen Herausforderung, lateinische Sprache und christlich-antike Kultur im Deutschen schriftsprachlich zu erfassen und zu vermitteln. Die Volkssprache, die als ungeübt und regellos aufgefasst wird, ist „lingua vulgaris et illiterata“.

Entstehungs- und Gebrauchsort der althochdeutschen Übersetzungstexte ist das Kloster; die Klosterschule bestimmt ihre (Hilfs-)Funktion. Konkret bedeutet das: Dem Klosterschüler soll beim Verstehen der lateinischen Vorlagen und beim Lateinlernen geholfen werden. Ausnahmen von dieser **sprachdidaktischen Übersetzungshaltung**, die das Deutsch der Übersetzungen auf das Latein der Vorlagen ausrichtet, sind, am Anfang althochdeutscher Überlieferung (um 800), die Isidor-Übersetzung, und, am Ende der Epoche, Willirams von Ebersberg Paraphrase des Hohen Liedes (um 1060).

Etikettierungen althochdeutscher Übersetzungen mit Ausdrücken wie „primitive Wörtlichkeit“ oder „sklavische Abhängigkeit von der Vorlage“ verbieten sich, wenn man sich vergegenwärtigt, welche Sprach-, Denk- und Kulturleistungen in ihnen vollbracht werden, welches sprachliche Experimentierfeld sie darstellen. Generell gilt für althochdeutsche Übersetzungen, dass sie (und dies setzt sich über das Mittelhochdeutsche bis zum Ende der frühneuhochdeutschen Epoche fort) durch die *Schule des Lateins* gehen. Indem sich die althochdeutsche Sprache der Übersetzungen in die „Zwangsjacke“ des Lateins pressen lässt, lernt sie nicht nur christliche und antike Kultur in deutscher Sprache zu bewältigen; sie ist schließlich fähig, das Latein als Fach- und Literatursprache abzulösen. Dieser Prozess kommt erst in neuhochdeutscher Zeit zum Abschluss. Die Geschichte der Übersetzung ins Deutsche spiegelt nicht bloß diese Entwicklung, Übersetzungen sind an ihr als Triebkraft maßgeblich beteiligt.

3.4 Mittelhochdeutsche Zeit (Mitte 11. – Mitte 14. Jahrhundert)

In diesem Zeitraum erschließt sich die deutsche Sprache, im Neben- und Miteinander mit dem Latein, neue und zugleich immer speziellere Anwendungsbereiche, bis sich im 14. und 15. Jahrhundert eine Prosa- und Fachprosaliteratur herausbildet, in der das Deutsche als Schriftsprache die Stufe eines alle Lebens- und Sachbereiche abdeckenden Kommunikationssystems erreicht. Bei dieser Entwicklung spielt die Übersetzung bzw. die bearbeitende und aneignende Auseinandersetzung mit fremden Vorlagen, Quellen und Stoffen (in erster Linie lateinischen und französischen) eine hervorragende Rolle. Die wachsenden volkssprachlichen Kommunikationsbedürfnisse, die sich im ständigen Anschwellen der Übersetzungsproduktion manifestieren, treiben Erweiterung und Differenzierung des Begriffs- und Wortinventars und der Syntax des Deutschen voran. Erweiterung und Differenzierung spielen sich dabei im Wesentlichen auf der Ebene der **Sprachnorm** ab: Nach 400 Jahren althochdeutscher Sprach- und Übersetzungsarbeit verfügt das Deutsche über die Möglichkeiten, die zur Wiedergabe lateinischer Konstruktionen und Inhalte notwendig sind. Man vergegenwärtige sich den Sachverhalt, dass es Albrecht von Halberstadt um 1210 (1190?) unternimmt, ein Werk wie Ovids „Metamorphosen" zu übersetzen. Mittelhochdeutsche Thomas-Übersetzung und Meister Eckharts deutsche Werke zeigen eindrücklich, dass die Volkssprache, zur Schriftsprache geworden, fähig ist zur Wiedergabe schwierigster theologischer und philosophischer Argumentation.

Die mittelhochdeutsche höfische Epik und Lyrik im 12. und 13. Jahrhundert ist nach Frankreich ausgerichtet. Das Verhältnis der deutschen Texte zu den französischen Vorlagen ist allerdings mit einem Übersetzungsbegriff, der sich im 18. und 19. Jahrhundert herausgebildet hat, nicht adäquat beschreibbar. Das zeigt sich schon rein äußerlich: Die mittelhochdeutschen Dichtungen sind nicht selten doppelt oder dreimal so umfangreich wie die französischen Vorlagen. Die „Treue" der deutschen höfischen Dichtungen gegenüber dem jeweiligen französischen Ausgangspunkt gilt dem Stofflichen als historischer und poetischer Wahrheit; in der formalen und deutend-erklärenden Ausgestaltung sind sie frei.

Die freie Bearbeitung, die den ausgangssprachlichen Text in der deutschen Fassung erweitert, kürzt, strafft und kommentiert und die ihn in die deutsche mittelalterliche Welt überführt, ist kennzeichnend für die Übersetzungshaltung in mittelhochdeutscher Zeit. Daneben sind aber auch die anderen, für das Althochdeutsche ausgewiesenen Übersetzungstypen vertreten:

a. Interlinearversionen im engeren Sinne, d. h. Form-für-Form-Umsetzungen, die ohne Heranziehung der Vorlagen oft kaum verständlich sind
b. interlinearartige Texte mit gewissen Anpassungen an deutschen Sprachusus

c. freie oder relativ freie Übersetzungen
d. Um- und Nachdichtungen

in\
fo\

Was wir in mittel- und frühneuhochdeutscher Zeit beobachten können, ist der kultur-, literatur- und sprachgeschichtlich so bedeutungsvolle Vorgang der allmählichen Ausgliederung des Deutschen aus der lateinisch geprägten Schriftkultur. Übersetzungen und Bearbeitungen stehen am Anfang dieses Prozesses; sie sind zugleich Mittel der tradierenden Weiterführung des Zusammenhangs von lateinischer und deutscher Kultur.

3.5 Frühneuhochdeutsche Zeit (Mitte 14. – Mitte 17. Jahrhundert)

In dieser Epoche beschleunigt sich der Prozess der Ablösung des Lateins als Schriftsprache durch das Deutsche.[32] Dass sich vor dem Hintergrund der Existenz verschiedener Schreibsprachen eine deutsche Schriftsprache etabliert, deren Verbindlichkeit sich immer mehr durchsetzt, ist in entscheidender Weise mit der **Sprachleistung Martin Luthers** verknüpft, die in hohem Grade **Übersetzungsleistung** ist. Neben den besonderen Gründen der historischen und ökonomischen Situation des Reformationszeitalters, zu denen auch die durch den Buchdruck ermöglichte Massenverbreitung der Luther-Schriften gehört, hängt die Breitenwirkung der Sprache von Luthers Bibelübersetzung unmittelbar mit seinem **Übersetzungsprinzip des Verdeutschens** zusammen. Luther schaut dem „gemeinen Mann" aufs Maul und schafft gleichzeitig eine Literatursprache, die höchsten Ansprüchen genügt (s. o., I.2.4).

Hinsichtlich der Geschichte der Übersetzungstheorie spielt die frühneuhochdeutsche Epoche eine besondere Rolle, weil in ihr Übersetzungsbegriff und -prinzipien explizit reflektiert werden. Das gilt nicht erst für Luthers „Sendbrief vom Dolmetschen" (1530), sondern schon für das vorhergehende Jahrhundert: die sogenannte „Wiener Schule" und den deutschen Frühhumanismus.

32 S. dazu z.B. S. Plotke (2017).

Bei den Übersetzungen der Wiener Schule (Ende des 14. und erste Hälfte des 15. Jahrhunderts) lassen sich zwei Übersetzungstypen unterscheiden, deren Art und adressatenspezifische Funktion in Vorreden zu den Übersetzungen erklärt und gerechtfertigt werden: a) Übersetzungen, die sich am Latein der Vorlage orientieren; in einer Gelehrtensprache eigenen Charakters soll die *proprietas* des Lateins im Deutschen nachvollzogen werden, und b) Übersetzungen, die sich im Rahmen des schreibüblichen Deutsch bewegen und sich durch **Umschreibungen** auszeichnen. Dazu gehört nicht nur, dass sich die Übersetzung ganz vom Latein freimacht und deutschem Sprachusus folgt, also **verdeutscht**; der Übersetzer kann auch im Interesse der belehrenden und erbauenden Vermittlung religiöse Erläuterungen und Ergänzungen hinzufügen sowie Kürzungen und Straffungen vornehmen: Es gilt das Prinzip der **Adaptation**.

Auch im **deutschen Frühhumanismus** lassen sich zwei Übersetzungshaltungen unterscheiden: **Latinisierender Übersetzungsstil:** Niklas von Wyle (ca. 1410–1478) lässt sich vom Übersetzungsgrundsatz größtmöglicher Wörtlichkeit in Bezug auf das Latein leiten; er ist durchdrungen von der Überzeugung des höheren Rechts und der sprachlich-stilistischen Vorbildlichkeit und Verbindlichkeit des Originals. Auf Verständlichkeit für den „gemeinen Mann" kommt es ihm nicht an. Seinen Übersetzungsgrundsatz exemplifiziert er anhand der formalen Nachbildung lateinischer Partizipialkonstruktionen: Im Vorwort zu seinen „Translationen" führt er aus, dass er „sed invenies aliquos senes amantes, amatum nullum" übersetzt habe mit „du findest aber etlich alt liebhabend mane, aber liebgehapten kainen", obwohl er „verstentlicher" hätte übersetzen können mit „du findest aler etlich alt mane die frowen liebhabent. Aber kainen alten findest du, der von frowen werd lieb gehept".

Freierer Übersetzungsstil: Hat der latinisierende Übersetzungsstil von Niklas von Wyle im 15. und 16. Jahrhundert durchaus seine Anhänger und Nachfolger, so dominiert doch die freiere Übersetzungsmethode der Frühhumanisten Albrecht von Eyb (1420–1475) und Heinrich Steinhöwel (1412–1482). Im Zusammenhang mit der Übersetzung von Plautus-Komödien formuliert Albrecht als Grundsatz, er habe übersetzt „nit als gar von worten zu worten, wann das gar vnuerstentlich wäre, sunder nach dem synn vnd mainung der materien, als sy am verstendlichisten vnd besten lauten mügen". Dabei geht es ihm um **Verdeutschen** und **Adaptieren** zugleich, d. h. um Verständlichkeit und Gebräuchlichkeit auf der sprachlich-stilistischen wie der kulturell-inhaltlichen Ebene. So werden die Plautus-Komödien sprachlich und inhaltlich ins deutsche Milieu des 15. Jahrhunderts verpflanzt.

Zahlreiche Erweiterungen und Zusätze sollen die Dramen lebendiger und verständlicher machen; Kürzungen wiederum werden im Interesse der Spielbarkeit der Stücke vorgenommen, soweit nicht moralische Gründe den Ausschlag geben.

Bei der Beurteilung der so unterschiedlichen Positionen von Niklas von Wyle auf der einen und Albrecht von Eyb auf der anderen Seite ist zu bedenken, was für diese Zeit volkssprachliche Literatur bedeutet: Die Volkssprache ist als Schriftsprache Kommunikationsmittel der Ungebildeten und Ungelehrten; Latein ist die Sprache der Gelehrten und der Kunstdichtung. Übersetzungen ins Deutsche müssen sich, wenn sie nicht rein sprachdidaktischen Zwecken dienen oder wenn sie nicht die deutsche Sprache am Latein schulen und den deutschen Leser zum lateinischen Text führen wollen, auf eine „ungelehrte" Leserschaft einstellen, und das bedeutet: Popularisierung der Vorlagen in sprachlich-stilistischer und inhaltlicher Hinsicht.

Im **Übergang zur neuhochdeutschen Epoche** sind Martin Opitz (1597–1639) und Justus Georg Schottel (1612–1676) von besonderer Bedeutung für Übersetzung und Übersetzungstheorie. In Sprachauffassung und Übersetzungshaltung überschreiten sie Theorie und Praxis des 15. und 16. Jahrhunderts: Fühlt sich ein Thomas Murner in der Vorrede zu seiner „Äneis"-Übersetzung von 1515 noch verpflichtet, sich für die Verwendung der ungelenken deutschen Sprache zu entschuldigen, herrscht bei Opitz und Schottel das Bewusstsein, dass das Deutsche vollwertige Literatursprache ist bzw. bei entsprechender „Übung" sein könnte, und dass es eines poetischen und oratorischen Stils fähig ist, der seinen Vorbildern in nichts nachsteht, ja diese sogar übertreffen kann. Ziel der Übersetzung ist für Schottel **Verdeutschung**; und dies ist möglich, weil die deutsche Sprache nun, im 17. Jahrhundert, über den notwendigen Reichtum an Ausdrucksmöglichkeiten verfügt. Dieser Reichtum muss unter Umständen teilweise allerdings erst zutage gefördert werden; insofern hat das Übersetzen auch für Schottel eine spracherweiternde und -bereichernde Funktion.

3.6 Neuhochdeutsche Zeit (ab Mitte 17. Jahrhundert)

In der neuhochdeutschen Zeit sind die sprachlich-stilistischen Voraussetzungen, aber auch die Rezeptionsbedingungen gegeben, die Ausgangspunkt moderner Übersetzungstheorie und einer neuen Übersetzungspraxis sein können. Diese Entwicklung, die keineswegs geradlinig verläuft, ist im Zusammenhang mit der Ablösung des Lateins als Literatur- und Fachsprache zu sehen: Am Ende der frühneuhochdeutschen Epoche hat sich eine deutsche Schriftsprache etabliert, die in allen Kommunikationsbereichen zur Anwendung kommt. Mit Opitz hat diese Schriftsprache bewiesen, dass sie vollwertige Kunstsprache ist; Schottels grammatisches Werk fasst sie in verbindliche und verbindende Regeln, die ihre Legitimation nicht mehr in lateinischer Grammatik und Rhetorik finden müssen, sondern in der Eigengesetzlichkeit der deutschen Sprache und deren Gebrauch bei Autoren, die als vorbildlich gelten.

Bei der Erprobung und Entwicklung der deutschen Schrift- und Literatursprache spielt die Übersetzungstätigkeit eine wichtige Rolle als **Triebkraft, Katalysator und Prüfstein**. Übersetzer nehmen die kommunikative Herausforderung an, die fremde Texte, Inhalte und Sprachen darstellen: bis ins 18. Jahrhundert die Herausforderung des Lateins, im 12.–14. Jahrhundert und im 17./18. Jahrhundert des Französischen, ab dem 17. Jahrhundert des Englischen und anderer europäischer und außereuropäischer Sprachen. So paradox es jedoch zunächst scheinen mag: Mit der Etablierung und Entfaltung einer neuhochdeutschen Schriftsprache, die über die Ausdrucksmöglichkeiten verfügt, mit denen das ganze Spektrum von alltäglichen Äußerungen bis zu hochpoetischen Texten und komplizierten wissenschaftlichen Sachverhalten sprachlich bewältigt werden kann, nimmt die **sprachgeschichtliche Bedeutung der Übersetzung** kontinuierlich ab. Je mehr im 18. und 19. Jahrhundert geschrieben und übersetzt wird, desto größer wird die Übersetzbarkeit der Sprachen, und das heißt zugleich: desto kleiner wird die kommunikative Herausforderung der deutschen Sprache durch das Fremdsprachige (und – im Zuge von Internationalisierung, ja Globalisierung aller Lebensbereiche – teilweise auch das Fremdkulturelle). Das bedeutet natürlich keineswegs, dass die Übersetzungsaufgabe als Wirk- und Entwicklungsfaktor gänzlich ausfällt. Die **Erneuerung der deutschen Literatursprache** ist entscheidend mit Übersetzungsleistungen verknüpft. So gewaltig aber die literarische und literatursprachliche Leistung von Johann Heinrich Voß oder August Wilhelm Schlegel ist, wie groß auch immer die sprachschöpferische und -erneuernde Kraft des deutschen Homer und des deutschen Shakespeare einzuschätzen ist: Von ihrer Bedeutung in der sprachgeschichtlichen Situation des 18./19. Jahrhunderts her können sie doch nicht mit Luther verglichen werden.

Übersetzungstheoretische Positionen: Die unterschiedlichen übersetzungstheoretischen Positionen in neuhochdeutscher Zeit haben ihren Ausgangspunkt in der deutschen Aufklärung; sie können an Johann Christoph Gottsched (1700–1766) bzw. dem Kreis um Gottsched in Leipzig und an Johann Jacob Breitinger (1701–1776) festgemacht werden. Gottscheds und Breitingers Übersetzungshaltungen sind im Zusammenhang mit unterschiedlichen poetischen, ästhetischen und literatursprachlichen Auffassungen zu sehen, die im Streit um die Milton-Übersetzung Johann Jacob Bodmers aufeinanderprallen. Gemeinsam ist beiden die **rationalistische Sprachauffassung**, nach der zwischen den Sprachen prinzipielle Übersetzbarkeit besteht, weil sie sich wesenhaft gleich sind. Beide sind sich zugleich durchaus bewusst, dass sich Sprachen nicht eins zu eins entsprechen. Sie unterscheiden sich in der Stellungnahme dazu, wie sich Übersetzer Schwierigkeiten gegenüber verhalten sollen, die sich aus der Einzelsprachspezifik sogenannter Redensarten (d. h. „Arten zu reden“) und Konstruktionen (insbesondere Partizipialkonstruktionen) ergeben: Dürfen in der Übersetzung sprachlich-stilistische oder formale Eigenschaften des AS-Textes nachgebildet werden, auch wenn dadurch unter Umständen gegen ZS-Normen verstoßen wird?

Für Gottsched sind Übersetzungen dann gute Übersetzungen, wenn sie mit den Grundsätzen der aufklärerischen normativen Poetik übereinstimmen. Wo ein Original diesen Regeln nicht entspricht, hat der Übersetzer die Aufgabe, zu „bessern“, zu erweitern, zu straffen, zu kürzen: Die Übersetzung soll sich nahtlos in die Originalliteratur einfügen. Dazu gehört auch, dass sie den **Regeln der Sprachkunst** folgt; das bedeutet für Gottsched, dass die Übersetzung ganz deutsch zu sein hat.

Für Breitinger dagegen muss sich der Übersetzer „das harte Gesetz vorschreiben, dass er niemahls die Freyheit nehmen wolle, von der Grundschrift, weder in Ansehung der Gedancken, noch in der Form und Art derselben, abzuweichen“. Entschieden wendet er sich dagegen, das Original in der Übersetzung durch Weglassungen zu verändern; ein guter Originaltext enthalte keine „müßigen“, d. h. funktionslosen Wörter. Sogenannte fremdsprachige „Idiotismen“ sollten nach Breitinger im Deutschen nachgebildet werden. Dazu gehören nicht nur einzelne Wörter und Syntagmen (wie z. B. Ausdrücke, die sich auf landesspezifische Sitten und Gebräuche, Institutionen usw. beziehen, Sprichwörter, Metaphern), sondern auch grammatische Möglichkeiten wie Substantivierung, Bildung von Zusammensetzungen und Verwendung von Partizipien. Die deutsche Sprache ist nach Breitinger **erweiterungsfähig**, ja sie muss – zu ihrem eigenen Vorteil – erweitert werden durch die Einführung oder Erneuerung auch von zunächst vielleicht fremd wirkenden Ausdrucksmöglichkeiten.

Auf der theoretischen Ebene führt Johann Gottfried Herder (1744–1803) den Ansatz Breitingers weiter; konsequent in die Praxis umgesetzt wird er von Johannes Heinrich Voß (1751–1826) in der Homer-Übersetzung von 1793, in der homerische Sprach- und Stilzüge systematisch nachgebildet und dadurch die bis weit ins 19. Jahrhundert hinein normgebenden Sprach- und Stilreglementierungen Johann Christoph Adelungs auf radikale Weise durchbrochen werden. In August Wilhelm Schlegels (1767–1845) Theorie und Praxis der Shakespeare-Übersetzung wird schließlich jene **romantische Konzeption** der Übersetzung sichtbar, die Friedrich Schleiermacher (1768–1834) in der Abhandlung „Ueber die verschiedenen Methoden des Uebersezens" (1813) systematisch erörtert (s. o., I.2.4).

Schleiermacher stellt mit bisher nicht dagewesener Ausschließlichkeit die **Methoden des Verfremdens und des Verdeutschens** einander gegenüber; bei poetischen und philosophischen Texten lässt sich Übersetzbarkeit nur mit der Methode des konsequenten Verfremdens herstellen. Er befürwortet eine eigentliche Übersetzungssprache, die immer Sprachveränderung beinhaltet, denn nur durch Abweichung von der geltenden Norm kann das Fremdsprachige in der ZS sichtbar gemacht werden. Schleiermacher ist von der spracherneuernden Aufgabe des Übersetzens, von der Pflicht des Übersetzers zur sprachlichen Kreativität überzeugt.

Mit Schleiermachers übersetzungsmethodischer Antithese und seinem Postulat einer sprachverändernden Übersetzungssprache beschäftigt sich jede moderne Übersetzungstheorie. Zu grundsätzlich neuen Positionen stößt weder das 19. noch das 20. Jahrhundert vor, sieht man einmal ab von den Versuchen, Mittelwege zu finden und zu definieren. (Am intensivsten hat sich wohl Wolfgang Schadewaldt um die theoretische Begründung und praktische Erprobung einer mittleren Linie bemüht.)

In unserer Zeit dürfte weitgehend ein Konsens darüber bestehen, dass die sprachlich-stilistischen Möglichkeiten des Deutschen so weit entwickelt sind, dass die Benützung einer artifiziellen Übersetzungssprache nicht mehr nötig erscheint, um der Autonomie des Originals in der Übersetzung gerecht zu werden. Doch trifft dies natürlich nur im Großen und Ganzen zu: Im Einzelnen sind die Unterschiede zwischen Sprachen und Kulturen, d. h. die sprach- und kulturspezifischen Idiosynkrasien, immer noch bedeutungsvoll genug, um das Übersetzen, selbst wenn es sich um europäische Sprachen handelt, zu einer kommunikativen Herausforderung zu machen. Und weil sich die sprachlichen Normen und die Rezeptionsbedingungen ständig verändern, verändert sich nicht nur die kommunikative, sondern auch die sprachliche Herausforderung. Deshalb kommt weder die übersetzungstheoretische Reflexion noch die praktische Übersetzungsaufgabe (und auch nicht die Diskussion der möglichen und richtigen Anleitungen zu dieser Praxis) je zu einem Abschluss: Jeder übersetzte Text enthält bereits die Aufforderung zur Neuübersetzung in sich.

3.7 Zusammenfassung

In Kapitel 3 steht die Übersetzung als Kultur- und Spracharbeit und damit verbunden der Aspekt des Kultur- und Sprachkontakts im Mittelpunkt des Interesses. Unter dem Aspekt des Kulturkontakts kann man die Übersetzungsmethoden als adaptierend bzw. transferierend, unter dem Aspekt des Sprachkontakts als sich einpassend bzw. verfremdend charakterisieren. Außerdem werden die Geschichte der deutschen Übersetzungstheorie sowie die sprachgeschichtliche Bedeutung deutscher Übersetzungen behandelt.

4 Sprachbarrieren und die Möglichkeiten ihrer Überwindung

Können Sprachbarrieren, die meist zugleich Verständnis-, Wissens- und Kulturbarrieren sind, auf andere, vielleicht effizientere und ökonomischere Weise überwunden werden als mit Übersetzen und Übersetzungen? Zwei Möglichkeiten, zwei Wege der „Entbabelisierung", wurden und werden diskutiert: die Möglichkeit einer **universalen Mittlersprache** (einer internationalen künstlichen Hilfssprache) und die Möglichkeit der **Konzentration auf eine (oder zwei) Weltsprachen**, die in den Schulen intensiv und früh vermittelt würden und in denen alle übereinzelsprachlich relevante Literatur abgefasst oder in Übersetzungen greifbar wäre. Eine dritte Möglichkeit geht davon aus, dass, wenn schon auf Übersetzungen nicht verzichtet werden kann, das Übersetzen selbst effektiver und kostensparender gemacht werden könnte durch den Einsatz des Computers: durch die **maschinelle (automatische) Übersetzung**.

4.1 Welthilfssprachen

Seine historische Legitimation und sein Vorbild hat das Projekt einer künstlichen Weltsprache in den Universalsprachen, mit denen sich Descartes (1596–1650) und Leibniz (1646–1716) beschäftigen.[33] Ausgangspunkt der Idee einer philosophischen Universalsprache ist die These, dass der Einheit der Wissenschaft und des Wissens die Einheit der Sprache entsprechen müsste. E. Cassirer (1953:68) charakterisiert diesen Ausgangspunkt folgendermaßen:

> Wie in allen Erkenntnissen, die auf diesen Namen wirklich Anspruch haben, immer nur die Eine identische Grundform der Erkenntnis, der menschlichen Vernunft, wiederkehrt, so muss auch allem Sprechen die eine, allgemeine Vernunftform

33 Zu den philosophischen Universalsprachen, s. G. Steiner (1975:198 ff.), J. R. Firth (1964: 62 ff.: „,Real character and universal languages.' Debabelization"), O. Funke (1929); zu den künstlichen Sprachen in historischer Perspektive und in der Gegenwart, s. A. Large (1985); zu Leibniz und dem Chinesischen als Universalsprache, s. L. M. Eichinger (2016).

> der Sprache überhaupt zugrunde liegen, die von der Fülle und Verschiedenheit der Wortformen zwar verhüllt wird, aber durch sie nicht völlig unkenntlich gemacht werden kann. Denn wie zwischen den Ideen der Mathematik, z. B. zwischen den Zahlen, eine ganz bestimmte *Ordnung* besteht, so bildet überhaupt das Ganze des menschlichen Bewusstseins samt allen Inhalten, die in dasselbe jemals eingehen können, einen streng geordneten Inbegriff. Wie daher aus relativ wenigen Zahlzeichen das ganze System der Arithmetik sich aufbauen lässt, so müsste sich auch durch eine begrenzte Zahl sprachlicher Zeichen, wenn diese nur nach bestimmten allgemeingültigen Regeln verknüpft werden, die Gesamtheit der Denkinhalte und ihre Struktur erschöpfend bezeichnen lassen.

Während Descartes selbst seinen Plan nicht ausführt, versuchen in seiner Nachfolge G. Dalgarno (1626–1687) und J. Wilkins (1614–1672), solche künstlichen Universalsprachen auszuarbeiten. In ihrem Grundgedanken und im Prinzip des Aufbaus stimmen diese Universalsprachen weitgehend miteinander überein:

> Immer wird davon ausgegangen, dass es eine begrenzte Zahl von Begriffen gibt, dass jeder von ihnen zu den anderen in einem ganz bestimmten sachlichen Verhältnis, in einer Beziehung der Zuordnung, der Über- oder Unterordnung stehe, und dass das Ziel einer wahrhaft vollkommenen Sprache darin bestehen müsse, diese natürliche Hierarchie der Begriffe in einem System von Zeichen zum adäquaten Ausdruck zu bringen. (E. Cassirer 1953:69)

Der Gedanke einer Universalsprache taucht in den philosophischen und sprachtheoretischen Grundlagen der generativen Grammatik wieder auf. N. Chomsky hat sich in seinem Buch „Cartesian Linguistics“ (1966) mit der rationalistischen Sprachphilosophie beschäftigt. Die Einzelsprachen sind nach dieser Theorie in ihrer tiefsten Schicht, in der Tiefenstruktur, repräsentiert in einer *lingua universalis*, einer formalen logisch-semantischen Sprache. Geht man davon aus, dass alle Sprachen, ungeachtet der Unterschiedlichkeiten an der „Oberfläche“, in einer tieferen Schicht universelle, für alle Menschen identische Begriffe und logische Zusammenhänge repräsentieren, so hat dies Konsequenzen bei der Beantwortung der Frage nach der Übersetzbarkeit: Übersetzbarkeit ist dann ein primäres Kennzeichen von Sprache und Sprachen überhaupt (s. u., II.1.5).

Seine historische Legitimation findet der Gedanke einer internationalen künstlichen Hilfssprache auch im **Latein des europäischen Mittelalters**, das bis ins 16./17. Jahrhundert nicht nur Schul- und Hochschulsprache sowie

Sprache der Wissenschaften war, sondern auch Sprache der Diplomatie, teilweise sogar der Dichtung (Kirchensprache ist das Latein zum Teil heute noch).[34] Die Fachlexik vieler Wissenschaften (Medizin, Zoologie, Botanik, Chemie u. a.) zeugt von der Bedeutung dieses internationalen Kommunikationsmittels. (Zur Ablösung des Lateinischen durch die Volks- und (nationalen) Standardsprachen und zur Rolle, die dabei die Erfindung des Buchdrucks und volkssprachliche Bibelübersetzungen spielen, s. o., I.3.5).

Von den fünf mehr oder weniger anerkannten Plan- oder Intersprachen (mit denen sich die sogenannte Interlinguistik beschäftigt),[35] die in den letzten hundert Jahren als radikale Lösungen der mit der Vielfalt der natürlichen Sprachen verbundenen Kommunikationsprobleme entwickelt worden sind, ist das **Esperanto** die bekannteste und verfügt über die größte Anhängerschaft. Alle bisher entwickelten Universalsprachen sind übrigens Systeme, die auf der Basis indoeuropäischer oder noch eingeschränkter: romanischer und der englischen Sprache(n) aufgebaut sind.

Die Argumente für die Einführung einer internationalen künstlichen Hilfssprache sind die gleichen wie diejenigen, die für die Notwendigkeit des Übersetzens und der Übersetzung gelten: Erleichterung, ja Ermöglichung von Kommunikation in allen Bereichen menschlicher Aktivitäten über die Sprachbarrieren hinweg. Zum Teil gehen sie aber gerade von der (behaupteten) begrenzten Reichweite und Realisierbarkeit des Übersetzens und Dolmetschens aus: Wie viel leichter wären doch internationale Konferenzen durchzuführen, wenn sich Referenten und Diskussionsteilnehmer einer Weltsprache bedienten; wie viel problemloser zugänglich wären die neuesten Erkenntnisse der Wissenschaften, wenn die wissenschaftlichen Zeitschriften und Publikationen diese verbindende und verbindliche Universalsprache benutzen würden; wie viel ökonomischer und effektiver könnte der Verwaltungsapparat in mehrsprachigen Ländern arbeiten, der seine Verordnungen in einer gemeinsamen Sprache, die keine der Landessprachen (und vielleicht Minoritätensprachen) benachteiligt, abfassen würde. So einleuchtend viele dieser Argumente sind und so brauchbar sich das Esperanto, jedenfalls bei seinen Anhängern, als Kom-

34 Zum Latein als Weltsprache, s. J. Leonhardt (2009), H. Haarmann (1975:211 ff.).

35 S. dazu H. F. Wendt (1987, „Welthilfssprachen“, 356 ff.), R. Haupenthal, Hrsg. (1976), D. Blanke (2006), U. Eco (2002, Kap. 16). – Die Interlinguistik in diesem Sinne ist nicht zu verwechseln mit dem Sprach- und Übersetzungsvergleich, den M. Wandruszka (1971) ebenfalls als Interlinguistik bezeichnet. – Zu Karl-May-Übersetzungen in die Welthilfssprache Ido, s. M. Rudloff (2004).

munikationsmittel erwiesen hat[36] – die Chancen, dass eine solche Sprache sich international einführen lässt, sind je länger desto kleiner zu veranschlagen.

4.2 Internationale Verkehrssprachen - Weltsprachen

Die zweite Möglichkeit, Übersetzen und Übersetzungen wenn nicht überflüssig zu machen, so doch auf einige wenige internationale Verkehrssprachen – oder gar eine einzige unbestrittene Verkehrssprache – einzuschränken, ist im beginnenden 21. Jahrhundert in weiten Bereichen Realität geworden. Das Englisch-Amerikanische als *lingua franca* und Weltsprache hat sich weitgehend durchgesetzt, jedenfalls was den alten Kontinent, die USA und die Länder, die sich in deren Einflusssphäre befinden, betrifft.[37] Das ist natürlich noch lange nicht die „Welt"; vielleicht werden sich früher oder später auch andere „Großsprachen" als Weltsprachen durchsetzen und in Konkurrenz zum Englisch-Amerikanischen als bisher unangefochtener internationaler Sprache treten.

Welche Sprachen sich als internationale Verkehrssprachen etablieren, hängt mit machtpolitischen, wirtschaftlichen und historisch-kulturellen Faktoren zusammen, die unterschiedlich eingeschätzt werden.[38] 1891 vertritt G. Meyer die Auffassung, dass England und Russland den „Kampf um die Welt" und zugleich um „die wirkliche und einzige Weltsprache" ausfechten würden. W. Porzig (1971:232) postuliert das Nebeneinander der drei in verschiedenen geographischen Räumen gültigen Weltsprachen Englisch, Chinesisch und Russisch. In der 2. Hälfte des 20. Jahrhunderts machte es noch den Anschein, dass der engere Kreis der internationalen Verkehrssprachen das Englische, Russische, Spanische, Arabische, Japanische und Chinesische

36 „The UEA [Universal Esperanto Association] congresses are held exclusively in Esperanto and the language is not only used in formal sessions but also in the many social gatherings which are associated with this annual event." (E. Large 1985:100). – Esperanto ist sogar als Sprache der Dichtung empfohlen worden, und Werke von weltliterarischem Rang sind in diese Kunstsprache übersetzt worden, von dichterischen Originalproduktionen ganz zu schweigen.

37 So kann man von EIAL (English as an International Auxiliary Language) sprechen (s. A. Large 1985:194).

38 Das waren noch Zeiten, als O. Kade (1968:53) schreiben konnte, dass „beim Sieg des Kommunismus im Weltmaßstab" günstige Voraussetzungen für die Ausbreitung einer einzigen Mittlersprache geschaffen wären – nämlich des Russischen!

umfassen würde, vielleicht auch noch das Französische. Inzwischen hat aber das Englisch-Amerikanische seine Vorrangstellung als *lingua franca* weiter ausgebaut; als Sprache der modernen Wissenschaften herrscht es im internationalen Wissenschaftsbetrieb fast uneingeschränkt. Das Deutsche hält sich nur noch in einigen „Nischen" (s. S. Skudlik 1990, U. Ammon 1998). Bedenklich ist, dass sich der Fremdsprachenunterricht in vielen europäischen Ländern ausschließlich am Englischen ausrichtet. Für mehrsprachige Länder ist das eine sprach- und kulturpolitische Herausforderung. Umso dringlicher wäre die Verwirklichung des sprachpolitischen Ziels der EU, dass die Europäer neben ihrer Muttersprache mindestens zwei Fremdsprachen beherrschen sollten.[39]

Welche **Konsequenzen** hat die Etablierung einiger weniger (oder vielleicht nur einer) Weltsprachen für das Übersetzungswesen? Der Bedarf an Übersetzern und Dolmetschern wird bei der ständigen Ausweitung der internationalen Kommunikationsbedürfnisse natürlich nicht abnehmen; er dürfte sich aber vermehrt an den internationalen Sprach-Schwergewichten ausrichten. Im Großen und Ganzen unberührt von dieser Entwicklung ist wohl die Situation im Bereich belletristischer Texte: Hier wird die Übersetzung immer eine entscheidende Rolle spielen, denn zur Weltliteratur kann erst werden, was in andere (auch kleinere und mittlere) Sprachen übersetzt ist. Und schöne Literatur liest man nun einmal am liebsten in seiner Muttersprache – es sei denn, man verfügt über hervorragende Kenntnisse der betreffenden Fremdsprache.

4.3 Sprachen und Sprachregelungen in der EU

Ohne Zweifel stellt die Übersetzungs- und Dolmetschaufgabe im ständig wachsenden internationalen Verkehr eine immer größere, quantitativ wie qualitativ immer schwerer zu bewältigende Herausforderung dar. In internationalen Organisationen wird versucht, die Übersetzungsquantität durch Verwendung einiger weniger Sprachen wenigstens zu begrenzen.[40] Wie se-

39 <http://ec.europa.eu/dgs/translation/translating/multilingualism/index_de.htm>.

40 S. dazu A. Pym (2004). – In H. Haarmanns (1975:125 ff.) Darstellung der Sprachenregelungen in supranationalen Organisationen wird die Möglichkeit einer künstlichen Welthilfssprache nicht einmal erwähnt.

hen diese Sprachenregelungen aus? H. Haarmann (1975:125 ff.) nennt drei grundsätzliche Möglichkeiten:

- Eine einzige Sprache wird Amtssprache (**präsidiales Prinzip**).
- Einige wenige Sprachen werden als Amtssprachen gewählt (**kollegiales Prinzip**).
- Alle Amtssprachen der Mitgliedstaaten haben gleichen Rang (**egalitäres Prinzip**).

In der Europäischen Union gilt das egalitäre Prinzip. Von der Sechsergemeinschaft der Gründerstaaten mit ihren vier Amtssprachen (Französisch, Italienisch, Niederländisch und Deutsch) vergrößerte sich die Zahl der Amts- und Arbeitssprachen in der Zwölfergemeinschaft (1986) auf neun: Dänisch, Deutsch, Französisch, Englisch, Griechisch, Italienisch, Niederländisch, Portugiesisch und Spanisch. Inzwischen besteht die EU aus **28 Mitgliedsstaaten**, und die Zahl der Amtssprachen hat 24 erreicht. Dabei haben alle Amtssprachen den gleichen Rang: Die europäischen Bürger haben das Recht, europäische Gesetze und Texte von allgemeiner Geltung in ihren eigenen Sprachen zu lesen und sich in einer der Amtssprachen an die europäischen Behörden zu wenden. Mit dem Status der **24 Amtssprachen** hängt zusammen, dass bei den im „Amtsblatt der Europäischen Union" veröffentlichten Texten nicht von Übersetzungen die Rede ist, sondern von Texten, die in den einzelnen EU-Amtssprachen „abgefasst" sind. Diese fremdsprachlichen Fassungen treten also mit dem Anspruch auf, „eigentlich" Originale zu sein. Wollte man spitzfindig sein, könnte man – parallel zu den Pseudoübersetzungen (s. u., II.2.7) – von Pseudooriginalen sprechen.

Bei der internen Arbeit der Behörden beschränkt man sich auf einige **Arbeitssprachen**:[41]

> Die Institutionen der EU können in ihren Geschäftsordnungen festlegen, wie die Regelung der Sprachenfrage im Einzelnen anzuwenden ist. Damit in den EU-Organen flüssig gearbeitet werden kann, gibt es sogenannte Arbeitssprachen.
> Innerhalb der **EU-Kommission** gilt ein Dreisprachenregime aus Englisch, Französisch und Deutsch. Das bedeutet, dass zu Kommissionssitzungen Arbeitsdoku-

41 Das Folgende entstammt <https://www.bundesregierung.de/breg-de/service/sprachenregelung-in-eu-organen-616372>. – S. auch https://de.wikipedia.org/wiki/Amtssprachen_der_Europ%C3%A4ischen_Union> sowie <https://europa.eu/european-union/about-eu/eu-languages_de>.

mente in den drei Sprachen vorgelegt werden. Bei internen Besprechungen der Dienststellen überwiegt dagegen inzwischen die Nutzung der englischen Sprache.

Im **Rat der Europäischen Union** gilt: Verhandlungen und Besprechungen auf der Ministerebene werden in alle Amtssprachen übersetzt, im Ausschuss der Ständigen Vertreter (ASTV) gilt aber das Drei-Sprachen-Regime (Englisch, Französisch, Deutsch).

In den **Ratsarbeitsgruppen der Fachbeamten** gelten unterschiedliche Regelungen. Soweit eine Gruppe Gesetze vorbereitet, wird in alle EU-Sprachen übersetzt. In der überwiegenden Zahl der Gruppen werden nur die fünf großen EU-Sprachen gedolmetscht, das heißt Englisch, Französisch, Deutsch, Spanisch und Italienisch. In vielen Gruppen wird auf Dolmetschung ganz verzichtet. Hier wird praktisch nur noch Englisch und/oder Französisch gesprochen.

Im **Europäischen Parlament** wird im Plenum und in den Ausschüssen in alle und aus allen Unionssprachen gedolmetscht. Dokumente werden in allen Sprachen der Union vorgelegt. Der offizielle Verkehr des Parlaments mit den Mitgliedstaaten erfolgt in der jeweiligen Amtssprache des Mitgliedstaates.

Die Urteile des **Europäischen Gerichtshofs** und des Europäischen Gerichts erster Instanz werden in alle Amtssprachen übersetzt. Interne Arbeitssprache beider Gerichte sind neben dem vorherrschenden Französisch zunehmend auch Englisch und teilweise Deutsch. Die Richter beraten aber untereinander überwiegend in Französisch; Sitzungsberichte und Urteilsentwürfe werden in der jeweiligen Verfahrenssprache und in Französisch erstellt. Prozessteilnehmer können ihre Muttersprache sprechen.

Die Generaldirektion Übersetzung, die Texte für die Europäische Kommission übersetzt und editiert, lieferte 2017 2.05 Millionen Seiten Text[42] und beschäftigte rund 2500 Mitarbeiter (Übersetzer, Redakteure sowie anderes Personal); hinzu kommen die Übersetzer, die in den Übersetzungsdiensten der anderen EU-Institutionen (Rat, Parlament usw.) arbeiten.

H. Haarmann (1975) betrachtete die außerordentlich aufwändige Sprachen- und Übersetzungslösung der EU auf längere Sicht als nicht praktikabel. Er befürwortete deshalb den Übergang zu einer kollegialen Lösung. Die plurilinguale EU-Lösung ist heute aber fest etabliert – trotz einer Vervielfa-

---

42 S. Annual Activity Report <https://ec.europa.eu/info/sites/info/files/file_import/dgt_aar_2017_final.pdf>. – S. auch die Broschüre "Übersetzung und Mehrsprachigkeit" unter <http://publications.europa.eu/resource/cellar/e0770e72-afa1-4971-8824-6190512537dc.0007.03/DOC_1> sowie <http://ec.europa.eu/dgs/translation/index_de.htm> und <https://ec.europa.eu/info/publications/translation_en>.

chung der Anzahl der Amtssprachen. Das **Grundprinzip des sprachlichen Pluralismus** gilt immer noch, wie es im „Informationsblatt 1: Neun Amtssprachen", hrsg. von der Kommission der Europäischen Gemeinschaften, Service de traduction (1988), formuliert wurde:

> Die Gemeinschaft setzt europäisches Recht, das in ihrem ganzen Gebiet gilt: die europäischen Verordnungen z. B. haben unmittelbare Geltung in den Mitgliedstaaten. Für die Gemeinschaft bedeutet dies, dass sie in ihrer Rechtsetzung jeweils neun „gleichermaßen verbindliche" Sprachfassungen, also neun Originaltexte, herausgeben muss. So betrachtet fällt dem Übersetzer eine wesentliche Aufgabe zu: er wirkt mit an der Ausübung der hoheitlichen Befugnisse der Gemeinschaft.

4.4 Maschinelle Übersetzung

In den 1950er und beginnenden 1960er Jahren war der Optimismus bezüglich der Realisierbarkeit der automatischen Sprachübersetzung groß.[43] 1962 behauptet K. Steinbuch, dass in nicht allzu ferner Zukunft die Frage „Können Automaten Schrift ‚lesen' und Sprache ‚verstehen'?" von jedem „Unvoreingenommenen" bejaht werden müsse:

> Die zukünftige Entwicklung der Automaten ebenso wie die logische Analyse geistiger Prozesse werden jedoch mit Sicherheit zu dem Ergebnis führen, dass Lesen und Verstehen logisch beschreibbare Prozesse sind, die von Menschen oder auch von Automaten ausgeführt werden können. (217)

R. Rothenhagen/O. Kade sind der Überzeugung (in *Fremdsprachen* 1967:239): „Die Übersetzung durch die Maschine ist in greifbare Nähe gerückt." Skeptisch ist dagegen E. Agricola (1968:47), der sich konkret mit dem Problem der syntaktischen Mehrdeutigkeit im Deutschen und Englischen beschäftigt:

> Anlass und Ziel jeder sprachlichen Äußerung ist ein geschlossener kommunikativer Effekt; dessen Hauptanteil wird jedoch durch die lexikalischen Bedeutungen mit all ihren inkonsequenten, mehrdeutigen, widersprüchlichen Komponenten verursacht. Somit kann eine logische Beschreibung besonders dieser Effektan-

43 Zur maschinellen und maschinenunterstützten Übersetzung gibt es eine immense Literatur; kurze Übersichten zur Geschichte und zum gegenwärtigen Stand geben A. Rothkegel (2004) und Ch. Hauenschild (2004). Die Entwicklung und die verschiedenen theoretischen und methodischen Ansätze der maschinellen Übersetzung sind dokumentiert in den „Readings in machine translation" (hrsg. von S. Nirenburg u. a. 2003).

> teile, jedoch zum Teil auch der mehr oder weniger von ihnen abhängigen syntaktischen Bedeutungen, immer nur den Charakter eines allgemeinen Modells oder einer – wenn auch graduell sehr unterschiedlichen – Annäherung haben. Denn die natürliche Sprache weist zwar in beträchtlichem Umfang Eigenschaften und Operationen auf, die algorithmisch nachgebildet werden können, sie hat zwar auf weite Strecken hin ein klar erkennbares, exaktes System, aber in ihrer Gesamtheit keine durchgängige mathematisch-logische Struktur.

Eine Zäsur in der Geschichte der maschinellen Übersetzung stellt der sogenannte ALPAC-Bericht im Jahre 1964 dar. Das mit der Untersuchung des Standes der maschinellen Übersetzung beauftragte amerikanische Komitee kommt nach zweijähriger Untersuchung zum ernüchternden Schluss:

> We have already noted that, while we have machine-aided translation of general scientific text, we do not have useful machine translation. Further, there is no immediate or predictable prospect of useful machine translation.[44]

Zahlreiche Aufsätze, Bücher und Sammelbände belegen, dass seit dem Beginn der 1980er Jahre die Erforschung maschineller Übersetzungssysteme einen neuen Aufschwung erlebte; große Hoffnungen wurden u. a. in das europäische Übersetzungssystem EUROTRA (EUROpean TRAnslation) gesetzt, das allerdings in den 1990er Jahren aufgegeben wurde. Kennzeichnend für diese Neuansätze ist eine realistischere Einschätzung der Probleme und Lösungsmöglichkeiten der maschinellen Übersetzung. Dazu gehört die Erkenntnis, dass es – wie es A. Rothkegel (1989:83) in einem Übersichtsartikel formuliert – „keine lauffähigen Systeme mit zufriedenstellenden Ergebnissen für einen nicht zu stark eingeschränkten Textbereich gibt“. Wenn man folgenden in A. Blatt u. a. (1985:276) angeführten Satz und seine „maschinell erstellte Übersetzung“ ins Deutsche betrachtet, dann leuchtet ein, dass man in den 1980er Jahren von einer qualitativ akzeptable Resultate liefernden, vollautomatischen Übersetzung weit entfernt war:

44 *Language and Machines* (1966:32). Auszüge aus diesem Bericht sind abgedruckt in *Übersetzen II* (1967:218 ff.). Kritisch dazu W. J. Hutchins (1986:164 ff.). – S. auch C. K. Quah (2006).

Beispiel I.4.-1

a. This decision has meant a sudden drop in prices for some Community farmers.
b. Diese Entscheidung hat einen plötzlichen Tropfen in Preisen für einige Gemeinschaftsbauern gemeint.

In diesen Jahren gewinnt die Einsicht an Boden, dass die Zukunft eher arbeitsteiligen, d. h. interaktiven Systemen gehört. Es wird dabei von **verschiedenen Graden der Automatisierung** des Übersetzens ausgegangen (s. J. Lehrberger/L. Bourbeau 1988:201): 1. maschinenunterstützte menschliche Übersetzung, 2. vom menschlichen Übersetzer unterstützte maschinelle Übersetzung (die Grenze zwischen 1. und 2. ist schwierig zu ziehen), und 3. vollautomatische maschinelle Übersetzung. 1. und 2. sind interaktive Systeme. (Da mit vollautomatischer Übersetzung in der Regel nicht gemeint ist, dass jegliche nachträgliche Revision des automatisch hergestellten Textes entfällt, muss auch sie als interaktives System gelten.)

Die **Teilmechanisierung** des Übersetzungsprozesses durch den Einsatz von automatisierten Wörterbüchern (textbezogenen Fachwortlisten, Terminologie-Datenbanken) und Übersetzungsspeichern mit Textsegmenten in verschiedenen Sprachen kann für den Übersetzer hilfreich, arbeits- und kostenersparend sein.[45] Weil die Chancen einer qualitativ akzeptablen, vollautomatisierten Übersetzung auch heute noch nicht als allzu hoch zu veranschlagen sind, erweist sich die von Übersetzern gelegentlich geäußerte Angst, dass sie durch die Entwicklung der automatischen Übersetzung überflüssig würden, als unbegründet.

45 S. dazu P. A. Schmitt (1999a), B. Nord (2002) und die Beiträge in H. Kittel u. a., Hrsg. (2011), die sich mit der technischen Ausstattung des Arbeitsplatzes und den Hilfsmitteln des Übersetzers befassen. – Noch Mitte der 1980er Jahre stellt K.-D. Schmitz (1986:201) in seiner Untersuchung zur Verwendung des Computers in der Übersetzungspraxis fest, „dass der Einsatz technischer Hilfsmittel für den Übersetzer in der Praxis noch sehr selten ist. Die verfügbaren Systeme, und damit sind sowohl Textverarbeitungssysteme als auch Terminologie-Datenbanken und MGÜ-/MÜ-Systeme gemeint [maschinengestützte oder maschinelle Übersetzungssysteme], sind noch nicht optimal auf die speziellen Bedürfnisse des Benutzertyps ‚Übersetzer' zugeschnitten. Eine adäquate Lösung muss hier durch die Software entwickelnde Industrie bereitgestellt werden." Mehr als 80 % der Befragten hatten noch nie mit Terminologie-Datenbanken gearbeitet.

Um die Probleme und Kosten der **Postedition** (Nachbearbeitung des ganz oder teilweise maschinell übersetzten Textes) zu verringern, d. h. die Qualität der maschinellen Übersetzung zu steigern, wird auch vorgeschlagen, Texte in einer **Präedition** maschinengerechter zu gestalten, indem z. B. komplexe syntaktische Strukturen vereinfacht und Mehrdeutigkeiten beseitigt werden. Einen Schritt weiter in Richtung von George Orwells „Nineteen Eighty-Four" und dessen *newspeak* geht man, wenn man bereits von den Autoren der Originaltexte fordert, ihre Texte maschinengerecht zu schreiben, d. h. sich einer Sprache zu bedienen, die zum Beispiel nur syntaktische Einfachstrukturen enthält, die „die möglichst ökonomische und gleichzeitig qualitativ bessere Verarbeitung syntaktischer Abhängigkeitsverhältnisse im Rechner ermöglichen". Nach W. Wilss (1988:204) lässt sich dies dadurch erreichen,

> dass man in fachsprachlichen Texten, die MÜ-relevant sind, alle Anaphern weglässt und dafür mit lexikalischen Rekurrenzen arbeitet oder dass man die in fachsprachlichen Texten dominierenden, oft nur implizit ausgedrückten semantischen Relationen der Kausalität, der Konditionalität, der Temporalität, der Konzessivität und der Finalität oberflächenstrukturell durch entsprechende Konjunktionen explizit macht und auf Nominalisierungen gleich welcher Art verzichtet.

In den letzten Jahrzehnten hat man zunehmend erkannt, dass die linguistischen Probleme der Übersetzung wesentlich komplizierter und schwerer lösbar sind, als man es in der Zeit der Übersetzungsmaschineneuphorie geglaubt hatte (s. u., I.9.1). Was sich zunächst als überwiegend technologisches Problem darzustellen schien, d. h. als Speicher- und Verarbeitungsproblem des Computers, erwies sich immer mehr als linguistisches Problem. Qualitativ befriedigende Übersetzung setzt eine Qualität der Sprach- und Textanalyse voraus, die auch bis heute nicht erreicht ist, auch wenn die Qualität der maschinellen Übersetzung inzwischen recht hoch ist. Und im Internet werden massenhaft automatisch übersetzte Texte teilweise guter, vor allem aber höchst unterschiedlicher Qualität produziert.[46]

46 Zu neusten Entwicklungen der maschinellen Übersetzung, s. die Beiträge in J. Porsiel, Hrsg. (2017).

4.5 Zusammenfassung

In Kapitel 4 werden die beiden Möglichkeiten behandelt, Sprachbarrieren ohne das Mittel der Übersetzung zu überwinden: die Möglichkeit einer internationalen künstlichen Hilfssprache und die Konzentration auf eine oder wenige Weltsprachen. Zudem werden Möglichkeit und Stand der automatischen Übersetzung erörtert.

5 Was ist Übersetzung?

5.1 Die Mehrdeutigkeit des Übersetzungsbegriffs

Der Übersetzungsbegriff, wie er verwendet wird, um den Vorgang der schriftlichen Umsetzung eines Textes aus einer Sprache (AS) in eine andere Sprache (ZS) zu bezeichnen – wobei das Umsetzungsprodukt, die Übersetzung, bestimmten Äquivalenzforderungen genügen muss – ist zunächst von anderen Verwendungsweisen des Wortes *Übersetzen* abzugrenzen. Dieses wird auch benutzt, wenn es um die Übersetzung einer mathematischen Formel in allgemeinsprachliche Ausdrücke geht. J. Habermas (1968:107, 132) spricht vom Problem der „Übersetzung des technisch verwertbaren Wissens in das praktische Bewusstsein einer sozialen Lebenswelt" und von der „Übersetzung praktischer Fragen in wissenschaftlich gestellte Probleme und der Rückübersetzung wissenschaftlicher Informationen in Antworten auf praktische Fragen". Oder: „Ich setzte mich ans Klavier und übersetzte meine Melancholie in ein Nocturne von Chopin." In der Psychoanalyse wird Unbewusstes in Bewusstes übersetzt (vgl. dazu A. Benjamin 1989, Kap. 5, R. Arrojo 2004). Das Sprechen selbst wird bisweilen als Übersetzen bezeichnet: als Übersetzen des Gedachten in Sprache.[47] Aber auch im Zusammenhang von Transkriptions- (Verschriftlichung von lautsprachlichen Äußerungen) und Transliterationsvorgängen (Umsetzung von Buchstaben bzw. Silben in stenographische Schrift, Braille-Schrift oder Morsezeichen; von griechischen Buchstaben in lateinische usw.) spricht man von Übersetzung.

Den Übersetzungsbegriff verwendet man auch, wenn Ausgangs- und Zielsprache historische Sprachstufen derselben Sprache sind, also z. B. Mittelhochdeutsch/Althochdeutsch und Neuhochdeutsch. Schließlich ist auch beim Umformulieren oder Paraphrasieren innerhalb derselben Sprachstufe

47 In seinem Beitrag „Translation als *conditio humana*" geht G. Steiner (2004:1) von folgender Feststellung aus: „Every language act is translation. The only possible exception (whose mechanism is little understood) is that of unvoiced soliloquy." Aber ist man im Selbstgespräch nicht Sprecher und „übersetzender" Hörer in einer Person? Und ist das, wovon das stumme Selbstgespräch handelt, nicht immer auch Übersetzung von Gedanken und Gefühlen?

vom Übersetzen die Rede: Man übersetzt einen Text aus dem Amtsdeutschen in die Sprache des *man in the street.*

Die Analyse dieser Verwendungsweisen von *Übersetzen* würde zeigen, dass die damit bezeichneten Umsetzungsvorgänge Gemeinsamkeiten mit *übersetzen* aufweisen, unter dem in der deutschen Standardsprache (nach duden.de) verstanden wird: ‚(schriftlich od. mündlich) in einer anderen Sprache [wortgetreu] wiedergeben'. Um Übersetzen und Übersetzung in einem übersetzungswissenschaftlichen Zusammenhang abzugrenzen von anderen Verwendungsweisen des Ausdrucks, verwenden wir den Begriff der **eigentlichen Übersetzung.**[48]

Dem ersten Hauptteil dieses Buches ist ein Motto vorangestellt, in dem Jacob Grimm das sprachliche Übersetzen mit dem Übersetzen über ein Gewässer vergleicht (s. o., I.2.3). Mit diesem Bild aus einem anderen Wirklichkeitsbereich kann eine grundlegende Eigenschaft des „eigentlichen Übersetzens" beleuchtet werden: der Wechsel der Sprache, der verbunden ist mit dem Wechsel der Kultur. Und das Motto formuliert zugleich Aufgabe und Herausforderung des Übersetzens: Es geht darum, in der anderen Kultur zu „landen", d. h. auf die eine oder andere Weise in dieser anderen Kultur anzukommen.

5.2 Übersetzung und andere Typen der Textverarbeitung/-reproduktion

Übersetzungen sind Resultate der textverarbeitenden, oder genauer: textREproduzierenden Tätigkeit Übersetzen. Textverarbeitende Aktivitäten führen von einem Ausgangstext zu einem Resultattext; G. Wienold (1980:202) nennt als Beispiele kommentieren, zusammenfassen, interpretieren, für eine andere Rezipientengruppe bearbeiten, in ein anderes Medium transponieren – und übersetzen. Bei den die einzelnen textverarbeitenden Aktivitäten (und ihre Produkte) spezifizierenden **Relationen**, d. h. den Beziehungen zwischen Ausgangs- und Resultattexten, zählt er auf: zitieren, kondensieren, referentialisieren, eine metatextuelle Beschreibung geben, bewerten, begründen, eine Bedeutung zuschreiben, zum Leserengagement auffordern, expandieren. Im

---

48 Die Bezeichnung *eigentliche Übersetzung* ist insofern nicht ganz glücklich gewählt, weil sie auch eine eingeschränkt normative Interpretation erlaubt, die nicht gemeint ist: eigentliches Übersetzen als „richtiges" Übersetzen.

Blick auf die textverarbeitende Aktivität des Übersetzens wäre diese Liste zu erweitern mit: **Äquivalenz (eine Äquivalenzbeziehung) herstellen** zwischen einem Resultattext in der Sprache L_2 (der Übersetzung) und einem Ausgangstext in der Sprache L_1. Wenn wir die Frage stellen, wie sich Übersetzen und Übersetzung von anderen Formen und Resultaten der Textverarbeitung unterscheiden und welche Bedingungen ein Text erfüllen muss, damit er als Übersetzung gelten kann, dann setzt dies die Klärung des Äquivalenzbegriffs (oder auch: der Übersetzungsbeziehung) voraus.[49]

Für die **historische** Übersetzungsforschung ist es allerdings selbstverständlich, dass nicht nur Übersetzungen, sondern auch Be- und Umarbeitungen und Adaptationen aller Art mitberücksichtigt werden. Nach J. von Stackelberg (1984:x) sind Übersetzungen für den Übersetzungshistoriker umso interessanter, „je deutlicher sie sich von ihren Vorlagen unterscheiden“. G. Nover (1982:23) stellt in seiner Arbeit über deutsche Übersetzungen und Bearbeitungen englischer Komödien im 18. Jahrhundert fest, dass eine Beschränkung auf das eine oder das andere „völlig unangemessen und auch unmöglich“ wäre. Das heißt aber nicht, dass nicht versucht werden muss abzugrenzen: einerseits zwischen Übersetzungen/Bearbeitungen und deutschen Texten, denen keine unmittelbare Vorlage nachgewiesen werden kann, andererseits zwischen Übersetzung und Bearbeitung, bzw. der Entwicklung (oder Emanzipation) eines „modernen“ Übersetzungsbegriffs (vgl. die Kriterien, die G. Nover 1982:57 zur Unterscheidung von Übersetzung und Bearbeitung anführt).

Wie lassen sich Übersetzen und Übersetzung von anderen Formen und Resultaten der Textverarbeitung/-reproduktion unterscheiden? Welche Bedingungen muss ein Text erfüllen, damit er als Übersetzung bezeichnet werden kann? Als **empirische** Wissenschaft muss die produktorientierte Übersetzungswissenschaft angeben können, welche Texte zu ihrem Gegenstandsbereich gehören. Eine Definition, die bloß besagt, dass Übersetzungen Produkte einer textverarbeitenden Aktivität sind, die eine ausgangssprachliche Vorlage in „irgendein“ zielsprachliches Produkt überführt, das für „irgendwelche“ Empfänger „irgendeinen“ Zweck erfüllt, würde bedeuten, dass auch eine Zusammenfassung (*abstract*, Resümee), ein (interpretierender) Kommentar, eine für eine spezielle Lesergruppe zu einem speziellen Zweck vorgenommene Bearbeitung oder eine teilweise mediale Umsetzung (Text → Bild und Text)

49 Für weiter gehende Überlegungen zur Frage nach dem ontologischen Status der Übersetzung und zur Relation Ausgangstext – Übersetzung, s. T. Hermans/W. Koller (2004).

eines Textes in eine andere Sprache als Übersetzungen gelten müssten. Eine solche weite Definition von Übersetzung hätte zur Folge, dass sich die Übersetzungswissenschaft mit einem durch extreme **Heterogenität** gekennzeichneten, geradezu grenzenlosen Objektbereich beschäftigen müsste. Sie würde sich damit eine methodisch unmögliche Aufgabe stellen (W. Wilss 1988:63). Da aber die textREproduzierende Aktivität des Übersetzens bei allen fundamentalen Unterschieden auch wichtige Gemeinsamkeiten mit anderen textverarbeitenden Aktivitäten aufweist und Übersetzungen in der Regel bearbeitende, kommentierende usw. Elemente enthalten, kann von der Untersuchung verwandter Textverarbeitungsaktivitäten Licht auf die Eigenart des Übersetzens und seiner Resultate, der Übersetzungen, fallen.[50]

5.3 Intersemiotische, intralinguale und interlinguale Übersetzung

Eine erste Unterscheidung im Bereich „übersetzerischer" Aktivitäten ist getroffen (im Anschluss an R. Jakobson [1959:233, 1981:190]), wenn die Transmutation, die zwischen verschiedenen semiotischen Systemen erfolgt (deshalb auch intersemiotische Übersetzung), von den sprach- und textverarbeitenden Umformungen innerhalb des semiotischen Systems der Sprache abgegrenzt wird. Letztere wiederum lassen sich in intralinguale und interlinguale Übersetzung unterteilen, wobei es darum geht, intralinguale Textverarbeitungsverfahren (kommentieren, paraphrasieren, zusammenfassen usw.), d. h. Jakobsons *rewording*, von der interlingualen Übersetzung (*translation proper* in der Terminologie von Jakobson) abzugrenzen.

Intersemiotische Übersetzung:[51] Ein Beispiel dafür ist die Umsetzung von Sigmund Freuds Theorien in die Form eines Comics mit englischem Text

50 Zu den verschiedenen Typen der Textreproduktion, s. G. Rickheit/H. Strohner (1989), H. van Gorp (2004), M. Schreiber (1993, 2004).

51 Zur Übersetzung unter semiotischem Aspekt, s. W. Frawley (1983), D. L. Gorlée (2004), verschiedene Beiträge in S. Petrilli, Hrsg. (2003). – W. Koller (2004a) behandelt, ausgehend von V. S. Naipauls Roman „The Enigma of Arrival" und seiner deutschen Übersetzung, die verschiedensten Typen intersemiotischer Übersetzung und stellt die Frage nach der Art von intersemiotischen „Äquivalenzen". – Zur Literaturverfilmung als intermedialer Interpretation, Übersetzung und „Äquivalenz-Phänomen", s. E. Spedicato (2008, 2008a). E. Spedicato (2008:16) geht von der These aus, dass in der Literaturverfilmung „ähnliche Übertragungsmodalitäten wie in der interlinguistischen Übersetzung aktiviert (werden)".

(und dessen „Weiterübersetzung" ins Deutsche, herausgegeben als „*sach-comic*"); im Titel wird die Zielgruppe genannt: R. Appignanesi/O. Zarate, „FREUD for Beginners" (1979), dt.: „Freud für Anfänger", 1980. (Man sehe sich etwa die bildliche/textliche Verarbeitung von Freuds „Drei Abhandlungen zur Sexualtheorie an"; dt. Ausgabe 73 ff.). – Es kann sich als zweckmäßig erweisen, eine Gebrauchsanleitung in einer anderen Sprache ganz oder teilweise in graphischer Form wiederzugeben. (Diese Möglichkeit diskutiert P. Bretthauer 1987.)

Intralinguale Übersetzung liegt vor, wenn z. B. fachinterne Information in fachexterne Information umgesetzt wird wie in *Beispiel II.3.-7*, wo ein Text, der der Information des Arztes dient, „übersetzt" wird in einen Text zur Information des Patienten. Dabei wird die fachsprachlich geprägte Terminologie mit einem (mehr oder weniger) allgemeinsprachlichen Wortschatz wiedergegeben. Das folgende Beispiel beleuchtet das Phänomen der intralingualen „Übersetzung" aus einer Stilschicht in eine andere; es handelt sich um einen Werbetext (aus G. N. Leech 1966:76):

Beispiel I.5.-1

Think about all this. And ask yourself – isn't it worth finding out more about it? Of course it is. And there is no time like the present – so get that pen out now, and fill in the coupon right away. Or call in and talk things over at your nearest R. A. F. Careers Information Centre.	Ponder the above information, and consider whether it will not repay further investigation. Of course it will; and since there is no time like the present, take a pen now and complete the coupon immediately. Otherwise, visit your nearest R. A. F. Careers Information Centre and discuss the question there.
colloquial English	→ *more formal English*

Während es bei obigem Beispiel um einen klaren Fall innersprachlichen Umformulierens geht, stellt sich bei der Übersetzung aus älteren Sprachstufen die Frage, wann wir es mit Übersetzungen und wann mit bloßen „Modernisierungen" zu tun haben (etwa im Bereich der Orthographie). Sicher ist, dass sich Althochdeutsch und Mittelhochdeutsch in sprachlicher Hinsicht vom Neuhochdeutschen mindestens so stark wie etwa das Schwedische vom Norwegischen oder Dänischen unterscheiden, und der deutsche Muttersprachler ist auf Übersetzungen angewiesen, wenn er Texte dieser Sprachstufen verstehen will. Von der Definition des Begriffs der Einzelsprache wiederum hängt es ab, ob man das Übersetzen zwischen Dialekten zum „eigentlichen", interlingualen Übersetzen rechnet. Wenn man die in *Beispiel I.5.-2* abgedruckte „Vorbemerkung" von Urs Widmer zu seinem Stück „Nepal" (1977) betrachtet und den Basler und den Frankfurter Text miteinander vergleicht, spricht einiges dafür, aber auch sehr viel dagegen, in diesem Zusammenhang von „eigentlicher" Übersetzung zu sprechen.[52]

Beispiel I.5.-2

Nepal ist kein Dialektstück, sondern ein Stück in der Umgangssprache: ein Versuch, die Menschen auf der Bühne etwa so sprechen zu lassen, wie die Menschen in der Stadt sprechen, in der das Stück aufgeführt wird. *Nepal* ist auch ein Versuch, ein Stück für eine konkrete Stadt zu schreiben. Da Firmen, Namen, Ereignisse für bestimmte Entwicklungen typisch sind, sind analoge Firmen, Namen, Ereignisse – leider – in allen Städten zu finden. Das Stück ist übertragbar, muss aber für jeden Aufführungsort neu geschrieben werden.

a. Auszug aus Urs Widmers Originaltext in „Basler Umgangssprache"
   HEIRI Geschtert ha-n-i draumt, i gang zämme mit eme uralte Maa mit ganz schwarze Gleider und ere junge Frau e Schtross aabe. Mr sinn in Südamerika, aber d Landschaft gseht au us wie unde-n-am Gämpeschtolle. Oobe, dött wo amme d Pfadi abschtürze, schtoot e riisigs Flugzüüg, e Jumbo oder e Boeing 707.
   HEIRI Hm.
   HANS *heftig*. Jetzt hör mit däm saublöde Hm uff!
b. Frankfurter Fassung
   HANS Gestern habb ich geträumt, ich geh zusamme mit em uralte Mann mit ganz schwarze Kleider und ener junge Fraa e Straß enunner. Merr sinn in Südamerika, abber die Landschaft sieht aus wie hinnerm Feldberg die Brunhildisfelse. Da drobbe, wo immer die

52 Zur Übersetzung aus dem Mittelhochdeutschen, s. U. Müller (2009).

Pfadfinder abstürze, steht e riesiges Flugzeug, en Jumbo oder e Boeing 707.
HEINZ Hm.
HANS *heftig.* Jetzt her emaal mit dem idiotische Hm uff!

5.4 Bestimmung des Gegenstandes *Übersetzung* von der übersetzerischen Praxis her

Könnte die Übersetzungswissenschaft bei der Gegenstandsbestimmung davon ausgehen, welche Texte Übersetzer in ihrer Berufspraxis herstellen? Dieser Weg scheint uns u. a. deshalb nicht gangbar, weil diese Praxis durch ein breites Spektrum textverarbeitender, häufig auch textproduzierender Aufgaben gekennzeichnet und keineswegs auf das Übersetzen „als solches" beschränkt ist. Nach J. C. Sager (1986:331) umfasst das übersetzerische Tätigkeitsfeld „alle Arten des Neuformulierens". Erwähnt werden: „die neuhochdeutsche Fassung althochdeutscher oder mittelhochdeutscher Texte, die englische Zusammenfassung eines französischen wissenschaftlichen Artikels, das Erstellen mehrsprachiger Versionen internationaler Resolutionen und das Verfassen eines Protokolls einer mehrsprachigen Konferenz." Ganz unabhängig davon, ob diese Beschreibung tatsächlich die berufliche Wirklichkeit „des" Übersetzers trifft oder nicht: eine Übersetzungs- (oder Translations-)wissenschaft, die bei der Gegenstandsbestimmung davon ausgeht, was Übersetzer in ihrem Berufsalltag an (schriftlichen und mündlichen) Texten zu verschiedenen Zwecken produzieren (Übersetzungen, Originaltexte, Bearbeitungen, Zusammenfassungen, Protokolle, Briefe, Zeichnungen, Tabellen, mehrsprachige Wörterlisten usw.), verliert ihre spezifische empirische Basis. Und selbst wenn es zutrifft, dass im Falle von Werbematerial (das in diesem Zusammenhang immer wieder angeführt wird) der Übersetzer als „Neu-Verfasser" (J. C. Sager 1986:342 f.) tätig wird: Autonome Textproduktion und AS-Text-gebundene Übersetzung als Textreproduktion müssen auseinandergehalten werden.[53]

53 S. dazu auch C. Picken, Hrsg. (1989, Kap. 20: „Para-translation activities"), M. Schreiber (2004), mit umfangreichem Literaturverzeichnis.

Der Sachverhalt, dass Übersetzer in ihrer Berufspraxis in Industrie, Verwaltung, Sprachendiensten usw. nicht „nur“ übersetzen, sondern auch andere sprach- und textbezogene Aufgaben übernehmen, schlägt sich im „*Berufsbild.* Übersetzer, Dolmetscher und andere Fremdsprachenberufe“ des Bundesverbandes der Dolmetscher und Übersetzer (BDÜ) nieder. Da heißt es u. a.:

Die Zielvorgaben für Übersetzer können dabei sehr unterschiedlich sein:

- ein Text soll aus einer Ausgangssprache in eine Zielsprache unter möglichst vollständiger Wahrung von Form, Inhalt und Stil übertragen werden; dies gilt insbesondere für Urkunden, Verträge usw.
- ein Text soll aus der Ausgangssprache in die Zielsprache so übertragen werden, dass er in Form, Inhalt und Stil an eine spezifische Zielgruppe angepasst wird
- ein Text soll in der Weise übersetzt werden, dass der Zieltext für einen anderen Zweck als der Ausgangstext geeignet ist
- Originaltext und Übersetzung sind zu überprüfen oder bedürfen einer sprachlichen Überarbeitung
- Texte sollen unter definierten Aspekten ausgewertet, zusammengefasst und kommentiert werden
- der Übersetzer soll nach unterschiedlichen Vorgaben selbständig Originaltexte produzieren

Um „eigentliche Übersetzung“ handelt es sich nur bei den drei ersten Zielvorgaben, wobei bei der 2. und 3. Vorgabe das Element der Bearbeitung auch eine Rolle spielt (s. dazu II, 2.2).

Ein Beispiel für die Vielfalt übersetzerischer und textverarbeitender Aktivitäten, die ein und dieselbe Person ausführen muss, behandelt M. Springer (1989). Es geht dabei um das Redigieren wissenschaftlicher Beiträge für eine Zeitschrift, die das Ziel hat, „einen naturwissenschaftlich mehr oder weniger vorgebildeten Leserkreis über neue Entwicklungen in den Fachgebieten zu informieren“. Dies schließt „die umgangssprachliche Darstellung eines abstrakten wissenschaftlichen Zusammenhangs, also eine Art Übersetzung aus wissenschaftlicher (oft: mathematisierter) Fachsprache, und – da es sich oft um ausländische Beiträge handelt – die Übersetzung aus einer Fremdsprache“ (162) ein. Im Falle einer fremdsprachlichen Vorlage bedient sich der Redakteur einer ihm vorliegenden Übersetzung; denkbar ist aber auch, dass er selbst gleichzeitig übersetzt und bearbeitet. Das ist eine durchaus realistische Aufgabe für einen Übersetzer, der in zwei Funktionen auftritt: als

Übersetzer und als Textbearbeiter. Die Textbearbeitung kann dabei sehr weit gehen, wenn der Redakteur den ganzen Text umbauen muss, um ihn verständlicher oder von der Argumentation her überzeugender zu gestalten.

5.5 Zum alltagssprachlichen Verständnis von Übersetzung

Textverarbeitende Aktivitäten (und ihre Bezeichnungen) wie (einen Satz) übersetzen, den Inhalt (eines Textes) referieren, (eine Rede) zusammenfassen, (eine Aussage) kommentieren usw. werden alltagssprachlich und auch vom gemeinten Sachverhalt her auseinandergehalten. So hat der „zweisprachige Laie“ eine recht klare Vorstellung, wenn er beurteilen soll, ob eine Äußerung in der Sprache L_2 als Übersetzung einer Äußerung in der Sprache L_1 anzusehen ist oder ob eine bloße Inhaltswiedergabe, eine erklärende Paraphrase oder ein Kommentar vorliegt. Dabei zeigt sich, dass der kommunikative Effekt bzw. das Erreichen eines bestimmten kommunikativen Ziels in einer Zweisprachigkeitssituation keineswegs als übergeordnetes Kriterium für das Vorliegen einer Übersetzungsbeziehung gilt. Übersetzen erfüllt in der Regel eine andere Funktion als es die oben genannten textverarbeitenden Aktivitäten tun, bzw. es kommt in anderen Situationen zur Anwendung (dieser Sachverhalt soll mit *Beispiel I.5.-3* veranschaulicht werden). Das heißt nicht, dass diese verschiedenen textverarbeitenden Aktivitäten – indirekte Redewiedergabe, Zusammenfassung oder eben auch Übersetzung – bei allen auf der Hand liegenden Unterschieden nicht auch Gemeinsamkeiten aufweisen würden. Man tut aber gut daran, sich in diesem Zusammenhang die common-sense-Aussage von H. Kubczak (1987:48) vor Augen zu halten: Es komme letztlich darauf an, „dass Dinge, die verschieden sind, auch tatsächlich auseinandergehalten werden“ (und es ist wohl kein Zufall, dass sie alltagssprachlich und -sachlich auseinandergehalten werden).

Beispiel I.5.-3

Charles sitzt während eines Vortrages zu meiner Rechten. Er versteht zwar den auf Deutsch gehaltenen Vortrag, er kann aber nicht deutsch sprechen. Nach einiger Zeit wendet er sich an mich und sagt ironisch: „It's a bit chilly here, isn't it?“ Damit ist gemeint: „Es ist drückend heiß in diesem Raum. Könnte nicht jemand das Fenster öffnen?“ Aus der Situation geht unzweideutig hervor, dass mit dem „jemand“ Ernst gemeint ist, der zu meiner Linken nahe beim Fenster sitzt. Ernst, der nur wenig Englisch versteht, hat gemerkt, dass Charles irgendetwas von ihm will und er sagt: „Übersetz das mal!“ Da der Referent aufgrund des ziemlich lautstarken „Flüsterns“ von Charles und Ernst Anzeichen von Verunsicherung zeigt, „übersetze“ ich die Äußerung von Charles, indem ich mit dem Finger aufs Fenster zeige. Der Zufall will es, dass in diesem Augenblick gerade ein Seeadler vorbeifliegt, und Ernst, der sowieso das Pulver nicht gerade erfunden hat, bemerkt dazu: „Was für eine große Möwe!“ Nachdem die intersemiotische „Übersetzung“ missglückt ist, bin ich zu einer verbalen „Übersetzung“ gezwungen, die einerseits aus Rücksicht auf den Vortragenden, andererseits wegen Ernsts Begriffsstutzigkeit kurz und eindeutig sein muss: „Mach das Fenster auf!“ Aber auch damit wird das kommunikative Ziel nicht erreicht. Denn ich hatte bei meiner „Übersetzung“ nicht in Rechnung gestellt, dass Ernst meinen Kollegen Charles als ziemlich arrogant empfindet. Ernst antwortet nämlich: „Der hat mir doch nichts zu befehlen.“ Es bleibt mir also nichts anderes übrig als zu sagen: „Das hat er auch nicht gesagt.“ Und wieder Ernst: „Aber ich hab dir doch gesagt, du solltest übersetzen.“ Ich: „Ja schon, aber ...“ Zunehmende Irritation, Leute drehen sich um; ich muss eine neue verbale Strategie verwenden: „Er hat gesagt, es sei ziemlich kühl hier.“ Darauf Ernst: „Der ist mal schön bekloppt!“ usw. usw. Die Geschichte könnte weitergesponnen werden. Wir können daraus folgende Schlüsse ziehen: 1. Die Äußerungen *Mach das Fenster auf!* oder *Charles bittet dich, wegen der unerträglichen Hitze in diesem Raum, das Fenster zu öffnen* können nicht als Übersetzungen von „It's a bit chilly here, isn't it?“ gelten; und das selbst dann nicht, wenn mit ihnen das kommunikative Ziel erreicht würde. 2. Mit der „bloßen“ Übersetzung *Es ist ein bisschen kühl hier, nicht wahr?* wird das kommunikative Ziel nicht erreicht. 3. Dies legt den Schluss nahe, dass in der betreffenden Situation nicht eine Übersetzung gefragt ist, sondern die Inhaltswiedergabe in indirekter Rede bzw. die interpretierende Umformulierung der indirekten in eine direkte Aufforderung. (Es spricht auch einiges dafür, dass Ernst mit der Äußerung „Übersetz mir das mal!“ eigentlich nach einer Inhaltswiedergabe in indirekter Rede fragt, und nicht nach einer Übersetzung. Ja, es ist überhaupt zu bezweifeln, ob übersetzen in der geschilderten konstruierten Situation dem Alltagssprachgebrauch entspricht. Würde Ernst nicht viel eher sagen: „Was will er denn?“ Oder: „Was hat er gesagt?“).

5.6 Die spezifische Situation der Übersetzung (und andere Situationen der Textreproduktion)

Übersetzung ist eine Form der Textreproduktion, die sich als „sprachliche Kulturtechnik" (Technik im ursprünglichen Doppelsinn von griech. *téchnē* ‚Handwerk' und ‚Kunst' bzw. ‚Kunstfertigkeit') in einem Jahrhunderte dauernden Prozess der Sprach- und Textarbeit herausgebildet hat. Sie ist nicht das einzige (wie obiges Beispiel zeigt, in vielen Kommunikationssituationen auch nicht das adäquate) Mittel, Kommunikation über Sprach- und Kulturgrenzen hinweg zu ermöglichen. Ebenso wenig kann man den Übersetzer oder Dolmetscher generell definieren als Person, die zwischen Sprachen und Kulturen bzw. in zweisprachigen Kommunikationssituationen vermittelt. Die Äußerung *Könntest du bitte das Fenster öffnen* ist keine Übersetzung von *It's a bit chilly here, isn't it?*; derjenige, der die deutsche Äußerung formuliert, fungiert nicht als Übersetzer, und die in *Beispiel I.5.-3* geschilderte zweisprachige Kommunikationssituation ist keine Übersetzungssituation. Kennzeichnend für die Übersetzung ist ihre ganz **spezifische Bindung an einen Ausgangstext**; zudem wird sie unter Bedingungen vollzogen, die sich unterscheiden von den Bedingungen, unter denen zusammengefasst, in indirekter Rede wiedergegeben, kommentierend paraphrasiert usw. wird. Auf diese Zusammenhänge weist E. Pause hin (1983:388):

> Translations are utterances which relate back to other utterances in a definite manner. They represent cases of discourse reproduction such as summarizing a text, adapting a text for a specific audience or reporting some discourse in the form, well known from traditional grammar, of direct and indirect speech.

Diese Formen der Textreproduktion unterscheiden sich durch bestimmte kontextuelle Merkmale. Bei der Übersetzung liegt die paradoxe Situation vor, dass der Übersetzer in ein und derselben Situation zugleich Sprecher und nicht Sprecher ist: Die Übersetzung ist in der Übersetzungssituation seine Äußerung und zugleich *nicht* seine Äußerung. Der Übersetzer ist bei ihrer Formulierung nicht autonom, sondern an die Autonomie des AS-Textes gebunden. E. Pause (1983:392) stellt dazu fest:

> The pure translation of an utterance, however, could by no means be considered as an autonomous speech act of the reproducer, since it is entirely interpreted at the context of its original. Thus the translation preserves the original speaker's perspective in all relevant aspects. Therefore, in general, a translator will not

comment in his translation the original speaker's utterance from his own viewpoint.

Das ist (trotz der Einschränkung, die im „in general" liegt) zu absolut formuliert. Denn die Übersetzung kommt in der Regel nicht ohne Eingriffe in den Originaltext aus. Es kommt immer wieder vor, dass Übersetzer solche Eingriffe in Vor- oder Nachworten oder in Anmerkungen explizit thematisieren, erklären bzw. zu legitimieren versuchen. Am augenfälligsten treten solche Eingriffe, mit denen AS-Text nicht mehr bloß reproduziert, sondern Text produziert wird, beim Einsatz kommentierender Übersetzungsverfahren in Erscheinung (s. u., II.3.9).

5.7 Zusammenfassung

Kapitel 5 konzentriert sich auf die Klärung und Differenzierung des Übersetzungsbegriffs. Die Spezifik der Übersetzungssituation wird thematisiert und Übersetzen als sprachliche Kulturtechnik eigener Art von anderen Typen der Textverarbeitung und Textreproduktion abgegrenzt.

6 Definitionen und Modelle des Übersetzens

6.1 Definitionen des Übersetzens

Im Einführungskapitel wurde darauf hingewiesen, dass es eine Vielzahl von Definitionen des Übersetzens gibt, in denen unterschiedliche textinterne und -externe Bedingungen und Faktoren thematisiert werden. Im Folgenden sollen einige jener Definitionen zitiert und kommentiert werden, die den sprach- und textbezogenen Aspekt des Übersetzens in den Vordergrund stellen.

So spielt der sprachlich-textuelle Aspekt bei den philosophisch-hermeneutischen und ästhetisch-literaturwissenschaftlichen Definitionen des Übersetzungsprozesses, die Übersetzen einerseits als **Verstehens- und Auslegungsprozess**, andererseits als **schöpferisch-künstlerischen, rein subjektiven Umsetzungsvorgang** bestimmen, nur eine untergeordnete Rolle. Im ersten Fall erscheint das Übersetzen als **Spezialfall der hermeneutischen Aufgabe**, die im Verstehen und Auslegen des zunächst fremden Textes besteht. Die „Nachbildungsaufgabe" des Übersetzens unterscheidet sich dabei nur graduell, nicht qualitativ, von jeder Textverstehens- und -auslegungsaufgabe. Im zweiten Fall wird Übersetzen (im Zusammenhang mit poetischen Texten) bestimmt als **schöpferisch-nachvollziehender Akt**, der nur graduell von der eigenschöpferischen Tätigkeit unterschieden ist, die beim Produzieren von originalen künstlerischen Texten vorliegt. – Eine breiter angelegte Typologie von Übersetzungsdefinitionen findet sich bei C. Schäffner (2004). Sie unterscheidet 7 Kategorien: 1. Definitionen, die ausgehen von der Beziehung von AS-Text und ZS-Text (wörtlich, frei, sinngemäß), 2. Definitionen, die die Beziehung von AS-Text und ZS-Text anhand objektiver Kriterien bestimmen (Äquivalenz, Heterovalenz, Adaptation, Bearbeitung usw.), 3. Definitionen ausgehend von der Textthematik (literarisches Übersetzen, Fachtextübersetzen usw., s. u., II.2.4), 4. Übersetzungsrichtung (Übersetzen in die Muttersprache, in die Fremdsprache), 5. Grad der Druckreife (Bearbeitungsstufen der Übersetzung, s. u., II.2.5), 6. Zweck/Medium (Übersetzung für die Bühne, Synchronisation bzw. Untertitelung von Filmen usw.),[54] 7. Humanübersetzen, maschinelle Übersetzung, maschinengestütztes Humanübersetzen. (S. auch den Übersichtsartikel von W. Lörscher 2004.)

1. A. G. Oettinger (1960):

> Translating may be defined as the process of transforming signs or representations into other signs or representations. If the originals have some significance, we generally require that their images also have the same significance, or, more realistically, as nearly the same significance as we can get. Keeping significance invariant is the central problem in translating between natural languages. (104)
> Interlingual translation can be defined as the replacement of elements of one language, the domain of translation, by *equivalent* elements of another language, the range. (110)

A. G. Oettinger beschreibt die Übersetzung als Umwandlung oder Ersetzung von Zeichen (auch: Repräsentationen oder Elemente) in einer Sprache durch Zeichen einer anderen Sprache, wobei zwischen AS- und ZS-Elementen **Sinnidentität** oder **Äquivalenz** bestehen soll. Aufschlussreich ist, dass kein prinzipieller Unterschied gemacht wird zwischen dem Umsetzungsprozess der **Transliteration** und der Übersetzung zwischen natürlichen Sprachen, ja die Transliteration stellt nach Auffassung A. G. Oettingers ein einfaches Modell für den Übersetzungsprozess zwischen natürlichen Sprachen dar. Es wird nur modifiziert, dass die Festlegung von Zuordnungen zwischen äquivalenten Ketten natürlicher Sprachen weit schwieriger ist als etwa die Zuordnung von kyrillischen zu lateinischen Buchstaben bei der Transliteration. Anders als bei der Umsetzung von Buchstaben in Morsezeichen, für die Eins-zu-eins-Entsprechungen für sämtliche Elemente eindeutig festgelegt sind, setzt die interlinguale Übersetzung einen Selektionsprozess unter mehreren Entsprechungen (potentiellen Äquivalenten) voraus.

A. G. Oettingers statische Übersetzungsdefinition, in der Faktoren wie Text und Empfänger überhaupt nicht erscheinen, widerspiegelt den Optimismus der Mitarbeiter an Projekten zur automatischen Übersetzung in den 1950er und 1960er Jahren. Nicht nur werden die konnotativen Bedeutungen, der kommunikative Aspekt und pragmatische Faktoren vernachlässigt, auch die linguistischen Probleme der Zuordnung von ZS- zu AS-Einheiten im denotativen Bereich werden unterschätzt.

---

54 Zur Synchronisation/Untertitelung, s. H. E. Jüngst (2010) und S. Reinart (2018).

2. J. C. Catford (1965):

> Translation is an operation performed on languages: a process of substituting a text in one language for a text in another. (1)
> *Translation* may be defined as follows: *the replacement of textual material in one language (SL) by equivalent textual material in another language (TL).* (20) [SL = Source Language, AS; TL = Target Language, ZS]

J. C. Catfords Definition stellt den Begriff des *Textes* ins Zentrum. Ein AS-Text wird bei der Übersetzung durch einen ZS-Text substituiert, wobei das Substitutionskriterium in der Äquivalenz besteht. In ähnlicher Weise ist die Definition des Übersetzens von H. Weinrich, die in II.1.5 behandelt wird, textbezogen: Es werden nicht Wörter übersetzt, sondern Sätze und Texte, und Übersetzbarkeit ist nicht auf der Ebene der Wörter, sondern des Textes herstellbar. Übersetzen geschieht nicht auf der Ebene der *langue*, des Sprachsystems, sondern der *parole*, der Äußerungen in Textzusammenhängen, d. h. Übersetzen ist im Kommunikationszusammenhang zu bestimmen. Die kommunikative Dimension selbst wird aber in J. C. Catfords Definition nicht thematisiert.

3. W. Winter (1961:68):

> To translate is to replace the formulation of one interpretation of a segment of the universe around us and within us by another formulation as equivalent as possible. We speak of translation even within the framework of one single language in the case of stylistic shifts, for instance, when we find ourselves asked to make plain and intelligible a highly esoteric statement we have just made. This use of the term is, however, rather marginal, even though the basic characteristics of the process are all present. As a rule, we may inject into our definition the further qualification that translation involves the replacement of an interpretation in one language by another in a second language.

W. Winter geht in seiner Definition vom Begriff der **Formulierung von Interpretationen von „Segmenten der Welt“** (Ausschnitte der äußeren und der inneren Welt) aus, die beim Übersetzen ersetzt wird durch eine äquivalente Formulierung in der ZS. Zwischen intralingualer Übersetzung (im Sinne des innersprachlichen Paraphrasierens) und interlingualer Übersetzung wird kein prinzipieller Unterschied gemacht. In dieser Definition erscheint nicht nur der **Textbegriff** (als *formulation*), sondern auch der **Begriff der Welt**, d. h. der Sachverhalt außersprachlicher Art, der im und durch den Text interpretiert wird. Diese Interpretation erfolgt auf einzelsprachspezifische Weise; sie wird durch die strukturellen (syntaktischen und semantischen) Gegebenheiten einer Sprache bestimmt. W. Winters Definition ist im Zusammenhang des Problems der Übersetzbarkeit zu sehen (s. u., II.1).

4. E. A. Nida/C. R. Taber (1969:12):

> Translating consists in reproducing in the receptor language the closest natural equivalent of the source-language message, first in terms of meaning and secondly in terms of style.

Diese in der übersetzungswissenschaftlichen Literatur wohl am meisten zitierte Definition legt das Hauptgewicht auf die doppelte Gerichtetheit der Übersetzung. Sie hat sich einerseits zu orientieren an der *source-language message* („*closest* natural equivalent"); die Verantwortung des Übersetzers gilt dabei in erster Linie dem Inhalt, in zweiter Linie dem Stil der AS-Mitteilung (des AS-Textes). Andererseits hat sie sich auf die Sprache der Empfänger („*receptor* language") auszurichten, indem die gewählten Entsprechungen in der ZS zugleich *natürlich* sein sollen („closest *natural* equivalent"). In diese Übersetzungsdefinition geht das Prinzip der dynamischen Äquivalenz als normatives Kriterium ein (s. u., II.2.3).

5. W. Wilss (1977:72):

> Übersetzen ist ein Textverarbeitungs- und Textreverbalisierungsprozess, der von einem ausgangssprachlichen Text zu einem möglichst äquivalenten zielsprachlichen Text hinüberführt und das inhaltliche und stilistische Verständnis der Textvorlage voraussetzt. Übersetzen ist demnach ein in sich gegliederter Vorgang, der zwei Hauptphasen umfasst, eine Verstehensphase, in der der Übersetzer den ausgangssprachlichen Text auf seine Sinn- und Stilintention hin analysiert, und eine sprachliche Rekonstruktionsphase, in der der Übersetzer den inhaltlich und stilistisch analysierten ausgangssprachlichen Text unter optimaler Berücksichtigung kommunikativer Äquivalenzgesichtspunkte reproduziert.

In dieser Definition, auf die in II.2.2 ausführlicher eingegangen wird, wird der Übersetzungsprozess aus der Sicht des Übersetzers in zwei Phasen gegliedert: erstens die **Verstehensphase**, die als Analyse von Inhalt und Stil des AS-Textes aufgefasst wird, und zweitens die **Rekonstruktionsphase**, die den AS-Text in der ZS reproduziert, wobei der kommunikative Aspekt eine wichtige Rolle spielt.

6. G. Jäger (1975:36):

> Das *Wesen* der Translation besteht darin, die *Kommunikation zu sichern*, und zwar auf die spezielle, sie von der heterovalenten Sprachmittlung abgrenzenden Weise, dass der kommunikative Wert eines Textes z. B. einer Sprache L_A bei der Umkodierung in beispielsweise eine Sprache L_B erhalten bleibt, so dass L_A-Text und L_B-Text *kommunikativ äquivalent* sind. Das Wesen der Translation – wie der Kommunikation überhaupt – liegt somit im Extralinguistischen, im linguistischen (sprachlichen) Bereich *vollzieht* sich aber die Translation: Sie ist in ihrer Erscheinungsform ein *sprachlicher* Prozess, bei dem einem Text einer Sprache L_A ein Text einer Sprache L_B zugeordnet wird, der dem Text der Sprache L_A kommunikativ äquivalent ist.

Diese Definition ist zwar kommunikationsorientiert, zugleich aber sehr allgemein gehalten: Übersetzen besteht in der Herstellung eines zum AS-Text kommunikativ äquivalenten Textes in der ZS. Das Problem liegt hier, wie bei den anderen Definitionen, beim Begriff der Äquivalenz. II.2.5 ist eine kritische Auseinandersetzung mit G. Jägers Definition von „kommunikativ äquivalent".

7. M. Vannerem/M. Snell-Hornby (1986):

> Beim Verstehen von Text A geht der Übersetzer von einem vorgegebenen *frame* aus, nämlich dem Text und seinen linguistischen Komponenten. Dieser Text nun wurde von einem Autor erstellt, der dabei von seinem eigenen Erfahrungshintergrund, seinem Repertoire an z. T. prototypischen Szenen ausging. Der Gesamt-*frame* des Textes (und alle größeren und kleineren *frames* innerhalb des Textes) lösen kognitive *scenes* in der Vorstellung des Lesers aus. (189)
> Ausgehend von den erfassten *scenes* muss er [der Übersetzer] nach passenden *frames* in der ZS suchen, welche die gewünschten *scenes* beim Adressaten der Übersetzung hervorrufen. Zu diesem Zweck hat er laufend Entscheidungen zu treffen, wobei er auf seine Beherrschung der ZS angewiesen ist. Er muss sich vergewissern, dass die von den *scenes* aufgerufenen *frames* auch wirklich adäquat sind für die *scenes*, die sie aufrufen sollen. Wo beispielsweise der AS-Text in ganz besonderer Weise Expressivität aufweist, also stilistisch markiert ist, sollte er je nach Zweck der Übersetzung versuchen, durch die Mittel der ZS ähnliche Expressivität zu erreichen, oder an anderer Stelle zu kompensieren. In letzter Instanz ist also der *frame* der ZS maßgebend für seine Entscheidung. (191)

M. Vannerem/M. Snell-Hornby sehen den Übersetzungsvorgang aus der Perspektive des textverstehenden und -produzierenden Übersetzers. Wie bei W. Wilss ist der Prozess zweiphasig: In der ersten Phase (**Analyse**) geht der Übersetzer vom sprachlichen Material (*frames*) aus, das beim AS-Leser bestimmte *scenes* hervorruft; in der zweiten Phase (**Synthese**) sucht der Übersetzer nach zielsprachlichen *frames*, die beim ZS-Leser die „gewünschten" *scenes* hervorrufen. Hier wären folgende Fragen zu stellen: Wie umfangreich sind die *frames*, oder anders ausgedrückt: Wie groß sind die Übersetzungseinheiten? Wie hängen Übersetzungseinheiten und *scenes*, d. h. Situationen zusammen? Mit welcher Methode werden *scenes* und *frames* ermittelt und objektiviert? Grundsätzlicher aber wäre zu fragen, ob der Verstehens- und Übersetzungsprozess tatsächlich so abläuft, wie er von M. Vannerem/M. Snell-Hornby beschrieben wird. Das Modell gleicht – sieht man von der Terminologie ab – dem Konzept der Neukodierung, wie es in I.6.2 dargestellt wird. Es spricht einiges dafür, dass der Übersetzungsvorgang als komplexes Miteinander von Neukodieren und Umkodieren abläuft, von (mehr oder weniger) automatisierten/standardisierten und (mehr oder weniger) schöpferischen Aktivitäten.

6.2 Zum normativen Charakter der Übersetzungsdefinitionen; Neukodierung und Umkodierung

Es kann hier nicht darum gehen, eine Synthese oder Harmonisierung der oben behandelten Definitionen zu versuchen. Es sei nur auf einige uns wichtig scheinende Aspekte hingewiesen:

- Die Übersetzungsdefinitionen sind in keinem Fall rein deskriptiv; sie enthalten immer ein **normatives Element**. Es wird nicht nur gesagt, was Übersetzen *ist*, sondern immer zugleich, was es sein *soll* (zum Problem der Normativität des Übersetzungsbegriffs, s. u., II.2.5).
- Der normative Aspekt kommt im **Begriff der Äquivalenz** zum Ausdruck,[55] der oft besser durch den Begriff der Äquivalenz*forderung* ersetzt würde. Die Äquivalenzforderungen beziehen sich dabei auf ganz unterschiedliche Parameter: Inhalt, Text, Sachverhalt, Stil, Nor-

55 Implizit steckt der Äquivalenzbegriff auch in der Definition von M. Vannerem/M. Snell-Hornby, wenn von *passenden* frames oder *gewünschten* scenes die Rede ist.

men der ZS, kommunikativer Wert des AS-Textes, Empfänger, *scenes* des AS-Textes usw.

- Die oben angeführten Definitionen machen die **Vielzahl von Faktoren** deutlich, die beim Übersetzen eine Rolle spielen: AS, ZS, Text, Inhalt (Sinn, Bedeutung), Stil, Empfänger usw.
- In den Definitionen von M. Vannerem/M. Snell-Hornby und von W. Wilss wird nicht näher bestimmt, *wie* sich die Zuordnung von *scenes* und *frames* des ZS-Textes zu *scenes* und *frames* des AS-Textes vollzieht, bzw. wie die Phasen der Analyse und der Synthese/Rekonstruktion miteinander verbunden sind.

Eine solche Verbindung versuchen O. Kade (1968) und G. Jäger (1975) herzustellen, wenn sie verschiedene **Vollzugsarten der Translation** unterscheiden:

1. **Neukodierung (Interpretation)**: Die ZS-Fassung wird vom Übersetzer über die im AS-Text ausgedrückten Sachverhalte (die Wirklichkeit) hergestellt, ohne dass Bezug genommen wird auf Äquivalenzbeziehungen zwischen AS und ZS. D. h., es handelt sich nicht um ein Übersetzen, das auf der (sprachlichen) Basis der zwischen AS und ZS bestehenden Äquivalenzbeziehungen erfolgt, sondern um ein neues Versprachlichen des gemeinten Sachverhaltes bzw. von Bewusstseinsinhalten.

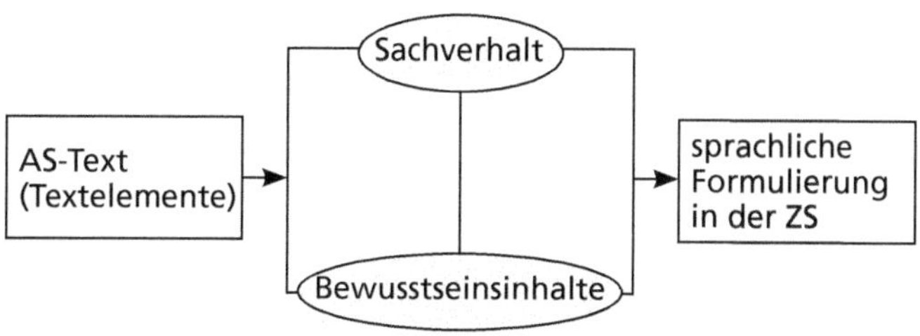

Abb. I.6.-1: Neukodierung

2. **Umkodierung (Substitution)**: Die Zuordnung erfolgt auf der Basis der Äquivalenzbeziehungen zwischen AS und ZS, die der Übersetzer „gespeichert" hat. Ausgangspunkt des Übersetzens ist die sprachliche Formulierung in der AS, deren Inhalt der Übersetzer im Zusammenspiel von Wort- bzw. Satzbedeutung und Sachwissen ermittelt. Der

Übersetzer aktualisiert von den potentiellen Äquivalenten dasjenige, das inhaltlich und stilistisch adäquat ist.

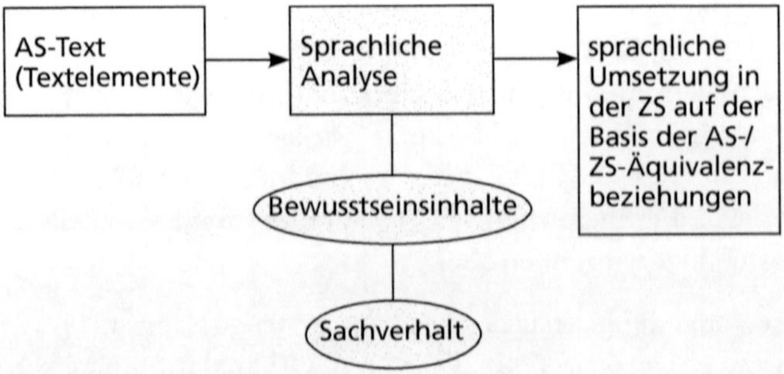

Abb. I.6.-2: Umkodierung

Während die **Neukodierung auf der Basis der Sache/der Bewusstseinsinhalte** erfolgt, vollzieht sich die **Umkodierung auf der Basis der Sprache** bzw. der sprachlichen Zuordnungen zwischen AS und ZS. In reiner Form liegt Umkodierung vor bei normativ festgelegten, formelhaften Entsprechungen (*Rauchen verboten/No smoking*), bei festen institutionellen und terminologischen Zuordnungen (*Europarat → Council of Europe, Conseil de l'Europe; European Council → Europäischer Rat, Conseil européen; Conseil de l'Union européenne → Council of the European Union, Rat der Europäischen Union; Passivkonto → compte du passif; Dienstleistungen → prestations de service; Arbeitsmarkt → labour market; Diskontsatz → discount rate*), und in den Fällen, die W. Wilss (1977:132) „habitualisierte Übersetzungsprozeduren" und „teilhabitualisierte, halbautomatisch abrufbare Übersetzungsprozeduren" nennt (z. B. beschränkte Anzahl Möglichkeiten, engl. Partizipialkonstruktionen im Dt. wiederzugeben). Die **Neukodierung in reiner Form** tritt bei der nachvollziehenden, kreativen Wiedergabe von lautmalerischen und sprachspielerischen Elementen auf. Sie ist kennzeichnend für die kommunikativ heterovalente „Übersetzung" (s. u., II.2.5), d. h. beispielsweise für die verschiedenen Möglichkeiten der Inhaltswiedergabe in Form von Zusammenfassungen oder Resümees, wie man sie in wissenschaftlichen Arbeiten findet, die nicht als eigentliche Übersetzungen zu betrachten sind. Ohne Zweifel aber vollzieht sich menschliche Übersetzung in der Regel als **Kombination von Umkodierung und Neukodierung**: Je nach Text und je nach Sprachkompetenz und Sachwissen des Übersetzers sind die beiden Vollzugsarten unterschiedlich stark beteiligt.

6.3 Modelle des Übersetzens

Die verbalen Definitionen laufen Gefahr, kompliziert und unanschaulich zu werden, wenn sie mehr als einen oder zwei der Faktoren und Bedingungen des Übersetzens zu integrieren versuchen. Deshalb bedient sich die Übersetzungswissenschaft modellhafter graphischer Darstellungen, die zwar als solche noch keinen Erklärungswert haben, aber Ausgangspunkt für erklärende Kommentierung sein können. Modelle haben die Funktion, wichtige Elemente des zu beschreibenden Phänomens in ihrem Zusammenhang und -spiel in abstrakter und zugleich anschaulicher Form vorzuführen.

Die Modelle des Übersetzungsprozesses, die im Folgenden vorgestellt werden, unterscheiden sich, wie schon die Übersetzungsdefinitionen, in ihrer unterschiedlichen Komplexität und in der unterschiedlichen Berücksichtigung der Faktoren, die am Übersetzungsvorgang beteiligt sind. L. Barchudarow (1979:10) ist zuzustimmen, wenn er schreibt, dass die Übersetzungsmodelle „nur in ihrer Gesamtheit dem Übersetzungsprozess in seiner ganzen Vielseitigkeit und in seinem ganzen Erscheinungsreichtum gerecht werden".

Das Modell in *Abb. I.6.-3* thematisiert den Umsetzungsprozess von AS-Zeichen in ZS-Zeichen hinsichtlich einer **interlingual konstanten Größe,** die in AS und ZS unterschiedlich bezeichnet wird.

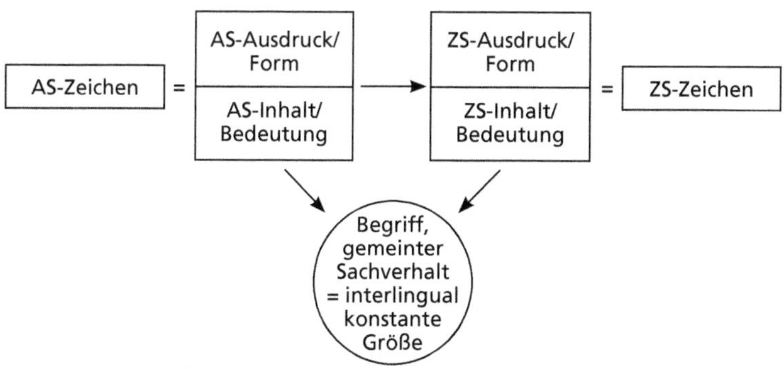

Abb. I.6.-3

Das sprachliche Zeichen besteht aus einem Ausdruck (der Zeichenform, der „materiellen" Seite des Zeichens) und einem Inhalt (der Bedeutung, der „geistigen" Seite des Zeichens). Die Beziehung Ausdruck – Inhalt ist einzelsprachspezifisch; so entspricht der Inhalt von frz. *fleur* nicht dem von dt. *Blume* (im Textzusammenhang bzw. in einer bestimmten Sprechsituation kann man sich aber mit *fleur* bzw. *Blume/Blüte* durchaus auf dasselbe Gemeinte beziehen). Dieses **sprachzeichenbezogene Übersetzungsmodell**, das weitgehend mit A. G. Oettingers Übersetzungsdefinition übereinstimmt, s. o., I.6.1), ist unbefriedigend, weil es nahelegt, Zeichen und Wort zu identifizieren. Übersetzt werden aber nicht einzelne Wörter, sondern Wörter in ihren Textzusammenhängen (im sprachlichen Kontext). Dieser Schwierigkeit sucht das Modell in *Abb. I.6.-4* zu begegnen, das nicht vom Zeichen ausgeht, sondern vom Text:

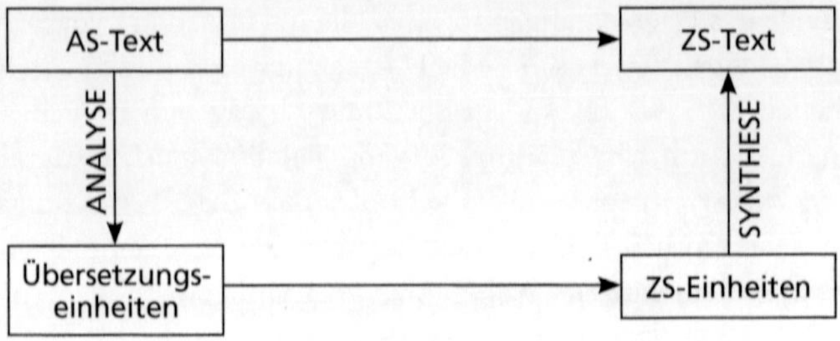

Abb. I.6.-4

Mit diesem Modell wird angedeutet, dass nicht Einheiten des Systems (der *langue*) übersetzt werden, sondern Texte, also Sprachvorkommen auf der Ebene der *parole* (dieses Modell stimmt weitgehend mit der Übersetzungsdefinition von J. C. Catford, s. o., I.6.1, überein). Der Übersetzungsprozess wird in zwei Phasen gegliedert: eine **Phase der Analyse**, die zur Festlegung von AS-Übersetzungseinheiten führt, denen ZS-Einheiten zugeordnet werden, und eine **Phase der Synthese**, in der diese ZS-Einheiten in den ZS-Text überführt werden. Die Zuordnung von AS-Übersetzungseinheiten[56] und ZS-Einheiten geschieht dabei (s. *Abb. I.6.-5*) auf der Basis der zwischen AS und ZS bestehenden potentiellen Äquivalenzbeziehungen:

56 Das Problem der Übersetzungseinheit wird unten in I.6.4 angesprochen.

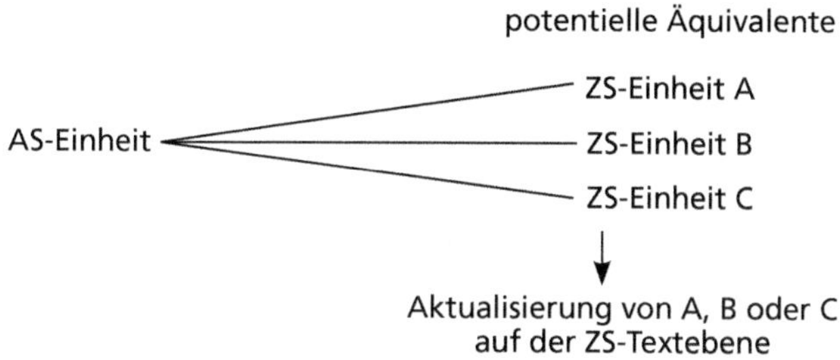

Abb. I.6.-5

Auch in Modellen, die im Rahmen der generativen Transformationsgrammatik entwickelt worden sind, wird der **Übersetzungsvorgang als Analyse- und Syntheseprozess** gesehen (vgl. Abb. I.6.-4). Allerdings handelt es sich dabei nicht um streng formal-syntaktische Beschreibungen, sondern um intuitiv begründete Rückführungen (Rücktransformationen) von AS-Sätzen (Oberflächenstrukturen in der AS) auf einfachere Strukturen in der AS, die in einem zweiten Schritt in einfache ZS-Strukturen umgesetzt und in einem dritten Schritt in den ZS-Text überführt werden.[57] E. A. Nida (1969:484) verwendet folgende Darstellung:

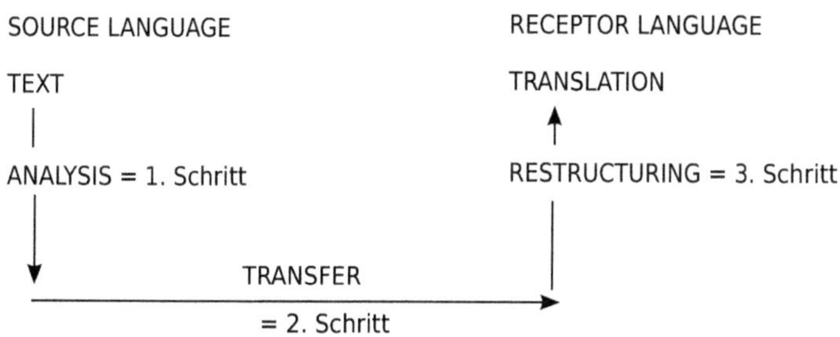

Abb. I.6.-6

57 Vgl. auch O. Kade (1971). Ein ähnliches Modell skizziert A. Neubert (1983:104 f.): Die semantische Basis für die Übersetzung wird von „atomaren Sätzen" gebildet, die in verschiedene „Oberflächengestalten" überführt werden können. Der so entstandene Text ist dann „wohlgeformt", wenn er den „Normen der parallelen ZS-Textklasse" entspricht.

Dieses Modell legt nahe, dass im konkreten Übersetzungsprozess die Stationen der Analyse, des Transfers und der Restrukturierung durchlaufen werden:

> That is to say, the translator first analyses the message of the *source* language into its simplest and structurally clearest forms, transfers it at this level, and then restructures it to the level in the *receptor* language which is most appropriate for the audience which he intends to reach. (484)

Ob dieses Modell aber tatsächlich abbildet, was im Kopf des Übersetzers vorgeht, wenn er übersetzt, bedürfte weiterer Untersuchungen seitens der prozessual orientierten Übersetzungswissenschaft. Seine Vorzüge liegen darin, dass der Vorgang der Rekonstruktion, der Synthese, genauer gefasst wird: Elementare ZS-Strukturen werden überführt in ZS-Strukturen, die stilistisch so bearbeitet werden, dass sie den ZS-Empfänger optimal erreichen. Maßgebender Bestimmungsfaktor in der Phase der Rekonstruktion ist also der ZS-Empfänger. Damit ist allerdings nur einer der Faktoren genannt, die bei der Wahl eines aktuellen Äquivalents beteiligt sind (dies wird von J. de Waard/E. A. Nida (1986) im Zusammenhang mit der Auseinandersetzung mit den Begriffen der formalen und dynamischen Äquivalenz entscheidend modifiziert, s. u., II.2.3).

Übersetzen als Wahl- und Entscheidungsprozess[58] im Bereich stilistischer Varianten lässt sich in zwei Fällen besonders anschaulich beobachten: 1. wenn mehrere Übersetzer denselben Text übersetzen (s. u., II.2.5), 2. wenn im Übersetzungsmanuskript eines Übersetzers verschiedene Übersetzungsversuche/Fassungen überliefert sind. Für diesen Fall stellt die Untersuchung P. Gebhardts (1970) zur Shakespeare-Übersetzung A.W. Schlegels ein vorzügliches Illustrationsmaterial dar. Anhand seiner Übersetzungsvarianten lässt sich das Übersetzen als **zweiphasiger Prozess** rekonstruieren. (Die erste Phase ist allerdings nicht identisch mit E. A. Nidas Rückführung komplexer AS-Oberflächenstrukturen auf einfachere AS-Strukturen, sondern stellt bereits eine erste, stilistisch unmarkierte ZS-Fassung dar, die Ausgangspunkt für weitere Umformungen ist.) P. Gebhardt (1970:202 ff.) unterscheidet bei A.W. Schlegel:

58 S. dazu P. Kußmaul (1986, 2015:26 ff.), W. Lörscher (2004a).

1. Das Übersetzen „ersten Grades“ oder „stoffliches Übersetzen“: Der Inhalt der AS-Aussage wird in „prosaischer“ Form in der ZS wiedergegeben; d. h., die Äquivalenzforderung beschränkt sich auf **inhaltliche Invarianz**.
2. Das Übersetzen „zweiten Grades“ oder „Transformation des prosaischen Stoffes in eine poetische Form“: Das Ergebnis der ersten Phase wird poetisiert; d. h., die Äquivalenzforderung bezieht sich auf **Inhalt und poetische Form**. – Dieser „Poetisierungsprozess“ als Verwirklichung stilistischer und formal-ästhetischer Äquivalenz lässt sich in A.W. Schlegels Manuskripten verfolgen. Man vergleiche dazu etwa die fünf Varianten zur „Hamlet“-Stelle I,3,18 *For hé himsélf is súbject to his bírth*, die sich syntaktisch-rhythmisch unterscheiden (die fünfte Variante ist die von Schlegel schließlich gewählte Fassung): 1. Denn die Geburt macht selbst abhängig ihn/2. Ihn macht ja selbst abhängig die Geburt/3. Er selber hängt von der Geburt ja ab/4. Er hängt ja selber ab von der Geburt/5. Er sélbst ist dér Gebúrt ja únterthán.

Im Rahmen der **kommunikationswissenschaftlich orientierten Übersetzungstheorie** sind Übersetzungsmodelle entwickelt worden, die von den in der Nachrichtentechnik und der Informationstheorie gebräuchlichen Blockschaltbildern von Kommunikationsketten ausgehen. Für die telegraphische Kommunikation mittels Morsezeichen wird etwa eine Darstellung wie die folgende verwendet:

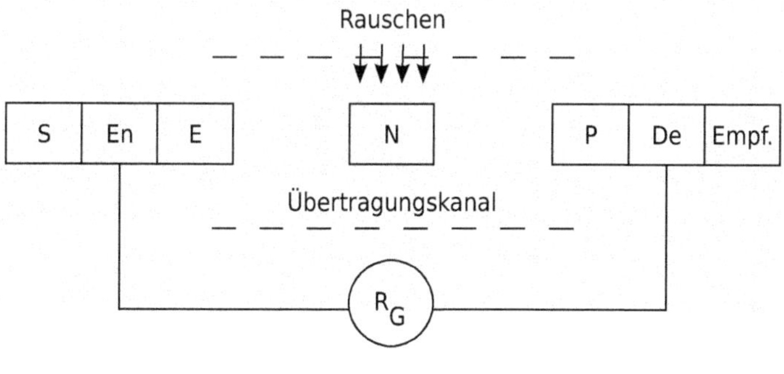

Abb. I.6.-7

Diese Darstellung ist folgendermaßen zu lesen: Der *Sender* (S) muss eine Information so *enkodieren* (En) (*verschlüsseln*), dass der *Empfänger* (Empf.)

in der Lage ist, bei der *Dekodierung* (De) (*Entschlüsselung*) der *Nachricht* (N) die betreffende Information zurückzugewinnen. Das setzt voraus, dass S und Empf. über ein **gemeinsames Zeicheninventar** (Zeichenrepertoire R_G) verfügen (beim Telegraphieren: Morsealphabet), und dass sie durch einen **Übertragungskanal** miteinander verbunden sind. Der Übertragungskanal (beim Telegraphieren: Kabel) darf dabei nicht so stark gestört sein (*Rauschen*), dass die emittierte (gesendete) Nachricht (E für *Emission*) nicht mehr perzipiert (P für *Perzeption*), d. h. empfangen und dekodiert werden kann.

Menschliche Kommunikation ist aus verschiedenen Gründen wesentlich komplizierter:

1. Der menschliche Kommunikator kann **zugleich Sender und Empfänger** sein; ein Feedback ist (jedenfalls in der direkten, gesprochenen Kommunikation) nicht nur möglich, sondern konstitutiv.
2. Menschliche Kommunikation findet in einem **sozialen Zusammenhang** statt. Erfahrungshintergrund, Wissens- und Bildungsstand und Erwartungshorizont von Sprecher/Hörer, soziokultureller und -ökonomischer Hintergrund, soziale Rollen der Kommunikatoren, in der mündlichen (direkten) Kommunikation außerdem der unmittelbare räumlich-zeitliche situative Kontext, spielen eine wichtige Rolle.
3. Die **Zeichenrepertoires** sind, auch für Sprecher derselben Sprache, nie identisch: Keine zwei Menschen verbinden mit denselben Ausdrücken genau dieselben Bedeutungen und Assoziationen. Wenn man sagt, dass man „aneinander vorbei redet" bzw. „nicht die gleiche Sprache spricht", so meint man damit, dass die Verständigung erschwert oder unmöglich ist aufgrund dieser unterschiedlichen Bedeutungen und Assoziationen. Wenn Kommunikation und Verständigung trotz individueller und gruppenspezifischer Sprachverwendungsunterschiede in unserer Lebenspraxis möglich ist und durchaus erfolgreich sein kann, dann darum, weil sich die Zeichenverwendungen in einem zentralen Bereich überschneiden:

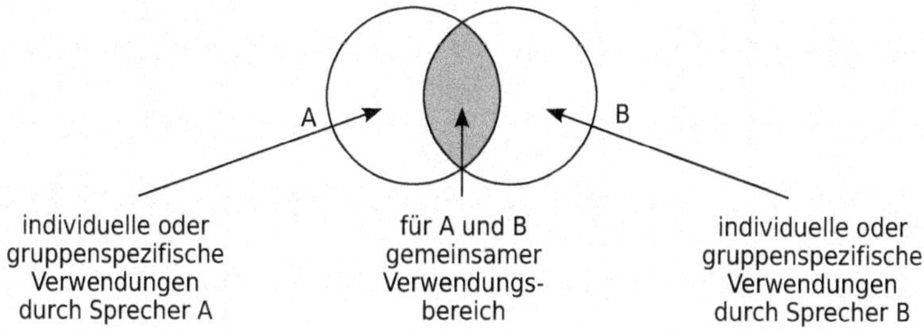

Abb. I.6.-8

Auch können Unterschiede in der Zeichenverwendung sprachlich thematisiert werden, so dass – vorausgesetzt, der Wille zur Verständigung ist da – ein Konsens über die Verwendungsweise bzw. „das Gemeinte" hergestellt wird. Praktische Möglichkeit der Verständigung und praktische Möglichkeit der Übersetzung hängen zusammen: Herstellung von Übersetzbarkeit ist Herstellung von Verständigung unter den spezifischen Bedingungen der Übersetzungssituation (s. u., II.1.4).

4. Menschliche Kommunikation dient nicht nur der Informationsübermittlung; sie ist nicht auf Enkodierung und Dekodierung von Informationen über Sachverhalte eingeschränkt:
   - Informationsvermittlung kann verbunden sein mit der **Bewertung der betreffenden Information**: Ein Sachverhalt wird nicht wertneutral, sondern positiv oder negativ, wünschenswert oder nicht usw. dargestellt. Dies geschieht insbesondere durch die Verwendung konnotativ geladener Ausdrücke (s. u., II.3.4).
   - **Information kann sprachlich verschleiert werden** (etwa durch die Verwendung von Euphemismen, Fremdwörtern, einer undurchschaubar komplizierten Syntax).
   - Sprache kann auch oder ausschließlich eingesetzt werden zur **Herstellung von Kontakt** (*Guten Tag!*), zur Mitteilung von Gefühlen und partner- oder sachbezogenen Einstellungen usw., man kann mit Sprache befehlen, anordnen, etwas erfragen oder in Frage stellen.

- In der schönen Literatur werden nicht (bestehende) Sachverhalte beschrieben, sondern wird „Welt“ zugleich hergestellt; die Wirklichkeit wird im Text selbst produziert (s. u., II.4.1.2).
- Sprache kann (etwa in lautmalerischen Gedichten) **rein ästhetische Funktion** haben.

In der **zweisprachigen Kommunikation**, wie sie der Übersetzung zugrunde liegt, sind die Kommunikationsbedingungen komplizierter als in der einsprachigen Kommunikation. Das zeigt schon das folgende einfache, von zahlreichen Bestimmungsfaktoren abstrahierende Modell, in dem die **Rolle des Übersetzers**, der zugleich Empfänger und Sender ist, im Vordergrund steht (im Anschluss an O. Kade 1968a):

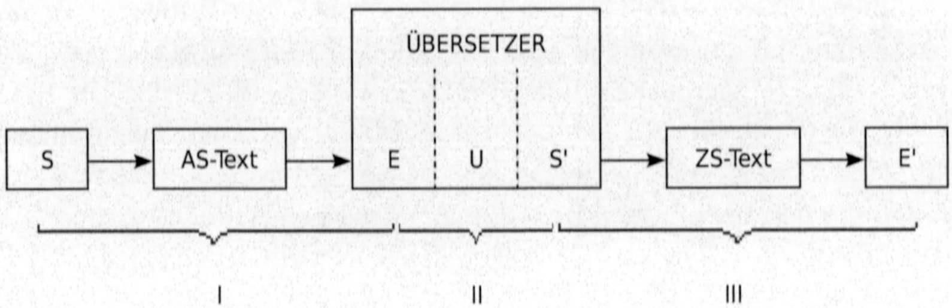

Abb. I.6.-9

Die drei Phasen der Übersetzungskommunikation:

I. Kommunikation zwischen dem Sender (S) und dem Übersetzer, der Empfänger (E) des Originaltextes ist
II. Übergang von der AS zur ZS, den der Übersetzer als Umkodierer (U) vollzieht
III. Kommunikation zwischen dem Übersetzer (als S‘) und dem Empfänger in der ZS (E‘)

Gegen dieses Modell ist einzuwenden, dass es der Spezifik der Übersetzungskommunikation und der Komplexität der übersetzerischen Aktivität kaum gerecht wird. Das betrifft insbesondere die Beschreibung der Aufgabe des Übersetzers als eines bloßen „Umkodierers“ (s. o., I.6.1, zu A. G. Oettinger). Kritisch ist zudem anzumerken:

- Der Übersetzer als Übersetzer ist ein anderer Typ Empfänger als der „normale“ Empfänger des Originaltextes in der AS: Er rezipiert den AS-Text ja als Angehöriger der ZS-Sprach- und Kulturgemeinschaft, für die er den Text dann übersetzt. Und vor dem Hintergrund seiner Kenntnisse der AS-Kultur und der AS-Textwelt rezipiert er den AS-Text auch auf andere Weise, als es einem ZS-Empfänger möglich ist, der „nur“ die Übersetzung liest.[59]
- Der Übersetzer ist ein anderer Typ Sender als der Sender (Autor) des Originaltextes, denn er ist auf eine spezifische Weise an den AS-Text gebunden: Er produziert nicht, sondern er reproduziert, bzw. der produktive Aspekt ist dem reproduktiven untergeordnet (s. dazu differenzierter in II.2.4).
- Fundamental für die Übersetzungskommunikation ist der Sachverhalt, dass der Übersetzer den ZS-Text für Leser herstellt, die aufgrund der Bedingungen des kommunikativen Hintergrunds in der ZS bestimmte **Empfängererwartungen** haben. Darauf wird in I.7 eingegangen.

6.4 Das Problem der Übersetzungseinheiten

In empirischen Arbeiten mit kontrastivem oder übersetzungswissenschaftlichem Ausgangspunkt wird in der Regel von heuristisch bestimmten Übersetzungseinheiten („Entsprechungen“ oder „Äquivalenten“) ausgegangen. Es ist allerdings schwierig, den Begriff der Übersetzungseinheit[60] auf einer theoretischen Ebene zu definieren.

Wenig nützlich, weil nicht operationalisierbar, sind in diesem Zusammenhang Aussagen, dass der Text als Ganzes Übersetzungseinheit ist (vgl. dazu A. Neubert 1988:85) oder gar die „Kultur“ („If neither the word, nor the text, but the culture becomes the operational ‚unit‘ of translation [...]“, A. Lefevere/S. Bassnett 1990:8). Text wie auch kulturelle Einbettung sind Faktoren, die sowohl bei der Äquivalenzkonzeption als auch bei der Bestim-

59 Liegt hierin ein Grund, dass man nur ungern eine Übersetzung liest, wenn man gerade so gut das Original lesen könnte? Man ertappt sich dabei, dass man durch die Übersetzung hindurch den Originaltext zu „rekonstruieren“ versucht – und erfährt sich dabei als Leser von zwei Texten zugleich.

60 S. dazu I. Sorvali (2004), K. Henschelmann (1999:17 ff.).

mung der potentiellen Äquivalente eine Rolle spielen – neben den anderen Faktoren, wie sie im Einführungskapitel aufgelistet werden.

J.-P. Vinay/J. Darbelnet (1971) und A. Malblanc (1968) gehen vom Begriff der *unité de pensée* aus, die definiert wird als „le plus petit segment de l'énoncé dont la cohésion des signes est telle qu'ils ne doivent pas être traduits séparément" (J.-P. Vinay/J. Darbelnet 1971:37). Diese Definition ist **AS-bezogen**: Übersetzungseinheit ist das, was in der AS als **Sinneinheit** erscheint. Die Sinneinheiten werden also unabhängig von der Struktur der ZS festgelegt, was zu Schwierigkeiten führt, wenn die ZS ihre Sinneinheiten anders gliedert. Dieser Schwierigkeit trägt O. Kade (1968:90) Rechnung, wenn er die ZS in die Definition der Übersetzungseinheit mit einbezieht:[61]

> Die Übersetzungseinheit ist das jeweils kleinste Segment des AS-Textes, für das dank der potentiellen Äquivalenzbeziehungen ein Segment im ZS-Text gesetzt werden kann, das die Bedingungen der Invarianz auf der Inhaltsebene erfüllt.

Maßgeblich bei der Festlegung der Übersetzungseinheiten ist nach O. Kade der **Inhalt der Aussage**, bezogen auf die potentiellen Äquivalente in der ZS. Damit kann allerdings von vornherein nie feststehen, welche sprachliche Einheit von welcher Größe Übersetzungseinheit ist; sie ist eine variable Größe.[62] Sieht man die Übersetzungseinheit nicht als statische, sondern als dynamische Größe, ist von einer Hierarchie der Übersetzungseinheiten bei ein und demselben Text auszugehen: von textuellen Äquivalenten bis hinunter zu Äquivalenten auf der lexematischen Ebene, von lexematischen,

---

61 O. Kades Definition der Übersetzungseinheit stimmt weitgehend mit derjenigen von L. Barchudarow (1979:188) überein: „Die Übersetzungseinheit ist die kleinste (minimale) sprachliche Einheit im AS-Text, die eine Entsprechung im ZS-Text hat; wie wir weiter sehen werden, kann diese Einheit eine komplexe Struktur aufweisen, d. h. aus noch kleineren Einheiten der Ausgangssprache bestehen. Diese Teile aber sind, jeder für sich genommen, ‚unübersetzbar', im Text der Übersetzung lässt sich keine Entsprechung für sie nachweisen, selbst wenn sie innerhalb der Ausgangssprache ihre eigene, relativ selbständige Bedeutung besitzen." Nach L. Barchudarow sind folgende Ebenen der Übersetzungseinheiten zu unterscheiden: Phoneme/Grapheme, Morpheme, Wörter, Wortgruppen, Sätze, Texte.

62 Hierin liegt nach A. D. Švejcer (1987:79) ein terminologischer Widerspruch: Eine Einheit ist eine konstante, nicht eine variable Größe. Sprachliche Einheiten sind außerdem als Konstanten bezogen auf bestimmte Sprachebenen, Übersetzungseinheiten sind dagegen „variable und linguistisch nicht definierte Redesegmente der Quellensprache". Es ist aber gerade diese Variabilität, die die Spezifik der Übersetzungseinheit (im Gegensatz zu linguistischen, sprachsystembezogenen Einheiten) ausmacht.

Wortgruppen- und Satz-Äquivalenten hinauf zu den textuellen Übersetzungseinheiten.

Bei der Bestimmung der Übersetzungseinheiten in ihrer Variabilität sind die Äquivalenzkategorien, wie sie in II.3. dargestellt sind, von vorrangiger Bedeutung. Es wäre zu untersuchen, ob die Art und Größe der Übersetzungseinheiten, in die ein Text aufgeteilt werden kann, davon abhängt, ob es sich um denotative, konnotative, textnormative, pragmatische oder formal-ästhetische Äquivalenz handelt. Eine Rolle spielen auch sprachstrukturelle Gegebenheiten: Übersetzungseinheiten dürften umso größer sein, je stärker die Sprachstrukturen differieren (je ähnlicher die Sprachen strukturell sind, desto kleiner sind die Übersetzungseinheiten; das zeigt sich, wenn man Übersetzungen aus dem Norwegischen ins Schwedische oder Dänische vergleicht).

Beschränkt man sich auf den **denotativen** Aspekt, lassen sich vier klare Fälle unterscheiden, wobei es sich bei a)-c) um stark begrenzte Sprachausschnitte handelt:

a. Übersetzungseinheit ist das **Wort**: dies gilt für **Terminologie**:

   dt. *Umsatzvolumen* → frz. *volume de ventes*
   dt. *Stromkreis* → engl. *electric circuit*

b. Übersetzungseinheit ist das **Syntagma**:
   - gilt für **Terminologie**:
     engl. *data processing* → dt. *Datenverarbeitung*
     engl. *fast-breeder reactor* → dt. *Schneller Brüter*
   - gilt für **phraseologisch gebundene Ausdrücke**:
     dt. *blinder Passagier* → engl. *stowaway* → frz. *passager clandestin*
     dt. *zugrunde gehen* → frz. *périr, mourir*
     frz. *auteur d'un attentat* → dt. *Attentäter*
     dt. *zum Ausdruck bringen* → frz. *exprimer* → it. *esprimere*
   - gilt für **redensartliche Ausdrücke**:
     dt. *ins Gras beißen* → engl. *kick the bucket*
     dt. *bei jemandem ins Fettnäpfchen treten* → frz. *mettre les pieds dans le plat* → engl. *put one's foot in it*
     frz. *mettre la charrue devant les bœufs* → dt. *das Pferd am Schwanz aufzäumen*
   - gilt für **Floskeln**:

dt. *es liegt mir am Herzen, zu …* → engl. *I am particularly anxious to …*

dt. *am Rande bemerkt; nebenbei gesagt* → engl. *let it be said in passing that …* → frz. *soit dit en passant, pour le dire entre parenthèses*

- gilt für **stereotype Formulierungsmuster** in bestimmten Textsorten:[63]

  dt. *in Erkenntnis der Bedeutung* → engl. *recognizing the importance* → frz. *reconnaissant l'importance*

c. Übersetzungseinheit ist der **Satz**:

- gilt für **Sprichwörter**:

  engl. *No fool like an old fool.* → dt. *Alter schützt vor Torheit nicht.*

  it. *Lontan dagli occhi, lontan dal cuore.* → dt. *Aus den Augen, aus dem Sinn.*

- gilt für **normativ festgelegte Ausdrücke**:

  dt. *Rauchen verboten* → engl. *No smoking*

d. Übersetzungseinheit ist der **Text (Textabschnitt)**:

- gilt für **poetische Texte**, deren Poetizität in der Ausnutzung sprachspielerischer und lautmalerischer Möglichkeiten liegt, in denen es also nicht primär um die Wiedergabe des Inhalts, sondern um die Wiedergabe oder Rekonstruktion der sprachlichen Form geht (s. u., II.3.7 und II.4.1.3);
- gilt für **Werbetexte**, bei denen es um die Erhaltung des Kauf-/Werbeappells geht, der sprachlich-textlich ganz unterschiedlich realisiert werden kann (je nach Verkaufsstrategie, Käuferpsychologie usw.). Dabei stellt sich allerdings die Frage, inwieweit noch von textreproduzierender („eigentlicher") Übersetzung gesprochen werden kann (s. u., II.2.4 und II.2.5).

6.5 Zusammenfassung

In Kapitel 6 werden zentrale Übersetzungsdefinitionen angeführt und kommentiert. Die normative Komponente dieser Definitionen wird problematisiert. Außerdem werden verschiedene Modelle des Übersetzens vorgestellt. Abschließend wird das Problem der Bestimmung von Übersetzungseinheiten behandelt.

---

63 Beispiel aus G. Thiel/G. Thome (1987:166).

7 Faktoren und Bedingungen der Übersetzungskommunikation - Empfängererwartungen

7.1 Der Leser der Übersetzung und seine Erwartungen

Der Vorgang von Textproduktion und Textrezeption lässt sich stark vereinfacht folgendermaßen beschreiben: Der Textautor (S) richtet sich mit seinem Text an Empfänger der betreffenden Sprache/Sprachgemeinschaft; der Text ist „eingestellt" auf diese Empfänger. Zum AS-Text wird dieser Text erst in einem Übersetzungskontext. (Ich sehe von Texten ab, die in der betreffenden Sprache zum Zweck der Übersetzung verfasst sind, also bereits auf ZS-Empfänger „eingestellt" sind, wie dies etwa bei Touristiktexten der Fall sein kann.) Das Original funktioniert im kommunikativen Zusammenhang der betreffenden Sprach- und Kulturgemeinschaft; es ist eingebettet in diesen Zusammenhang (s. *Abb. I.7.-1*).

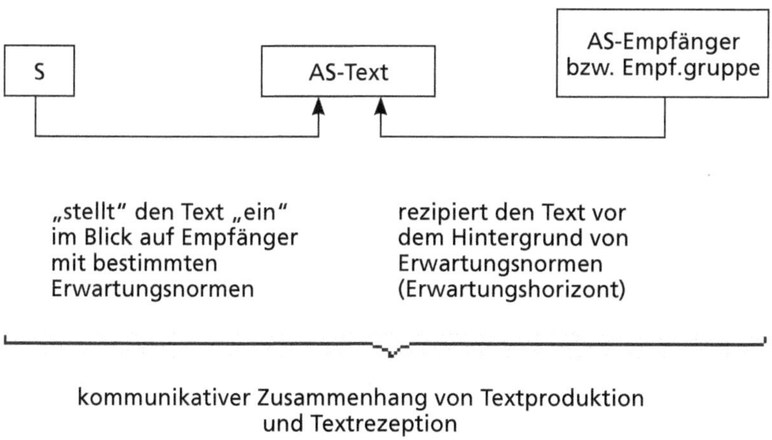

Abb. I.7.-1

Das heißt zugleich, dass der Text vor dem Hintergrund bestimmter Erwartungsnormen, die den **Erwartungshorizont der Empfänger** bilden, rezipiert wird.[64] Die „Einstellung" des Textes durch den Textautor und der Erwartungshorizont der Empfänger stehen in einem wechselseitigen **Bedingungsverhältnis**: Die Erwartungsnormen des Empfängers bedingen die Schreibnormen des Autors, die Schreibnormen des Autors beziehen sich auf Erwartungsnormen der Leser und bestätigen diese, erfüllen sie nicht oder nur teilweise oder widersprechen ihnen gar. Texte verschiedener Textgattungen sind in verschieden starkem Maße auf die Erwartungsnormen der Leser eingestellt: Es kann mehr oder weniger hundertprozentige Deckung vorliegen (normgerechte Texte), oder die Texte können die Erwartungsnormen durchbrechen (normabweichende Texte). Die Erwartungsnormen ihrerseits sind keineswegs identisch für alle Empfänger in einer Sprache (Sprachgemeinschaft), sondern sind in Abhängigkeit zu sehen von u. a.

- den individuellen und gruppenspezifischen Wissens- und Verstehensvoraussetzungen
- dem Bildungsstand, den Sprach- und Sachkenntnissen der Empfänger
- der individuellen und historisch-gesellschaftlichen Rezeptionssituation der Empfänger allgemein

Die **Übersetzungssituation** ist dadurch gekennzeichnet, dass sich die Empfängerbedingungen der Übersetzung mehr oder weniger stark von den Empfängerbedingungen des Originaltextes unterscheiden:[65]

1. Der ZS-Text steht in einem anderen sprachlichen Kontext, d. h. er bedient sich anderer sprachlich-stilistischer Ausdrucksmittel, die im System der ZS einen anderen Stellenwert haben als in dem der AS. Mit diesem Aspekt des Übersetzens beschäftigt sich in erster Linie die linguistisch orientierte Übersetzungswissenschaft.

---

64 Zum Erwartungshorizont, s. P. Ajouri (2013).

65 S. dazu das wunderschöne Gleichnis von Jacob Grimm zur grundsätzlichen Verschiedenheit von Original- und Übersetzungsrezeption, das oben, zu Beginn des Hauptteils *GRUNDLAGEN*, zitiert ist. – Die folgenden drei Faktoren, die bei der Übersetzungskommunikation eine Rolle spielen, werden von J. S. Holmes (1988) im Artikel „Rebuilding the bridge at Bommel: Notes on the limits of translatability" genannt. Mit Recht weist J. S. Holmes darauf hin, dass sprachlicher Kontext und soziokulturelle Situation nicht parallel gehen müssen: Im Fall von Kanada ist von *einer* soziokulturellen Situation, aber drei Sprachen auszugehen, im Fall der USA und Englands von zwei soziokulturellen Situationen, aber *einer* Sprache (s. auch II.1.4).

2. Der ZS-Text steht in einem anderen „Textuniversum" als der AS-Text. Zum ZS-Textuniversum gehören a) andere Übersetzungen aus der betreffenden AS, b) Übersetzungen aus anderen Sprachen, (c) Paralleltexte. (Unter Paralleltexten versteht man Originaltexte in der ZS, die eine ähnliche Thematik behandeln, sich an eine ähnliche Lesergruppe richten und vergleichbare sprachlich-stilistische Mittel verwenden, s. dazu C. Fabricius-Hansen 2004, S. Göpferich 1999.) Vor dem Hintergrund der Normen, die in diesem Textuniversum gelten, werden Übersetzungen produziert und rezipiert.
3. Der ZS-Text wird in einer soziokulturellen Situation rezipiert, die sich von der AS-Situation unterscheidet. Die Wissensvoraussetzungen allgemein und die speziellen Voraussetzungen für das Verständnis eines Textes sind verschieden. Das hat zur Folge, dass das, was in einem AS-Text nicht ausgedrückt werden muss, weil es zu den selbstverständlichen Voraussetzungen des Alltagslebens (der Lebenspraxis) im betreffenden kommunikativen Zusammenhang gehört, in der ZS ggf. explizit ausgeführt werden muss. Assoziationen, die der AS-Text weckt, gehen in der ZS möglicherweise verloren, weil die Assoziationsvoraussetzungen in der ZS für den ZS-Empfänger nicht gegeben sind. Mittels kommentierender Übersetzungsverfahren kann der Übersetzer versuchen, Wissensdefizite der ZS-Leser zu beseitigen oder wenigstens zu vermindern (s. u., II.3.9). Gelegentlich tut dies auch der Autor des Originaltextes, wie das folgende Beispiel zeigt.

Beispiel I.7.-1

Ignazio Silone schickt seinem Roman „Fontamara" eine Einführung voran, in der er den „ausländischen Leser" darüber informiert, dass seine Erzählung nicht dessen idyllischem Italienbild entspricht:

> Wie man weiß, erscheint in gewissen Büchern der Süden Italiens als ein wunderbar schönes Land, wo die Bauern fröhlich singend zur Arbeit gehen und Chöre von Landmädchen in malerischen alten Trachten ihnen antworten, während im nahen Wäldchen die Nachtigallen schmettern. – Leider hat es diese Herrlichkeiten in Fontamara nie gegeben. [...]

Und zur Sprache merkt Silone an:

> Man darf sich nicht vorstellen, dass die Bewohner von Fontamara italienisch sprechen. Italienisch ist für uns eine Sprache, die wir in der Schule gelernt haben, so wie man Latein, Französisch oder Esperanto lernt. Es ist für uns eine Fremdsprache, deren Wortschatz und Grammatik sich ohne Beziehung zu uns gebildet haben, ohne Beziehung zu unserer Art zu handeln, zu denken und uns auszudrücken. [...] Wenn die italienische Sprache unsere Gedanken aufnimmt und wiedergibt, werden sie in ihrem innersten Kern verändert und entstellt. Um unmittelbar zu wirken, sollte man sich nicht einer Sprache bedienen, in der zu denken man nicht gewohnt ist. Da ich aber kein anderes Mittel habe, um mich verständlich zu machen, und ein dringendes Bedürfnis mich dazu treibt, werde ich mich bemühen, so gut wie möglich in die gelernte Sprache zu übertragen, was alle Menschen erfahren sollen: die Wahrheit über Fontamara.

Die Verbindung von Phase I und III des Übersetzungsprozesses (s. o., I.6.7), die Rolle und Funktion des Übersetzers im Blick auf AS-Empfänger und ZS-Empfänger sind nun genauer bestimmbar. Der Übersetzer ist Empfänger in der AS, und er muss zugleich Sender (und auch Empfänger) in der ZS sein. Die Übersetzungsaufgabe besteht darin, zwischen den Empfängererwartungen in der AS und den Empfängerwartungen in der ZS zu vermitteln. Bei den unten zu diskutierenden Empfängererwartungen werden deshalb zugleich die Rolle des Übersetzers und die mit den ZS-Empfängererwartungen verknüpften Übersetzungsprobleme behandelt. Von diesen Überlegungen her fällt neues Licht auf die Schleiermachersche Unterscheidung zweier Übersetzungsmethoden und auf E. A. Nidas Prinzipien der formalen und der dynamischen Äquivalenz (s. o., I.2.4, s. u., II.2.3). Die verfremdende Übersetzungsmethode bzw. die formale Äquivalenz verlangt einen ZS-Empfänger, der gleichsam in die Haut eines AS-Empfängers zu schlüpfen vermag: Der ZS-Text soll es dem ZS-Leser ermöglichen, AS-Empfänger zu spielen. Die adaptierende Übersetzungsmethode bzw. die dynamische Äquivalenz dagegen richtet die Übersetzung auf die Erwartungsnormen der ZS-Empfänger aus.

7.2 Differenzierung der Empfängererwartungen

Wenn man versucht, die Empfängererwartungen zu differenzieren, so dürften in übersetzungsrelevanter Sicht folgende sechs Bereiche, die im Folgenden behandelt werden, von vorrangiger Bedeutung sein:

1. thematischer Bereich (7.2.1)
2. Makroaufbau/-gliederung und Darstellungstechnik (7.2.2)
3. Mikroaufbau (7.2.3)
4. Textfunktion (7.2.4)
5. sprachlich-stilistische Gestaltung (7.2.5)
6. Textverständnis und -interpretation (7.2.6)

7.2.1 Zum thematischen Bereich

Von einem Buch mit dem Titel „*Das Klavier.* Eine Einführung in Geschichte und Bau des Instruments und in die Geschichte des Klavierspiels" erwarten wir als Leser, dass es uns thematisch-inhaltlich genau das vermittelt, was der Untertitel verspricht.

Wenn wir ein Buch zur Hand nehmen, dessen erste Ausgabe 1726 erschien und das den Titel trägt „TRAVELS INTO SEVERAL REMOTE NATIONS OF THE WORLD. By Lemuel Gulliver, first a Surgeon, and then a Captain of several Ships" erwartet der Leser eine exotische Reisebeschreibung (und zum Reiz von Jonathan Swifts „Gullivers Reisen" gehört, dass die Satire durchaus eine Reisebeschreibung ist – von einer Reise in höchst fiktive Gefilde).

Von einer Bedienungsanleitung für eine Geschirrspülmaschine erwartet der Leser, dass sie ihn über die Bedienung der betreffenden Maschine instruiert; von einer Biographie über Napoleon eine Beschreibung des Lebens von Napoleon. Thematisch-inhaltliche Erwartungen können allerdings gegenüber anderen Erwartungen zurücktreten (oder irrelevant sein): bei poetischen Texten (z. B. einem lyrischen Gedicht wie Joseph Eichendorffs „Mondnacht") gegenüber ästhetischen oder bei konkret-graphischen Gedichten gegenüber visuellen Interessen wie etwa Christian Morgensterns „Der Trichter", bei dem die graphische Anordnung des Textes in Form eines Trichters den ästhetischen Reiz ausmacht.

Bei der Analyse von Übersetzungen kann man gelegentlich feststellen, dass Übersetzer in den Text eingreifen, um (wirklichen oder vermeintlichen) Lesererwartungen zu entsprechen (s. u., II.3.6). Das kann so weit gehen, dass ganze Abschnitte, die nach Auffassung des Übersetzers (bzw. des Verlagslektors) inhaltlich gegen politische, ideologische oder moralische Normen verstoßen, in der Übersetzung weggelassen werden. So bleiben in der dt. Übersetzung des Kriminalromans „De ‚A‘ jusqu'à ‚Z'" von San-Antonio (Pseudonym für Frédéric Dard) (1967, dt. „Die elegante Mörder-Tour", 1973) Textstellen, in denen sich Polizisten Brutalitäten gegenüber Verdächtigen zuschulden kommen lassen, entweder unübersetzt, oder sie werden abgeschwächt. In Übersetzungen von Kinderbüchern stellt man immer wieder fest, wie Übersetzer den Originaltext ausdeuten bzw. verdeutlichen, spannender machen und mit moralisch-pädagogischen oder weltanschaulichen Auffassungen in Übereinstimmung bringen (s. dazu J. House 2004).

M. Díaz-Diocaretz (1985:37 ff.) unterscheidet vier Typen von Verfahren, mit denen der Übersetzer einen Text mit Empfängererwartungen verträglich zu machen versucht: das didaktische, korrektive, polemische und präventive Verfahren:

> *Didactic*: favoring explanatory notes which can be marginal or inserted within the text itself, assuming that the ST [source-text] is obscure and should be made clearer to the readers. [...] *Corrective* concerns the desire to adapt the interpretation to the reader's 'literary competence'. [...] Another model of corrective attitude concerns the standard of literary acceptability in terms of the norms and the reader's expectations playing a central role in the receptor-oriented translations. [...] *Polemic* attitude which may be provoked by certain portions of the message in the ST which the TF [translator-function] anticipates will be in polemic with the taste and cultural presuppositions of the reader. The text is modified to ‚protect‘ the reader from certain 'harmful‘ elements, and therefore accomodated to fit acceptable norms (either stylistic features, themes, topics) and/or social conventions. *Preventive* attitude, which causes the *translator-function* to introduce modifications and changes, thus anticipating a possible censorship or total suppression of the work. Examples within this range abound; they include not only lexical and semantic units, but they also affect other components in the text.

In diesen Zusammenhang gehört auch die Diskussion zur Übersetzung aus feministischer Perspektive (L. v. Flotow 1997, 2004) und zur politisch-ideologisch „gefärbten" Übersetzung (zur DDR, s. G. Pisarz-Ramirèz 2007, zu Deutschland 1933–1945, s. K. Sturge 2007, zu Griechenland, s. D. Asimakoulas 2005).

Sind textinhaltliche Eingriffe des Übersetzers grundsätzlich abzulehnen? Die Frage kann in dieser allgemeinen Form nicht beantwortet werden. Übersetzung ist nicht „nur" Textreproduktion, sondern muss, wenn sie ihre Funktion erfüllen will, auch Textproduktion sein (z. B. in der Form von kommentierenden Elementen, Modifikationen usw., s. u., II.2.4), und es können durchaus gute Gründe für punktuelle Eingriffe unterschiedlicher Art vorliegen. Zur **Ethik des Übersetzens** gehört aber, dass Textveränderungen in der Übersetzung selbst angezeigt werden (in Vor- oder Nachworten oder in Fußnoten).[66] Die Übersetzungskritik hat die Aufgabe, inhaltliche Texteingriffe und ihre Berechtigung und Hintergründe aufzudecken und zu fragen, wo und in welchem Ausmaße dadurch die Autonomie des zu übersetzenden Textes und die Interessen des ZS-Lesers an einem „unredigierten" Text möglicherweise verletzt werden. Dabei ist auch abzuklären, ob die Texteingriffe tatsächlich auf den Übersetzer zurückgehen und nicht auf den Autor selbst wie folgendes Beispiel zeigt.

Beispiel I.7.-2

Zwischen der 1934 erschienenen Übersetzung von Ignazio Silones „Fontamara" und der Übersetzung von 1962 bestehen große Unterschiede. Im „Vorwort zur neuen Ausgabe" führt Silone dazu aus:

> Der deutsche Leser, der auf den Gedanken verfiele, die vorliegende Fassung von *Fontamara* mit der ersten, 1934 in der Schweiz erschienenen Übersetzung zu vergleichen, würde den Eindruck gewinnen, dass es sich um ein zwar nicht ganz neues, jedoch sehr verändertes Werk handelt. Einem solchen Leser bin ich die Erklärung schuldig, dass der Unterschied zwischen den beiden Fassungen nicht nur auf der verschiedenartigen Ausdrucksweise der Übersetzer beruht (obwohl jedermann weiß, dass die Arbeit des Übersetzers für das literarische Werk ebenso wichtig ist wie die des Interpreten für das musikalische Werk), sondern vor allem auf der Verschiedenheit der italienischen Texte, die den beiden Übersetzungen zugrunde liegen. – Als *Fontamara* nach dem Zusammenbruch des Faschismus zum erstenmal in Italien veröffentlicht werden sollte, habe ich zahlreiche Veränderungen an dem Text vorgenommen, zu deren Rechtfertigung ich etwas über das Verhältnis zwischen mir und meinen Büchern sagen muss. [...] (7)

66 Zur Ethik des Übersetzens, s. P. Kußmaul (2015, Abschnitt 8.3.).

7.2.2 Zu Makroaufbau/-gliederung und Darstellungstechnik

Der Textinhalt wird in der Folge der Sätze und Textabschnitte im Allgemeinen sukzessiv vermittelt. Für Aufbau, Gliederung und Technik der Darstellung folgt der Autor mehr oder weniger festen Regeln, die er entweder durch Nachahmung und/oder durch Befolgung von Anleitungen – wie es sie etwa für das Anfertigen wissenschaftlicher Manuskripte oder für das normgerechte Schreiben von Briefen gibt – gewonnen hat. Solche Regeln haben sich für Gebrauchs- und Sachtexte verschiedenster Art mehr oder weniger fest etabliert (wissenschaftlich-technische Texte, Biografien, Gebrauchsanleitungen, Kontaktanzeigen, Horoskope, Leitartikel, Börsenkommentare).[67] Aber auch literarische Texte folgen Textgestaltungsmustern (man denke an Kriminalstories, Märchen, Aphorismen, Sonette). Aufbau-/Gliederungsmuster und Darstellungstechnik können sich von Land/Kulturgemeinschaft zu Land/Kulturgemeinschaft unterscheiden, und innerhalb der einzelnen Gebrauchstextgattungen gibt es unterschiedliche Traditionen der Darstellungstechnik. Neue Gliederungs- und Darstellungsmuster können sich etablieren (man denke etwa an die Verdrängung der §-Gliederung durch die Dezimalzählung); in wissenschaftlichen Beiträgen setzt sich zunehmend das angloamerikanische Schema *Introduction – Methods – Results – Discussion* (= IMRAD) durch. Für den Übersetzer stellt sich die Frage, ob oder inwieweit er den ZS-Text in Makroaufbau und -gliederung den in der ZS geltenden Normen anpassen soll, d. h., ob und inwieweit er die Form der Darstellung verändern kann und soll, um den ZS-Text den Empfängererwartungen (Erwartungsnormen und -gewohnheiten) anzupassen.

Beispiel I.7.-3

Die dt. und schwed. Übersetzungen von D. L. Sayers' „Murder Must Advertise" (1933) verfahren bezüglich Kapiteleinteilung und -überschriften unterschiedlich: Die dt. Übersetzung verzichtet auf Kapitelüberschriften, behält aber die Nummern bei, die schwed. Übersetzung behält die Titelüberschriften bei und verzichtet auf die Kapitelzahlen.

---

67 S. dazu H. Belke (1973), B. Sandig (2006), K. Brinker (2010:120 ff.), A. Linke u. a. (1996:248 ff.), W. Heinemann/D. Viehweger (1991:129 ff.).

7.2.3 Zum Mikroaufbau

Die einzelnen Sätze eines Textes sind entweder thematisch und/oder sprachlich miteinander verknüpft.[68] Beispiel für eine rein thematische (sachliche) Verknüpfung (implizite Verknüpfung):

> Das Thermometer zeigte −10°. Fritz holte den Mantel aus dem Schrank.

Im Verstehensprozess verbindet der Leser/Hörer die beiden Sätze miteinander:

> Das Thermometer zeigte −10°. *Weil es so kalt war/Um sich gegen die Kälte zu schützen*, holte Fritz den Mantel aus dem Schrank.

Im Allgemeinen sind Sätze im Text sowohl **thematisch (implizit)** wie auch **sprachlich (explizit)** miteinander verknüpft durch pronominale oder nominale Wiederaufnahme, Konjunktionen, Adverbien und Tempora, wie der folgende Textauschnitt zeigt:

Beispiel I.7.-4

(1) Generäle sind Männer, die sich gegenseitig einen Kampf liefern, sich selber aber aus dem Kampf heraushalten. (2) Hinterher machen sie ein Treffen ab. (3) Sie treten aufeinander zu [...] und setzen sich zu einem Frühstück, das gegeben wird. (4) Kaffee ist immer aufzutreiben [...]. (Aus H. Wiesner, „Lapidare Geschichten", 1967)

Verknüpfung von Satz (1) und (2): Tempus, prononminale Wiederaufnahme (*Generäle – sie*), temporale Situierung (*hinterher*), nominale Wiederaufnahme im gleichen Sinnbereich (*Kampf – Treffen*); Verknüpfung von Satz (3) und (4): Tempus, Wiederaufnahme im gleichen Sinnbereich (*Frühstück – Kaffee*).

Der Leser der Übersetzung erwartet, dass er den Textinhalt mit einem „angemessenen" Verstehensaufwand ermitteln kann, d. h. in diesem Zusammenhang, dass die impliziten und die expliziten Verknüpfungen keine unnötigen Verstehensprobleme stellen. Diese treten dann auf, wenn bei

---

68 Mit der thematischen (s. K. Brinker 2010:40 ff., W. Heinemann/D. Viehweger 1991:36 ff.) und sprachlichen (s. K. Brinker 2010:26 ff., A. Linke u. a. 1996:215 ff., W. Heinemann/D. Viehweger 1991:26 ff.) Verknüpfung von Sätzen in Texten beschäftigt sich die Textlinguistik.

impliziten Verknüpfungen, aber auch bei ungenügend oder unkorrekt explizierten sprachlichen Verknüpfungen, Kenntnisse und Wissen vorausgesetzt werden, über die der Empfänger (möglicherweise) nicht verfügt. Bei obigen Beispielen sind solche Kenntnisse bei den Lesern der betreffenden Sätze aufgrund ihres Welt- und Alltagswissens vorhanden, bzw. der Verfasser kann annehmen, dass diese Kenntnisse vorhanden sind. So weiß man, dass −10°C auf den Sachverhalt ‚relativ starke Kälte' hinweist, und dass man sich mit einem Mantel gegen Kälte schützen kann. Vom Kaffee wiederum wissen wir, dass er Bestandteil eines Frühstücks ist oder sein kann.

info

Übersetzungsprobleme können daraus resultieren, dass der AS-Autor auf Wissensvoraussetzungen der AS-Empfänger aufbaut, die bei den ZS-Lesern nicht gegeben sind. Der AS-Autor kann vieles „ungesagt" lassen, implizit voraussetzen. Hierin liegt ein Teil der **kulturellen Übersetzungsproblematik**.

Das folgende Beispiel kann dies illustrieren:

Beispiel I.7.-5

Im dritten Kapitel der dt. Übersetzung von Gunnar Staalesens Kriminalroman „Im Dunkeln sind alle Wölfe grau" (2001) stutzt der (aufmerksame) Leser bei folgender Textstelle:

> Der Sommer fand Anfang Mai statt. Die plötzliche Wärme legte die Stadt lahm und die Leute liefen mit glühend-roten Gesichtern herum und sehnten sich nach der Kälte zurück. Ihr Wunsch wurde erfüllt. Um den 17. Mai herum war der Sommer vorbei und das graue Wetter wieder da. Nach ein paar Tagen war es, als hätte die Sonne nie geschienen, und als würde sie es auch nie wieder tun.

Was bedeutet die im Textzusammenhang für den deutschen Leser unmotiviert genaue Zeitangabe des 17. Mai? Anfang Mai war es Sommer geworden, und Mitte Mai oder zwei Wochen später war es damit schon wieder aus: Das würde einleuchten. Aber um den 17. Mai herum? Verstehen kann das (und insbesondere auch die ironische Haltung, die in dieser Textstelle zum Ausdruck kommt) fast nur der norwegische Leser:

Der 17. Mai ist der norwegische Nationalfeiertag, mit dem man Festumzüge (mit vielen Kindern) und schönes Wetter verbindet.

Bei der Übersetzung von Textstellen wie in *Beispiel I.7.-5* stellt sich dem Übersetzer die Frage, ob, inwieweit und auf welche Weise er implizit Mit-Verstandenes in der Übersetzung explizieren muss, d. h., welche Informationen er im Text nachliefern muss, um den Text verständlich (und gleichzeitig noch lesbar) zu machen.

Beispiel I.7.-6

In einer vom Royal Norwegian Ministry of Foreign Affairs herausgegebenen Broschüre (April 1986) beschreibt der Historiker Knut Mykland auf mehreren Seiten die historische und gegenwärtige Bedeutung des 17. Mai („The 17th of May. A Historical Date and a Day of National Celebrations“). U. a. wird ausgeführt:

> The United States has the 4th of July as its National Day commemorating the American Declaration of Independence. The French celebrate the 14th of July in memory of the storming of the Bastille and the downfall of l'ancien régime. The 17th of May is Norway's National Day. In the history of Norway 17 May 1814 marks both the country's declaration of independence and the triumph of constitutional government. In order to understand the dominant place occupied by the celebration of the 17th of May in the national consciousness it is necessary to view it against its historical background. [...] The 17th of May has remained the great spring festival in Norway, in a country with a winter that is both long and cold. For this reason the 17th of May has more and more taken on the character of a festival celebrated by children. The children's procession has become the colourful focal point in the celebrations, from the most remote coastal settlements to the capital city where literally thousands of schoolchildren, marching along behind their school bands and banners, file past the Royal Palace in salute to the King. – Another reason for the central position the 17th of May celebrations have occupied and continue to occupy in Norway is to be found in the country's relationship with other countries. From 1814 to 1905 Norway was joined in a union with Sweden,

> and although the country held an independent position in this union, nevertheless in the Norwegian consciousness the union always represented a potential danger able to arouse feelings of nationalism and lead to closing of the ranks around the national symbols, as in the 1820s and the period around 1905. [...]

Wenn der Übersetzer dem Leser die in *Beispiel I.7.-5* angeführte Textstelle verständlich machen will, ist er gezwungen, in der Übersetzung bestimmte Informationen nachzuliefern: in einem Zusatz im Text, mit einem verdeutlichenden oder erklärenden Attribut, in einer Fußnote oder in einer „Vorbemerkung des Übersetzers". Was heißt aber bei unserem konkreten Beispiel „bestimmte Informationen"? Es ist ja ausgeschlossen, dass der Übersetzer den ganzen historischen Hintergrund vermitteln kann; eine Fußnote reicht aber kaum aus, die für das Verständnis der Textstelle notwendige Information zu vermitteln. Übersetzt er aber (wie im Beispiel) wörtlich und ohne Kommentar, dann liefert er einen inkohärenten Text, der vom Leser im besten Fall wenigstens teilweise „logisiert" wird, indem er den 17. Mai als „offenbar irgendwie speziellen Tag" interpretiert. Soll der Übersetzer in dieser Übersetzungsnot den Text umschreiben (etwa als „Zwei Wochen später war der Sommer vorbei und das graue Wetter wieder da", oder: „Mitte des Monats war der Sommer vorbei"), vielleicht geleitet von der Überlegung, dass das Datum des 17. Mai im Gesamtzusammenhang des Kriminalromans von untergeordneter Bedeutung ist? Es handelt sich hier um eines der recht eigentlich unlösbaren Übersetzungs- und Vermittlungsprobleme – die der Übersetzer trotzdem lösen muss.

In diesem Zusammenhang stellt sich die Frage der **Leserüberschätzung** bzw. der **Leserunterschätzung** oder gar -bevormundung (s. II.3.6). Im ersten Fall schätzt der Übersetzer das Verstehenspotential der ZS-Empfänger als zu gering ein, oder er verkennt, dass der Text als Ganzes mehr Informationen liefert als die einzelnen Sätze. Implizite Voraussetzungen für das Verständnis einzelner Sätze können nämlich im fortlaufenden Text expliziert werden, bzw. die Textlektüre baut beim ZS-Leser sukzessive die AS-Wissensvoraussetzungen auf (s. u., II.1.4, zu Pkt 6). Unterschätzung der ZS-Leser hat zur Folge, dass der Übersetzer redundante Information mit dem Effekt der „stilistischen Verflachung" liefert (K. Henschelmann 1980:32). Jedoch scheint im Allgemeinen die Gefahr der ZS-Empfänger-Überschätzung größer zu sein: Der Übersetzer verkennt, dass er keinen Leser vor sich hat, der wie er selbst im AS-Zusammenhang *und* im ZS-Kontext verankert ist. Die Folge ist, dass der ZS-Empfänger die Übersetzung nicht adäquat oder falsch versteht.

7.2.4 Zur Textfunktion

Von einem Sachbuch erwartet der Leser, dass es ihn über ein Fachgebiet oder über bestimmte fachliche Probleme informiert (**Informationsfunktion**), von einer Bedienungsanleitung, dass sie ihm die notwendigen Instruktionen über die Bedienung der Maschine liefert (**Instruktionsfunktion**), von einem politischen Text, dass er ihn zugleich informiert und zu überzeugen versucht (**Appellfunktion**), von einem lyrischen Gedicht, dass es ihm ein ästhetisches Erlebnis vermittelt (**ästhetische Funktion**), von einem Kriminalroman, dass er ihn auf spannende Weise unterhält (**Unterhaltungsfunktion**).

Bei vielen Texten bzw. ganzen Textgattungen kann zwischen **primären und sekundären Textfunktionen** unterschieden werden. Poetische Texte haben oft nicht nur eine ästhetische, sondern auch eine informative und/oder persuasive Funktion; Werbetexte nicht nur eine Appellfunktion („Kaufe dieses Produkt!"), sondern zugleich eine persuasive Funktion („Glaube mir, dieses Produkt ist das beste!") und/oder eine informative Funktion („Dieses Produkt besteht aus den Bestandteilen x, y und z.").

Den verschiedenen Textfunktionen können sprachlich-stilistische Merkmale bzw. unterschiedliche „Sprachen in der Sprache" (H. Rossipal 1973) zugeordnet werden: die Sprache der Wissenschaft mit ihren spezifischen sprachlich-stilistischen Kennzeichen, die politische Sprache, die Werbesprache, die poetische Sprache. Die Ausdrucksmöglichkeiten (das Ausdruckspotential) einer Sprache werden in Texten mit unterschiedlicher Textfunktion in unterschiedlicher Auswahl und Frequenz eingesetzt:

- Unterschiedliche **Auswahl**: expressive (stark konnotierende) Ausdrücke werden in wissenschaftlich-technischen Texten in der Regel nicht verwendet; das Präteritum findet sich kaum in Gebrauchsanleitungen usw.
- Unterschiedliche **Frequenz**: Fachtermini können zwar auch in literarischen Texten vorkommen (s. u., *Beispiel II.4.-6*), ihr Hauptanwendungsbereich ist jedoch der Fachtext; Aufforderungssätze finden sich

in Texten mit ganz unterschiedlicher Textfunktion, in Bedienungsanleitungen treten sie jedoch signifikant häufiger auf (*Nehmen Sie ..., entfernen Sie ..., anschließend stellen Sie ...*) usw.

Der Übersetzer steht bezüglich Textfunktionen vor folgenden Problemen und Aufgaben:

- Er muss im AS-Text die primären und sekundären Textfunktionen ermitteln und eine Hierarchie der Textfunktionen aufstellen.
- Er muss feststellen, ob die AS-Textfunktionshierarchie in der ZS erhalten bleiben soll und kann. In zweisprachigen Ausgaben von poetischen Texten wird der Übersetzer unter Umständen darauf verzichten, die ästhetischen Qualitäten des Originals (Reim, Alliterationen, rhythmische Struktur usw.) in der ZS wiederzugeben; bei einem politischen Text konzentriert er sich vielleicht auf den Informationsgehalt, nicht aber die persuasive Struktur, weil es dem ZS-Leser nur auf den Informationsgehalt ankommt.
- Er hat zu untersuchen, welche sprachlich-stilistischen Mittel (welche Gebrauchsnormen) in der ZS für Texte mit einer bestimmten Textfunktion zur Verfügung stehen. Können z. B. die Aufforderungssätze in der dt. Bedienungsanleitung gebrauchsnormgerecht als Aufforderungssätze der betreffenden ZS wiedergegeben werden? Entsprechen hypotaktische Satzstrukturen in der betreffenden ZS ebenso der Gebrauchsnorm wie in deutschen wissenschaftlichen Texten?

7.2.5 Zur sprachlich-stilistischen Gestaltung

Texte mit unterschiedlichen Textfunktionen machen unterschiedlichen Gebrauch von den sprachlich-stilistischen Ausdrucksmöglichkeiten einer Sprache; für verschiedene Textgattungen, für den Sprachgebrauch in unterschiedlichen Kommunikationssituationen und für unterschiedliche Ausdrucksbedürfnisse gelten verschiedene **Funktionalstile**.[69] Funktionalstile sind Sprach- und Stilnormen für unterschiedliche Sprachverwendungen: im Bereich des Alltagsverkehrs (vorwiegend mündliche Kommunikation), der Literatur (Belletristik), des Geschäfts- und Amtsverkehrs, der Wissenschaft und Technik. Die verschiedenen Funktionalstile sind gekennzeichnet durch

---

69 S. dazu B. Sowinski (1999:32 ff.), H. Löffler (2010, Kap. 5.3. „Funktionale Varietäten: Funktiolekte/Funktionalstile").

unterschiedliche Auswahl, Kombination und Frequenz von Stilelementen/-mitteln. Als Stilelemente gelten dabei jene „sprachlichen Elemente eines Textes, die innerhalb der sprachlichen Darstellung eines Sachverhaltes [...] variiert werden können", ohne dass sich am Denotatsbezug etwas ändert (W. Fleischer u. a. 1996:71). Am ergiebigsten für stilistische Variation sind Wortschatz und Phraseologie, die ein unerschöpfliches Potential an synonymischen und quasi-synonymischen Ausdrucksmöglichkeiten bieten. Stilelemente werden vom Autor (bewusst oder unbewusst) ausgewählt und eingesetzt. Bei von der Grammatik geforderten Elementen dagegen bestehen keine Wahlmöglichkeiten.[70]

Beispiel I.7.-7

Er	starb	ich	leb	e
	verschied	du	leb	st
	biss ins Gras	er	leb	t

Stilistische Varianten (fakultativ) = Stilelemente

von der Grammatik geforderte Elemente (obligatorisch) = keine Stilelemente

Der Übersetzer hat die Aufgabe, den Sprach- und Stilelementen des AS-Textes, die sich im Rahmen der Normen des betreffenden Funktionalstils bewegen, jene ZS-Elemente zuzuordnen, die den Sprach- und Stilnormen (Gebrauchsnormen) des betreffenden Funktionalstils in der ZS entsprechen. Bezüglich der einzelnen Funktionalstile ist allerdings anzumerken, dass die Funktionalstilistik sie erst in sehr allgemeiner Weise charakterisiert. So nennt H. Löffler (2010:108) als Merkmale der Sprache des öffentlichen Verkehrs: allgemeine Wörter, mechanische Wortzusammensetzungen, formelhafte Wendungen, kürzere Sätze, Zustandspassive, Partizipialkonstruktionen und Funktionsverbgefüge (dieses Merkmal wird auch bei den Funktionalstilen Pressesprache und Wissenschafts-/Fachsprache angeführt). Am eingehendsten ist der Funktionalstil im wissenschaftlich-technischen Textbereich be-

70 Das folgende Beispiel illustriert den obligatorischen Charakter der Flexionsendungen von *leben* nur für die schriftsprachliche Norm des Deutschen; umgangssprachlich gibt es bei der 1. Ps.Sg. die Varianten *ich lebe/leb*. Insofern hat die Variante, die der schriftsprachlichen Norm entspricht, eben doch einen stilistischen Wert.

schrieben worden (s. H.-R. Fluck 1996, Kap. 4: „Sprachliche Charakteristika der Fachsprachen“, T. Roelcke 2010). Er ist u. a. gekennzeichnet durch Folgendes (s. dazu auch II.4):

- Dominanz der Fachlexik (Fachwörter, Termini, Zusammensetzungen, Ableitungsbildungen, Abkürzungen)
- Fehlen von affektiven und wertenden Wörtern und Wendungen
- Fehlen von dialogischen Partien (Anrede und Einbeziehung des Lesers, direkte Redewiedergabe)
- häufiges Vorkommen von Funktionsverbgefügen
- Dominanz des Nominalstils
- Tendenz zu Sprach- und Ausdrucksökonomie

7.2.6 Zu Textverständnis und -interpretation

Der Leser erwartet von einem Text, dem er sich aus einem bestimmten thematischen Interesse zuwendet, dass er ihn versteht, d. h. dass er ihm auf der Basis seiner Wissens- und Verstehensvoraussetzungen die relevante Information entnehmen kann. Von einem wissenschaftlichen Text erwartet der Fachmann, dass ihm das Verständnis nicht erschwert wird durch Mehrdeutigkeiten oder Unklarheiten. Der Interpretationsspielraum in auf Eindeutigkeit angelegten Texten sollte so klein wie möglich sein (deshalb die Verwendung eindeutig definierter Termini). Der Nachvollzug der wissenschaftlichen Interpretation von Fakten sollte zugleich möglichst *zeitunabhängig* sein: Die Beschreibung eines sozialen Problems sollte dem Leser auch fünfzig Jahre nach dem Schreibzeitpunkt (jedenfalls annähernd) denselben Informationsgehalt vermitteln, selbst wenn sich Methodik der Beschreibung und Interpretation derselben Fakten verändert haben – ja selbst wenn sich die betreffenden Erscheinungen inzwischen grundlegend verändert haben.

Auch von literarischen Texten erwartet der Durchschnittsleser zunächst einmal, dass er sie (in einem trivialen Sinn) versteht. Allerdings wird man von einem heute geschriebenen literarischen Text kaum verlangen, dass das Verstehen in fünfzig Jahren genau dasselbe ist wie heute. Das Verstehen literarischer Texte ist in ganz anderer Weise historisch als das Verstehen wissenschaftlicher Texte. Denn sie zeichnen sich gerade dadurch aus, dass sie nicht **interpretationseindeutig** sind; und als Leser treten wir auch nicht mit Eindeutigkeitserwartungen an literarische Texte heran. Literarische Texte sind in einer ganz anderen Weise **interpretationsbedürftig** als

Sachtexte. Selbst wenn bei allen Texten mit einer „Diskrepanz zwischen im Text Gesagtem und Verstandenem" zu rechnen ist (G. Antos 1982:198), so gehört es zum Wesen des Sachtextes, dass diese Diskrepanz so klein wie möglich, im Idealfall gleich Null ist.

Die Mehrdeutigkeiten und Unbestimmtheitsstellen literarischer Texte werden in verschiedenen historischen Situationen von Empfängern mit verschiedenen Verstehensvoraussetzungen unterschiedlich **konkretisiert**. Texte, für die sich eine bestimmte Konkretisation verbindlich etabliert hat, erweisen sich dabei unversehens als mehrdeutig, und diese Mehrdeutigkeiten werden in neuen Konkretisationen aufgelöst. Die Rezeptionsgeschichte literarischer Werke und die unterschiedlichen Interpretationen dramatischer Texte auf der Bühne weisen auf die geschichtliche Gebundenheit des Verstehens literarischer Texte. Die schwierige Frage ist, welche dieser Interpretationen oder Konkretisationen der **Intention des Originals** gerecht oder annäherungsweise gerecht werden, und welche sie verletzen. Es geht mit anderen Worten um die Autonomie des zu verstehenden und zu interpretierenden literarischen Textes. Rezeptionsästhetik und rezeptionsgeschichtliche Untersuchungen machen einsichtig, dass es eine Sinn- und Interpretationsautonomie unabhängig von der historisch bedingten Rezeption nicht gibt. Verstehen und Interpretation eines literarischen Textes ergeben sich in der Dialektik von immanenter Sinnintention des Textes und historischen Rezeptionsvoraussetzungen der Leser.

Der Übersetzer als ein unter diesen historischen Rezeptionsbedingungen stehender Empfänger realisiert in der sprachlich-stilistischen Ausformung der Übersetzung eine **historisch mögliche Konkretisation**,[71] die freilich ihrerseits Mehrdeutigkeiten und Unbestimmtheitsstellen aufweisen kann, die bei unterschiedlichen Rezeptionsbedingungen unterschiedlich konkretisiert oder interpretiert werden. Weil sich diese Konkretisationen diachronisch wie auch synchronisch (verschiedene Empfänger/verschiedene Übersetzer desselben Textes im gleichen Zeitabschnitt) verändern und unterscheiden, sind auch verschiedene Übersetzungen möglich, die diese unterschiedlichen Konkretisationen dem ZS-Empfänger vermitteln. Eine Aufgabe der Übersetzungskritik literarischer Texte ist es, diese Konkretisationen in ihren sprachlich-stilistischen Auswirkungen in der Übersetzung zu analysieren.[72]

71 Für F. Vodička (1976:124) ist die Übersetzung „nichts anderes als Konkretisation im Kontext einer anderen Sprache und einer anderen literarischen Tradition"; vgl. dazu seine Analyse einer tschechischen Übersetzung von Chateaubriands „Atala" (227 ff.).

7.3 Normabweichende Texte

Wir haben uns bisher hauptsächlich auf Texte bezogen, in denen die Erwartungsnormen der Empfänger erfüllt werden. Zu diesen Texten gehört wahrscheinlich der größte Teil der schriftlichen Produktion sowohl im nicht-literarischen wie im literarischen Bereich. Es gehören auch jene Texte dazu, bei denen die Erwartungsnorm gerade darin besteht, dass bestimmte Erwartungsnormen verletzt werden, in denen also die Normverletzung zur Norm gehört. Man denke an Werbetexte, die Elemente enthalten, die (außerhalb des Werbekontexts) durchaus als poetische Texte rezipiert werden könnten. Freilich gibt es auch innerhalb stark normierter Textsorten Abweichungen (etwa Kuchenrezepte in Versform), die aber als Ausnahmen die Normen nur bestätigen.

In ganz anderem Ausmaß sind Normverletzungen (oder Normerweiterung und -infragestellung) kennzeichnend für jene literarischen Texte, die innovativen Charakter haben, wozu allerdings nur ein kleiner Teil der belletristischen Produktion zu rechnen sein dürfte. **Innovationen** sind bezüglich aller oben angeführten Erwartungsparameter möglich:

- Thema (der literarische Text wendet sich „neuen Themen" zu)
- Makroaufbau und -gliederung (neue Gliederungstechnik, Aufbauexperimente, Durchbrechung des Sukzessionsprinzips)
- Mikroaufbau (Durchbrechung von Argumentationsstrukturen, z. B. im absurden Drama)
- Textfunktion (literarischer Text nicht mit ästhetischer, sondern primär politischer Funktion)
- sprachlich-stilistische Gestaltung (Erschließung von neuen Ausdrucksmöglichkeiten)
- Textverständnis und -interpretation (literarische Texte werden auf neue Leserschichten, z. B. Leser mit nicht-literarischen Verstehensvoraussetzungen, ausgerichtet)

Bei innovativen literarischen Texten sieht sich der Übersetzer mit der Frage konfrontiert, wie weit er Textcharakteristika des AS-Textes, die gegen die

72 Auf vorbildliche Weise tut dies A. Bruns (1977:20), der den Stil einer Übersetzung aus dem „Zusammenspiel stilistischer Eigenschaften des Ausgangstextes mit literarischen und literatursprachlichen Normen auf Seiten des Übersetzers" zu beschreiben sucht. – Zur deutschsprachigen Rezeption einer Cervantes-Novelle, s. A.-R. Marín y Presno (2005), zur deutschsprachigen Rezeption von Luigi Pirandellos Bühnenwerk, s. I. Plack (2001).

AS-Normen verstoßen, in der Übersetzung nachvollziehen kann und soll.[73] Hier wird das Übersetzen zum schöpferischen (oft sprachschöpferischen) Prozess, der an den Übersetzer große sprachlich-stilistische und interpretatorische Anforderungen stellt. Allerdings lässt sich feststellen, dass Übersetzungen dazu tendieren, normgerechter (und damit auch „flacher") zu sein als ihre Vorlagen (s. u., II.3.7.2). Sie bewegen sich im sprachlich-stilistischen Bereich häufig im Rahmen einer mittleren Stillage und begnügen sich (bestenfalls) mit der gelegentlichen (und oft zufälligen) Andeutung von Normabweichungen. Nicht selten lässt sich auch beobachten, dass eine Übersetzung dem ZS-Leser einen Text besser erschließt als dies für den muttersprachlichen Originalleser der Fall ist: Die Übersetzung ist verständlicher als das Original.[74]

7.4 Zusammenfassung

Kapitel 7 erörtert die Faktoren der Übersetzungskommunikation, ausgehend vom Leser und seinen Erwartungen. Der Erwartungshorizont des Lesers einer Übersetzung unterscheidet sich mehr oder weniger stark vom Erwartungshorizont des Lesers des Originals. Als Sonderfälle werden normabweichende (darunter auch innovative) Texte behandelt.

---

73 Noch schwieriger und umstrittener ist die Übersetzungsproblematik bei Texteigenschaften, die in der AS keinen innovativen Charakter haben, bei ihrer Übersetzung jedoch gegen ZS-Normen verstoßen, weil die entsprechenden literatursprachlichen Normen und Möglichkeiten in der ZS (noch) nicht entwickelt sind. Die verfremdende Übersetzungsmethode bzw. das Prinzip der formalen Äquivalenz verlangen auch bei solchen AS-Texteigenschaften den weitestgehend möglichen Nachvollzug im ZS-Text.

74 Gerade bei deutschen philosophischen Texten zeigt sich, dass Übersetzungen ins Englische den Text leichter zugänglich, „verständlicher" machen, was allerdings zum Teil mit den Kommentaren des Übersetzers zusammenhängt (s. u., *Beispiel II.3.-25*).

8 Aufgaben und Gliederung der Übersetzungswissenschaft

8.1 Übersetzungswissenschaftliche Hauptbereiche

Die Übersetzungswissenschaft ist die Wissenschaft, die Übersetzen und Übersetzungen mit unterschiedlichen Erkenntnisinteressen und unter Anwendung der Methoden verschiedener Disziplinen unter den verschiedensten Aspekten zu beschreiben, zu analysieren und zu erklären versucht.[75] Es hängt von der Natur des zu untersuchenden Problems bzw. der Art der zu beschreibenden und zu erklärenden Übersetzungsdaten ab, ob linguistische, literaturwissenschaftliche, textwissenschaftliche usw. Methoden (oder eine Kombination von Methoden) angewendet werden können.

Es wird hier also eine weite Auffassung von Übersetzungswissenschaft vertreten.[76] Engere Bestimmungen des Aufgabenbereichs scheinen uns nicht angemessen. Es ist zwar möglich, zwischen zentralen und weniger zentralen Aufgabenstellungen der Übersetzungswissenschaft zu unterscheiden. Eine solche Gewichtung der Aufgaben hängt aber von den wissenschaftlichen Interessen und vom wissenschaftlichen Ausgangspunkt ab: Während für den Linguisten die Beschreibung der Äquivalenzbeziehungen zwischen zwei Sprachen im Vordergrund steht, ist der Literaturwissenschaftler eher an den stilistisch-ästhetischen und rezeptionsbezogenen Aspekten interessiert. Eine engere Definition der Aufgaben der Übersetzungswissenschaft ist auch

75 Zur Übersetzung als Forschungsobjekt, s. A. Chesterman (2004), der bei der Charakterisierung der Forschungsgebiete von einem Feld primärer Relationen ausgeht, in dem die Übersetzung zu situieren ist: Ausgangstext, Paralleltexte, Übersetzungsproduzent (d. h. der Übersetzer), Produktionsbedingungen, Leser/Empfänger, Kultur, Medium, Maschine.

76 Eine weite Auffassung liegt auch der Konzeption des Handbuchs „Übersetzung – Translation – Traduction", hrsg. v. H. Kittel u. a. (2004:xvi), zugrunde. In der „Einleitung" zu diesem Handbuch wird ausgeführt, dass es darum gehe, „Übersetzungsphänomene, verstanden als Formen inter- und innersprachlichen Transfers und interkultureller Kommunikation", d. h. die Gegenstände einer umfassenden Übersetzungsforschung, „in deren sozialen, räumlichen, situativen, sprachlichen, literarischen und allgemein kulturellen Vielfalt und Heterogenität unter diachronen, synchronen und systematischen Gesichtspunkten" zu erfassen.

deshalb unangemessen, weil das Selbstverständnis der Übersetzungswissenschaft(ler), wie es sich in der übersetzungswissenschaftlichen Fachliteratur spiegelt, ein vielfältiges Aufgabenspektrum und breitgefächerte Erkenntnisinteressen erkennen lässt. Was Übersetzungswissenschaft ist bzw. sein soll, kann nicht normativ von einem bestimmten wissenschaftlichen Ausgangspunkt aus festgelegt werden, indem z. B. als zentrale Aufgaben die Beschreibung der Äquivalenzbeziehungen oder die Analyse der ästhetischen Transformationen in der literarischen Übersetzung oder die Herstellung von Übersetzerhilfsmitteln angegeben werden. Übersetzungswissenschaft ist wie jede Wissenschaft immer (auch) das, was sie geworden ist und als was sie sich im Laufe ihrer Geschichte etabliert hat.

Definition und Aufgabenbestimmung der Übersetzungswissenschaft hängen davon ab, wie der Gegenstandsbereich bestimmt wird. Der äquivalenzorientierten Bestimmung von Übersetzung, wie sie diesem Buch zugrunde liegt, stehen Bestimmungen gegenüber, die den Übersetzungsbegriff – in der deutschsprachigen Fachliteratur wird dann der Begriff der *Translation* verwendet – ausweiten auf unterschiedliche Formen der Bearbeitung und Umarbeitung, ja auch der medialen und semiotischen Transformation (s. o., I.5, s. u., I.8.2 und II.2/3).

Vom Ziel einer spezifisch übersetzungswissenschaftlichen Methode, die so umfassend und zugleich so einzelfallspezifisch ist, dass sie auf alle in den Gegenstandbereich Übersetzung/Übersetzen gehörenden Erscheinungen anwendbar ist, ist die Übersetzungswissenschaft (noch) weit entfernt. Es ist auch zu bezweifeln, ob ein solches Ziel bei der Komplexität des Gegenstandes Übersetzung überhaupt erreicht werden kann – es sei denn, diese Theorie wäre so allgemein und spekulativ, dass sie die Übersetzungsproblematik in ihrer Spezifik aus dem Auge verliert.

Welches sind die fachlichen Schwerpunkte der Übersetzungswissenschaft? Nach unserer Auffassung lassen sich **neun Hauptbereiche** der übersetzungswissenschaftlichen Forschung unterscheiden; diese sollen in der folgenden Übersicht stichwortartig charakterisiert werden. Aus der – ins Unüberschaubare gewachsenen – Fachliteratur werden jeweils einige wenige Titel angegeben, die die betreffende Fachrichtung beispielhaft vertreten sollen.

A. Übersetzungstheorie

Die Übersetzungstheorie hat die Aufgabe, den Übersetzungsprozess und die Bedingungen und Faktoren dieses Prozesses durchschaubar zu machen. Sie abstrahiert von je einzelnen und einzeln vom Übersetzer zu lösenden Übersetzungsschwierigkeiten und systematisiert die grundsätzlichen Probleme. Sie reflektiert das in der Praxis oft Selbstverständliche und ggf. Automatisierte. Die Übersetzungstheorie beschäftigt sich mit der Klärung folgender Grundfragen: Wie lässt sich der Übersetzungsvorgang darstellen? Was macht Übersetzen möglich? Welche Faktoren sprachlicher und außersprachlicher Art bestimmen das Übersetzen? Welche Regelmäßigkeiten liegen dem Übersetzen zugrunde? Wo liegen die Grenzen des Übersetzens? Welche Methoden und Verfahren kommen bei der Lösung unterschiedlicher Übersetzungsschwierigkeiten zur Anwendung? Welche Forderungen sind an Übersetzungen verschiedener Textgattungen zu stellen, die unter unterschiedlichen ZS-Bedingungen von verschiedenen Lesern/Lesergruppen rezipiert werden? Was ist das Wesen und welches sind die Bedingungen von Äquivalenz? Es sind dies Fragen, die in der Geschichte der Übersetzungstheorie immer wieder gestellt wurden und die unterschiedlich beantwortet werden.

Exemplarische Literaturhinweise: Nützliche Übersichten über die verschiedenen übersetzungstheoretischen Ansätze und „Schulen" geben R. Stolze (2008), J. Munday (2008), H. Siever (2015).

B. Linguistisch-sprachenpaarbezogene Übersetzungswissenschaft

Übersetzen ist ein textreproduzierender Prozess, bei dem AS-Ausdrücken (Lexemen, Syntagmen, Sätzen) ZS-Ausdrücke zugeordnet werden. Die linguistische Übersetzungswissenschaft beschreibt die potentiellen Zuordnungsvarianten (Äquivalente) und gibt die Faktoren und Kriterien an, die die Wahl von aktuellen Entsprechungen bestimmen. Folgende Teilaufgaben lassen sich unterscheiden:

- Erarbeitung der theoretischen Grundlagen der Beschreibung von Äquivalenzbeziehungen, allgemein wie auch bezogen auf bestimmte sprachliche Einheiten
- Von Übersetzungen ausgehender Sprachvergleich mit dem Ziel der Herausarbeitung von potentiellen Übersetzungsäquivalenten
- Sprachenpaarbezogene Beschreibung von speziellen Übersetzungsschwierigkeiten (z. B. Metaphern, kulturspezifische Elemente, Varietäten, Sprachspiel usw.)
- Beschreibung von Übersetzungsverfahren für Typen von Übersetzungsfällen

Exemplarische Literaturhinweise: In H. Kittel u. a., Hrsg. (2004) werden in Kapitel VI (*Sprachlich-stilistische Problemfelder der sprachwissenschaftlichen Übersetzungsforschung*) in einer Reihe von Beiträgen ausgewählte Fälle von Übersetzungsschwierigkeiten behandelt, bezogen auf die verschiedenen linguistischen Ebenen und Problembereiche: lexikalische, morphosyntaktische, stilistische Probleme, Sprach-/Textnormen, kulturspezifische Elemente, dialektale und soziolektale Elemente, Gesprochensprachlichkeit, Metaphern, Namen, Fachsprache, Phraseologismen usw. S. auch M. Schreiber (2004a), G. Thiel/G. Thome (1996), S. Feihl (2009), J. Taborek (2014). – Zu den Übersetzungsverfahren, s. K. Henschelmann (2004), zu einer Typologie der Übersetzungsschwierigkeiten, s. G. Thome (2004).

C. Textbezogene Übersetzungswissenschaft

Die ZS-Ausdrücke, die beim Übersetzen AS-Ausdrücken unterschiedlichen Umfangs (Lexemen, Syntagmen, Sätzen) zugeordnet werden, bilden Texte, die sich im Rahmen der für die betreffende Textgattung geltenden sprachlich-stilistischen Normen bewegen, in bestimmten Kommunikationssituationen fungieren und für die bestimmte Rezeptionsbedingungen in der AS-Sprach-/Kommunikationsgemeinschaft und der ZS-Sprach-/Kommunikationsgemeinschaft gelten. Die textbezogene Übersetzungswissenschaft hat folgende Teilaufgaben:

- Erarbeitung der theoretischen Grundlagen und der Methodologie der Beschreibung text- und textgattungsbezogener Äquivalenzbeziehungen
- Erarbeitung der Methodik einer übersetzungsrelevanten Textanalyse und Texttypologie, sowie Analyse und Beschreibung textgattungsspezifischer Übersetzungsprobleme und -verfahren
- Analyse und Vergleich von Originaltexten und ihren Übersetzungen mit dem Ziel der Herausarbeitung, Systematisierung und Korrelierung von AS-Sprach-, Stil- und Textmerkmalen und ihren ZS-Entsprechungen und Entsprechungsnormen, und zwar auf der Ebene sprachlich-stilistischer Mikrostrukturen wie auf der Ebene textueller Makrostrukturen
- Beschreibung und Kontrastierung von Sprach-, Stil- und Textnormen in verschiedenen Sprachen, ausgehend von Übersetzungen und Originaltexten sowie von Paralleltexten

- Übersetzungsrelevante Analyse und Beschreibung der Rezeptionsbedingungen von Texten/Textgattungen in verschiedenen Sprachen bzw. Rezeptionsgemeinschaften
- Analyse einzelner Übersetzungen mit dem Ziel der Herausarbeitung und des Vergleichs sprachlich-stilistischer und ästhetischer Merkmale
- Erarbeitung von Übersetzungstheorien einzelner Textgattungen

Exemplarische Literaturhinweise: Siehe die Beiträge in H. Kittel u. a., Hrsg. (2004, Kap. VII „Textgattungen in der sprachwissenschaftlichen Übersetzungsforschung"), C. Nord (2009), M. Snell-Hornby u. a., Hrsg. (1999, Abschnitt D „Spezifische Aspekte des Übersetzens").

D. Übersetzungsprozessual orientierte Übersetzungswissenschaft

Es wird untersucht, welche mentalen Prozesse beim Übersetzen ablaufen, insbesondere welche Strategien der professionelle Übersetzer verwendet, wenn er Verstehens-, Analyse-, Transfer- und ZS-Formulierungsprobleme löst.

Exemplarische Literaturhinweise: H. P. Krings (1986), W. Wilss (1988), W. Lörscher (1991, 2004a), M. Snell-Hornby (2006:123 ff.), M. Snell-Hornby u. a., Hrsg. (1999, Abschnitt C2 „Modellierungen des Übersetzungsprozesses"), G. Hansen (2006), S. Göpferich (2008).

E. Wissenschaftliche Übersetzungskritik

Aus den Bereichen A–C lassen sich Methodik und Kriterien einer wissenschaftlichen Übersetzungskritik ableiten. Diese setzt voraus, dass der Begriff der Äquivalenz geklärt wird; zentrales Problem ist die Objektivierbarkeit der Bewertungskriterien für die Beurteilung von Übersetzungen.

Exemplarische Literaturhinweise: J. House (1997, 2002, 2004a), K. Kaindl (1999), S. Göpferich (2004), K. Reiß (1971), V. Atayan (2010), S. Reinart (2014).

F. Angewandte Übersetzungswissenschaft

Die angewandte Übersetzungswissenschaft steht im unmittelbaren Dienste der Übersetzungspraxis; sie hat die Aufgabe, Hilfsmittel für den Übersetzer zu erarbeiten oder zu verbessern (Wörterbücher, vergleichende Idiomatik, Fachwörterbücher, Handbücher verschiedenster Art; Terminologie-Datenbanken).

Exemplarische Literaturhinweise: Zu den Hilfsmitteln bei der Übersetzungsarbeit, s. die diesbezüglichen Beiträge in H. Kittel u. a., Hrsg. (2011,

Kap. XXX), und in J. Best/S. Kalina, Hrsg. (2002). – Zur maschinenunterstützten Übersetzung, s. P. A. Schmitt (1999a), K.-D. Schmitz/K.-H. Freigang (2002).

G. Theoriegeschichtliche Komponente der Übersetzungswissenschaft

Mit bestimmten Grundfragen des Übersetzens haben sich Übersetzer, Sprach- und Literaturwissenschaftler, Philosophen usw. seit Jahrhunderten beschäftigt; die Antworten auf diese Grundfragen sind verschieden je nach den ästhetischen, poetologischen, sprachtheoretischen usw. Anschauungen, die in einer bestimmten Epoche gelten. Aufgabe der Theoriegeschichte ist die Aufarbeitung und systematische Darstellung dieser Auseinandersetzung mit Konzepten, Prinzipien und Methoden des Übersetzens.

Exemplarische Literaturhinweise: E. Wheatley (2007), T. Hermans (2007), F. Münzberg (2003).

H. Übersetzungs- und rezeptionsgeschichtliche Komponente der Übersetzungswissenschaft – Übersetzungssoziologie

Folgende Teilbereiche lassen sich unterscheiden:

- Geschichte des Übersetzens von den Anfängen bis zur Gegenwart; Bedeutung des Übersetzens in einzelnen Epochen.
- Geschichte und Wirkungsgeschichte (Rezeptionsgeschichte) einzelner Werke und ganzer Textgattungen sowie Wirkungsgeschichte einzelner Autoren in verschiedenen Epochen.
- Analyse, Würdigung und vergleichende Beurteilung einzelner Übersetzerleistungen.
- Soziokulturelle, politische und wirtschaftliche Rahmenbedingungen der Übersetzungsproduktion und -verbreitung, in raum-zeitlicher Perspektive. (Was wird wann, wo, warum, in welchem Umfang und mit welchem Respons übersetzt?)

Exemplarische Literaturhinweise: S. dazu zahlreiche Beiträge in H. Kittel u. a., Hrsg. (2007, 2011), M. Wolf/A. Fukari, Hrsg. (2007).

I. Didaktik des Übersetzens

Die Übersetzungsunterrichtsforschung hat, aufbauend auf den Ergebnissen der Bereiche A–F und in enger Zusammenarbeit mit der Sprachlehr- und -lernforschung, der Psycholinguistik und der angewandten Sprachwissenschaft, didaktische Konzeptionen (und deren konkrete sprachenpaarbezogene Umsetzungen) für den Aufbau und Ausbau der Übersetzungskompetenz in den Übersetzerstudiengängen zu entwickeln.

Exemplarische Literaturhinweise: P. Kußmaul (2015), H. Kittel u. a., Hrsg. (2011, Kap. XXX „Übersetzer und Dolmetscher II: Die Lehrbarkeit und Lernbarkeit des Übersetzens – Ausbildungsangebote, Ausbildungsgänge, Arbeitsgänge"), M. Snell-Hornby u. a., Hrsg. (1999, Abschnitt F „Didaktische Aspekte"), J. Best/S. Kalina, Hrsg. (2002, Abschnitt „Aspekte der Ausbildung"), F. Kelletat, Hrsg. (1996), zahlreiche Beiträge in E. Fleischmann u. a., Hrsg. (2004), H. Siever (2010), S. Hansen-Schirra/D. Kiraly, Hrsg. (2013).

8.2 Weitere und engere Bestimmungen des Aufgabenbereichs der Übersetzungswissenschaft

Die neun Hauptkomplexe mit der Angabe einer Vielzahl von Aufgaben, die die Übersetzungswissenschaft zu bearbeiten hat, machen ihren **interdisziplinären Charakter** deutlich. L. Barchudarows (1979:49) Auffassung ist zuzustimmen, „dass die erfolgreiche Entwicklung übersetzungstheoretischer Untersuchungen nur im engsten Zusammenwirken verschiedener Wissenschaften möglich ist, die sich mit den unterschiedlichen Aspekten des vielseitigen Phänomens Übersetzung befassen". Zwar ist die Übersetzungswissenschaft durch ihren Gegenstand – Übersetzen als Prozess und Übersetzungen als Produkte – Wissenschaft *sui generis*, inhaltlich und methodisch überschneidet sie sich aber mit anderen Wissenschaften und Wissenschaftszweigen: mit der Sprachwissenschaft (einzelsprachliche Sprachwissenschaften, kontrastive/komparative und angewandte Sprachwissenschaft, Sprachdidaktik, Fehlerlinguistik, Psycholinguisik), mit Sprachtheorie und -philosophie, Text- und Literaturwissenschaft (einzelsprachliche und vergleichende Literaturwissenschaft, Literaturgeschichte, Literaturtheorie/Ästhetik), Kommunikationswissenschaft, Stilistik (einzelsprachliche und vergleichende Stilistik) und Rezeptionstheorie. Übersetzungswissenschaft muss verstanden werden als Zusammenfassung und Oberbegriff für alle Forschungsbemühungen, die von den Phänomenen Übersetzen und Übersetzung ausgehen oder auf diese Phänomene zielen. Sie lässt sich nicht unter einem bestimmten Wissenschaftszweig einordnen, sondern hat Anteil an den verschiedensten Wissenschaften. Ihre Forschungsmethoden und Zielsetzungen sind davon abhängig, welche speziellen Aspekte von Übersetzen und Übersetzung untersucht werden sollen.

So weit diese Aufgabenbestimmung sein mag, bleibt sie trotzdem gebunden an eine bestimmte Auffassung des Gegenstandes Übersetzung, wie sie in I.5 und II.2 diskutiert wird. Versteht man dagegen unter Übersetzen und Übersetzung Translationsprozesse und -resultate im Sinne der funktionalistischen Translationstheorie (s. u., II.2.9.), oder bezieht man alle Möglichkeiten intersemiotischen Transfers mit ein (s. o., I.5.3), dann erweitern sich mit dem Gegenstandsbereich auch die Aufgabenstellungen, methodischen Zugriffe und Anwendungsbereiche – und zwar ins Unüberschaubare. Ein so heterogener Gegenstandsbereich entzieht sich letztlich einem wissenschaftlichen, systematisierend-analytischen Zugriff.[77]

Auf der anderen Seite fehlt es auch nicht an engeren, insbesondere linguistisch orientierten Bestimmungen des Aufgabenbereichs der Übersetzungswissenschaft und an Bemühungen, diese in etablierte Disziplinen einzuordnen. W. Wilss (1977), der auf die „erheblichen methodischen Risiken" (60) hinweist, die mit einer zur Interdisziplinarität tendierenden Entwicklung der Übersetzungswissenschaft verbunden seien, unterscheidet drei Basisformen der Übersetzungswissenschaft (94 f.), die teilweise mit obigen Hauptbereichen A-I übereinstimmen:

1. die allgemeine, sprachenpaarunabhängige Übersetzungswissenschaft, die sich mit dem deckt, was hier Übersetzungstheorie genannt wird (Bereich A)
2. die sprachenpaargebundene, deskriptive Übersetzungswissenschaft, die sich mit der linguistisch-sprachenpaarbezogenen und der textbezogenen Übersetzungswissenschaft deckt (Bereiche B und C)
3. die sprachenpaargebundene, angewandte Übersetzungswissenschaft, die bei uns als eigenständiger Bereich I (Didaktik des Übersetzens) erscheint. Angewandte Übersetzungswissenschaft fassen wir in einem engeren Sinne auf als Wissenschaft, die Hilfsmittel für den Übersetzer erarbeitet (Bereich F)

Die **Unterscheidung von allgemeiner und sprachenpaarbezogener Übersetzungswissenschaft** findet sich auch bei O. Kade (1968), der von

77 Bei dem spekulativen Charakter der funktionalistischen Übersetzungswissenschaft verwundert es nicht, dass Fragen nach der Methode für die Analyse der heterogenen Masse ihrer Gegenstände (der Translate), nach der internen Gliederung der Wissenschaft, nach dem Verhältnis zu anderen Disziplinen ausgeklammert werden. Unbestimmt bleibt der Begriff der Übersetzungswissenschaft auch in der „Neuorientierung" von M. Snell-Hornby, Hrsg. (1986).

allgemeiner und **spezieller** Übersetzungswissenschaft spricht (s. dazu I.9.2):

> Die *allgemeine Übersetzungswissenschaft* untersucht die prinzipiellen Gesetzmäßigkeiten der Translation. Sie arbeitet primär hypothetisch-deduktiv, wobei es zweckmäßig erscheint, zur Aufklärung der mit der Translation verbundenen Vorgänge Translationsmodelle zu verwenden, die das Wirken bestimmter Faktoren in der Translation widerspiegeln. Das ermöglicht, das Wesen der in der Translation wirkenden Faktoren zu erkennen, ihre Rolle in der Translation zu bestimmen und so eine Theorie des Übersetzens zu schaffen. (94)

Die allgemeine Übersetzungswissenschaft deckt sich also mit dem Bereich A (Übersetzungstheorie), die spezielle Übersetzungswissenschaft stimmt in ihrer Aufgabenstellung mit dem Bereich B überein:

> Die *spezielle Übersetzungswissenschaft* untersucht, gestützt auf eine Theorie im dargelegten Sinne, die spezifischen Probleme der Translation aus einer gegebenen Sprache L_1 in eine gegebene Sprache L_2. [...] Hauptaufgabe der speziellen Übersetzungswissenschaft ist daher die Aufdeckung und Beschreibung des objektiv vorhandenen Systems der potentiellen Äquivalenzbeziehungen zwischen zwei Sprachen, das überhaupt die Translation ermöglicht und das jedem konkreten Translationsakt zugrunde liegt. (95)

Übersetzungswissenschaft wird von der Leipziger übersetzungswissenschaftlichen Schule[78] (O. Kade, G. Jäger, A. Neubert) in ihrem zentralen Teil als **Zweig der Sprachwissenschaft** betrachtet, wobei sie den Gegenstandsbereich auf wissenschaftlich-technische Texte einschränkt. Auch R.W. Jumpelt (1961:27) vertritt die Auffassung, dass die Übersetzung als Forschungsaufgabe Gegenstand der Sprachwissenschaft ist. I. Pinchuck (1977:17), die sich mit wissenschaftlich-technischer Übersetzung beschäftigt, räumt zwar ein, dass auch andere Wissenschaften wie Psychologie, Informationswissenschaft, Mathematik und Anthropologie daran beteiligt sind, „to unravel the mysteries of translation“. Aber: „All these disciplines have something to contribute, but linguistics undoubtedly has most to give, and translation as a discipline should be regarded as a branch of applied linguistics.“ (17). Nach I. Pinchuck sind extralinguistische Faktoren wie Geschichte, Kultur und Ideologie bedeutungsvoll auch für „technical subjects“, aber es sei in erster

78 Zur Leipziger Schule, s. G. Wotjak (2002) und verschiedene Beiträge in G. Wotjak, Hrsg. (2007).

Linie die Linguistik, die die Mittel und Verfahren zum Verständnis und zur Analyse von Übersetzungsprozess und -problemen liefere.

G. Jäger (1975:192 ff.) versucht, die Translationswissenschaft in den Kreis der Disziplinen der **vergleichenden Sprachwissenschaft** zu stellen. Zu deren Disziplinen gehören

- die **historisch-vergleichende Sprachwissenschaft**, der es um die Aufdeckung historisch-genetischer Übereinstimmungen und Ähnlichkeiten zwischen (verwandten) Sprachen geht
- die **Areallinguistik**, die Übereinstimmungen, Ähnlichkeiten und Beeinflussungen zwischen geographisch benachbarten Sprachen oder zwischen Sprachen, deren Sprecher einer Kommunikationsgemeinschaft angehören, beschreibt
- die **Sprachtypologie**, die universelle Eigenschaften von Sprachen (Universalien) aufdecken und die den natürlichen Sprachen zugrunde liegenden Strukturmerkmale beschreiben und ggf. vergleichen soll
- die **konstrastive Linguistik**, deren Ziel in der Aufdeckung der regelhaften und „richtigen" Korrelationen zwischen zwei Sprachsystemen besteht, insbesondere im Blick auf die Erfordernisse des Fremdsprachenunterrichts (das Hauptgewicht liegt dabei auf den Kontrasten, nicht auf den Konvergenzen)
- die **Translationslinguistik**, die die Äquivalenzbeziehungen zwischen zwei Sprachen zu beschreiben hat, wobei sie sich auf Texte beschränkt, für die die AS → ZS-Zuordnungen gesetzmäßig erfolgen

info

Gegen die eingeschränkt linguistische Ausrichtung der Übersetzungswissenschaft hat man sich vor allem von literarischer und literaturwissenschaftlicher Seite gewehrt, und zwar mit dem Argument, dass die Übersetzung eines literarischen Textes kein (ausschließlich) sprachlicher, sondern ein literarisch-poetischer Vorgang ist.

H. Friedrich (1965:5 f.) schränkt den Geltungsbereich der linguistischen Übersetzungstheorie auf den Bereich dessen ein, was F. Schleiermacher „Dolmetschen" nennt (s. o., I.2.4):

> Ich spreche im folgenden nicht von demjenigen Übersetzen, das wir seit Schleiermacher gewohnt sind, das Dolmetschen zu nennen. Dieses gehört in den prak-

> tischen Bereich der Sprachfertigkeit und muss in seinen Problemen mittels der Sprachwissenschaft begründet werden. [...] Hier soll von der Übersetzungs*kunst* die Rede sein. Damit ist ein Vorgang gemeint, welcher der Literatur angehört. Literatur beginnt dort, wo die Sprache Kräfte aus sich entbindet, die sie zu bloßen Sachmitteilungen nicht benötigen würde, und die auch dann, wenn sie Zwecken dienen, die Zwecke überhöhen durch die Freiheit der Kunst, durch jene sich in sich selber bindende Freiheit, die sie den Zwecken, denen sie dient, gleichzeitig entrückt.

Nach R. Kloepfer (1967:10) kann die linguistische Auffassung des Übersetzens „dem literarischen Sprachgebrauch nicht gerecht werden" (s. u., II.4.2.1); für die Literaturwissenschaft gelte, „dass heterogene Bereiche wie die Sprache der Wissenschaft und die Sprache der Dichtung nicht gleichgesetzt werden dürfen" (10). Hier ist freilich anzumerken, dass sich O. Kade und G. Jäger, aber auch R.W. Jumpelt und I. Pinchuck, ausdrücklich auf (natur-)wissenschaftlich-technische Texte beschränken und die literarische Übersetzung aus dem Bereich der sprachwissenschaftlich orientierten Übersetzungswissenschaft ausschließen.[79] Auch ist zu bedenken, dass zahlreiche fiktive Texte der poetisch-ästhetischen Qualitäten entbehren, die Wesensmerkmale jener Poesie sind, mit denen sich die literarische Übersetzungstheorie befasst; man denke an den großen Bereich der Trivialliteratur. Viele der potentiellen Äquivalenzbeziehungen, die für die Sprache wissenschaftlich-technischer Texte gelten, dürften durchaus auch für die literarische Übersetzung relevant sein.

Die Übersetzungswissenschaft wird bisweilen als **Zweig der angewandten Sprachwissenschaft** bezeichnet (vgl. den Untertitel „An Essay in Applied Linguistics" zu J. C. Catford 1965). Zwar könnte man die Beschreibung von Äquivalenzbeziehungen zwischen Texten und Sprachen insofern als angewandte Sprachwissenschaft betrachten, als Methoden und Erkenntnisse der Sprachwissenschaft bei der Beschreibung *angewendet* werden. Bei dieser Auffassung von *angewandt* gehört aber jede Beschreibung von konkreten Sprachvorkommen in den Bereich der angewandten Sprachwissen-

79 Vgl. auch S. Bassnett-McGuire (1980:7 f.), die das Feld der *Translation Studies* (s. u., II.2.7) in vier Bereiche aufteilt: 1. History of Translation, 2. Translation in the TL [Target Language] culture, 3. Translation and Linguistics, 4. Translation and Poetics. Die Untersuchung der Übersetzung nicht-literarischer Texte wird dabei dem Bereich 3, d. h. der Übersetzungslinguistik zugewiesen, für literarische Texte sind die Bereiche 1, 2 und 4 zuständig.

schaft, die sich damit von den einzelsprachlichen Sprachwissenschaften und der kontrastiven Linguistik nicht mehr unterscheiden würde. Übersetzungswissenschaft als in diesem Sinne angewandte Sprachwissenschaft würde zugleich die Bereiche A (Übersetzungstheorie), E (Übersetzungskritik), G (theoriegeschichtliche Komponente der Übersetzungswissenschaft) und H (übersetzungs- und rezeptionsgeschichtliche Komponente der Übersetzungswissenschaft) aus der Übersetzungswissenschaft ausschließen. Dies wäre eine unhaltbare Einschränkung ihres Aufgabenbereichs.

Mit der Auffassung schließlich, *angewandt* sei als *anwendbar* zu interpretieren, d. h. die Beschreibung der Äquivalenzbeziehungen müsse in der Übersetzungspraxis unmittelbar anwendbar sein, wird zunächst zu viel gefordert: Die sprachenpaarbezogene und die textbezogene Übersetzungswissenschaft beschreiben die Äquivalenzbeziehungen zwischen Sprachen und Texten in einem ersten Schritt unabhängig davon, ob der Übersetzungspraktiker mit diesen Beschreibungen etwas anfangen kann oder nicht. Hingegen können die Ergebnisse dieser „praxisunabhängigen" Äquivalenzbeschreibungen in einem zweiten Schritt von der angewandten Übersetzungswissenschaft in Form von Übersetzungswörterbüchern, mehrsprachigen Terminologien usw. für die Praxis aufgearbeitet werden.

8.3 Zusammenfassung

In Kapitel 8 werden die verschiedenen übersetzungswissenschaftlichen Hauptbereiche vorgestellt und deren Aufgaben charakterisiert. Außerdem wird der Frage nachgegangen, wie eng bzw. wie breit die Aufgabenbereiche der Übersetzungswissenschaft bestimmt werden können.

9 Linguistik und Übersetzung

9.1 Linguistische Grundprobleme: Bedeutungserhaltung und Mehrdeutigkeit

Die linguistischen Probleme der Übersetzung sind im Zusammenhang mit der Erforschung der Möglichkeiten und Grenzen der maschinellen Übersetzung in aller Schärfe erkannt und auch beschrieben worden (s. o., I.4.4). Für die maschinelle Übersetzung stellt sich das Übersetzungsproblem folgendermaßen dar: Sätze/Texte der Sprache L_1 sind maschinell so zu verarbeiten, dass in der Sprache L_2 **bedeutungsgleiche** Sätze/Texte erzeugt werden. Mit Nachdruck sei darauf hingewiesen, dass eine solche Bestimmung von Übersetzung deren Problematik keineswegs in ihrer ganzen Komplexität zu erfassen vermag, d. h. in ihrer Bedingtheit von einer Vielzahl von Faktoren; sie formuliert aber einen für jede Übersetzungstheorie fundamentalen Aspekt. Sie lässt sich nicht einmal generell als linguistische Übersetzungsdefinition bezeichnen – oder wenn schon, dann nur in einem engen Sinn, indem sie sich auf den semantischen Aspekt beschränkt (s. u., II.2.1). Eine linguistische Definition der Übersetzung, die sozio-, text-, pragmalinguistische und kommunikative Aspekte mit berücksichtigt, muss wesentlich weiter sein. Zwischen den deutschen und den englischen (Teil-)Sätzen in *Beispiel I.9.-1* besteht keine Bedeutungsgleichheit: Engl. *knob* entspricht nicht dt. *Klinke* und *to call someone by his/her first name* ist etwas anderes als *duzen.*[80] Trotzdem liegt eine Übersetzungsbeziehung vor:

Beispiel I.9.-1

a. dt. *hängten den Zettel ‚Bitte nicht stören' draußen an die Klinke* → engl. *hung a ‚Please do not disturb' card on the outer knob*
b. dt. *Er hatte sie also doch geduzt.* → engl. *He had called her by her first name.*

80 Aus H. Bölls „Billard um halbzehn", zitiert nach J. L. Malone (1988:84).

Hinzu kommt, dass die linguistischen Probleme der maschinellen Übersetzung keineswegs dieselben zu sein brauchen, die sich für den Übersetzer stellen: Welcher Übersetzer hätte schon Schwierigkeiten, für *drop* in *Beispiel I.4.-1* die richtige deutsche Entsprechung zu finden? Ja, oft sieht es geradezu so aus, als ob die Probleme, die der Übersetzer mit einem Text hat, genau an dem Punkt anfangen, wo eine maschinelle Lösungsmöglichkeit ausgeschlossen erscheint. Als Ausgangspunkt einer Einführung in linguistische Grundprobleme und -begriffe ist jedoch die Bestimmung von Übersetzung als Herstellung von Bedeutungsgleichheit hilfreich.

Automatische Sprachanalyse und Übersetzung heißt, dass in einem ersten Schritt AS-Einheiten formal identifiziert werden. Diesen Formen – etwa der Buchstabenfolge *V-a-t-e-r* – muss eindeutig eine Bedeutung zugeordnet werden können, in diesem Fall z.B. ‚Mann, der ein oder mehrere Kinder gezeugt hat'.[81] Dieser Bedeutung muss in der ZS eine Form zugeordnet werden, die die gleiche Bedeutung hat: im Französischen die Buchstabenfolge *p-è-r-e* und im Englischen *f-a-t-h-e-r*. Die Probleme der maschinellen Sprachanalyse und damit auch der automatischen Übersetzung wären minimal, wenn einer Form in der AS immer und an jeder Stelle ihres Vorkommens eine und nur eine Form in der ZS mit der gleichen lexikalischen und grammatischen Bedeutung entsprechen würde: In diesem Fall wäre eine Wortform-für-Wortform-Übersetzung möglich (ggf. mit einigen durch Wortstellungsregeln bedingten Umstellungen in der Wortfolge).

Unter **lexikalischer Bedeutung** wird der Bezug des sprachlichen Zeichens auf einen außersprachlichen Sachverhalt oder einen Begriff (Bewusstseinsinhalt) verstanden. **Grammatische Bedeutungen** (oder strukturelle Bedeutungen) sind Wortklassenbedeutungen wie Substantiv, Adverb, Verb, Bedeutungen der grammatischen Kategorien (Numerus, Person, Modus, Genus Verbi, Aspekt), und schließlich Bedeutungen, die sich aus den Unter-, Über- und Nebenordnungsverhältnissen im Satz ergeben. Die sprachliche Bedeutung eines Satzes oder Syntagmas ergibt sich aus der Summe der lexikalischen und grammatischen Bedeutungen.

Weder innerhalb einer Sprache (intralingual) noch zwischen verschiedenen Sprachen (interlingual) besteht ein Eins-zu-eins-Verhältnis zwischen Formen

---

81 So die Bedeutung 1a bei duden.de. Doch schon dieses Beispiel vereinfacht auf unzulässige Weise: Diese Bedeutungsangabe trifft nicht zu auf die Verwendungsweisen von *Vater* in *der Vater der Bedrängten, die Stadtväter, Vater Staat, der liebe Vater im Himmel, der Heilige Vater.*

und Inhalten. Deshalb sind automatische Übersetzungsverfahren, die auf dem Wort-für-Wort-Prinzip basieren, ungenügend und führen zu qualitativ unbefriedigenden Resultaten (s. dazu die Beispiele in I.4.4). Das Hauptproblem der automatischen Analyse liegt in der Mehr- und Vieldeutigkeit sprachlicher Formen, ihrer Bezugsvielfalt und oft genug auch ihrer Vagheit und Unlogik, die gerade im Sprach- und Übersetzungsvergleich deutlich werden (so scheinen für den Muttersprachler *Bratwurst* und *Bratpfanne* in ihrer Bildungsweise parallel und unproblematisch zu sein; und doch sind die Bedeutungsrelationen verschieden – nur die Wurst wird gebraten, nicht die Pfanne).

Beispiel I.9.-2

a. Er hat den Schlüssel *ins Schloss* gesteckt.
b. Kommst du mit *ins Schloss*?

Der menschliche Übersetzer wird intuitiv feststellen, dass *Schloss* in a. etwas anderes als in b. bedeutet, und er wird *Schloss* im ersten Fall mit frz. *serrure* bzw. engl. *lock*, im zweiten mit frz. *château* bzw. engl. *castle* übersetzen:

Beispiel I.9.-3

c. frz. *Il a mis la clé dans la serrure.* engl. *He has put the key in the lock.*
d. frz. *Viens-tu au château avec moi?* engl. *Will you come to the castle with me?*

Qualitativ befriedigend ist maschinelle Übersetzung nur dann, wenn das maschinelle Übersetzungsprogramm der Wortform *Schloss* in a. und b. im Englischen und Französischen nicht einfach zwei Wortformen mit unterschiedlichen Bedeutungen zuordnet, sondern entscheiden kann, welche der beiden Wortformen und Bedeutungen im betreffenden Satz die zutreffende ist.

in\fo

Die Maschine braucht also zusätzliches Wissen, wenn sie die mehrdeutigen Formen eindeutig machen soll. Es ist dies ein Wissen, das der menschliche Übersetzer ohne langes Nachdenken dem Satzzusammenhang entnimmt.

Noch mehr Wissen müsste der Maschine verfügbar sein bei Satz a) in folgendem Beispiel:

Beispiel I.9.-4

a. Er hat den Schlüssel im Schloss gelassen.
b. frz. *Il a laissé la clé dans la serrure.* engl. He left the key in the lock.
c. frz. Il a laissé la clé au château. engl. *He left the key in the castle.*

Hier kann die Entscheidung, ob die frz. und engl. Übersetzungen b. oder c. zutreffen, nur aufgrund der Analyse des weiteren, über die Satzgrenze hinausgehenden Textzusammenhangs oder gar erst in der Äußerungssituation getroffen werden. Die Maschine müsste also Information verarbeiten und Schlussfolgerungen ziehen können; sie müsste „intelligent" sein.

Im Folgenden werden die beiden **grundsätzlichen Fälle von Mehrdeutigkeit**, die lexikalische und die grammatische Mehrdeutigkeit, behandelt und die Möglichkeiten und Grenzen ihrer Aufhebung bzw. Aufhebbarkeit diskutiert.[82]

A. Lexikalische Mehrdeutigkeit

Beispiel I.9.-5

heiß → ‚sehr warm' (*heißer Kaffee*)
heiß → ‚heftig' (*eine heiße Diskussion*)
heiß → ‚erregend' (*heiße Musik*)

Die isolierte Wortform *heiß* ist mehrdeutig, d. h. sie weist mehrere Bedeutungsvarianten auf. Im Sprachvergleich stellt man fest, dass die Art dieser Mehrdeutigkeit oft einzelsprachspezifisch ist. Keineswegs können an allen

82 S. dazu den Übersichtsartikel „Übersetzung und sprachliche Mehrdeutigkeit" von B. Handwerker (2004).

Stellen, wo im Dt. *heiß* in einer der Bedeutungsvarianten verwendet wird, die Standardentsprechungen frz. *chaud* oder engl. *hot* eingesetzt werden:

Beispiel I.9.-6

dt.	frz.	engl.
heißer Kaffee	*un café chaud*	*hot coffee*
heiße Diskussion	*une discussion âpre*	*a heated discussion*
	une chaude discussion	
heiße Musik	*une musique terrible*	*hot music*
heißer Kopf	*une tête brûlante*	*a burning head*

einige Phraseologismen mit *heiß*:

heiße Zone	*zone tropicale*	*tropical zone*
(das ist) ein	*(c'est) un problème*	*(that's) a delicate*
heißes Eisen	*difficile*	*problem/a hot potato*
heißer Krieg	*la guerre chaude*	*hot war*

Für die automatische Übersetzung stellt die Mehrdeutigkeit nur dann ein Problem dar, wenn die zwei Sprachen hinsichtlich der Bedeutungsvarianten nicht miteinander übereinstimmen. Im Falle von dt. *Linse* verhalten sich das Frz. und Engl. unterschiedlich:[83]

Beispiel I.9.-7

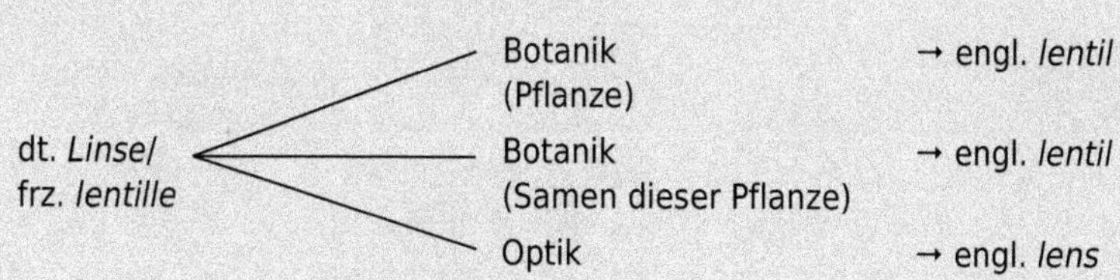

83 Die Übereinstimmung zwischen dem Dt. und Frz. betrifft allerdings nicht alle Bedeutungsvarianten: dt. *Linse* ⟶ (Anatomie: im Auge) frz. *cristallin*; frz. *les lentilles* (ungebräuchlich, normal: *taches de rousseur*) ⟶ dt. *Sommersprossen*.

Erst im Zusammenhang weiterer Wörter (Lexeme) wird *heiß* eindeutig (disambiguiert). Den Zusammenhang, in dem das Einzelwort *heiß* steht, nennt man **Kontext**. Das heißt, im Kontext von *Kaffee* (in der Umgebung von *Kaffee*) bedeutet *heiß* ‚sehr warm', im Kontext von *Diskussion* bedeutet es ‚heftig'. Man spricht davon, dass eine der potentiellen Bedeutungsvarianten aktualisiert wird: Im Kontext wird die **aktuelle Bedeutung** realisiert. Wenn dieser Kontext wie in diesen Beispielen aus weiteren sprachlichen Einheiten besteht, spricht man vom sprachlichen Kontext (im Folgenden **Kotext** genannt).

Der Umfang des Kotextes, der zur Disambiguierung einer sprachlichen Einheit notwendig ist, kann unterschiedlich groß sein: vom Einzelwort über das Syntagma bis zum Satz oder Textabschnitt. Beispiele (der Kotext der mehrdeutigen Ausdrücke ist kursiv gedruckt):

Beispiel I.9.-8

a) blaue *Farbe* b) blauer *Montag*
(Der disambiguierende Kotext besteht aus einem Lexem.)

c) Die *dritte* Mutter *von links hat sich gelockert.* d) *Als sie die Prüfung nicht bestand,* warf *sie* die Flinte ins Korn *und gab ihr Studium auf.*
(Der disambiguierende Kotext besteht aus mehreren Lexemen, d. h. Syntagma oder Satz.)

e) *Er legte die* Birne *auf den Tisch.* f) Sie *legte die Hände in den Schoß.*
(Die Aufhebung der Mehrdeutigkeit ist innerhalb der Satzgrenze nicht möglich, weiterer Kotext ist notwendig.)

Bisweilen aber findet sich kein Kotext, der die Disambiguierung leisten könnte; in diesem Fall ist es die Situation, in der etwas geäußert wird, die disambiguierend wirkt (**situativer Kontext**). *Unterlagen* in der Äußerung *Geben Sie mir die Unterlagen!* kann je nach Situation ‚Aktenstücke' oder ‚Unterlegteile' bedeuten. Wenn jemand in der Situation des Kaffeetrinkens *Heiß!* (frz. *C'est chaud!*, *Ça brûle!*, engl. *It's hot!*) sagt, bedeutet es etwas anderes, als wenn diese Äußerung im Zusammenhang des Musikhörens erfolgt (frz. *Terrible!*, engl. *It's hot stuff!*).

Ein literarisches Beispiel zeigt, dass Disambiguierung nicht immer möglich ist: In Friedrich Hölderlins Gedicht *Hälfte des Lebens* kommt im 4. Vers der 2. Strophe das Wort Schatten vor: *Weh mir, wo nehm´ ich, wenn / Es Winter ist, die Blumen, und wo / Den Sonnenschein, / Und Schatten der Erde? / Die Mauern stehn / Sprachlos und kalt, im Winde / Klirren die Fahnen.* Ob *Schatten* hier die Bedeutung ‚(mehr oder weniger scharf begrenzter) im Schatten eines Körpers liegender Ausschnitt einer im Übrigen von direktem Licht beschienenen Fläche, der sich dunkel von der helleren Umgebung abhebt' (= engl. *shadow*) **oder** ‚Bereich, der vom Licht der Sonne oder einer anderen Lichtquelle nicht unmittelbar erreicht wird und in dem deshalb nur gedämpfte Helligkeit, Halbdunkel [und zugleich Kühle] herrscht' (= engl. *shade*) hat, ist nicht einfach zu entscheiden. Bei der Übersetzung ins Norwegische spielt das keine Rolle, weil das Norwegische hier wie das Deutsche strukturiert ist. Bei der Übersetzung ins Englische muss aber zwischen *shade* und *shadow* gewählt werden.

B. Grammatische Mehrdeutigkeit

Hier sind drei Fälle zu unterscheiden:

1. Morphologische Mehrdeutigkeit innerhalb eines Paradigmas

Die Form *denken* hat innerhalb des Flexionsparadigmas folgende syntaktische Bedeutungen:

Beispiel I.9.-9

denken

Infinitiv: Er liebt es *zu* denken.

1./3. Person Plural Präsens Indikativ: *Wir* denken./*Die Leute* denken zu wenig.

1./3. Person Plural Konjunktiv I: *Er sagt, wir/sie* denken zu viel.

Imperativ: Denken *Sie* nicht so viel!

Die Mehrdeutigkeit wird in der grammatischen Verknüpfung aufgehoben (*kursiv* gedruckte Formen).

2. Wortarten-Mehrdeutigkeit

während kann verschiedenen Wortarten angehören:

Beispiel I.9.-10

während

temporale Subjunktion: Während *wir schliefen,* wurde bei uns eingebrochen.

adversative Subjunktion: Karl gefiel es gut in Heidelberg, während *sich seine Frau überhaupt nicht wohlfühlte.*

Präposition: Während *der Vorlesung* spielte ich Schach.

Auch die Wortarten-Mehrdeutigkeit wird im Allgemeinen im Kotext aufgehoben.

3. Syntaktische Mehrdeutigkeit

Unter syntaktischen Bedeutungen werden jene grammatischen Bedeutungen verstanden, die sich aus den Relationen sprachlicher Einheiten zueinander ergeben. So steht der Genitiv *des Vaters* in *der Hut des Vaters/le chapeau du père/the father's hat* in einer bestimmten Abhängigkeitsrelation zu *der Hut.* Ausgedrückt wird eine Besitzrelation durch den *Genitivus possessivus.* Syntaktische Mehrdeutigkeit resultiert daraus, dass mit denselben sprachlichen Formen unterschiedliche Relationen ausgedrückt werden: *ein Mann mittleren Alters/un homme d'âge moyen/a middle-aged man.* Hier bezeichnet der Genitiv eine Eigenschaft (*Genitivus qualitatis*), während er in *die Hälfte meines Vermögens/la moitié de ma fortune/half of my fortune* eine Ganzes-Teil-Relation ausdrückt (*Genitivus partitivus*).

Genau so, wie eine Wortform in der Regel verschiedene lexikalische Bedeutungen trägt, kann eine syntaktische Form bzw. eine syntaktische Beziehung verschiedene syntaktische Bedeutungen zum Ausdruck bringen. Umgekehrt können für den Ausdruck der Bedeutung *einer* syntaktischen Relation verschiedene syntaktische Möglichkeiten zur Verfügung stehen. Die possessive Relation kann etwa auch mit einer NP im Dativ oder einer Präpositionalphrase ausgedrückt werden: *Er schneidet die Fingernägel seines Sohnes./Er schneidet seinem Sohn die Fingernägel./Er schneidet die Fingernägel von seinem Sohn.*

Mehrdeutigkeiten, wie sie hier mit dem Genitiv exemplifiziert werden, löst der Mensch aufgrund seiner Sprachkenntnisse und seines „Wissens von der Welt" mehr oder weniger automatisch und unbewusst auf. Er weiß, dass mit a) *die Bilder des Bankiers X* im Allgemeinen, d. h. aller (Lebens- und

Welt-)Erfahrung nach, etwas anderes gemeint ist als mit b) *die Bilder des Malers X.* In a) drückt der Genitiv ein Besitzverhältnis aus (*Genitivus possessivus*), in b) den Urheber oder Hersteller (*Genitivus auctoris*). Hinzuzufügen ist, dass das nur *im Allgemeinen* gilt: Wenn der Bankier X selbst malt, handelt es sich ebenfalls um den Genitivus auctoris. Als dritte Interpretation ist auch noch möglich, dass es sich um Bilder handelt, die den betreffenden X porträtieren.

Solche Mehrdeutigkeiten stellen für die automatische Übersetzung nur dann ein Problem dar, wenn die ZS für die Bezeichnung der Relationen in a) und b) je unterschiedliche formale Mittel einsetzt. Das ist im Frz. nicht der Fall: *die Bilder von Winston Churchill (Winston Churchills)/les tableaux de Winston Churchill* sind in beiden Sprachen dreideutig:

Beispiel I.9.-11

die Bilder von Winston Churchill
les tableaux de Winston Churchill

↙	↓	↘
a)	b)	c)
‚die Bilder, die W. Ch. gemalt hat'	‚die Bilder, die W. Ch. gehören'	‚die Bilder, die W. Ch. darstellen'

Im Engl. würde man es dagegen vorziehen, die drei möglichen Relationen mit unterschiedlichen Formen zu realisieren:[84] a) the pictures by Churchill, b) the pictures of Churchill's, c) the pictures/portraits of Churchill.

Schwieriger sind die Probleme beim sogenannten *Genitivus subiectivus* und *Genitivus obiectivus*, wo eine inhaltliche Interpretation über die Syntagmagrenze hinaus erforderlich ist. Ist mit *die Liebe der Kinder* gemeint, a) dass die Kinder jemanden lieben (*die Liebe der Kinder zu den Eltern ⟶ die Kinder lieben die Eltern = Genitivus subiectivus*), oder ist b) die Liebe gemeint, die sich auf die Kinder richtet (*die Liebe der Kinder ist Elternpflicht ⟶ jemand liebt die Kinder = Genitivus obiectivus*)?[85] Die Doppeldeutigket dieses Geni-

84 Bei eindeutigem Kontext würde man für a) und b) im Engl. normalerweise *Churchill's pictures* verwenden; die Formulierungen *the pictures by Churchill* und *the pictures of Churchill's* werden bei kontextfreien Sätzen dann gebraucht, wenn es darum geht, die unterschiedlichen Bedeutungen klar herauszustellen.

tivs kann aber auch beabsichtigt sein wie im Untertitel der hermeneutischen Studie von Emil Angehrn „Sinn und Nicht-Sinn" (Tübingen 2010): *Das Verstehen des Menschen.* Das Buch handelt sowohl vom menschlichen Verstehen (*Genitivus subiectivus*) als auch vom Menschen, dem sich das Verstehen zuwendet (*Genitivus obiectivus*).

Syntaktische Mehrdeutigkeit resultiert insbesondere daraus, dass die Abhängigkeits- und hierarchischen Beziehungen in Syntagma oder Satz nicht eindeutig sind. Diese syntaktische Ambiguität, die unterschiedliche syntaktische Interpretationsmöglichkeiten öffnet, nützt der Witz in folgendem Beispiel aus:

Beispiel I.9.-12

„Könnte ich wohl das rote Kleid im Schaufenster anprobieren?" fragt die Kundin. „Gern", sagt die Verkäuferin zaghaft, „aber wir haben auch Kabinen".

Das Syntagma *das rote Kleid im Schaufenster anprobieren* lässt zwei die internen Abhängigkeiten unterschiedlich festlegende syntaktische Analysen zu:[86]

a. {[(das rote Kleid) (im Schaufenster)] (anprobieren)]}
b. {[(das rote Kleid) (anprobieren)] (im Schaufenster)}

Im Allgemeinen werden wir – falls man im Kommunikationsakt die Mehrdeutigkeit überhaupt bemerkt, was den Ausnahmefall darstellt, weil Kotext und situativer Kontext Bedeutungen von vornherein festlegen – aufgrund unserer Kenntnis der Alltagswelt die Analyse a) vollziehen: Der Witz ergibt sich daraus, dass die Verkäuferin, die die Welt des Kleidergeschäfts besonders gut kennen sollte, gerade die unwahrscheinliche Analyse b) vornimmt. Zur Aufhebung solcher Mehrdeutigkeiten führt E. Agricola (1968:45) aus:

---

85 Das Frz. und das Engl. verwenden für die Varianten a) und b) verschiedene Konstruktionen: a) frz. *l'amour des enfants (pour leurs parents)*, engl. *childrens' love for/of their parents*, b) frz. *L'amour des parents envers leurs enfants est un devoir*, engl. *Love for one's children is a parental duty.*

86 Eine weitere, freilich absurde Mehrdeutigkeitsinterpretation wäre, wenn *Kabine* nicht aufgefasst wird als Ort, wo man etwas anprobiert, sondern (parallel zu *das rote Kleid anprobieren*) als das, *was* man anprobiert.

> Im natürlichen Kommunikationsvorgang werden nahezu die meisten syntaktisch-strukturellen Undeutlichkeiten, wenn sie nicht geradezu eine beabsichtigte Funktion erfüllen, durch den Kontext im engeren und im weiteren Sinne und durch das enzyklopädische Wissen des Perzipienten aufgehoben oder durch sein aktives Ergänzungs- und Entscheidungsvermögen überbrückt.

Das automatische Übersetzungsprogramm müsste, wenn eine qualitativ befriedigende Übersetzung gefordert ist, entscheiden können, ob die Interpretation a) oder b) gemeint ist.[87] Die Übersetzungen würden im Engl. und Frz. mit eindeutigen Interpretationen folgendermaßen aussehen: dt. *Könnte ich das rote Kleid im Schaufenster anprobieren?* Interpretation a): engl. *Can I try the red dress in the window on?* frz. *Puis-je essayer la robe rouge qui est dans la vitrine?* Interpretation b): engl. *Can I try the red dress on in the window?* frz. *Puis-je essayer dans la vitrine la robe rouge?*

Beim Typ von Mehrdeutigkeit, wie ihn dieses Beispiel repräsentiert, gibt es keinen Kotext, der es erlaubt, zu einer eindeutigen syntaktischen Analyse zu kommen. Außersprachliches „Weltwissen" ist für die Aufhebung der Mehrdeutigkeit notwendig. Die Maschine müsste in diesem Fall über das Wissen verfügen, dass man Kleider im Allgemeinen nicht im Schaufenster, sondern in Kabinen anprobiert. Dabei ist es keineswegs so, dass Sätze mit der Struktur des obigen Beispiels in jedem Fall in der Form von a) analysiert werden müssen, man vergleiche nur folgenden strukturgleichen Fall: *Könnte ich das rote Kleid im Schaufenster ausstellen?* Dieser Satz erlaubt wieder zwei syntaktische Analysen; nur haben hier *beide* Analyse- und Interpretationsmöglichkeiten in unserer Lebenswelt ihre Realisierungsmöglichkeit (die Möglichkeit b) ist die plausiblere):[88]

a. {[(das rote Kleid) (im Schaufenster)] (ausstellen)} (d. h. irgendwo anders)
b. {[(das rote Kleid) (ausstellen)] (im Schaufenster)} (d. h. hier im Schaufenster)

---

87 Gemeint ist das ausschließende *oder*. Wenn die Maschine allerdings auch Texte der Textsorte *Witz* zu übersetzen hätte, müsste sie auch die Entscheidung für das nicht-ausschließende *oder* (*und/oder*) treffen können.

88 Zweideutig im gleichen Sinne ist auch die frz. Übersetzung mit: *Puis-je exposer la robe rouge dans la vitrine?* Eindeutig wird dieser Satz auf die Interpretation (b) festgelegt, wenn man umstellt: *Könnte ich im Schaufenster das rote Kleid ausstellen?* → frz. *Puis-je exposer dans la vitrine la robe rouge*? [stilistisch voll akzeptabel?].

Hinsichtlich der **Aufhebbarkeit der syntaktischen Mehrdeutigkeit** sind zwei Fälle zu unterscheiden:

- Fall 1: Die Informationen, die der Kotext liefert, lassen eine eindeutige Aufhebung der syntaktischen Mehrdeutigkeit zu.
- Fall 2: Die Aufhebung kann nur mit Hilfe des Situations- und Weltwissens des Lesers erfolgen (falls eine Aufhebung überhaupt möglich ist).

Fall 1:

Beispiel I.9.-13

24 Tote haben Überschwemmungen gefordert, die kürzlich den indischen Staat Kerala heimsuchten.[89]

Syntaktische Analyse (mehrdeutige Formen in Großbuchstaben):

24 TOTE	(= A) Subjektsnominativ/*Akkusativobjekt*
haben	
ÜBERSCHWEMMUGEN	(= B) *Subjektsnominativ*/Akkusativobjekt
gefordert,	
DIE[90]	Bezug auf (A)/*Bezug auf* (B)
kürzlich den	
indischen Staat	
Kerala heimsuchten.	

Die zutreffende syntaktische Analyse ist kursiv gedruckt; die Aufhebung der Mehrdeutigkeit ist innerhalb der Satzgrenze möglich.

Beispiel I.9.-14

More than half the women interviewed married men who already had a drinking problem [...]

Syntaktische Analyse (mehrdeutige Formen in Großbuchstaben):

---

89 Beispiel aus E. Agricola (1968:71).

90 Die Bezugsmehrdeutigkeit von *die* wird deutlicher, wenn man Subjekt und Objekt umstellt, was mir einen durchaus grammatischen (stilistisch vielleicht anfechtbaren) Satz zu ergeben scheint: *Überschwemmungen haben 24 Tote gefordert, die kürzlich den indischen Staat Kerala heimsuchten.*

More than half the women
INTERVIEWED finites Verb/*Partizip II als nachgestelltes Attribut zum Substantiv* „women"
MARRIED *finites Verb*/Partizip II als vorangestelltes Attribut zum Substantiv „men"
men who already had a drinking problem [...]

Die zutreffende syntaktische Analyse (kursiv) ergibt sich erst aus dem weiteren, hier nicht angeführten Kotext. Dabei zeigt sich, dass der Satz wie a) und nicht wie b) ins Dt. zu übersetzen ist: a) Mehr als die Hälfte der befragten Frauen heiratete Männer, die schon ein Alkoholproblem hatten [...], b) Mehr als die Hälfte der Frauen befragte verheiratete Männer, die schon ein Alkoholproblem hatten [...].

Fall 2:
Schwieriger sind Fälle, wo der Kotext für die Ermittlung der zutreffenden syntaktischen Analyse fehlt oder nicht ausreichend ist. Zunächst ein relativ leicht lösbares Mehrdeutigkeitsproblem dieser Art:

Beispiel I.9.-15
Die Regierung forderte, dass Kinder, alte Männer und Frauen von den Luftpiraten freigelassen werden mussten.
Mögliche syntaktische Analysen des Syntagmas *Kinder, alte Männer und Frauen*:

a. [(Kinder) + (alte Männer) + (Frauen)]
b. {(Kinder) + (alte) [(Männer) + (Frauen)]}

Aufgrund unseres Wissens von sozialen Konventionen werden wir uns ohne Weiteres[91] für die Interpretation a) entscheiden: Kinder und Frauen jeden Alters werden in solchen Zusammenhängen als eine Gruppe betrachtet, zu denen alte Männer treten können.[92] Ähnlich liegt der Fall in folgendem Beispiel:

---

91 Oder gilt das Titanic-Prinzip (Frauen und Kinder zuerst) im Zuge der Gleichstellung von Mann und Frau nicht mehr uneingeschränkt?

Beispiel I.9.-16

Mit Pamphleten und in Diskussionen protestierten Aids-Aktivisten außerhalb der Bannmeile gegen die, wie sie meinten, halbherzige Aids-Forschung, die zögerliche Einführung aussichtsreicher Medikamente sowie die unzureichende Versorgung und Diskriminierung von Aids-Kranken und Aids-Infizierten. (*Der Spiegel* 26/1990)

Auch hier ist es unser Wissen von der Welt, das uns sagt, dass sich das Adjektiv *unzureichend* nur auf *Versorgung*, nicht aber auf *Diskriminierung* bezieht. Würde das Syntagma dagegen lauten: *sowie die unzureichende Versorgung und Betreuung*, würde man *unzureichend* auf beide Substantive beziehen.

Beispiel I.9.-17

Gelassen schlendern schwarz verschleierte Frauen, Kinder und Männer in traditionell arabischer oder westlicher Kleidung an den Geschäften, Imbissbuden und fliegenden Händlern vorbei. (*Neue Zürcher Zeitung*, 1. 9. 2010)

Wir „wissen", wenn wir bei *Frauen* angelangt sind, dass sich *schwarz verschleierte* nur auf *Frauen* beziehen kann; und wir wissen es, bevor wir zu *in traditionell arabischer oder westlicher Kleidung* vorgestoßen sind, das sich nur auf Männer beziehen kann (obwohl theoretisch der Bezug auf *Frauen, Kinder und Männer* möglich ist). Und wir wissen, dass sich *traditionell* in diesem Zusammenhang nur auf *arabisch* beziehen kann. Und die *fliegenden Händler* tun alles andere als *fliegen* – im Unterschied zum *fliegenden Personal* einer Fluggesellschaft und zu *fliegenden Teppichen*, die bekanntlich wirklich fliegen ...

Detailliertes *Sachwissen* ist dagegen für die Aufhebung der Mehrdeutigkeit in folgendem Satz nötig: *Der Bodenimpfstoff besteht aus Wasser und Luftstickstoff bindenden Bakterien.*[93] Hier muss man wissen, dass *bindende*

---

92 Sprachüblich ist im Dt. allerdings die Gliedfolge *Frauen, Kinder und alte Männer*, die keine Mehrdeutigkeit aufweist. Ebenso verfährt das Engl.: *women, children and elderly men*. Das Frz. setzt inhaltlich einen anderen Akzent: *les femmes, les enfants et les vieillards*, d. h. (jüngere) Frauen, Kinder und alte Frauen + Männer.

Bakterien sich nur auf *Luftstickstoff* bezieht (der Text wäre eindeutiger mit der Formulierung: [...] *aus Wasser und aus Luftstickstoff bindenden Bakterien*).

Bei der Übersetzung folgender Textstelle aus einem Frankreich-Reiseführer muss sich der Übersetzer entscheiden, ob *lange* aufgefasst werden soll als adjektivisches Attribut zum Substantiv *Wandteppiche* oder als Adverbial:[94]

Beispiel I.9.-18

[...] zu dem [...] Palast, in dem lange Wandteppiche von Angers hingen.

a. [...] le palais dans lequel de longues (grandes) tapisseries d'Angers étaient exposées.
b. [...] le palais dans lequel des tapisseries d'Angers avaient longtemps été exposées.

Der Übersetzer wird sich hier, weil der weitere Kotext keine Informationen liefert, für die eine oder die andere Interpretation entscheiden müssen – auf die Gefahr hin, gerade die falsche zu wählen.[95] Unter Interpretationszwang steht der Leser (und auch der Regisseur/Schauspieler) bei der Replik des Kapitäns in folgender Textstelle aus August Strindbergs „Totentanz" (s. u., II.2.4):

Beispiel I.9.-19

Kapitän. Willst du mir nicht etwas vorspielen?

93 Beispiel aus E. Agricola (1968:83).

94 Zitiert bei E. Agricola (1968:73). – Die Interpretation als Adverb erscheint keineswegs grundsätzlich unmöglich, vgl. folgenden (konstruierten) Satz: [...] *dem Palast, in dem lange Reliquien zu sehen waren.* Hier würde der menschliche Übersetzer die Adverb-/Adjektiv-Mehrdeutigkeit zugunsten des Adverbs auflösen.

95 Oder der Übersetzer gibt Varianten an. Man vergleiche dazu folgendes Beispiel: „Finally a special debt is owed to B. C., without *whose* initial assistance the study could not have been carried out." (B. Bernstein, „Class, Codes and Control", Vol. 1, London 1971, 67). In der dt. Ausgabe (B. Bernstein, „Studien zur sprachlichen Sozialisation", Düsseldorf 1972, 115) ist dies wiedergegeben mit „Schließlich schulde ich B. C. speziellen Dank, ohne *dessen/deren* anfängliche Hilfe die Untersuchung nicht hätte ausgeführt werden können."

Alice. (*gleichgültig, aber nicht mürrisch*). Was soll ich spielen?
Kapitän. Was du willst.

Je nachdem, ob die Betonung auf dem *Was*, auf dem *du* oder auf dem *willst* liegt, bedeutet die Äußerung etwas anderes. (Übersetzungskritisch wäre anzumerken, dass der schwed. Originaltext diesbezüglich eindeutig ist. Dort heißt es mit kursiviertem *du*: Vad *du* vil!)

Wenn bei solchen Fällen aber schon der menschliche Übersetzer auf Grenzen stößt, wie soll denn erst eine formal-syntaktisch analysierende Maschine in der Lage sein, diese Mehrdeutigkeiten zu lösen? In der Tat ist damit, so stellt E. Agricola (1968:75) fest, „eine Schranke erreicht, die von manchen Wissenschaftlern als Begrenzung der automatischen Sprachanalyse und -übersetzung insgesamt gewertet wird". Eine Maschine, die solche Fälle lösen will (und eine vollautomatisierte Übersetzung mit qualitativ befriedigenden Resultaten sollte dies bewältigen können) müsste über einen Speicher verfügen, in dem Welt-, Sach- und Erfahrungswissen abrufbar wären. Es wäre eine Maschine, die nicht nur auf formal-syntaktischer, sondern auch auf semantischer Basis (von stilistischen Kategorien ganz zu schweigen) Texte be- und verarbeiten könnte.

Noch komplizierter würde die Mehrdeutigkeitsproblematik, wenn auch noch die **situativ bedingten Bedeutungs- und Interpetationsvarianten** berücksichtigt werden müssten. Die Frage: *Rauchen Sie?* bedeutet bei der Routine-Untersuchung beim Arzt etwas anderes als in der Party-Situation, wo einem mit dieser Äußerung eine Zigarette angeboten wird. (Während die Frage mit der zweiten Äußerungsbedeutung in der zweiten Hälfte des 20. Jahrhunderts gang und gäbe war, ist sie heute obsolet: Die betreffende Situation finden wir nur noch in Filmen und Theaterstücken. Auch hier wieder: Kulturelle und soziale Veränderungen schlagen sich im Sprachgebrauch nieder.) Das Beispiel macht deutlich, dass zwischen Satzbedeutung und Äußerungsbedeutung unterschieden werden muss: *Rauchen Sie?* hat *eine* Satzbedeutung, aber (mindestens) zwei Äußerungsbedeutungen. Umgekehrt hat *Könnte ich das rote Kleid im Schaufenster anprobieren?* zwei Satzbedeutungen, aber – vor dem Hintergrund unserer kulturellen Gewohnheiten und unseres Wissens darüber – nur eine Äußerungsbedeutung (s. dazu W. Motsch 2004).

in\
fo

Mit der Darstellung der lexikalischen und grammatischen Mehrdeutigkeiten und den Bedingungen und bisweilen unsicheren Möglichkeiten ihrer Aufhebung ist ein Teil der **Initialphase des Übersetzungsprozesses** beschrieben: die **AS-Text-Analyse**, die zur Feststellung einer **eindeutigen Textbedeutung** führt.

Diese Textbedeutung besteht aus der Summe (verstanden als Synthese, nicht als Addition) der aktuellen lexikalischen und grammatischen Bedeutungen. Dieser Analysevorgang hat das Ziel, den Textinhalt eindeutig zu ermitteln. Wenn Übersetzen nur in der zielsprachlichen Wiedergabe eines AS-Textinhalts bestünde (und es gibt durchaus Übersetzungssituationen, wo dies der Fall ist), wäre damit die Initialphase des Übersetzungsprozesses vollständig erfasst. Zur Inhaltsanalyse muss aber die **stilistische** und die **pragmatische Analyse** treten, die von folgenden Fragen ausgeht: Welche sprachlichen Mittel werden verwendet, um den betreffenden Inhalt wiederzugeben? Welchen Stellenwert haben diese Mittel im Ausdruckspotential einer Sprache? An wen richtet sich der AS-Text und an wen soll sich der ZS-Text richten (Empfänger- oder pragmatischer Bezug). Auf diese Aspekte wird bei der Differenzierung des Äquivalenzbegriffs eingegangen (s. u., II.3).

Der Begriff der eindeutigen Textbedeutung darf nicht missverstanden werden: Auch wenn sehr viele Texte (etwa im wissenschaftlichen und technischen Bereich) auf diese Eindeutigkeit hin angelegt sind, so ist für andere Texte die Mehrdeutigkeit ein **konstitutives Element**. Die Textbedeutung des Witzes in *Beispiel I.9.-12* liegt gerade in seiner nicht aufgelösten Mehrdeutigkeit. Und solche Mehrdeutigkeiten verschiedenster Art gibt es in literarischen/poetischen Texten, in der Werbung, in der politischen Sprache in Hülle und Fülle. Dass daraus ganz besondere Übersetzungsprobleme resultieren, liegt auf der Hand.

Während die Übersetzung des Witzes in *Beispiel I.9.-12* ins Engl. keine Schwierigkeiten bereitet, weil *Can I try on the red dress in the window?* ebenso unauffällig zweideutig ist wie die dt. Entsprechung, ist dies anders im Frz. Wer die dem Dt. strukturähnliche Entsprechung *Puis-je essayer la robe dans la vitrine?* gebraucht, macht entweder bewusst einen Witz oder drückt sich auffallend umgangssprachlich-unkorrekt aus. Damit ist aber die Witzfortsetzung nicht in der Weise möglich wie im Dt., wo die Pointe gerade darin liegt, dass die Verkäuferin die Mehrdeutigkeit bemerkt und den Satz in ihrer Antwort auf die unwahrscheinliche Interpretationsmöglichkeit festlegt.

9.2 Der übersetzungslinguistische Ansatz

Übersetzen ist, wie im Einführungskapitel und in den vorangehenden Kapiteln dargestellt, ein höchst komplexer, von variablen Bedingungen und Faktoren sprachlicher, kommunikativer, kultureller usw. Art bestimmter Vorgang. Texte sind auf unterschiedlich komplexe Weise strukturiert, machen unterschiedlichen Gebrauch von den in einer Sprache bestehenden Ausdrucksmöglichkeiten; sie bewegen sich zwischen stark normierten Ausdrucksmustern und ausgesprochen individualstilistisch geprägten Sprach- und Stilzügen.

Die Ansprüche an Wissenschaftlichkeit, Objektivierbarkeit und Formalisierbarkeit, die in der zweiten Hälfte des 20. Jahrhunderts auch an sich bisher als geisteswissenschaftlich-hermeneutisch verstehende Disziplinen (darunter Sprach- und Literaturwissenschaft) gestellt wurden, führten im Falle der Übersetzung dazu, dass versucht wurde, die Variablen zu reduzieren. Die als subjektiv-zufällig geltenden Bestimmungsfaktoren sollten so weit wie möglich ausgeschaltet werden. Dies hatte zur Folge, dass man sich auf die Texte beschränkte, von denen man annahm, dass sie den Ansprüchen einer wissenschaftlichen Beschreibung zu genügen vermochten, nämlich (natur-)wissenschaftlich und technische Texte. Als Spezifikum der Übersetzung wurde der **Sprachwechsel** betrachtet. Die Linguistik hatte sich in den 1950er und 1960er Jahren als Wissenschaft mit streng wissenschaftlichen Methoden etabliert. Was lag näher, als die Beschreibung der Übersetzungsvorgänge zur Aufgabe der Linguistik zu machen? Der Anstoß, Übersetzen als primär oder ausschließlich linguistisches Phänomen zu erfassen und als solches zu objektivieren, ging von Theorie und Praxis der maschinellen Übersetzung aus. Die Übersetzungswissenschaft wurde gleichsam **Hilfsdisziplin der maschinellen Übersetzung**, die zur Voraussetzung hat, dass Sprache formal erfasst und algorithmisiert ist, wenn Texte in der AS automatisch zu analysieren und in der ZS zu synthetisieren sind. Wissenschaften, die sich bisher durchaus als Wissenschaften im eigentlichen Sinn verstanden hatten, mussten es sich gefallen lassen, aus dem Kreis dieser Disziplinen ausgeschlossen zu werden. So führt R. Stachowitz (1973:1) aus:

> Heute wird allgemein akzeptiert, dass der Ausdruck „Wissenschaft" sich nicht länger auf eine geistige Disziplin bezieht, die sich mit einem besonderen Sachgebiet befasst, sondern ganz allgemein auf jede Disziplin, die eine besondere Forschungsmethode verwendet, die sogenannte „wissenschaftliche Methode". Dementsprechend klassifizieren wir verschiedene Fachrichtungen danach, ob sie sich der wissenschaftlichen Methode bedienen oder nicht. Daher schließen wir Disziplinen wie die Literaturwissenschaft von den Wissenschaften aus.

Kennzeichen der wissenschaftlichen Methode sind Intersubjektivität und Verifizierbarkeit:

> Unter *Intersubjektivität* versteht man, dass die Resultate, die von einer Person erlangt werden, die von gewissen Annahmen ausgeht und nach einer bestimmten Methode arbeitet, auch von anderen Personen erlangt werden, die mit denselben Annahmen und nach derselben Methode arbeiten. Unter *Verifizierbarkeit* versteht man, dass Aussagen über gewisse Phänomene in einem besonderen Forschungsbereich empirisch bestätigt werden können.

Allerdings gibt R. Stachowitz keine Antwort auf die Frage, wie im Bereich der Semantik diese Intersubjektivität gewährleistet ist und wie Bedeutungsgleichheit oder Übersetzungsäquivalenz empirisch verifiziert werden kann: Wann bedeuten zwei Ausdrücke in derselben Sprache oder in verschiedenen Sprachen dasselbe? Wann sind zwei Texte, ein AS-Text und ein ZS-Text, hinsichtlich welcher Kriterien bedeutungsgleich?

Im Ausgangspunkt heißt Übersetzen für die maschinelle Übersetzung, „bei invarianter Information den Übergang von einer Einzelsprache L1 in eine Einzelsprache L2 durch Übergänge zwischen formalen Repräsentationen zu organisieren" (A. Rothkegel 1988:119). Unter dem Aspekt der Mehrdeutigkeit sprachlicher Formen erscheint der Übersetzungsprozess als Prozess der Auswahl (Selektion): Welche lexikalischen, syntaktischen, semantischen und pragmatischen Selektionen gewährleisten Bedeutungsgleichheit zwischen AS- und ZS-Sätzen/Texten? Das Ziel der auf die maschinelle Übersetzung ausgerichteten Übersetzungswissenschaft besteht deshalb in der Beschreibung von Übersetzungszuordnungen und -regularitäten auf den verschiedenen sprachlichen Ebenen. Dies ist genau der Ausgangspunkt der **Translationslinguistik der Leipziger übersetzungswissenschaftlichen Schule** (s. o., I.8.2), deren Gegenstand „die Untersuchung der Translationsprozesse als sprachliche Prozesse" und die Analyse der diesen Prozessen zugrunde liegenden „sprachlichen Mechanismen" ist (G. Jäger 1975:77).

Zentrale Begriffe der Translationslinguistik sind die aus Nachrichtentechnik und Informationstheorie stammenden Begriffe **Kode** und **Kodewechsel** (auch Umschlüsselung). Unter Kode wird ein übermittlungskanalgerechtes Zeichenrepertoire und ein Regelmechanismus zur Verknüpfung dieser Zeichen verstanden. Der Begriff des Kodes wurde in die Sprachwissenschaft übernommen, indem man die Lexik einer Sprache mit dem Zeichenrepertoire und die Syntax mit dem Zeichenverknüpfungsmechanismus gleichsetzte. In der sprachlichen Kommunikation dient der Kode dazu, das, was ein **Sender** inhaltlich übermitteln will (Bewusstseinsinhalte), in Zeichen zu **verschlüsseln** (enkodieren), die dann der **Empfänger**, der über den gleichen Kode verfügt, **entschlüsseln** (dekodieren) kann:

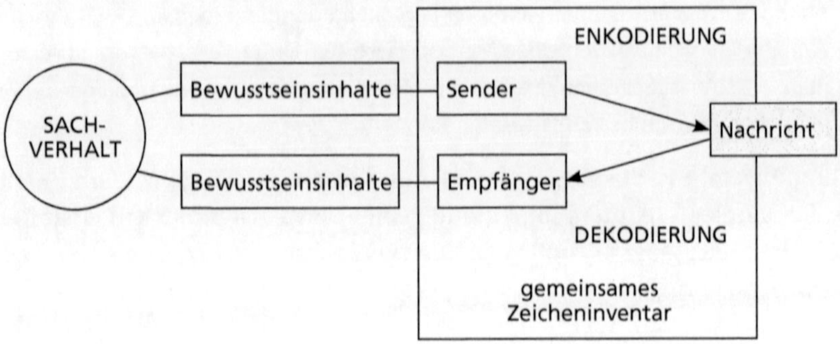

Abb. I.9.-1

Übersetzen stellt einen Spezialfall dar: Zwischen Sender und Empfänger tritt der Übersetzer, der den Kodewechsel vollzieht. Die translatorische Aufgabe besteht darin, den Informationsgehalt eines Textes als Invariante zu erhalten, obwohl ein Kodewechsel stattfindet. Hierin liegt nach O. Kade (1968:75) auch das „translatorische Grundproblem“:

> Die Problematik der Translation resultiert daraus, dass bei der Umschlüsselung (d. h. beim Vollzug des Kodierungswechsels) im Bereich der *parole* (d. h. bei der Aktualisierung sprachlicher Mittel) auf der Inhaltsebene ein 1:1-Verhältnis zwischen AS-Elementen und ZS-Elementen erreicht werden muss, obwohl im Bereich der *langue* (d. h. in den Relationen zwischen AS-System und ZS-System) die Nichtübereinstimmung der semantisch-funktionellen Seite verschiedensprachiger Zeichen (der AS-Zeichen und ZS-Zeichen) die Regel ist.

Ausgehend von dieser Bestimmung von Übersetzung besteht die Aufgabe der linguistisch orientierten Übersetzungswissenschaft in der Beschrcibung der Zuordnungsbeziehungen auf der **Systemebene** (*langue*), die es, obwohl im Allgemeinen keine Eins-zu-eins-Beziehungen vorliegen, erlauben, auf der **Textebene** (*parole*, d. h. der Aktualisierung von einer der potentiellen systematischen Zuordnungen im Text) eine Eins-zu-eins-Beziehung zwischen AS- und ZS-Text(elementen) zu erhalten.

Die **linguistisch orientierte Übersetzungstheorie** (allgemeine Übersetzungstheorie) beschreibt modellhaft die verschiedenen **Äquivalenztypen** und die **Übersetzungsverfahren**, die angewendet werden, um auf der Ebene der sprachlichen Realisierung (des Textes) auch bei Nicht-Eins-zu-eins-Entsprechungen auf der Ebene der *langue* den Informationsgehalt (den Inhalt) als Invariante in der Übersetzung zu bewahren.

Die **spezielle Übersetzungswissenschaft** hat dagegen die Aufgabe, diese potentiellen Äquivalenzbeziehungen für je ein Sprachenpaar zu erfassen. Das Resultat solcher Beschreibungen sind eigentliche **Übersetzungsgrammatiken**, die das System der potentiellen Äquivalenzbeziehungen zwischen zwei Sprachen auf den Ebenen des Lexikons und der Syntax enthalten. Bezugsgröße für die Feststellung solcher Beziehungen ist immer der Inhalt; die Reichweite der (im engen Sinne) linguistischen Übersetzungswissenschaft ist deshalb begrenzt auf Texte, bei denen es um Inhaltsinvarianz geht und nicht um formal-ästhetische Komponenten. Es handelt sich um Texte, bei denen sich die Funktion der Form „im Dienst am Inhalt" erschöpft (O. Kade 1968:47). Damit wird die literarische Übersetzung aus der linguistischen Analyse des Übersetzens ausgeschlossen, denn die Formkomponente hat für literarische Texte in der Regel nicht nur kommunikativen Wert, sondern ist Mittel der künstlerischen Gestaltung des Textes:

> Die Qualität der literarischen Übersetzung wird gerade dadurch bestimmt, in welchem Maße es gelingt, die Darstellung des Inhalts mit den Mitteln der Zielsprache künstlerisch zu gestalten. Bei der Gestaltung des neuen Textes in der Sprache der Übersetzung aber kommt man ohne künstlerische Begabung, ohne schriftstellerisches Talent nicht aus. Das gilt nicht nur für poetische, sondern auch für prosaische Übersetzungen. Die prosaischste aller prosaischen Übersetzungen innerhalb des literarischen Schaffens ist nicht möglich ohne künstlerische Begabung, d. h. ohne die Fähigkeit, schöpferisch intuitiv das Wortmaterial zu handhaben. (O. Kade 1968:47)

Einer streng wissenschaftlichen, linguistisch orientierten Übersetzungstheorie zugänglich sind nach O. Kade demnach nur pragmatische Texte, für die die Äquivalenzbeziehungen zwischen AS und ZS objektivierbar sind, weil sie aus den durch die Systeme der jeweiligen Sprachen gegebenen „Fakten" resultieren. Es wird also unterschieden zwischen

- pragmatischem Übersetzen („Sachprosa aller Art", wissenschaftlich-technische, juristische, politische, kommerzielle Texte usw.) und
- literarischem Übersetzen („künstlerische Prosa und Dichtung aller Art").

Die linguistisch orientierte Übersetzungswissenschaft ist also **textgattungsbezogen**. Die Unterscheidung der Textgattungen pragmatische Texte und literarische Texte basiert auf der jeweiligen Funktion der Formkomponente:

- pragmatische Texte – die Form ist dem Inhalt absolut untergeordnet und hat keinen oder nur einen begrenzten Eigenwert;
- literarische Texte – Form und Inhalt stehen in einem gegenseitigen Bedingungsverhältnis zueinander.

Für die Übersetzungstheorien dieser Textgattungen sind nach dieser Auffassung verschiedene Wissenschaften bzw. Wissenschaftszweige zuständig: für pragmatische Texte die Linguistik und für literarische Texte die Literaturwissenschaft.[96]

Zu beachten ist, dass der in I.2.5 erwähnten Unterscheidung zwischen Fiktiv- und Sachtexten einerseits und der von der Leipziger Translationslinguistik postulierten Unterscheidung zwischen literarischen und pragmatischen Texten andererseits unterschiedliche Kriterien zugrunde liegen:

96 Diese Auffassung wird auch von T. Hermans (1985:10) vertreten: „Linguistics has undoubtedly benefited our understanding of translation as far as the treatment of unmarked, non-literary texts is concerned."

Fiktivtexte	Sachtexte
↓	↓
Fiktionalität	*Sachbezogenheit*
Literarische Texte	pragmatische Texte
↓	↓
Formbetontheit *Form + Inhalt als Einheit*	*Keine Formbetonheit* *Primat des Inhalts*

Abb. I.9.-2

Die Kategorien Fiktivtexte und Sachtexte auf der einen Seite und literarische Texte und pragmatische Texte auf der anderen Seite sind nicht deckungsgleich: Es gibt durchaus formbetonte Texte, die zugleich nicht-fiktiver Art sind (gereimte Chroniken, bestimmte satirische Texte, dokumentarische Literatur), umgekehrt gibt es fiktive Texte, die nicht formbetont im Sinne auffallender ästhetisch-formaler Gestaltung sind (Trivialliteratur, Pseudo-Reiseschilderungen, die fiktive Reisen beschreiben, utopische Romane in journalistischem Stil). Für einen zentralen Bereich dürften sich aber Fiktionalität + Formbetontheit und Nicht-Fiktionalität + Nicht-Formbetontheit decken. Aus spezifisch übersetzungsrelevanter Perspektive kommen wir in II.4 auf die Unterscheidung von Fiktiv- und Sachtexten zurück.

Die im Sinne der Leipziger Schule linguistisch orientierte Übersetzungswissenschaft, für die sich das Problem der Abgrenzung zur kontrastiven Sprachbeschreibung stellt (s. u., II.3.2.1), ist in ihren sprachenpaarbezogenen Teilen ein zentrales Forschungsgebiet der Übersetzungswissenschaft, mit dessen Entwicklung der Fortschritt der maschinellen Übersetzung direkt zusammenhängt. Sie ist zugleich von großem praktischem Nutzen, was sich aus ihrer Aufgabenstellung ergibt:

- Ausgehend von konkreten Texten und Übersetzungsfällen hat sie die **Äquivalenzbeziehungen** zwischen je zwei Sprachen auf den Ebenen von Grammatik und Lexik systematisch zu beschreiben.
- Auf der Basis dieser Beschreibungen hat sie **Übersetzungswörterbücher** und **-grammatiken** zu erarbeiten, die zugleich **Übersetzer-**

handbücher sind, die der Übersetzer in seiner Praxis unmittelbar anwenden kann.

9.3 Der linguistisch-kommunikative Ansatz

Die „Wissenschaftlichkeit" der Übersetzungswissenschaft in ihrer, wie in I.9.2 dargestellt, streng linguistischen Ausrichtung, ist erkauft mit dem Preis der Beschränkung auf eine Textgattung und mit der Abstraktion von Faktoren, die bei der Übersetzung eine Rolle spielen (und das gewiss auch hinsichtlich naturwissenschaftlich-technischer Texte): Empfängerbezug, Einbettung der Übersetzung in den Kommunikationszusammenhang, Interpretation des Textes durch den Übersetzer. Parallel zur linguistischen Übersetzungswissenschaft im engeren Sinne finden wir in den 60er und 70er Jahren des 20. Jahrhunderts eine Betrachtungsweise des Übersetzens, die den **kommunikativen Aspekt** in den Vordergrund stellt. Übersetzen wird dabei nicht als rein linguistisches Phänomen unter dem Aspekt des Kodewechsels betrachtet, sondern als Kommunikationsakt, bei dem der Wechsel der Sprache nur einer (aber ein zentraler) der zu berücksichtigenden Faktoren ist. Zu den Arbeiten, die das Übersetzen in diesem Sinne als linguistisch-kommunikationswissenschaftliches Problem behandeln, gehört das Werk, das in der Entwicklung der Übersetzungswissenschaft einen Meilenstein darstellt, ja mit dem die Übersetzungswissenschaft als Wissenschaft recht eigentlich begründet wurde: E. A. Nidas auch heute noch beeindruckende Pionierarbeit „Toward a Science of Translating" (1964).

E. A. Nida stellt in seinem Buch die **Erörterung semantischer Probleme** ins Zentrum. Dabei geht es ihm vor allem um die Einbeziehung moderner linguistischer Methoden und Resultate bei der Analyse des Bedeutungsproblems: der *language-and-culture*-Forschung von B. L. Whorf und der anthropologisch orientierten Linguistik, der allgemeinen Semantik (*general semantics*), die Sprache und menschliches Verhalten in Relation zueinander setzt, der Sprachpsychologie und der Philologie, welche die literarische Produktion in ihrem kulturellen Kontext sieht. Auf dieser Basis – Sprache aufgefasst als Teil des *human behaviour* – versucht E. A. Nida „an essentially descriptive approach to the translation process" (8). Die ausführliche Behandlung des Bedeutungsproblems wird folgendermaßen begründet:

> Basic to any discussion of principles and procedures in translation is a thorough acquaintance with the manner in which meaning is expressed through language as a communication code [...]. (30)

Sprachliche Zeichen haben semantische, syntaktische und pragmatische Bedeutungen. Bei den **semantischen Bedeutungen** geht es um die Beziehungen zwischen den Zeichen (*symbols*) und ihren Referenten (das, worauf sich Zeichen beziehen). So segmentieren die einzelnen Sprachen das Farbenspektrum mit ihren Farbbezeichnungen auf unterschiedliche Weise. **Syntaktische Bedeutungen** ergeben sich aus der Anordnung und Hierarchisierung der Zeichen: *blackbird* mit dem Akzent auf *black* bezeichnet die Amsel, *black bird* mit dem Akzent auf *bird* einen schwarzen Vogel. **Pragmatische Bedeutungen** haben zu tun mit den Beziehungen zwischen Zeichen und menschlichem Verhalten; so reagieren Hörer oder Leser auf bestimmte Weisen auf assoziationsgeladene Ausdrücke wie *Sex* oder *Tod.* Die Bedeutung eines Ausdrucks kann dabei nie losgelöst von der **Kommunikationssituation** betrachtet werden, in der er geäußert wird. Dem Kommunikationsprozess mit seinen drei Faktoren Sender (*source*), Mitteilung oder Aussage (*message*) und Empfänger (*receptor*), und deren Bezug auf die Bedeutung muss besondere Aufmerksamkeit geschenkt werden.

Als fundamentale Merkmale sprachlicher Zeichen (*linguistic symbols*) werden von E. A. Nida (46 ff.) herausgearbeitet:

1. der arbiträre Charakter: arbiträre, d. h. beliebige, aber konventionell festgelegte Relation zwischen Zeichen und Referent, zwischen Zeichenklassen und Referentenklassen, zwischen Zeichenklassen und Zeichenklassen
2. die Eigenschaft, Referentenklassen zu bezeichnen: Die meisten Wörter bezeichnen ganze Klassen von Objekten; Ausnahmen sind die Eigennamen, die sich nur auf einen Referenten beziehen; die Beschreibung des Geltungsbereiches eines Zeichens ist bei den fließenden Übergängen und den sich verändernden Grenzen äußerst schwierig; kein Ausdruck hat in verschiedenen Sprechsituationen genau die gleiche Bedeutung
3. die „Freiheit" der Zeichen: Sprachliche Zeichen können ihren Geltungsbereich erweitern, beschränken, verändern
4. die Welt der Erfahrung wird durch sprachliche Zeichen „segmentiert": Jede Sprache gliedert mittels ihrer Zeichen (Wörter) die „Welt" auf oft einzelsprachspezifische Weise

5. Sprache funktioniert immer in einem bestimmten sozialen Kontext: Der Kommunikationsprozess zwischen Sender und Empfänger muss in seinem sozialen Bezug gesehen werden
6. Sprache operiert auf zwei Ebenen: a) Sie beschreibt die außersprachliche oder „praktische" Welt, b) sie beschreibt die Sprache selbst (Metasprache, z. B. Sprache der Grammatik)

In diesem Zusammenhang wird auch das Problem diskutiert, wie und warum Kommunikation überhaupt möglich ist, obwohl keine zwei Menschen dieselben Zeichen mit derselben Bedeutung benutzen, um exakt dieselben Erfahrungen auszudrücken. Im Abschnitt über „Underlying Bases for Human Communication" (53 ff.) werden vier Gründe für gegenseitige Verstehbarkeit angeführt, die nicht nur innerhalb einer Sprache, sondern auch zwischen Sprachteilnehmern verschiedener Sprachen gegeben ist:

- die Ähnlichkeit geistiger Prozesse bei allen Menschen
- die Ähnlichkeit somatischer Reaktionen
- die Spannweite kultureller Erfahrung: „Certainly the similarities that unite mankind as a cultural 'species' are much greater than the differences that separate." (55)
- die Fähigkeit der Menschen, sich an Verhaltensmuster anderer anzupassen

Verstehbarkeit und Übersetzbarkeit müssen zusammen gesehen werden (s. u., II.1); zwischen ihnen besteht ebenso wenig ein prinzipieller Unterschied wie zwischen interlingualer und intralingualer Kommunikation:

> To suggest that the interlingual communication involved in translating is in some way basically different from intralingual communication is to seriously misjudge the very nature of language use. (E. A. Nida 1976:65)

Zentral bei E. A. Nida ist die Unterscheidung von zwei Äquivalenztypen (s. u., II.2.3): Die **formal äquivalente** Übersetzung richtet sich in Form und Inhalt auf die AS aus; die **dynamisch äquivalente** Übersetzung orientiert sich dagegen an der ZS und dem Empfänger der *message*. Die Probleme, die bei der Suche nach Äquivalenten auftauchen, systematisiert E. A. Nida folgendermaßen:

- in der ZS-Kultur fehlt ein Element, das mit einem AS-Kulturelement korrespondiert;
- AS und ZS unterscheiden sich dadurch, dass nicht dieselben Elemente fakultativ bzw. obligatorisch sind (im Schwed. z. B. muss man im Unterschied zum Dt. zum Ausdruck bringen, ob es sich um den Großvater väterlicherseits (*farfar*) oder den Großvater mütterlicherseits (*morfar*) handelt);
- der Grad der *decodability* kann verschieden sein in AS und ZS, d. h. bestimmte Zeichen für bestimmte Sachverhalte sind in der AS geläufiger als die entsprechenden in der ZS.

Die Betrachtung des Übersetzungsprozesses mit dem Gewicht auf dem Prinzip der dynamischen Äquivalenz ist **empfängerbezogen**; E. A. Nida spricht denn auch nicht von *target language* (ZS), sondern von *receptor language* (Sprache der Empfänger). Man kann von einer **pragmatisch ausgerichteten Übersetzungswissenschaft** sprechen oder, wie E. A. Nida (1976:68) es tut, von einer **soziolinguistischen Übersetzungstheorie**. Aus dieser Sicht wird die Vorstellung abgelehnt, dass es so etwas wie eine und nur eine optimale Übersetzung eines Textes geben könne; Übersetzungen müssen sich auf verschiedene Empfängergruppen einstellen:

> Varying educational levels, occupations, and interests greatly affect the ability of people to understand a message. Accordingly, it may be necessary to prepare quite different translations of the same text for such disparate groups as university students, primary-school graduates, newly literate adults, school children reading in a foreign language, and the mentally retarded. As a matter of fact, the Bible Societies are currently producing distinct translations of the Scriptures for precisely these different classes of receptors. (E. A. Nida 1976:68 f.)

Der Sachverhalt, dass Übersetzungen meistens länger sind als ihre Originale, hängt nicht zuletzt damit zusammen, dass der Übersetzer zusätzliche Informationen in die Übersetzung einbauen muss, um sie verstehbar zu machen. Während man bei einem AS-Text davon ausgehen können sollte (was man bekanntlich oft nicht tun kann), dass er im Blick auf seine intendierten Empfänger inhaltlich und formal so gestaltet ist, dass er deren Verstehenskapazität nicht überfordert, muss sich der Übersetzer genau überlegen, wie die **Verstehenskapazität der ZS-Empfänger** einzuschätzen ist. Er hat die Aufgabe, den ZS-Text inhaltlich und formal so zu „bearbeiten", dass es zu keiner Überforderung des Empfängers kommt. Die message, die Mitteilung, sollte sprachlich so gefasst sein, dass sie den „Kanal des Empfängers" problemlos passieren kann; die ZS-Mitteilung muss kanalgerecht gestaltet werden, indem zusätzliche (zum Teil möglichweise sogar redundante) Information eingebaut wird.

Abschließend kann festgestellt werden: Die Auffassung des Übersetzens als **komplexer Kommunikationsakt** vermag die Faktoren, die die interlinguale Kommunikation bestimmen, wenn nicht zu beschreiben (d. h. analytisch in ihren konkreten sprachlichen Auswirkungen zu fassen), so doch wenigstens zu benennen. Sie ist in der Lage, Übersetzungsprinzipien wie auch Übersetzerentscheidungen im Einzelfall zu erklären. Sie kann Normen, d. h. Leitschemata für den Übersetzer aufstellen und dessen Entscheidungen mit diesen Normen vergleichen und im Vergleich bewerten. Würde man sich aber die Aufgabe stellen, bei der Beschreibung von Übersetzungsäquivalenzbeziehungen alle denkbaren kommunikativen Faktoren zu berücksichtigen, bestünde die Gefahr, dass sich der Begriff der Übersetzung auflöst in dem der interlingualen Paraphrase. Das Konzept des potentiellen Äquivalents wäre nicht mehr anwendbar, weil die Bestimmungsfaktoren im Empfängerbereich so vielfältig und so heterogen sein können, dass eine Festlegung von regelhaften Beziehungen zwischen ZS- und AS-Entsprechungen nicht möglich ist. Wenn man nämlich alle möglichen Empfängergruppen, jede mögliche Textinterpretation und jeden denkbaren Übersetzungszweck als Faktoren bei der Ermittlung und Auflistung von Übersetzungsmöglichkeiten (potentiellen Äquivalenten) zulässt, dann gibt es zu jeder Äußerung eine nicht mehr vorhersagbare und beschreibbare Zahl von (inter- und intralingualen) Entsprechungen.

Will die Übersetzungswissenschaft auch in der Beschreibung etwas leisten, so muss sie die **Variablen beschränken**. Von daher wird verständlich, dass sich die Translationslinguistik auf Texte beschränkt, die im sprachlich-stilistischen Bereich so gestaltet sind, dass die Zahl der potentiellen und aktuellen Äquivalente überschaubar bleibt und wo die ZS-AS-Zuordnungen einen hohen Grad von Regelhaftigkeit aufweisen. Diesen Bedingungen entspricht der Komplex von Textsorten, deren Kernbereich naturwissenschaftliche und technische Texte bilden und die R.W. Jumpelt (1961:24 ff.) als pragmatische Übersetzung zusammenfasst (s. u., II.4.2.2). Stark empfängerbezogene Übersetzungen wie religiöse Texte, Werbetexte, politische Reden oder stark sprachbezogene, formal-ästhetisch geprägte Texte (Poesie) sind bei diesem Ausgangspunkt einer deskriptiven Übersetzungswissenschaft nur mit mehr oder weniger starken Einschränkungen zugänglich.

Die neben den Beispielen aus Sachtexten doch zahlreichen Beispiele aus literarischen Texten in dieser „Einführung" belegen, dass hier eine Auffassung von sprachwissenschaftlich orientierter Übersetzungswissenschaft vertreten wird, in der weite Bereiche der schönen Literatur ihren Platz haben. Auch zeigen korpusbasierte Untersuchungen, die der sprachenpaar- und textbezogenen Übersetzungswissenschaft (s. o., I.8.1, s. u., II.2.6) zuzuordnen sind, dass auch literarische Texte brauchbar sind als Ausgangspunkt für die Beschreibung potentieller Äquivalenzbeziehungen.

9.4 Zusammenfassung

Kapitel 9 beschreibt das Phänomen der lexikalischen und grammatischen Mehrdeutigkeit. Die Bedeutung des Textzusammenhangs (Kotext), der Situation sowie des Weltwissens für die Disambiguierung wird behandelt. Außerdem werden Ziele und Methoden der linguistisch bzw. der linguistisch-kommunikativ orientierten Übersetzungswissenschaft erörtert.

II. ÄQUIVALENZ

[...] denn schließlich kann sich keine ernstzunehmende Übersetzungstheorie welcher Ausprägung auch immer der zentralen Frage nach der zwischen einem Text und seiner Übersetzung bestehenden Relation entziehen.[1]

The central problem of translation-practice is that of finding TL translation equivalents. A central task of translation theory is that of defining the nature and conditions of translation equivalence.[2]

1 G. Thome in der „Einführung" zur Festschrift für W. Wilss (1990:2).

2 J. C. Catford (1965:21). TL = Target Language.

1 Das Problem der Übersetzbarkeit

1.1 Übersetzbarkeit im Widerstreit der Meinungen

Man kann sich nicht mit Äquivalenz beschäftigen, d. h. der für die Übersetzung spezifischen Beziehung zwischen ZS-Text und AS-Text, ohne dass man sich mit der grundsätzlichen Frage nach den theoretischen Voraussetzungen, der Möglichkeit und den Grenzen dieser Beziehung auseinandersetzt. Es gibt kaum eine Frage in der jahrhundertealten Auseinandersetzung mit dem Übersetzen, die intensiver und kontroverser diskutiert worden ist, als die der **theoretischen und praktischen Möglichkeit oder Unmöglichkeit des Übersetzens**. Die folgenden Zitate zeigen, dass die Frage von unterschiedlichen Positionen aus gestellt und beantwortet wird und wurde:

1. W. von Humboldt (1796):[3]

   > Alles Übersetzen scheint mir schlechterdings ein Versuch zur Auflösung einer unmöglichen Aufgabe. Denn jeder Übersetzer muss immer an einer der beiden Klippen scheitern, sich entweder auf Kosten des Geschmacks und der Sprache seiner Nation zu genau an sein Original oder auf Kosten seines Originals zu sehr an die Eigentümlichkeiten seiner Nation halten. Das Mittel hierzwischen ist nicht bloß schwer, sondern geradezu unmöglich.

2. M. Wandruszka (1967:7):

   > Dichtung ist unübersetzbar. Ihr Klang ist unübersetzbar, ihr Rhythmus, ihre Melodie, aber das ist es nicht allein. Dichtung ist unübersetzbar, weil sie uns auffordert, nicht nur durch die Sprache hindurch, über die Sprache hinaus, sondern auch auf die Sprache selbst zu blicken. Dichtung ist die große andere Möglichkeit der Sprache, die Möglichkeit, das Werkzeug zum Kunstwerk zu machen.

---

3 Brief an A.W. Schlegel vom 23. Juli 1796, zit. nach P. Hartmann/H. Vernay, Hrsg. (1970:144).

3. J. J. Breitinger (1740):[4]

> Die Sprachen sind ein Mittel, dadurch die Menschen einander ihre Gedancken offenbaren können: Da nun die Gegenstände, womit die Menschen sich in ihren Gedancken beschäftigen, überhaupt in der gantzen Welt einerley und einander gleich sind; da die Wahrheit, welche sie mit dieser Beschäftigung suchen, nur von einer Art ist; und da die Gemüthes-Kräfte der Menschen auf eine gleiche Art eingeschräncket sind; so muß nothwendig unter den Gedancken der Menschen ziemliche Gleichgültigkeit statt und platz haben; daher denn solche auch in dem Ausdrucke nothwendig wird. – Auf diesem Grunde beruhet nun die gantze Kunst, aus einer Sprache in die andere zu übersetzen. Von einem Uebersetzer wird erfodert, daß er eben dieselben Begriffe und Gedancken, die er in einem trefflichen Muster vor sich findet, in eben solcher Ordnung, Verbindung, Zusammenhange, und mit gleich so starckem Nachdrucke mit andern gleichgültigen bey einem Volck angenommenen, gebräuchlichen und bekannten Zeichen ausdrücke, so daß die Vorstellung der Gedancken unter beyderley Zeichen einen gleichen Eindruck auf das Gemüthe des Lesers mache.

4. L. Bloomfield (1935:278):

> As to denotation, whatever can be said in one language can doubtless be said in any other: the difference will concern only the structure of the forms, and their connotation.

5. O. Kade (1971a:26):

> Somit kann festgestellt werden, dass in Bezug auf die semantische Bedeutung und damit die rationalen Komponenten des Informationsgehalts sprachlicher Texte prinzipiell keine Beschränkung der Übersetzbarkeit vorliegt. Alle Texte einer Sprache L_x (Quellensprache) können unter Wahrung des rationalen Informationsgehalts im Zuge der Translation durch Texte der Sprache L_n (Zielsprache) substituiert werden, ohne dass prinzipiell der Erfolg der Kommunikation beeinträchtigt oder gar in Frage gestellt wird. Zu dieser auch empirisch bestätigten Bejahung der Übersetzbarkeit berechtigt der Nachweis, dass jeder erkenntnismäßige Be-

---

4 J. J. Breitinger, „Critische Dichtkunst“, 1740, Stuttgart 1966 (= Deutsche Neudrucke. Reihe Texte des 18. Jahrhunderts), Bd. 2, 138 f. (aus dem Abschnitt „Von der Kunst der Uebersetzung“).

wusstseinsinhalt in jeder Sprache kodierbar und der im Ergebnis der Kodierung (einschließlich der Umkodierung aus einer anderen Sprache) entstandene Text im Prinzip – wenn auch unter Überwindung dialektischer Widersprüche – durch potentielle Adressaten dekodierbar ist.

Das Spektrum der Antworten ist breit: Es reicht von der These der absoluten Übersetzbarkeit (3) über die Bejahung der Übersetzbarkeit im Teilbereich der denotativen Bedeutung bzw. der „rationalen Komponenten" des Informationsgehalts (4, 5) zur Verneinung der Übersetzbarkeit für eine ganze Textgattung (2) bis zur Charakterisierung des Übersetzens als eine prinzipiell unmögliche Aufgabe (1). In den folgenden Abschnitten werden – nach grundsätzlichen Überlegungen zum Verhältnis von Sprache, Denken und Wirklichkeit – die Thesen der Unübersetzbarkeit (im Zusammenhang mit dem sprachlichen Relativitätsprinzip, der inhaltbezogenen Sprachauffassung und der Wortfeldtheorie), der relativen Übersetzbarkeit und der prinzipiellen Übersetzbarkeit behandelt und diskutiert.

1.2 Sprache, Denken und Kultur – Kulturspezifik der Übersetzung

Mit der Frage nach dem Verhältnis von Sprache, Denken, Wirklichkeit und menschlichem Verhalten beschäftigen sich Philosophen, Psychologen, Anthropologen, Ethnologen, Linguisten und Literaturwissenschaftler seit eh und je, und je nach Ausgangspunkt fallen die Antworten verschieden aus. Das gilt insbesondere für die im Blick auf die Übersetzbarkeitsproblematik wichtige Teilfrage nach dem **Anteil der Einzelsprache am Erkenntnisprozess und an der Wirklichkeitsinterpretation**.

Im Prozess der Auseinandersetzung mit der „Welt" (in der primären und sekundären Sozialisation, im Arbeitsprozess, in Partnerschaft und Familie usw.) eignet sich der Mensch Sehweisen dieser „Welt" an: **Muster oder Modelle der Wirklichkeitsinterpretation**. Man lernt, Sachverhalte wie Ehe, Sexualität, Tod, Arbeit usw. auf bestimmte Weise(n) zu betrachten und zu beurteilen. An der Entwicklung und Festigung dieser Sehweisen hat die Sprache einen wichtigen Anteil (neben der praktischen, nicht-verbalen Auseinandersetzung mit der Wirklichkeit): Mit Sprache kommuniziert man über die Wirklichkeit bzw. die Wirklichkeitsinterpretationen. In dem Maße, wie die Wirklichkeitsinterpretationen kulturbedingt, d. h. historisch-gesellschaftlich bedingt sind, sind auch die Weisen, über diese Wirklichkeitsinterpretationen zu sprechen, historisch-gesellschaftlich bedingt. In der Sprache schlagen sich die Wirklichkeitsinterpretationen nieder und mit der Sprache werden sie zugleich vermittelt.

Den Sehweisen, Normen und Einstellungen, die man in der Sozialisation und in der praktischen Auseinandersetzung mit der „Welt“ erwirbt, entsprechen **sprachliche Sehweisen, Normen und Einstellungen**. Ein Beispiel für eine solche kulturbedingte und sprachlich vermittelte Sehweise stellt das Wort *Unkraut* dar. Die Pflanzenwelt wird aufgrund wirtschaftlicher, vielleicht auch ästhetischer (nicht aber biologischer) Interessen in zwei Klassen eingeteilt: in Kulturpflanzen und in Pflanzen ohne wirtschaftlichen Wert. Dabei kann man nicht einmal genau angeben, welche Pflanzen *Unkraut* sind; auch Nutz- und Zierpflanzen werden unversehens zu Unkraut, wenn sie in einem anderen Kulturbestand auftreten. In der Auseinandersetzung mit der „Welt“ lernt man das, was als *Unkraut* bezeichnet wird, vom Nicht-Unkraut zu unterscheiden (die Tätigkeit des Jätens bezieht sich nur auf Unkraut). Beim Spracherwerb wird die Wirklichkeitsinterpretation ‚Unkraut‘ über die Sprache vermittelt, wenn ein Kind wissen will, was *Unkraut* sei.

Das Zusammenspiel von kulturbedingter Wirklichkeitserfassung und Sprache bzw. Sprachgebrauch zeigt sich besonders deutlich in Bereichen menschlichen Lebens, die als Rand- oder Tabuzonen oder jedenfalls als mehr oder weniger belastete Themen gelten: Tod und Sexualität. So wie der Wirklichkeitsbereich Sterben/Tod/Bestattung in unserem Kulturkreis (mehr oder weniger) genormt ist (am ausgeprägtesten in den Ritualen), erfolgt auch das Sprechen darüber in genormter Form. Wir lernen, die Vorgänge um Sterben und Tod auf bestimmte Weise(n) zu sehen und zu bewältigen (bzw. zu verdrängen); in entscheidendem Maße helfen uns dabei die sprachlichen Formeln (Stereotype und Schematismen), die sich auf diese Seh- und Bewältigungsweisen beziehen und sie immer wieder bestätigen. „Tatsächliche“ Wirklichkeit, das heißt Sterben und Tod, wie es im Krankenhaus vor sich geht, und sprachliche Bewältigung dieser Wirklichkeit klaffen auseinander, wie sich dies etwa am Sprachgebrauch in Todesanzeigen nachweisen lässt. In den Anzeigen dominieren Verben wie *einschlafen, entschlafen, verlassen, gehen, erlöst werden*, die der Todesverdrängung dienen und in denen, wie kritisch angemerkt wird, die „Identität des Sterbens als Prozess“ verloren geht.[5] (Umgekehrt könnte man allerdings auch sagen, dass uns diese For-

5 S. dazu K. Dirschauer, „Der totgeschwiegene Tod“, Bremen 1973, 30.

meln helfen, über das letztlich Unfassbare und Unvermittelbare „hinwegzukommen".)

Ein ähnlicher, die Wirklichkeitsauffassung prägender sprachlicher Vermittlungsprozess liegt im Bereich der Sexualität vor: Im Dt. stehen für frz. *faire l'amour* und engl. *make love* der medizinische Fachausdruck *koitieren*, der juristische Begriff *Beischlaf ausüben*, das amtssprachliche *Geschlechtsverkehr haben*, das religiös-poetische *sich vereinigen*, das euphemistische *miteinander schlafen* zur Auswahl – oder eben nicht-alltägliche, nicht-öffentliche, weitgehend als vulgär tabuisierte Ausdrücke wie *ficken* und *bumsen*. Es ist eine Auswahl, die einerseits Entscheidendes aussagt über die Einstellung zur Sexualität in unserer Gesellschaft. Andererseits zeigen Verschiebungen in der sprachlich-textuellen und gesellschaftlichen Akzeptanz von Ausdrücken, die vor vielleicht gar nicht so langer Zeit als tabuisiert galten, wie sich Wertvorstellungen und Mentalitäten verändert haben. Dass sich bei der Übersetzung solcher Ausdrücke besondere Probleme stellen, liegt auf der Hand: Ein Ausdruck, der in den 1950er Jahren noch zum „verbotenen Wortschatz" gehörte, hat heute seine provokative Kraft möglicherweise ganz oder teilweise eingebüßt.

Eine Sprache sprechen bzw. sich eine Sprache aneignen heißt zunächst einmal, den in der Sprache konservierten Wirklichkeitsauffassungen ausgesetzt sein. Hineinwachsen in eine Sprache und eine Kultur heißt, die Wirklichkeitsauffassungen und die Sprache, in der diese Kultur tradiert wird, sukzessiv übernehmen. Emanzipation ist nichts anderes als Kulturkritik, die zugleich eine sprachkritische Dimension hat. Und jede Übersetzung leistet einen Beitrag zu dieser Emanzipation, indem sie das in einer Sprachgemeinschaft Geltende in Frage stellen, durchbrechen oder erweitern kann.[6]

Die feministische Linguistik geht davon aus, dass eine „patriarchalische Sprache" wie das Deutsche nicht nur konventionelle Bilder der männlichen und weiblichen Rollenmuster tradiert, ja das Denken an männlichen Kategorien orientiert, sondern ein wichtiger Faktor bei der Be-, wenn nicht gar Verhinderung der sozialen Gleichstellung der Geschlechter ist. Selbst sprachstrukturell „fortschrittliche" Sprachen wie das Norwegische[7] und

---

6 Ist nicht die Schleiermachersche Forderung nach Befolgung der verfremdenden Übersetzungsmethode (s. o., I.2.4), nach der Hinführung des Lesers zum Originaltext, von einer solchen emanzipatorischen Zielsetzung durchdrungen?

7 Im Norwegischen auf der Basis des generischen Maskulinums (*lærer* = Lehrer + Lehrerin), manchmal auch des generischen Femininums (*helsesøster* ‚Gesundheitsschwester' = Krankenpfleger + Krankenpflegerin).

Schwedische mit ihren vielen geschlechtsneutralen Substantiven enthalten ein Inventar von genusspezifischen Ausdrücken, denen Gerd Brantenberg in ihrem Roman „Egalias døtre" (1979, dt. „Die Töchter Egalias" 1980, übersetzt von Elke Radicke), engl. „Egalia's daughters" (1985, übersetzt von Louis Mackay) zu Leibe rückt: eine subversiv-feministische Sprachkritik als Kritik fixierter Geschlechterrollen (*befruelse* statt *beherskelse* – dt. *Befrauschung* ‚Beherrschung', *kvinnesker* statt *mennesker* – dt. *Wibschen* ‚Menschen', *sjøkvinne* statt *sjømann* – dt. *Seefrau* ‚Seemann', *i kvinns minne* statt *i manns minne* – dt. *seit Wibschengedenken* ‚seit Menschengedenken' usw.). Und welche Vielfalt von Übersetzungsproblemen stellt doch dieser sprachspielerische Text! Aufs schönste ließen sich an ihm die verschiedenen Übersetzungsverfahren (unter Einschluss der Kompensation) herausarbeiten und (kritisch) beurteilen.

Wenn gesagt wird, dass Sprache und Kultur aufs Engste miteinander verknüpft sind, schließt das nicht aus, dass es auf der einen Seite linguistische Phänomene gibt, die kulturunabhängig sind (dazu gehören das phonologische und wohl auch das grammatische System einer Sprache), auf der anderen Seite eindeutig nicht-linguistische, kulturbestimmte Phänomene (wie etwa Kleidung, Essgewohnheiten). In vielen Fällen aber ist der Gebrauch alltagssprachlicher und -weltlicher Ausdrücke nicht nur kulturbestimmt, d. h. er widerspiegelt kulturbestimmte Sehweisen von Sachverhalten, sondern der sprachliche und der kulturelle Aspekt lassen sich nicht voneinander trennen. Man denke etwa an Routineformeln des Grüßens, Sich-Verabschiedens, Sich-Bedankens und Sich-Entschuldigens, an Sprechakte wie Auffordern und Befehlen, an bestimmte rhetorische Mittel.[8] Um die Textstelle in folgendem Beispiel zu verstehen, braucht es kombiniertes sprachlich-kulturelles Wissen. Es handelt sich um einen Dialog zwischen der Lehrerin, Frau Schachner, und dem „Klassenclown" Anton – dem Alptraum der Schule.

Beispiel II.1.-1

1. „Du blöder Affe", sagte sie [die Lehrerin]. 2. Pochatz sagte: „Mir kommen schon die Tränen." 3. „Ich geb dir gleich ein Taschentuch", sagte Frau Schachner. 4. Da lachte Pochatz laut los. „Eins zu null für dich", sagte er. 5. „Ich kann mich nicht erinnern, mit dir zusammen schon im

8 Sehr schöne Beispiele aus dem britischen Englisch und dem marokkanischen Arabisch finden sich bei A. Bentahila/E. Davies (1989).

Sandkasten gespielt zu haben“, sagte Frau Schachner. 6. „Was nicht ist, kann noch werden“, sagte Pochatz. (D. Chidolue, „Anton Pochatz. Klassenclown“, Hamburg 1989, 23).
Das Verständnis der Äußerung 5. setzt voraus, dass man den Bruch der deutschen Konvention versteht, der darin liegt, dass Pochatz die Lehrerin in 4. duzt. Bei der Übersetzung ins Norwegische und Schwedische stellt sich das Problem, dass das gegenseitige Duzen von Lehrern und Schülern in Norwegen und Schweden völlig normal ist.

Von diesen Überlegungen aus (sie werden in II.1.4 modifiziert) lässt sich die Brücke zur Übersetzbarkeitsproblematik schlagen. Was hier in einem weiten Sinne Kultur genannt wird, ist bei der Darstellung des Übersetzungsprozesses (s. o., I.7.1) als **kommunikativer Zusammenhang** bezeichnet worden.[9] Dabei wird unterschieden zwischen dem kommunikativen Zusammenhang, in dem der AS-Text steht, und dem kommunikativen Zusammenhang des ZS-Textes. Wenn Sprache und kommunikativer Zusammenhang in dem gegenseitigen Bedingungsverhältnis stehen, wie es oben dargestellt wurde, dann ist **absolute Übersetzbarkeit** trotz Sprachverschiedenheit gegeben, wenn die kommunikativen Zusammenhänge von AS und ZS identisch sind. So kann man davon ausgehen, dass in einer mehrsprachigen Stadt, in der die Einwohner zweisprachig aufwachsen, im Idealfall *ein* kommunikativer Zusammenhang gegeben ist, der dazu führt, dass in beiden Sprachen dieselben Wirklichkeitsinterpretationen vermittelt werden:

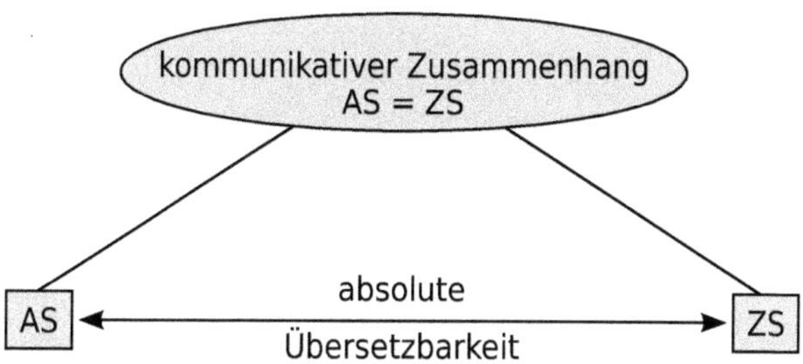

Abb. II.1.-1

9 Zum Kulturbegriff in der Übersetzungswissenschaft, s. S. Lauscher (1998).

Der andere Extremfall liegt dann vor, wenn die kommunikativen Zusammenhänge von AS und ZS keinerlei Gemeinsamkeit aufweisen (ältere ethnologische oder belletristische Beschreibungen von „wilden Eingeborenenstämmen“ vermitteln manchmal den Eindruck, dass es solche inkommensurablen Kulturen gibt bzw. gab). In diesem Fall ist von **absoluter Nicht-Übersetzbarkeit** zwischen AS und ZS zu sprechen:

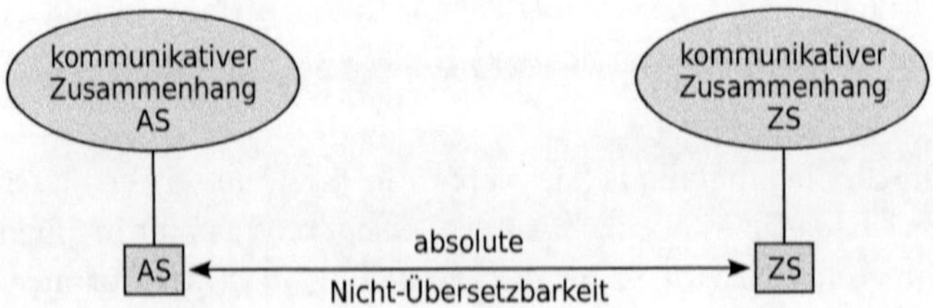

Abb. II.1.-2

Teilweise Übersetzbarkeit ist dann gegeben, wenn sich die kommunikativen Zusammenhänge von AS und ZS überlappen: Sprachverwendungen, die sich auf den Überlappungsbereich beziehen, sind übersetzbar.

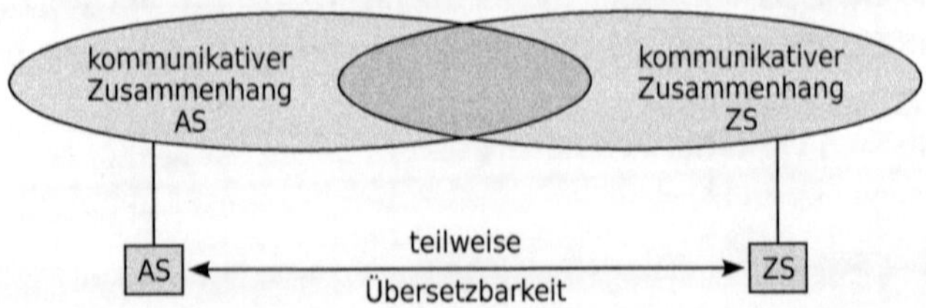

Abb. II.1.-3

Bei dieser Betrachtungsweise des Verhältnisses von Sprache, kommunikativem Hintergrund und Übersetzung ist **Übersetzbarkeit abhängig vom Abstand der kommunikativen Zusammenhänge von AS und ZS**, mit dem der Abstand zwischen den Sprachen bzw. den Sprachverwendungsweisen korreliert:

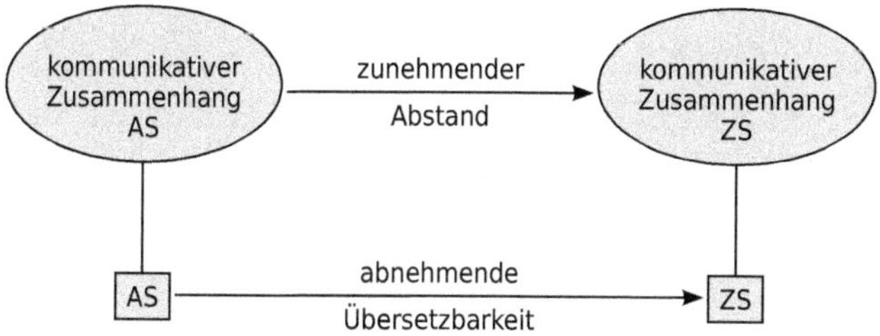

Abb. II.1.-4

Diese Betrachtungsweise muss modifiziert werden, weil sie dem dynamischen Charakter des Verhältnisses Sprache – Denken – Wirklichkeitsauffassung – Wirklichkeit, der Kreativität und Heterogenität der Sprache, den metakommunikativen Möglichkeiten der Sprache, dem In-Texten-Vorkommen sprachlicher Einheiten und der Leistung des Denkens im Erkenntnis- und Verstehensprozess zu wenig Rechnung trägt. Außerdem ist im Blick auf die Textgebundenheit des Übersetzens zu beachten, dass sich Texte in Abhängigkeit von ihrer Thematik bezüglich der Kulturspezifik unterschiedlich verhalten; stark schematisierend lassen sich folgende **Thematiktypen** unterscheiden (nach K. Henschelmann 1980:29 ff.):

- Texte, die sich mit „internationaler Thematik" beschäftigen:

> Solche Gegenstände und Sachverhalte begründen räumlich mehr oder weniger umfassende (übernationale) Kommunikationsgemeinschaften, an denen AS- und ZS-Empfänger teilhaben, sei es aktiv, aus dem Bedürfnis nach kommunikativem Kontakt (z. B. als Fachleute oder Lernende auf dem Gebiet der Atomphysik), sei es passiv, aufgrund der Lebensumstände (z. B. als Mitglieder hochentwickelter Industrieländer, einer Gesellschaft mit westlichem Lebensstil). (K. Henschelmann 1980:29)

- Texte, die sich mit landesspezifischen Gegenständen befassen, d. h. mit geographischen, institutionellen, sozialen usw. Sachverhalten der AS-Empfänger.
- Texte, die sich mit Themen aus dem ZS-Kulturkontext befassen (z. B. ein französischer Originaltext, der das parlamentarische System Deutschlands darstellt).

- Texte, die sich mit Themen befassen, die ein Land betreffen, das weder zum AS- noch zum ZS-Kulturkontext gehört.

Zu bedenken ist auch, dass der Grad der Übersetzbarkeit nicht identisch sein muss mit dem Grad der Übersetzungsschwierigkeit. So weist C. Nord (1988) auf die „Verständnisfallen" hin, die sich bei geringem Abstand zwischen AS- und ZS-Zusammenhang ergeben können:

> Je geringer die Distanz zwischen der A-Textwelt und der Z-Kultur ist, desto gefährlicher sind die Verständnisfallen, die durch unauffällige kulturelle Unterschiede entstehen, gerade *weil* die Anbindung an das Vorwissen des Z-Empfängers erleichtert zu sein scheint.

Eine solche „Verständnisfalle" liegt etwa in deutsch-norwegischer Perspektive beim obigen Beispiel mit der Du-Anrede vor (*Beispiel II.1.-1*); sehr schön kommt dies auch in folgendem Beispiel zum Ausdruck, das nahelegt, zwischen **offenen und verdeckten kulturspezifischen Elementen** zu unterscheiden.[10]

Beispiel II.1.-2

Folgende Begrüßungsszene zwischen den beiden Hauptpersonen spielt sich am Anfang von Gunnar Staalesens Kriminalroman „Im Dunkeln sind alle Wölfe grau" (norw. Original 1983, dt. 2001) ab:

> Hjalmar Nymark kam aus dem Regen herein, strich das nasse Haar zurück und schüttelte das Wasser vom Mantel. Er sah sich um. Es war kein Tisch mehr frei, aber gleich neben meinem stand ein leerer Stuhl. Er kam ruhig herüber. Als er vor mir stand, nickte er freundlich und sagte: „Ich sehe niemanden, den ich kenne. Ist hier Platz?" „Wenn du nicht zuviel Ellenbogenfreiheit brauchst, schon." Ich rückte meinen Stuhl näher an den Pfeiler, an dem mein Tisch stand. Dann stand ich auf und wir gaben einander die Hand, „Veum. Varg Veum." Er gab mir eine Hand, die nicht so groß und kräftig war, wie ich erwartet hatte. „Hjalmar Nymark."

10 Zu kulturspezifischen Elementen (Kulturspezifika), s. M. Gu (2016), J.-Y. Kim (2015), P. R. Steuer (2004), M. Sieradzka-Kulasa (2000), J. A. A. Martínez (2012).

Für den deutschen Leser ist der Hinweis darauf, dass die Begrüßung mit Handschlag erfolgt, im Grunde genommen redundant: So begrüßt man sich normalerweise im deutschen Kulturraum. Der Text wäre genau so eindeutig, wenn es heißen würde:

> Dann stand ich auf und stellte mich vor: „Veum. Varg Veum." Seine Hand war nicht so groß und kräftig, wie ich erwartet hatte.

Für den norwegischen Leser verhält es sich anders: Die Begrüßung mit Handschlag ist nicht obligatorisch, sondern fakultativ; sie bedeutet etwas Besonderes.

1.3 Inhaltbezogene Sprachauffassung und sprachliches Relativitätsprinzip

Von den oben angestellten Überlegungen zum Verhältnis von Sprache – Denken – Wirklichkeit lässt sich eine Verbindung herstellen zu den sprachphilosophischen Grundlagen der **inhaltbezogenen Sprachwissenschaft**, die insbesondere mit dem Namen von L. Weisgerber verknüpft ist,[11] und zum Werk von B. L. Whorf, in dem die sogenannte **Sapir-Whorf-Hypothese** (auch sprachliches Relativitätsprinzip genannt) entwickelt wird.[12]

Die Sprachauffassung der inhaltbezogenen Grammatik besagt, dass die natürlichen Sprachen, mit denen der Mensch die Welt kommunizierbar macht, diese nicht einfach abbilden, sondern deutend vermitteln, und zwar in sprachlich bestimmten **geistigen Zwischenwelten**. Deren Funktion illustriert L. Weisgerber (1971:41 ff.) am Beispiel der Sternbilder: Die Zusammenfassung einzelner Sterne zum Sternbild Orion kann vom Aufbau der Sternenwelt her nicht begründet werden. Diese Sterne werden erst in der Sichtweise des Menschen, d. h. aufgrund einer ordnenden geistigen Tätigkeit, zum Sternbild Orion.

---

11 S. dazu den Übersichtsartikel zum „Worten der Welt" von I. Werlen (2002); L. Weisgerber (1971, 1973), H. Hörmann (1970, Kap. XV: „Der Einfluss der Sprache auf die Weltansicht des Menschen"), H. Gipper (1974).

12 S. dazu B. L. Whorf (1956), P. Henle, Hrsg. (1969), H. Gipper (1972), A. Schaff (1964, „Ethnolinguistik: Die Sapir-Whorf-Hypothese", 61–93), H. Dürbeck (1975), J. E. Joseph (1996), H. Härtl (2009).

Die geistige Zwischenwelt ist – und das ist der zentrale Punkt bei L. Weisgerbers Ansatz – „ihrem Dasein und ihrem Wesen nach ‚Sprache'" (1971:54). Sprache heißt dabei immer Muttersprache; es handelt sich um eine **Zwischenwelt muttersprachlicher Inhalte**, mit denen den Angehörigen einer Sprachgemeinschaft ein muttersprachlich bestimmtes Bild von der Welt vermittelt wird, das **Weltbild der Muttersprache**. Mit dem Beispiel der Farbbezeichnungen, mit denen das Farbenspektrum in verschiedenen Sprachen unterschiedlich gegliedert wird, und dem Beispiel der Verwandtschaftsbezeichnungen, in denen die Verwandtschaftsbeziehungen unterschiedlich erfasst werden, versucht L. Weisgerber anschaulich zu machen, wie die außersprachliche Wirklichkeit in verschiedenen Muttersprachen unterschiedlich gegliedert (segmentiert) und wie dem Muttersprachler die Wirklichkeit durch die „Brille" einzelsprachlicher Inhalte als sprachliche Wirklichkeit vermittelt wird.

Sprachliche Zwischenwelt und muttersprachliche Weltansicht sind in besonderem Maße in den **Wortfeldern** fassbar.[13] J. Trier, der die Lehre vom sprachlichen Feld begründete, versteht unter einem Wortfeld die Gesamtheit der Wörter, die einen „mehr oder weniger geschlossenen Begriffskomplex" aufgliedern:

> Die das Wortfeld, den Wortmantel, die Wortdecke mosaikartig zusammensetzenden Einzelworte legen – im Sinne ihrer Zahl und Lagerung – Grenzen in den Begriffsblock hinein und teilen ihn auf. (J. Trier 1931:1)

Seine inhaltliche Bestimmtheit gewinnt ein Einzelwort erst in der Struktur des ganzen Wortfeldes. Zur Illustration zieht J. Trier die Leistungsbewertung heran: Was *mangelhaft* bedeutet, kann erst im Zusammenhang der ganzen Bewertungsskala bestimmt werden. *Mangelhaft* ist in einer viergliedrigen Skala (*mangelhaft – genügend – gut – sehr gut*) etwas anderes als in einer sechsgliedrigen Skala (*ungenügend – mangelhaft – ausreichend – befriedigend – gut – sehr gut*). Nach dieser Auffassung gliedert sich der gesamte Wortschatz einer Sprache in solche Felder. So lässt sich der Stellenwert von *klug* erst im Gesamtfeld der Bezeichnungen für intellektuelle Fähigkeiten und Eigenschaften (*klug – gescheit – intelligent – begabt – dumm* usw.) bestimmen. Zugleich leisten diese Felder Entscheidendes bei der Welterfas-

13 S. dazu H. Geckeler (2002), T. Gloning (2002), L. Schmidt, Hrsg. (1973), E. Leisi (1973, Kap. 6: „Vergleich englischer Wortbedeutungen mit ihren Nachbarn – Paradigmatische Semantik").

sung; in der Feldaufteilung drückt sich nach J. Trier „die Weltanschauung einer Sprache in einem bestimmten Zeitpunkt“ aus (20). L. Weisgerber, der den Feldgedanken aufnimmt und weiterentwickelt, spricht gar von den „Gesetzen des sprachlichen Feldes“ (1971:96 ff.), die bei der Erforschung des Weltbildes einer Sprache von „ausschlaggebender Bedeutung“ seien, „weil hier nun tatsächlich die Eigengesetzlichkeit der sprachlichen Denkwelt voll zu ihrem Recht kommt und das Bewusstmachen der Sprache bestimmt“ (101). Im Sprachvergleich zeigt sich, dass diese sprachlichen Felder einzelsprachlich unterschiedlich aufgebaut sind,[14] und das bedeutet letztlich, dass die Bedeutungen einzelner Wörter verschiedener Sprachen streng genommen nicht miteinander verglichen und schon gar nicht gleichgesetzt werden können, weil ihr Stellenwert in den einzelsprachlichen Feldern je verschieden ist. Die unterschiedliche Gliederung der Sprachinhalte in einzelsprachlichen Feldern ist (nach L. Weisgerber 1971:68) Indiz dafür, dass jede Muttersprache **eine für die betreffende Sprachgemeinschaft verbindliche Zwischenwelt** enthält.

Die Konsequenzen dieser Sprachauffassung für die Übersetzbarkeitsproblematik liegen auf der Hand. Wenn jede Einzelsprache ein eigenes, die Wirklichkeitsauffassung der Sprecher dieser Sprache determinierendes Weltbild enthält, so kann der Satz **Sprachen sind ihrem Wesen nach unübersetzbar** als sprachtheoretisches Axiom gelten. Denn jede Übersetzung transponiert die sprachlichen Inhalte einer Muttersprache in solche einer andern Muttersprache, die beide je unterschiedliche geistige Zwischenwelten konstituieren, in denen die „Welt“ dem Menschen verfügbar und kommunizierbar gemacht wird. Der Schritt zur expliziten Identifizierung von (mutter-)sprachlicher Struktur und Denkstruktur wird von L. Weisgerber nicht getan; das Verhältnis zwischen der bei der Wirklichkeitserfassung wirksamen „Macht der Sprache“ und dem Denk- und Erkenntnisvermögen bleibt unbestimmt. Ohne Zweifel übernimmt bei L. Weisgerber die Sprache aber Funktionen, die von anderen erkenntnistheoretischen Standpunkten aus dem Denken zukommen.

Die Gleichsetzung von Denken und Sprechen und die These der mehr oder weniger totalen Determiniertheit der Wirklichkeitserfassung durch die Struktur der Sprache(n) ist der Inhalt des linguistischen Relativitätsprinzips, der Sapir-Whorf-Hypothese, wie es B. L. Whorf (1956, dt. 1963) im Anschluss an ähnliche Gedanken E. Sapirs formuliert:

---

14 Vgl. dazu P. Osswald (1977), G. Thiel/G. Thome (1996).

> Aus der Tatsache der Strukturverschiedenheit der Sprachen folgt, was ich das ‚linguistische Relativitätsprinzip' genannt habe. Es besagt, grob gesprochen, folgendes: Menschen, die Sprachen mit sehr verschiedenen Grammatiken benützen, werden durch diese Grammatiken zu typisch verschiedenen Beobachtungen und verschiedenen Bewertungen äußerlich ähnlicher Beobachtungen geführt. Sie sind daher als Beobachter einander nicht äquivalent, sondern gelangen zu irgendwie verschiedenen Ansichten von der Welt. (20)

An anderer Stelle heißt es:

> Die Kategorien und Typen, die wir aus der phänomenalen Welt herausheben, finden wir nicht einfach in ihr – etwa weil sie jedem Beobachter in die Augen springen; ganz im Gegenteil präsentiert sich die Welt in einem kaleidoskopartigen Strom von Eindrücken, der durch unseren Geist organisiert werden muss – das aber heißt weitgehend: von dem linguistischen System in unserem Geist. Wie wir die Natur aufgliedern, sie in Begriffen organisieren und ihnen Bedeutungen zuschreiben, das ist weitgehend davon bestimmt, dass wir an einem Abkommen beteiligt sind, sie in dieser Weise zu organisieren – einem Abkommen, das für unsere ganze Sprachgemeinschaft gilt und in den Strukturen unserer Sprache kodifiziert ist. Dieses Übereinkommen ist natürlich nur ein implizites und unausgesprochenes, *aber sein Inhalt ist absolut obligatorisch*; wir können überhaupt nicht sprechen, ohne uns der Ordnung und Klassifikation des Gegebenen zu unterwerfen, die dieses Übereinkommen vorschreibt. (12)

Aufschlussreich ist auch folgender Abschnitt:

> Das Denken selbst geschieht in einer Sprache – in Englisch, in Deutsch, in Sanskrit, in Chinesisch... Und jede Sprache ist ein eigenes riesiges Struktursystem, in dem die Formen und Kategorien kulturell vorbestimmt sind, aufgrund deren der einzelne sich nicht nur mitteilt, sondern auch die Natur aufgliedert, Phänomene und Zusammenhänge bemerkt oder übersieht, sein Nachdenken kanalisiert und das Gehäuse seines Bewusstseins baut. (52 f.)

Um seine These zu belegen, kontrastiert B. L. Whorf Sprach- und Denkstrukturen der Hopi-Indianer mit europäischen Sprach- und Denkstrukturen, wobei er (insbesondere hinsichtlich der Raum-Zeit-Auffassungen) grundlegende Unterschiede feststellen zu können glaubt.

In unserem Zusammenhang ist weniger wichtig, dass – mit Ausnahme des „Verifizierungsversuchs" von H. Gipper (1972:173 ff.), der die empirischen Aussagen B. L. Whorfs in wesentlichen Teilen falsifiziert – keine Untersuchungen vorliegen, die auf empirischer Basis die Relativitätshypothese mit einem umfangreicheren, auf mehrere Sprachen bezogenen Material untermauern könnten, als die Tatsache, dass B. L. Whorf selbst eine wichtige Einschränkung macht. Die Unterschiede zwischen den Sprach- und Denkstrukturen der europäischen Sprachen scheinen ihm nämlich im Vergleich mit dem Hopi so geringfügig zu sein, dass er sie unter dem Begriff der SAE-Sprachen (*Standard Average European*) zusammenfasst. Das Axiom der Unübersetzbarkeit, das eine direkte Konsequenz des Relativitätsprinzips ist, gilt demnach nur zwischen Sprachen, die in Kulturen gesprochen werden, die stark von der europäisch-amerikanischen (Einheits-)Kultur abweichen (s. dazu aber im nächsten Abschnitt, Punkt 5). Darin liegt eine entscheidende Relativierung des Relativitätsprinzips und der Unübersetzbarkeitsthese.

1.4 Kritik der These der Unübersetzbarkeit und Begründung der relativen Übersetzbarkeit

Die Sprache spielt bei der Wirklichkeitserfassung eine wichtige Rolle: In ihr schlagen sich (mögliche) Wirklichkeitsinterpretationen nieder, die in einer Kultur (in einem kommunikativen Zusammenhang) gelten. Wo diese Wirklichkeitsinterpretationen voneinander abweichen, stellt sich zugleich das Problem der Übersetzbarkeit. In kritischer Auseinandersetzung mit den Sprachauffassungen L. Weisgerbers und B. L. Whorfs, bei gleichzeitiger Modifizierung der in II.1.2 angestellten Überlegungen, soll im Folgenden die Auffassung der relativen Übersetzbarkeit dargestellt werden:

1. Die unbestrittene **praktische Möglichkeit der Übersetzung** und das unbestreitbare **Gelingen der Kommunikation mit Übersetzungen** – auch zwischen Sprachen, die in voneinander stark abweichenden kommunikativen Zusammenhängen gelten – machen deutlich, dass die menschlichen Sprachen offensichtlich wesentlich flexibler, dynamischer und vielschichtiger sind, als dies die letztlich statischen Begriffe der Muttersprache bei L. Weisgerber und der Einzelsprachstruktur bei B. L. Whorf erwarten lassen. Ebenso ist das Verhältnis von Sprache – Wirklichkeitsauffassung – Wirklichkeit ein dynamisches: Kulturen (kommunikative Zusammenhänge) sind durch ständige Veränderung gekennzeichnet. Es sind Veränderungen der kommunikativen Bedürfnisse, die Veränderungen der Sprachverwen-

dung nach sich ziehen. Jede Übersetzung verändert in diesem Sinne sowohl die ZS als auch den zielsprachlichen kommunikativen Zusammenhang. Je stärker die Übersetzung E. A. Nidas Prinzip der formalen Äquivalenz bzw. F. Schleiermachers verfremdender Übersetzungsmethode (s. u., II.2.3, s. o., I.2.4) verpflichtet ist, desto größer ist die Herausforderung für ZS, ZS-Kultur und ZS-Empfänger, und desto mehr muss die ZS ihren dynamischen und veränderbaren Charakter unter Beweis stellen.

2. Mit Sprache kann man nicht nur über Außersprachliches sprechen, sondern über die Sprache selbst: **Sprache hat kommunikative und metakommunikative Funktionen**. Sprache, das Verhältnis von Sprache und Wirklichkeitsauffassung, von Sprache und Wirklichkeit kann in der gleichen oder einer anderen Sprache thematisiert werden; die einzelsprachliche Bedingtheit ist in und mit der Sprache aufhebbar. Die metakommunikative (oder auch selbstreflexive) Funktionsmöglichkeit der Sprache wird in Übersetzungen häufig ausgenützt: Mittels kommentierender Übersetzungsverfahren (s. u., II.3.9) werden in Fußnoten, Anmerkungen, Vor- und Nachworten, erklärenden Zusätzen im Text selbst Begriffe geklärt und unübersetzbare Wörter erörtert oder wird auf „unübersetzbare" konnotative Werte eingegangen.
3. Die Verselbständigung und damit Überschätzung der Rolle der Sprache im Erkenntnisprozess geht in den Theorien L. Weisgerbers und B. L. Whorfs einher mit der **Unterschätzung der Rolle des Denkens**. Nach E. H. Lenneberg (1967, dt. 1972) ist es „evident", „dass die kognitive Funktion ein grundlegenderer und früherer Prozess ist als die Sprache und dass die Abhängigkeitsbeziehung der Sprache von der Kognition unvergleichlich viel stärker ist als die umgekehrte Beziehung" (456). Ein kausales und unmittelbares Abhängigkeitsverhältnis von Sprache und Denken zu postulieren, wie dies das linguistische Relativitätsprinzip tut, verkennt einerseits das komplizierte gegenseitige Bedingungsverhältnis von Sprache und Denken, andererseits den (teilweise) unzweifelhaft sprachunabhängigen, universalen Charakter der menschlichen Erkenntnisfähigkeit. Keine natürliche Sprache ist aufgebaut wie die „Sprachen" der formalen Logik, trotzdem können wir in logischen Kategorien denken und dieses logische Denken mit den „unlogischen" Mitteln der natürlichen Sprachen wiedergeben. Sprache ist zwar ein kulturbedingtes Phänomen und beeinflusst als solches die Art der Wirklichkeitserfassung, im Er-

kenntnisprozess können aber die sprachlich vermittelten Denkschemata zugleich reflektiert und damit überwunden werden.

4. Eine Einzelsprache ist kein homogenes, sondern ein äußerst **heterogenes Gebilde**. Es gibt eine Vielzahl von Sprachen „in der Sprache", mit denen sich die Sprecher einer Sprache auf ihre „Welt" beziehen, die ganz unterschiedlich gesehen und interpretiert werden kann. Um die Begriffe L. Weisgerbers zu verwenden: Es gibt nicht die *eine* sprachliche Weltansicht, das *eine* Weltbild einer Sprache, sondern – innerhalb einer Sprache und Sprachgemeinschaft – verschiedene Weltbilder.
5. Der homogene und unhistorische Sprachbegriff bei L. Weisgerber und B. L. Whorf hat sein Gegenstück in einem **homogenen, statischen und ahistorischen Kulturbegriff** bzw. einem Begriff der Sprachgemeinschaft, der an die „completely homogeneous speech-community" von N. Chomsky (1965:3) erinnert. Die Begriffe der Sprachgemeinschaft und des muttersprachlichen Weltbilds legen die Identifizierung von Sprache/Sprachgemeinschaft und Kultur nahe (zum Beispiel deutsche Sprache/Sprachgemeinschaft und deutsche Kultur). Die gleiche Sprache wird einerseits jedoch in unterschiedlichen Kulturen gesprochen (man denke an das Englische und Französische in ehemaligen Kolonien), andererseits ist auch die Einheit der Sprachgemeinschaftskultur eine Fiktion: Italienisch wird in Italien in ganz verschiedenen Kulturen gesprochen (Norditalien vs. Süditalien) (s. *Beispiel I.7.-1*). Unter diesem Aspekt erweist sich die Whorfsche Zusammenfassung der europäischen Sprachen zu den SAE-Sprachen als problematisch: Die Kulturen, in denen diese Sprachen gesprochen werden, sind in sich so heterogen, dass – akzeptiert man die Prämissen von B. L. Whorf – von verschiedenen Sprach- und Denkstrukturen innerhalb dieser Sprachen ausgegangen werden müsste. Die Übersetzungspraxis zeigt außerdem, dass die Übersetzung zwischen strukturell und kulturell ähnlichen Sprachen/Sprachgemeinschaften (also etwa zwischen Deutsch, Englisch, Schwedisch, Russisch) keineswegs problemloser sein muss als die Übersetzung zwischen strukturell stark divergierenden Sprachen.[15] In literarischen oder in landeskundlich orientierten Texten treten immer wieder Ausdrücke auf, die sich auf

15 S. dazu G. Wienold (2004), der den Fall der Übersetzung zwischen Sprachen mit großem strukturellem und kulturellem Abstand am Beispiel Japanisch-Deutsch behandelt.

spezifisch landeskonventionelle Sachverhalte (Sitten und Bräuche, Rituale, Stereotype, historische Anspielungen) beziehen, die dem Übersetzer zunächst als unübersetzbar erscheinen – ganz zu schweigen von der Wiedergabe konnotativer Werte im Zusammenhang mit dialektalen oder soziolektalen Einschlägen im Sprachgebrauch.[16] Hinsichtlich der Indianerkulturen, die B. L. Whorf als Beweis für das sprachliche Relativitätsprinzip anführt, ist zu fragen: Gibt es heute, zu Beginn des 21. Jahrhunderts, noch größere Kulturen, die völlig in sich geschlossen sind, sich dem europäisch-amerikanischen Einfluss, d. h. den europäisch-amerikanischen Kulturformen, gänzlich entziehen können und ihre eigenen, sprachbedingten Wirklichkeitsauffassungen, die entscheidend und „unübersetzbar" von den unsern abweichen, konservieren? Nachdenklich muss jedenfalls eine Feststellung H. Gippers (1972:90) stimmen, der im Zusammenhang mit der Behauptung, es sei unmöglich, das Werk eines europäischen Philosophen in die Hopi-Sprache zu übersetzen, ausführt:

> Freilich besagt diese nüchterne Feststellung nicht, dass die Hopi-Sprache nicht so weit fortentwickelt werden könnte, dass derartiges eines Tages doch noch möglich würde. Dazu wären aber enorme Anstrengungen vieler Generationen von Hopi-Gelehrten nötig, und zwar schon allein dazu, den Wort- und Begriffsschatz dieser Sprache entsprechend zu erweitern. Solche Hopi-Gelehrte gibt es aber zur Zeit gar nicht, und eine Sprachgemeinschaft von wenigen tausend Menschen wäre auch wohl kaum in der Lage, sie zu stellen. Mit anderen Worten, hierzu wird es praktisch nie kommen – ganz abgesehen davon, dass es auch ziemlich sinnlos wäre, ein solches Ziel ins Auge zu fassen angesichts der Tatsache, dass das übermächtige Englisch heute schon tief in das Leben der Hopis eingedrungen ist und dem wissenschaftlich interessierten Indianer den Zugang zu den amerikanischen Hochschulen eröffnet.

---

16 A. Gardt (1989) macht geltend, dass Iren und Amerikaner zwar in unterschiedlichen Kulturgemeinschaften, aber derselben Sprachgemeinschaft leben. Die innereuropäischen Kulturunterschiede wiederum sind – trotz der Sprachunterschiede – in bestimmten Bereichen kleiner als die Kulturunterschiede zwischen Irland und den USA. Daraus zieht A. Gardt den Schluss: „Einem deutschen Leser könnte demnach der Roman *Ulysses* [...] selbst in der Übersetzung noch kulturell vertrauter sein als einem amerikanischen Leser im Original." (50) (Allerdings sollte die einzelkulturüberschreitende Potenz von literarischenTexten auch nicht unterschätzt werden.)

Kulturelle Unterschiede und die damit verbundenen Übersetzungsprobleme kann man unterschätzen (wie dies bei der rationalistischen Übersetzbarkeitsthese der Fall ist), man kann sie aber auch überschätzen. Der Auffassung von J. de Waard/E. A. Nida (1986:43 f.) ist wohl zuzustimmen, dass nämlich die kulturellen Ähnlichkeiten zwischen den Völkern viel größer sind als man anzunehmen gewohnt ist:

> [...] all peoples share far more cultural similarities than is usually thought to be the case. What binds people together is much greater than what separates them. In adjustments to the physical environment, in the organization of society, in dealing with crucial stages of life (birth, puberty, marriage, and death), in the development of elaborate ritual and symbolism, and in a drive for aesthetic expression (whether in decorating masks or in refining poetic forms), people are amazingly alike. Because of all this, translating can be undertaken with the expectation of communicative effectiveness.

Man kann den Begriff der (übersetzungsrelevanten) Kulturspezifik aber auch zu weit fassen, wenn jedweder Unterschied etwa in der materiellen Kultur als Kultur- und Übersetzungsbarriere bezeichnet wird. P. A. Schmitt (1999:65 f.) weist auf den Sachverhalt hin, dass „Wärmepumpen in der Haustechnik im deutschsprachigen Raum ausschließlich zum Heizen eingesetzt werden, während *heat pumps* in den Vereinigten Staaten je nach Region bzw. Außentemperatur im Heiz- oder Kühlbetrieb arbeiten“.[17] Man kann sich fragen, ob es sinnvoll ist, solche Unterschiede mit sprach- und übersetzungsrelevanten Kulturunterschieden, bei denen sich das Übersetzbarkeitsproblem auf gravierende Weise stellt, in einen Topf zu werfen.

6. Die These der prinzipiellen Unübersetzbarkeit wird häufig an einzelnen, sogenannten **unübersetzbaren Wörtern** demonstriert. Es sind Wörter, von denen gesagt wird, dass sie nur adäquat verstehen kann, wer den kulturellen Zusammenhang, in dem sie gebraucht werden, aus eigenem Erleben kennt. Sinngehalt und Verwendungsregeln dieser Wörter erschließen sich erst in der Lebenspraxis der Sprecher der

17 Inzwischen werden übrigens auch in Deutschland Wärmepumpen als Klimageräte eingesetzt, s. <http://www.alternative-energiequellen.com/kuehlen_mit_waermepumpen.html>.

betreffenden Sprache (dt. *Gemüt, gemütlich,* frz. *charme, esprit,* engl. *gentleman*).

In einer ideologiekritischen Auseinandersetzung mit der Übersetzbarkeitsproblematik müsste den unübersetzbaren Wörtern ein eigenes Kapitel gewidmet werden. In zahlreichen Arbeiten zum Thema Übersetzbarkeit beschäftigt man sich mit Wörtern, die typisch, zentral, ja wesensmäßig für bestimmte Sprachen, Sprachgemeinschaften, Völker seien. Dabei wird argumentiert, dass sich kulturelle und mentalitätsmäßige Unterschiede zwischen Sprach- und Kulturgemeinschaften darin manifestieren, dass solche Wörter recht eigentlich unübersetzbar sind. Und insofern diese Wörter unübersetzbar sind, sind es auch die Texte, in denen sie vorkommen. Unübersetzbare Wörter als Bausteine einer sprachchauvinistisch-„völkischen" Ideologie – ein krasses Beispiel dafür: Im Jahre 1930 erschien ein „Sachwörterbuch der Deutschkunde", herausgegeben von Dr. Walther Hoffstaetter, Studienrat am König Georg-Gymnasium in Dresden und Prof. Dr. Ulrich Peters, Direktor der Pädagogischen Akademie in Kiel. Darin findet sich ein Beitrag zum „Typus des dt. Menschen", in dem die „Psychologie des Deutschen" ergründet wird. Da lesen wir unter anderem:

> Tatsache ist, dass der Deutsche gern in „Stimmungen" schwelgt. „Stimmung" ist ein spezifisch dt. Begriff, unübersetzbar in andere Sprachen. [...] Das dt. Stimmungsleben erscheint dem affektvollen, pathetischen Gemütsleben der Italiener und Franzosen ganz fremd. (227)

In der Tat gibt es für viele dieser Wörter in anderen Sprachen nur Teilentsprechungen (zu *Geist,* s. u., II.3.3.5). Immerhin ist in Betracht zu ziehen, dass auch diese unübersetzbarsten der kulturgebundenen Wörter kaum isoliert, sondern meistens in Textzusammenhängen vorkommen: Kommunikation geschieht im Allgemeinen in Texten, nicht in einzelnen Wörtern. Ein isoliertes Wort oder einen isolierten Satz nicht, ungenau oder falsch verstehen, heißt keineswegs, dass man das gleiche Wort und den gleichen Satz im Textzusammenhang nicht versteht. Der Leser/Hörer konstruiert aus dem sich progressiv entwickelnden Sinnganzen des Textes und in Rückkoppelung zu seinen eigenen Wissensvoraussetzungen die Bedeutung einzelner Wörter, Sätze und Textabschnitte (s. o., I.7.2.4). Das zunächst ungenau oder vage Verstandene wird im Verlaufe der Textlektüre sukzessive adäquater verstanden. Der Leser steht dem Text nicht als statisches und passives Objekt gegenüber, sondern als aktives, verstehenwollendes Subjekt, das seine Verstehensvoraussetzungen mit der Textlektüre kontinuierlich erweitert. Das gilt für den Leser des Originaltextes wie für den der Übersetzung: Das Verstehens- und Übersetzbarkeitspotential wird größer, je weiter die Textlektüre fortschreitet.

E. Boeckers (1973:183) Ausführungen zum Ausdruck *Delta* im Werk William Faulkners illustrieren diesen Sachverhalt:

> In the case of the word *Delta* as applied to the entire vast area surrounding the lower Mississippi, the situation is slightly different. In German, the word is again a part of the technical language of geography, but, in addition, it inevitably evokes in the German reader's mind the things he has learned in School about the *Nile* delta and generally suggests a fairly small area of land between the branches of a river at its mouth. However, since the word recurs so frequently throughout the Yoknapatawpha novels, the reader will soon learn to understand it in much the same way as the American reader does, as a kind of proper name denoting the entire region from the Gulf to Northern Mississippi – except that he will not normally possess a clear mental image of its size and appearance. One reason why he cannot form the kind of picture that the native American reader automatically receives is that the words describing in detail the foreign flora and fauna, as well as the man-made objects which make up this foreign environment, do not have any real German equivalents.

In gleicher Weise, wie das Verstehen eines Textes nie absolut sein kann, sondern immer nur relativ und veränderlich, ist auch die **Übersetzbarkeit eines Textes** immer relativ. Wenn oben vom unbestreitbaren praktischen Gelingen des Übersetzens die Rede war, muss dies modifiziert werden: Es handelt sich um ein relatives Gelingen. Diese Relativität hängt aber nicht mit der Übersetzung *qua* Übersetzung zusammen, sondern mit den Bedingungen und Faktoren des Verstehens von Texten überhaupt. Die Schwierigkeiten, die sich beim Verstehen übersetzter Texte ergeben, sind nicht qualitativ, sondern „nur“ graduell von den Schwierigkeiten jeden Textverstehens verschieden („nur“ in Anführungszeichen, weil diese graduellen Unterschiede aus der Sicht des Übersetzers große praktische Übersetzungsprobleme darstellen können). *Graduell* meint hier, dass Übersetzungstexte ihren Lesern zusätzliche und größere Verstehensschwierigkeiten bereiten können als Originaltexte, die besser auf die Verstehensvoraussetzungen und die Erwartungsnormen ihrer Leser „eingestellt“ sind (s. o., I.7.1). Allerdings sollte nicht vergessen werden, dass es bei vielen Texten keine Rolle spielt, ob es sich um übersetzte Texte handelt; man denke an Texte im Bereich der

Naturwissenschaften und der Technik, die sich an europäische und amerikanische Naturwissenschaftler und Ingenieure wenden, an weite Bereiche der Trivialliteratur oder an Gebrauchsanleitungen für internationale Gebrauchsgüter (soweit sie für Benutzer mit einem bestimmten technologischen Entwicklungsstand gedacht sind).

1.5 Prinzipielle Übersetzbarkeit

Die These der prinzipiellen Übersetzbarkeit wird in der Sprachphilosophie der Aufklärungszeit und in der zeitgenössischen rationalistisch orientierten Sprachtheorie vertreten. Sie lässt sich ableiten aus den sprachphilosophischen Grundlagen der generativen Transformationsgrammatik, und sie ist Dogma in der marxistisch-leninistischen Sprach- und Erkenntnistheorie.

Ausgangspunkt der aufklärerischen These[18] der absoluten Übersetzbarkeit ist die – in der sprachphilosophischen Tradition von Descartes, Leibniz und Wolff verankerte und auf logisch-mathematischer Grundlage ruhende – Überzeugung, „dass alle in einer menschlichen Sprache und von Menschen geschriebenen Bücher auch in eine andere menschliche, noch lebende Sprache übersetzt werden können“, wobei „das Original vollkommen ausgedrückt wird“.[19] Diese prinzipielle Möglichkeit besteht, weil bei aller Unterschiedlichkeit der „äußeren“ Sprachgestalt die verschiedenen Sprachen wesenhaft gleich sind. Die allgemeinmenschliche Begriffseinheit kann in allen Sprachen ausgedrückt werden, da diese nur Sonderformen *lingua universalis* sind. Für J. J. Breitinger sind „ungleiche Sprachen nicht anderst zu achten [...] als so viele verschiedene Sammlungen vollkommen gleich viel geltender Wörter und Redensarten, welche mit einander können verwechselt werden, und, da sie alleine in Ansehung ihrer äußerlichen Beschaffenheit des Thones und der Figur von einander abweichen, sonst der Bedeutung nach mit einander völlig übereinstimmen“.[20]

Diese Sprachauffassung prägt auch die durch die moderne Linguistik wieder zu Ehren gekommene „allgemeine Grammatik“: Die allgemeinen Züge der grammatischen Struktur sind in allen Sprachen identisch, lingu-

---

18 S. o., I.3.6 – Zur Übersetzungstheorie der Aufklärungszeit, s. W. Fränzel (1914), G. Fuchs (1936), T. Huber (1968), A. Senger (1971), F. Münzberg (2003).

19 Zit. nach G. Fuchs (1936:4).

20 J. J. Breitinger, „Critische Dichtkunst“, 1740, Stuttgart 1966 (= Deutsche Neudrucke. Reihe Texte des 18. Jahrhunderts), Bd. 2, 138.

istische und geistige Prozesse können identifiziert werden. Die Tiefenstruktur, in welcher die Bedeutung ausgedrückt wird, reflektiert für alle Sprachen identisch die Struktur des Denkens. N. Chomsky (1966, dt. 1971) fasst die Grundgedanken der allgemeinen Grammatik (insbesondere der „Grammaire générale et raisonnée" von Arnauld et Lancelot, 1660) in den Begriffen der generativen Transformationsgrammatik zusammen:

> Die Tiefenstruktur, die die Bedeutung zum Ausdruck bringt, ist, so heißt es, allen Sprachen gemeinsam, da sie einfach eine Reflexion der Form des Gedankens darstelle. Die Transformationsregeln, die Tiefenstruktur in Oberflächenstruktur umwandeln, können von Sprache zu Sprache verschieden sein. Die Oberflächenstruktur, die aus diesen Transformationen resultiert, drückt, abgesehen von einfachsten Fällen, natürlich nicht direkt die Bedeutungsrelationen der Wörter aus. Es ist vielmehr die Tiefenstruktur, die der aktuellen Äußerung zugrundeliegt, eine Struktur, die rein gedanklich ist, welche den semantischen Inhalt des Satzes vermittelt. Diese Tiefenstruktur ist nichtsdestoweniger mit tatsächlichen Sätzen in der Hinsicht verbunden, dass jede ihrer abstrakten Aussagekomponenten [...] sich direkt als einfaches propositionales Urteil realisieren ließe. (49)

Identische Tiefenstrukturen auf einer von der graphischen/phonetischen Oberflächenrepräsentation unabhängigen semantischen Ebene, die in den Einzelsprachen nur in den Oberflächenstrukturen unterschiedlich kodiert werden, legen die Interpretation des Übersetzens als Kodewechsel auf der Ebene der einzelsprachlichen Oberflächenstrukturen nahe. Da jede Einzelsprache auf ihrer tiefsten Ebene zugleich Universalsprache ist, kann jede beliebige Einzelsprache zum „Schlüssel" aller übrigen werden. Das Übersetzen wird damit letztlich als rein mechanisches Umsetzen von phonologischen, lexikalischen, morphologischen und syntaktischen Einheiten aufgefasst, das sich von den Prozessen der Transliteration und Transkription nicht unterscheidet (s. o., I.6.1).[21]

In der neueren sprachwissenschaftlichen Literatur findet die These der prinzipiellen Übersetzbarkeit eine Stütze in der **Universalientheorie**.[22] Linguistische Universalien sind sprachliche Merkmale, die sich in allen

---

21 In einem sprachlichen Programmierversuch, der die mechanische Übersetzung zwischen beliebigen Sprachen ermöglichen soll, geht J. J. Becher im Jahre 1661 von einer solchen Gleichsetzung von Transkription und Übersetzung aus.

22 G. Mounin (1963:189 ff.) hat die Problematik und die Konsequenzen dieser Theorie im Blick auf die inhaltbezogene Sprachbetrachtung und die Übersetzbarkeit ausführlich behandelt.

Sprachen finden. N. Chomsky (1965) unterscheidet zwischen formalen und substantiellen linguistischen Universalien. Zu den **substantiellen linguistischen Universalien** bemerkt er: „A theory of substantive universals claims that items of a particular kind in any language must be drawn from a fixed class of items“ (28). Diese Einheiten können dabei phonologischer oder semantischer Art sein:

> A theory of substantive semantic universals might hold for example, that certain designative functions must be carried out in a specified way in each language. Thus it might assert that each language will contain terms that designate persons or lexical items referring to certain specific kinds of objects, feelings, behavior, and so on. (28)

Generelle Eigenschaften natürlicher Sprachen, bestimmte abstrakte Bedingungen, die eine Grammatik erfüllen muss, nennt N. Chomsky **formale linguistische Universalien**. So ist die Hypothese, dass die syntaktische Komponente einer Grammatik Transformationsregeln enthalten muss, welche Tiefenstrukturen in Oberflächenstrukturen überführen, eine formale linguistische Universalie. Als semantische formale Universalie bezeichnet er zum Beispiel die Bedingung, „that the color words of any language must subdivide the color spectrum into continuous segments“ (29). Für die Übersetzungstheorie wichtig ist folgende Einschränkung N. Chomskys: Die Existenz formaler Universalien bedeute nämlich nicht, dass es Punkt-für-Punkt-Entsprechungen und damit „some reasonable procedure“ für das Übersetzen zwischen verschiedenen Sprachen gibt; sie impliziere nur, „that all languages are cut to the same pattern“ (30).

Einen Schritt weiter gehen J. J. Katz/J. A. Fodor (1963) und M. Bierwisch (1967). So wie die Lautstruktur der natürlichen Sprachen auf der Basis eines universalen Inventars phonologischer Merkmale beschrieben werden kann, so soll das semantische Grundinventar einer Sprache als Auswahl aus einem **Universalinventar semantischer Merkmale** beschreibbar sein. Dabei warnt M. Bierwisch vor voreiligen Schlüssen in Bezug auf die Entsprechung einzelner Lexikoneintragungen in verschiedenen Sprachen:

> Das bedeutet natürlich nicht, dass das Lexikon jeder gegebenen Einzelsprache genau dieselben Unterscheidungen wie das jeder anderen Sprache aufweisen muss. Es bedeutet nur, dass gegebene Unterschiede in nicht-trivialer Weise mit Termen aus dem Universalinventar semantischer Merkmale charakterisiert werden können. (270)

Während in der „traditionellen“ Semantik die semantischen Merkmale mit Objekten oder Eigenschaften der Welt gleich oder parallel gesetzt würden (Sprache als mehr oder weniger genaues „Abbild der Wirklichkeit“, Sprache als Nomenklatur), sind sie für M. Bierwisch „tief verwurzelte, ererbte Eigenschaften des menschlichen Organismus und des apperzeptiven Apparates, Eigenschaften, die die Art und Weise determinieren, in der das Universum begriffen, adaptiert und verarbeitet wird“ (272). Für die Übersetzbarkeit können wir aus dieser Hypothese den Schluss ziehen, dass zwar einzelsprachlich im konkreten Übersetzungsfall aufgrund der unterschiedlichen Repräsentation, Kombination und Auswahl der semantischen Grundmerkmale Übersetzungsschwierigkeiten auftreten können. Prinzipiell aber ist die Übersetzbarkeit absolut, da das übereinzelsprachliche semantische Merkmalinventar allen Sprachen zukommt.

Von der Annahme eines universalen semantischen Merkmalinventars führt ein weiterer Schritt zur Annahme, dass äquivalente Sätze oder Texte in verschiedenen Sprachen identische Repräsentationen in einer semantischen Metasprache haben, deren Einheiten universale semantische Merkmale sind. In diesem Sinne ist ein bilinguales oder multilinguales Übersetzungsmodell denkbar, in dem die einzelsprachlichen Oberflächenstrukturen auf einfachere Grundstrukturen zurückgeführt werden, die in ihrer tiefsten Schicht in einer *lingua universalis*, das heißt einer interlingualen, „sprachunabhängigen“ semantischen Metasprache, repräsentiert sind. Durch zum Teil mehreren oder allen Sprachen gemeinsame, zum Teil einzelsprachliche Ableitungsschritte gelangt man von der semantischen Anfangsrepräsentation zu den phonetischen und graphischen Endrepräsentationen. Offen bleibt bei einem solchen Modell allerdings, wie und wo die landeskonventionellen und kulturspezifischen Elemente, die Eins-zu-Null-Entsprechungen und die konnotativ geladenen Elemente behandelt werden, also jene einzelsprachspezifischen Ausdrücke, deren Übersetzung große praktische Probleme stellen kann – ganz zu schweigen von formal-ästhetischen und individualstilistischen Werten von Texten (s. u., II.3).

Als **rationalistisch** bezeichnen wir auch jene Auffassungen, die **Übersetzbarkeit** geradezu **als sprachtheoretisches Axiom** betrachten (neben den Axiomen der Ausdrückbarkeit und Erlernbarkeit von Sprachen). Das Axiom der Ausdrückbarkeit lässt sich folgendermaßen formulieren: **Alles, was gemeint werden kann, kann auch in jeder Sprache ausgedrückt werden**. Mit dem „Prinzip der Ausdrückbarkeit“ (*the principle of expressibility*) beschäftigt sich R. J. Searle (1969, dt. 1971) an zentraler Stelle; seiner

Auffassung nach ist es sogar möglich, immer genau zu sagen, was man meint. Es kann zwar vorkommen, dass eine Sprache nicht die Mittel für solche genaue Aussagen hat. Dieses „nicht" ist aber immer ein „noch nicht", weil die Sprachen erweiterungsfähig sind:

> Natürlich ist es möglich, dass eine gegebene Sprache nicht reich genug ist, um den Sprechern zu erlauben, alles zu sagen, was sie meinen, aber es bestehen keine grundsätzlichen Hindernisse, um sie entsprechend zu bereichern. (109)

Folgende Einschränkung R. J. Searles ist im Blick auf die Übersetzbarkeit von Bedeutung:

> Um zwei möglichen Missverständnissen vorzubeugen, möchte ich zum einen betonen, dass das Prinzip der Ausdrückbarkeit nicht impliziert, dass es immer möglich ist, einen Ausdruck zu finden oder zu erfinden, der beim Zuhörer alle die Wirkungen hervorruft, die man hervorzurufen beabsichtigt – zum Beispiel literarische oder poetische Effekte, Gefühle, Ansichten und so weiter. [...] Zum anderen impliziert das Prinzip, dass man alles, was man meinen, auch sagen kann, nicht, dass alles, was gesagt werden kann, auch von anderen verstanden werden kann; denn das würde die Möglichkeit einer Privatsprache ausschließen, einer Sprache, die zu verstehen für jeden außer dem Sprecher selbst logisch unmöglich ist. (35 f.)

Dem **Axiom der Übersetzbarkeit** kann man folgende Fassung geben:

in\fo

Wenn in jeder Sprache alles, was gemeint werden kann, auch ausdrückbar ist, so muss es prinzipiell möglich sein, das, was in einer Sprache ausgedrückt ist, in jede andere Sprache zu übersetzen.

In diesem Sinne definiert L. Hjelmslev (1968:125) den Begriff der natürlichen Sprache mit dem der Übersetzbarkeit: „Unter einer natürlichen Sprache versteht man eine Sprache, in die sich alle anderen übersetzen lassen." Und L. Hjelmslev argumentiert weiter:

> Die natürliche Sprache weicht überhaupt von allen anderen Arten von Sprache ab (z. B. von der Zeichensprache des Mathematikers oder von der Formelsprache des Chemikers), dadurch, dass sie nicht für bestimmte Zwecke eingerichtet ist, sondern für alle Zwecke angewendet werden kann; in der natürlichen Sprache

> kann man, wenn notwendig, durch Umschreibungen und genau ausgedachte Darstellungen formulieren, was auch immer man will. Selbst jedes Stück Programmmusik wäre übersetzbar in ein Stück natürliche Sprache – aber nicht umgekehrt. In der natürlichen Sprache kann man sich nämlich, wie Søren Kierkegaard gesagt hat, mit dem Unsagbaren beschäftigen, bis es ausgesagt ist; das ist der Vorzug der natürlichen Sprache und ihr Geheimnis. (125)

H. Weinrich (1970), der den Satz *Alle Texte sind übersetzbar* als Formulierung des Axioms der Übersetzbarkeit vorschlägt,[23] weist allerdings auf den Gegensatz zwischen theoretischer prinzipieller Übersetzbarkeit und der Erfahrung praktischer Unübersetzbarkeiten hin:

> Wieso kann ein solcher Satz ein linguistisches Axiom genannt werden, wenn wir doch alle wissen, dass es einige Texte gibt, die der Kunst des einfallsreichsten Übersetzers widerstehen? Wer hat denn je den Anfang des Johannes-Prologs adäquat übersetzt? Es sollen hier diese bekannten Übersetzungsschwierigkeiten nicht verkleinert werden. Aber es darf andererseits auch der Übersetzungsbegriff nicht ungebührlich eingeengt werden. Natürlich gibt es keinen deutschen, englischen, französischen usw. Text, der als solcher als adäquate Übersetzung des griechischen Originals gelten könnte. Aber die angenäherte Übersetzung zusammen mit einem erläuternden Kommentar zum Bedeutungsbereich des griechischen Wortes *lógos* kann als adäquate Übersetzung aufgefasst werden. Der Kommentar ist natürlich metasprachlich. Tatsächlich ist der Sprung in die Metasprache letzter, aber immer hilfreicher Ausweg in äußerster Übersetzungsnot. Wenn wir, wie es rechtens ist, diesen Ausweg zulassen, ist das Axiom „Alle Texte sind übersetzbar" wohl uneingeschränkt plausibel. (78)

Praktische Übersetzbarkeit ist also unter Umständen erst unter Zuhilfenahme erläuternder Kommentare gegeben.[24] Dabei stellt sich allerdings die Frage: Kann ein ZS-Text, der entscheidende Qualitäten des AS-Textes nur in zusätzlichen Kommentaren vermittelt, als eigentliche Übersetzung gelten (Beispiel: In der Übersetzung eines poetischen Textes wird in Fußnoten auf die klanglichen und rhythmischen Eigenschaften des Originals hingewie-

---

23 Ähnlich L. Barchudarow (1979:17), für den das Spezifikum der Übersetzung in der Möglichkeit der Herstellung von Äquivalenz auf der Ebene des Textes (und nicht auf der Ebene der Bedeutung einzelner Wörter oder Sätze) besteht.

24 Vgl. auch H. Kubczak (1987:54), für den Übersetzbarkeit mittels objektsprachlichen und kommentierenden Reformulierens sowohl im symbol- wie im symptomfunktionalen Bereich hergestellt werden kann.

sen)? Durch die Anwendung kommentierender Übersetzungsverfahren (s. u., II.3.9) besteht die Gefahr, dass die sprachlich-stilistische Identität des AS-Textes in der ZS-Fassung beschädigt wird, wenn dies in größerem Umfange und bei entscheidenden Qualitäten des AS-Textes geschieht. Deshalb ist die Weinrichsche Fassung des Übersetzbarkeitsaxioms in einem strengen Sinne nicht haltbar: Texte können durchaus unübersetzbar sein.

Die meisten Anhänger der These der prinzipiellen Übersetzbarkeit schränken diese auf Sprache in denotativer Funktion (Darstellungsfunktion in der Terminologie von K. Bühler 1934) ein.[25] So stellt R. Jakobson (1959) fest:

> Jede kognitive Erfahrung und ihre Klassifizierung kann in jeder existierenden Sprache ausgedrückt werden. (1981:193)

Übersetzbarkeit ist in diesem Bereich deshalb herstellbar, weil Lücken mittels unterschiedlicher Verfahren geschlossen werden können:

> Wenn sich eine Lücke zeigt, kann die Terminologie durch Lehnwörter oder Lehnübersetzungen, durch Neologismen oder Bedeutungsverschiebungen und schließlich durch Umschreibungen vereindeutigt und erweitert werden. So wird in der neugeschaffenen Hochsprache der nordostsibirischen Tschuktschen „Schraube" als „sich drehender Nagel", „Stahl" als „hartes Eisen", „Zinn" als „dünnes Eisen", „Kreide" als „schreibende Seife", „Uhr" als „pochendes Herz" wiedergegeben. (1981:193)

Die Axiome der Ausdrückbarkeit und der Übersetzbarkeit im kognitiven Bereich werden auch von E. H. Lenneberg (1967, dt. 1972) als grundlegend für menschliche Sprachen betrachtet; er verwendet dafür den Begriff der **sprachlichen Universalität**:

> Das menschliche Erkennen spielt sich innerhalb biologisch festgelegter Grenzen ab. Innerhalb dieser Grenzen jedoch herrscht eine gewisse Freiheit. So kann jedes Individuum höchst idiosynkratische Gedanken haben oder in ganz eigentümlicher

25 Vgl. dazu E. Coseriu (1981:36 f.): „Auch stellt die Verschiedenheit der einzelsprachlichen Bedeutungen an sich keine rationale Grenze für die Übersetzbarkeit dar, da die Übersetzung per definitionem gleiche Bezeichnung mittels grundsätzlich verschiedener Bedeutungen ist. [...] Bei bisher unbekannten Bezeichnungen (in der Zielsprache noch nicht bekannten ‚Realitäten') verfahren die Übersetzer wie die Sprecher im allgemeinen, d. h., sie wenden dafür eben die gleichen Verfahren an, die die Sprecher einer Sprache in solchen Fällen anwenden: Übernahme von Ausdrücken aus der Ausgangssprache, Bedeutungsanpassung (‚Lehnübersetzung'), Schaffen von neuen Ausdrücken und Bedeutungen mit einheimischen Mitteln." Als Beispiel wird angeführt: „Für *Jupiter* kann z. B. ein Übersetzer *der Gott Jupiter* sagen, wenn er annimmt, dass seinen Adressaten diese Information fehlt." (43)

> Weise Begriffe bilden, oder es kann angesichts identischer sensorischer Stimuli zu verschiedenen Zeiten etwas verschiedene Modi kognitiver Organisation wählen. Sein Vokabular, das weitaus begrenzter und unveränderlicher ist als sein Vermögen, Begriffe zu bilden, lässt sich auf neue begriffliche Prozesse beziehen, und andere Individuen können, weil sie im wesentlichen dieselben kognitiven Fähigkeiten besitzen, die Bedeutung seiner Äußerungen verstehen, obwohl die Wörter sich auf neue oder leicht veränderte Begriffsbildungen (Konzeptualisierungen) beziehen. Bei einem solchen Grad von Freiheit wird die Annahme plausibel, dass natürliche Sprachen immer universell verständliche Bedeutungen aufweisen, aber zweifellos verschiedenartige Bedeutungserweiterungen haben können, weshalb bestimmte semantische Kategorien sich nicht in allen Sprachen decken. (407)

Zusammenfassend ist zur rationalistischen Auffassung der Übersetzbarkeit im denotativen Bereich kritisch anzumerken, dass sie die Rolle der Sprache im Erkenntnisprozess unterbewertet; das wechselseitige Bedingungsverhältnis von Sprache – Lebenspraxis – Kultur – Wirklichkeitsinterpretation – „Wirklichkeit" bleibt unreflektiert. Die inhaltbezogene Sprachauffassung und das linguistische Relativitätsprinzip dagegen überbewerten bzw. verabsolutieren die Rolle der Sprache im Erkenntnisprozess. Die hier vertretene Auffassung der relativen Übersetzbarkeit versucht, einen Mittelweg zwischen diesen beiden Positionen zu finden. Das Bedingungsverhältnis von Sprache (Einzelsprache) – Denken – Wirklichkeitserfassung wird dynamisch und als stets veränderbar gesehen. Die Grenzen, die die Sprache und die sprachlich gefassten Wirklichkeitsinterpretationen dem Erkennen setzen, können im Erkenntnisprozess zugleich reflektiert, verändert und erweitert werden. Diese Veränderungen wiederum schlagen sich in der Sprache (der Sprachverwendung) nieder: Sprachen bzw. Sprecher von Sprachen sind kreativ. Diese Kreativität der Sprache kommt u. a. in den Übersetzungsverfahren zum Ausdruck, mit denen Lücken im lexikalischen System einer ZS geschlossen werden.

---

in\fo

Übersetzbarkeit ist damit nicht nur relativ, sondern immer auch progressiv: Indem übersetzt wird, und mit jeder neuen Übersetzung, wird die Übersetzbarkeit der Sprachen gesteigert.

Das theoretische Problem der Übersetzbarkeit muss, das hat sich in diesem Kapitel immer wieder gezeigt, im Zusammenhang gesehen werden mit der praktischen Aufgabe der **Herstellung von Übersetzbarkeit** mittels verschiedener Übersetzungsverfahren auf der sprachlich-stilistischen und textuellen Ebene. Darauf wird in II.3 eingegangen.

Wissenschaftsgeschichtlicher Exkurs. Im Zusammenhang der für die deutschsprachige Übersetzungswissenschaft wichtigen Leipziger übersetzungswissenschaftlichen Schule (s. o., I.8.2) hat sich O. Kade (1968:65 ff., 1971a, 1980) aus marxistisch-leninistischer Sicht mit dem Problem der Übersetzbarkeit beschäftigt. O. Kade wirft der bürgerlichen Sprachphilosophie und der auf ihr basierenden Sprachwissenschaft vor, dass sie „die Vollwertigkeit der Übersetzung als erstrebenswertes, jedoch unerreichbares Postulat“ betrachte; philosophische Grundlage dieser Auffassung sei „die metaphysische Trennung von objektiver Wirklichkeit, Denken und Sprache sowie die idealistische Umkehrung der Relation zwischen Sprache und Denken“ (1971a:13). Er stellt fest:

> Dieser eklatanteste Irrtum der bürgerlichen Sprachwissenschaft liegt z. B. den sogenannten „inhaltbezogenen“ linguistischen bzw. sprachphilosophischen Schulen (s. etwa Leo Weisgerber) zugrunde. Während wir als Dialektiker und Materialisten erkennen, dass die Sprache ein Mittel ist, die erkannte Welt darzustellen, wird hier die Sprache zu einem Mittel erklärt, das vorher Unbekannte zu entdecken. (13 f.)

In seiner weiteren Argumentation kommt O. Kade zu ähnlichen Schlüssen wie die rationalistische Betrachtungsweise (ausgehend von marxistischen erkenntnis- und sprachtheoretischen Prämissen):

> Sprache als menschliche Fähigkeit bedeutet, mit einer endlichen Menge von Elementen (Zeichen und syntaktischen Regeln) eine unendliche Zahl von Bewusstseinsinhalten darstellen zu können. Allein dieses Strukturprinzip schafft wesentliche Voraussetzungen dafür, dass in jeder Sprache alles gedacht werden kann, d. h. dass mit jeder Sprache (als einem zu einem bestimmten Zeitpunkt – synchronisch betrachtet – geschlossenen System) beliebige Bewusstseinsinhalte kodiert werden können, so dass sie (individuell) reproduzierbar und (interindividuell) kommunizierbar werden. (19)

Hier handelt es sich um nichts anderes als das Axiom der Ausdrückbarkeit. Zugleich sind die Sprachen jederzeit in der Lage, sich aufgrund ihrer Ausbaumöglichkeiten insbesondere im lexikalischen System veränderten kommunikativen Bedürfnissen anzupassen (Kreativität der Sprache):

> Die Sprache besitzt darüber hinaus die (in ihr als Systemkomponente) angelegte Fähigkeit, sich mit fortschreitender Erkenntnis und Veränderung der gesellschaftlichen Praxis zu vervollkommnen. Insbesondere stellt jede Sprache Verfahren zur Erweiterung des Lexikons bereit (z. B. Derivation, Bedeutungserweiterung, Entlehnung aus anderen Sprachen, in seltenen Fällen auch Neubildungen auf der Basis des phonologischen Systems der betreffenden Sprache). (19)

Das Prinzip der Übersetzbarkeit erscheint in folgender Form:

> Die von der gesellschaftlichen Praxis und vom gesellschaftlichen Kode „Sprache" her motivierte individuelle Erweiterung des sprachlichen Inventars wird gesellschaftlich akzeptiert und verallgemeinert, wenn dafür die gesellschaftlichen (politischen, ökonomischen, sozialen, kulturellen) Voraussetzungen und der damit verbundene Grad der gesellschaftlichen Erkenntnis (Entwicklung der Wissenschaft) gegeben sind. – Da dies als universelle Eigenschaft der menschlichen Sprachfähigkeit für alle Sprachen zutrifft, ist jeder in einer Sprache L_x kodierte Bewusstseinsinhalt auch in einer Sprache L_n kodierbar. Von der Kodierbarkeit von Bewusstseinsinhalten her kann es daher keinen Zweifel an der Übersetzbarkeit geben. (21)

In diesem Zitat wird der Kunstgriff sichtbar, der angewendet wird, um den Gegebenheiten der Übersetzungspraxis, in der der Übersetzer auf Fälle stößt, die ihm als mehr oder weniger unübersetzbar erscheinen, Rechnung zu tragen. Der Kunstgriff besteht darin, dass der Übersetzbarkeitsbegriff aufgespaltet wird in Übersetzbarkeit auf der Kodierungsseite und auf der Dekodierungsseite. Prinzipielle Übersetzbarkeit gilt nur für die Kodierung, im Bereich der Dekodierung können Probleme auftreten. Man kann mit anderen Worten zwar alles kodieren (in der ZS ausdrücken), indem man die produktiven Möglichkeiten der Sprache ausnutzt, es ist aber möglich, dass die gewählten sprachlichen Lösungen für den ZS-Empfänger nicht oder nicht adäquat verstehbar sind. Durch die Hintertür der Nichtverstehbarkeit von übersetzten Unübersetzbarkeiten wird damit der Übersetzbarkeitsbegriff wieder relativiert.

Verstehbarkeits- oder Kommunizierbarkeitsprobleme, die im Extremfall in Unübersetzbarkeit resultieren, ergeben sich nach O. Kade (1971a:23) beispielsweise in folgendem Fall:

> Das gesellschaftliche Milieu (politische, ökonomische, soziale, kulturelle Verhältnisse) und das geographische Milieu der Kommunikationspartner weisen Unterschiede auf, was zum Fehlen gemeinsamer Bezugspunkte führen kann.

Nach diesem Eingeständnis der Möglichkeit des Vorkommens von Unübersetzbarkeiten macht O. Kade allerdings wieder einen („dialektischen") Rückzieher. Die „objektiven Ursachen" von Unübersetzbarkeit erweisen sich nämlich als „dialektische Widersprüche", die daher „theoretisch wie praktisch" lösbar sind (25). Damit können auch die Unübersetzbarkeiten im Bereich der Dekodierung beseitigt werden:

> Zu dieser auch empirisch bestätigten Bejahung der Übersetzbarkeit berechtigt der Nachweis, dass jeder erkenntnismäßige Bewusstseinsinhalt in jeder Sprache kodierbar und der im Ergebnis der Kodierung (einschließlich der Umkodierung aus einer anderen Sprache) entstandene Text im Prinzip – wenn auch unter Überwindung dialektischer Widersprüche – durch potentielle Adressaten dekodierbar ist. (26)

Mit dem Hinweis darauf, dass dies zunächst nur auf den „rationalen Informationsgehalt" zutrifft, macht O. Kade eine Einschränkung: Übersetzbarkeit gilt zunächst nur für Sprache in denotativer Funktion. Doch auch diese Einschränkung wird wieder aufgehoben: Konnotative und ästhetisch-künstlerische Werte der Sprache können „erkenntnismäßig erfasst und demzufolge auch über die Darstellungsfunktion der Sprache mitteilbar gemacht werden" (27), zum Beispiel durch einen Kommentar in der Übersetzung. Es ist dasselbe Argument, das H. Weinrich im Zusammenhang mit der Übersetzbarkeit von Texten anführt, und das, wie oben ausgeführt, im strengen Sinne nicht haltbar ist.

1.6 Zusammenfassung

Kapitel 1 beschäftigt sich mit der Frage der Übersetzbarkeit, insbesondere aus der Sicht der inhaltbezogenen Sprachwissenschaft und des linguistischen Relativitätsprinzips. Unter dem Aspekt der Kulturspezifik der Übersetzung gibt es ein breites Spektrum zwischen absoluter Übersetzbarkeit, teilweiser Übersetzbarkeit und Nicht-Übersetzbarkeit, abhängig vom Abstand der kommunikativen Zusammenhänge der betreffenden Kulturen. Zudem werden die Thesen der prinzipiellen und der relativen Übersetzbarkeit behandelt.

2 Äquivalenzrelation und doppelte Bindung der Übersetzung - unterschiedliche Ansätze in der Übersetzungswissenschaft und Gegenstandsbestimmung

2.1 Die Äquivalenzrelation

Übersetzungswissenschaft als empirische Wissenschaft setzt voraus, dass angegeben wird, welche Relation zwischen einer Äußerung in der AS und einer Äußerung in der ZS vorliegen muss, damit beim Text in der ZS von Übersetzung gesprochen werden kann. Die Entwicklung eines Begriffs – wie auch einer Praxis – der eigentlichen Übersetzung[26] stellt eine gewaltige Kulturleistung dar; die Geschichte der Übersetzung in den europäischen Volkssprachen legt davon auf eindrückliche Weise Zeugnis ab (für das Deutsche, s. den Abriss in I.3). Im Unterschied zu K. Reiß (1988:73) ist für uns allerdings nicht nur bloß eine „Bindung" des Zieltextes an den Ausgangstext, sondern eine **ganz spezifische Beziehung zwischen Zieltext und Ausgangstext** grundlegend für den Übersetzungsbegriff.

In der Sache selbst sehen wir allerdings keinen Unterschied zwischen dem, was wir als „eigentliche Übersetzung" bezeichnen, und folgenden Feststellungen von K. Reiß (1988:73):

> Stets ist, sowohl für die Wahl der Übersetzungsstrategien im Blick auf eine gegebene Translatfunktion als auch, was den Vergleich und die Beurteilung von Übersetzungslösungen anbelangt, der Ausgangstext, und zwar Text$_1$, die unverrückbare Bezugsgröße. [...] Der Ausgangstext ist das Maß aller Dinge beim Übersetzen. Er stellt die „Bindung" dar, die der Übersetzer bei aller Souveränität seines Tuns („translatorisches Handeln") nicht aufgeben kann und darf, wenn er noch als Übersetzer gelten will.

K. Reiß (1988:68 f.) unterscheidet zwischen Text$_1$ und Text$_2$. Text$_1$ ist der (Ausgangs-)Text, wie er schriftlich fixiert ist und wie er vom Produzenten gemeint war. Text$_2$ ist der Text, wie er vom Übersetzer verstanden und re-

26 R. Jakobson (1959) verwendet dafür den Begriff *translation proper.*

zipiert wird. Diese Textliste ließe sich erweitern: Text_3 wäre der Text, wie er dann tatsächlich vom Übersetzer vorgelegt wird, d. h. die zielsprachliche Realisierung des vom Übersetzer verstandenen und rezipierten Textes_2. Und Text_4 wäre schließlich der Text, wie er vom zielsprachlichen Leser verstanden und rezipiert wird.

in\fo

Übersetzung als sprachliche Kulturtechnik (s. o., I.5.6) wird aufgefasst als prototypisches Konzept, als dessen Zentrum der Äquivalenzbegriff fungiert.

Was aber Äquivalenz ist, wie sie zu beschreiben ist, kann nur empirisch bestimmt werden. Auszugehen ist dabei von Übersetzungen, die von „kompetenten Übersetzern" erarbeitet wurden. Das ist eine bloß tentative Bestimmung, bei der die Gefahr der Zirkularität besteht: Kompetent sind Übersetzer, deren Übersetzungen als äquivalent gelten, die also „vorbildhaft" sind. Im prototypischen Konzept steckt letztlich die Utopie der vollkommenen Vermittlung des Originals, der (theoretisch wie praktisch unmöglichen) „idealen Übersetzung". Diese Utopie deckt sich mit der Erwartung, ja dem Anspruch des „naiven" Lesers von Übersetzungen (und wer von uns wäre nicht immer auch ein solcher Leser), mit der Übersetzung das vermittelt zu bekommen, was so und nicht anders auch im Originaltext „da steht" – und das „einfach" *in other words,* wie der Titel des Buches von M. Baker (1992/2011) lautet.

Die übersetzungskonstituierende Relation zwischen Zieltext und Ausgangstext bezeichnen wir als **Äquivalenzrelation** (oder auch als **Übersetzungsbeziehung**). Nach J. Albrecht (1987:13) handelt es sich bei der Frage nach der Beschaffenheit dieser Relation um das „Kernstück aller Übersetzungstheorie".[27]

Auf ähnliche Weise ist für das „komparative Modell" von K. M. van Leuven-Zwart (1989:157) die **Beziehung zum AS-Text-Transem** „the most fundamental and essential characteristic of the target-text transeme". Diese

27 Zum Äquivalenzkonzept, s. auch G. Wotjak (1997), A. Chesterman (2004), W. Koller (2004), A. Neubert (2004a), S. Halverson (1997), A. Pym (1997). A. Pyms Artikel ist zugleich eine kritische Auseinandersetzung mit den theoretischen Prämissen dieser „Einführung in die Übersetzungswissenschaft".

Beziehung basiert auf Ähnlichkeit; im Falle des Fehlens von jeglicher Ähnlichkeit kann nicht von Übersetzung gesprochen werden. Erst vor dem Hintergrund dieser Ähnlichkeitsbeziehung können die Unterschiede zwischen AS- und ZS-Text-Transemen herausgearbeitet werden. – R. Jakobsons (1959:233) Definition von *translation proper* als „interpretation of verbal signs by means of some other language" sagt noch nichts über die Art der *interpretation* aus, d. h. über die Relation zwischen AS-Zeichen und ZS-Zeichen. Als genauere Bestimmung führt R. Jakobson an, dass Übersetzung „two equivalent messages in two different codes" beinhalte. In der Regel bestehe weder intra- noch interlingual „full equivalence" zwischen Kodeeinheiten; auf der Ebene des Textes fungieren *messages* als „adequate interpretations of alien code-units or messages". Äquivalenz in der Verschiedenheit (*equivalence in difference*) ist nach R. Jakobson „the cardinal problem of language and the pivotal concern of linguistics". – Mit der auf den semantischen Aspekt eingeschränkten Äquivalenzproblematik beschäftigt sich die Sprachtheorie. Nach B. Malmberg (1986:12) besteht das Grundproblem linguistischer Modelle und der Übersetzungstheorie darin, „to make clear what happens when a message structured according to one system has to be rendered as a message differently structured, but under the assumption that the information conveyed by the original is also conveyed by the translated version". Auf dieses Problem einzugehen hieße, sich mit folgenden sprachtheoretischen Grundfragen, die im Zusammenhang der Übersetzbarkeitsproblematik (s. o., II.1) stehen, auseinanderzusetzen: Wie beziehen sich einzelsprachliche Bedeutungen auf außersprachliche Sachverhalte, Begriffe, Konzepte? Sind Sprachen in sich geschlossene Systeme je eigener Ordnung und damit letztlich (jedenfalls theoretisch) nicht ineinander übersetzbar? Oder impliziert die tagtägliche Praxis der Herstellung und Verwirklichung von Übersetzbarkeit, die Erfahrung also der praktischen Möglichkeit der Übersetzung, nicht gleichzeitig, dass man von Axiomen der Übersetzbarkeit und der Vergleichbarkeit der Sprachen ausgehen muss – Axiome, die letztlich in der menschlichen Fähigkeit begründet sind, jede beliebige Sprache erlernen zu können, und in der Grundannahme, dass alles, was in einer Sprache gemeint werden kann, auch in jeder anderen Sprache ausdrückbar und kommunizierbar ist?

2.2 Ausgangstext und Bedingungen auf der Empfängerseite

Definitionen und Modelle des Übersetzens (s. o., I.6.1 und I.6.3) haben nicht zuletzt – oft implizit – die Funktion, den Gegenstand Übersetzung zu bestimmen. Das gilt u. a. für die **kommunikationsorientierte Definition** von W. Wilss (1977:72), in der Übersetzen als „Textverarbeitungs- und Textreverbalisierungsprozess" bezeichnet wird, „der von einem ausgangssprachlichen Text zu einem möglichst äquivalenten zielsprachlichen Text hinüberführt und das inhaltliche und stilistische Verständnis der Textvorlage voraussetzt". Die „sprachliche Rekonstruktionsphase" besteht darin, dass der Übersetzer „den inhaltlich und stilistisch analysierten ausgangssprachlichen Text unter optimaler Berücksichtigung kommunikativer Äquivalenzgesichtspunkte reproduziert".

Geht man von der Definition von W. Wilss aus, ergeben sich folgende Bestimmungsmerkmale:

- Beteiligt sind zwei Sprachen (Ausgangssprache und Zielsprache).
- Ausgangspunkt und Resultat der textverarbeitenden und -reverbalisierenden Tätigkeit des Übersetzens sind Texte.
- Zwischen Resultat- und Ausgangstext besteht eine Äquivalenzbeziehung, für die Sinn- und Stilintention des Ausgangstextes und kommunikative, d. h. rezipientenbezogene Aspekte maßgeblich sind.

in\
fo

Übersetzungen zeichnen sich mithin durch eine doppelte Bindung aus, erstens an den Ausgangstext und zweitens an die kommunikativen Bedingungen auf der Seite des Empfängers.

Übersetzungen, die die Bindung an den Ausgangstext verabsolutieren, laufen Gefahr, unleserlich und unverständlich zu werden; den Extremfall dieses Typs stellt die Wort-für-Wort-Übersetzung dar. Übersetzungen dagegen, die die empfängerseitige Bindung verabsolutieren, laufen Gefahr, die Autonomie des Originaltextes zu verletzen, indem sie die für die Übersetzung spezifische Bindung an den AS-Text missachten; es handelt sich im Extremfall um zielsprachliche Originaltexte, die mit dem AS-Text nur noch in entfernter

Beziehung stehen. Beide Übersetzungstypen spielen in der Geschichte der Übersetzung eine wichtige Rolle.

In beiden Fällen muss der Versuch der **Rückübersetzung** nicht nur relativ, sondern absolut scheitern: Im ersten Fall, weil der ZS-Text ohne gleichzeitige Heranziehung des AS-Textes nicht verständlich und damit auch nicht (rück-)übersetzbar ist; im zweiten Fall, weil sich das textuelle Material in der ZS ganz oder stellenweise so weit von der Vorlage entfernt hat, dass die Rekonstruktion des AS-Textes ausgeschlossen ist. Wegen der Bindung an die Bedingungen auf der Empfängerseite kann die Rückübersetzung auch bei „eigentlichen Übersetzungen" nur relativ gelingen. Übersetzung zeichnet sich durch ihren spezifisch unidirektionalen Charakter aus.

2.3 Formale, dynamische und funktionale Äquivalenz

Die unterschiedlichen Orientierungen der Übersetzung am Ausgangstext einerseits, am zielsprachlichen Empfänger andererseits, können mit den Äquivalenztypen E. A. Nidas (1964:159) in Verbindung gebracht werden: mit *formal equivalence* und *dynamic equivalence*:

> Formal equivalence focuses attention on the message itself, in both form and content. In such a translation one is concerned with such correspondences as poetry to poetry, sentence to sentence, and concept to concept. Viewed from this formal orientation, one is concerned that the message in the receptor language should match as closely as possible the different elements in the source language. This means, for example, that the message in the receptor culture is constantly compared with the message in the source culture to determine standards of accuracy and correctness. (159)
>
> A translation of dynamic equivalence aims at complete naturalness of expression, and tries to relate the receptor to modes of behavior relevant within the context of his own culture; it does not insist that he understand the cultural patterns of the source-language context in order to comprehend the message. (159)

Nach J. de Waard/E. A. Nida (1986:36) handelt es sich aber um ein Missverständnis, wenn „dynamic" aufgefasst wird „merely in terms of something which has impact and appeal", d. h. wenn der Primärbezug nicht mehr der Ausgangstext, sondern der zielsprachliche Empfänger ist (dass es zu diesem Missverständnis kommen kann, liegt allerdings an durchaus missverständlichen Formulierungen in E. A. Nida 1964). Um solchen Missverständnissen vorzubeugen, ersetzen J. de Waard/E. A. Nida den Begriff der *dynamic equivalence* durch *functional equivalence*. Aufschlussreich ist auch, dass – im Zusammenhang mit der Übersetzung von Ausdrücken, die mit übertragener Bedeutung verwendet werden – J. de Waard/E. A. Nida (1986:37 ff.) jeweils von *formal equivalence* ausgehen und die Bedingungen angeben, unter denen Veränderungen vorgenommen werden können und müssen, um *functional equivalence* herzustellen. Funktionelle Äquivalente sind z. B. dann am Platze, „when a formal correspondence involves a serious obscurity in meaning“, oder „when a formal correspondence would result in an ambiguity evidently not intended by the original author“.

2.4 Übersetzung, Textreproduktion und Textproduktion

Semantische, stilistische und ästhetische Werte eines Originaltextes werden von verschiedenen Übersetzern unterschiedlich aufgefasst (wie von Lesern in der Originalsprache auch), unterschiedlich hierarchisiert und damit auch verschieden übersetzt. Unterschiedlich sind auch die Bedingungen und Erwartungen auf der Empfängerseite, wie sie vom Übersetzer erschlossen werden, d. h. der Übersetzungskontext ist eine variable Größe. Deshalb ist und bleibt Übersetzung ein relativer Begriff, ist die Bindung an den Ausgangstext bzw. die Autonomie des Originaltextes eine relative Größe. Allerdings scheint uns J. C. Sager (1986:331) zu weit zu gehen mit seiner Feststellung, Übersetzen und selbständige Textproduktion seien in vielen Fällen so eng miteinander verflochten, „dass man nicht mehr sagen kann, wo die eine Tätigkeit aufhört und die andere beginnt“. Zwar trifft es zu, dass mit den kommentierenden Übersetzungsverfahren (s. u., II.3.9), die Grenze der Textreproduktion überschritten ist, d. h. Text wird nicht bloß REproduziert, sondern produziert. Nur handelt es sich dabei aber in der Regel nicht um einen „fließenden Übergang“, sondern um punktuelle und lokalisierbare Eingriffe in den Text, die im Dienste der Vermittlung impliziter ausgangstextlicher Werte oder im Interesse der Textverständlichkeit für den ZS-Leser vorgenommen werden.

Beispiel II.2.-1

Es dürfte unmittelbar einsichtig sein, dass sich die Entsprechungen A) *Karta över Finland och Helsingfors/Map of Finland and Helsinki/Karte über Finnland und Helsinki/Carte de Finlande et d'Helsinki* auf fundamentale Weise von den Entsprechungen B) *Det finns i Finland/Finland – naturally/Finnland – das Erlebnis/Finlande – naturellement vôtre* unterscheiden. Zwischen den A)-Entsprechungen besteht eine Übersetzungsbeziehung (Äquivalenzrelation), zwischen den B)-Entsprechungen nicht; bei den A)-Entsprechungen handelt es sich um Übersetzungen, bei den B)-Entsprechungen um eigenständige (vom AS-Text weitgehend unabhängige) Textproduktion.

Beispiel II.2.-2

Anschauliches Material zu den fließenden Übergängen zwischen übersetzten, übersetzend-bearbeitenden und neu produzierten Texten/Textstellen findet man auf den mehrsprachigen Nahrungsmittelverpackungen in der Schweiz. Auf einer Tüte mit einer Mischung mit getrockneten Früchten und Nüssen findet sich u. a. folgende Information in den drei Landessprachen der Schweiz:

1. Trocken aufbewahren/A conserver au sec/Conservare all'asciutto
2. Für höchste Frische: Vor Licht und Wärme schützen/Pour plus de fraîcheur, protéger de la lumière et de la chaleur/Per conservare la freschezza, tenere al riparo dalla luce e dal calore
3. [Produktbezeichnung] Studentenfutter/Mélange randonnée/Miscela di frutta secca

Während die Formulierungen in 1. in einer engen Übersetzungsbeziehung zueinander stehen, gilt das nur eingeschränkt für 2. und gar nicht für 3.

Beispiel II.2.-3

Bei den verschiedenen fremdsprachlichen Fassungen von August Strindbergs „Dödsdansen" („Totentanz") zeigt sich unmittelbar, dass die Bindung von d) an den Ausgangstext a) eine qualitativ andere ist als diejenige der Texte b) und c). Allein auf b) und c) ist der Begriff der Übersetzung anwendbar, bei d), Friedrich Dürrenmatts „Play Strindberg" (s. u., II.2.7), handelt es sich um eine Bearbeitung (mit einzelnen übersetzten Elementen, die als solche identifizierbar sind). [a) = August Strindberg, „Dödsdansen" (1900/1901). b) = A. S., „Totentanz". Übersetzt von Willi Reich (1960). c) = A. S., „The Dance of Death". Translated by H. G. Carlson (1981). d) = Friedrich Dürrenmatt, „Play Strindberg". Totentanz nach August Strindberg (1969).]

a)	b)
Kapten Vill du inte spela litet för mig?	*Kapitän.* Willst du mir nicht etwas vorspielen?
Alice (*likgiltigt men icke snäsigt*) Vad skall jag spela?	*Alice.* (*gleichgültig, aber nicht mürrisch*). Was soll ich spielen?
Kapten Vad *du* vill!	*Kapitän.* Was du willst.
Alice Du tycker inte om min repertoar!	*Alice.* Du liebst mein Repertoire nicht.
Kapten Och inte du om min!	*Kapitän.* Und du nicht meines.
Alice (*undvikande*) Vill du, att dörrarna ska stå uppe?	*Alice.* (*ausweichend*). Willst du, dass die Türen offen bleiben sollen?
Kapten Om du så önskar!	*Kapitän.* Wenn du es wünschest.
Alice Låt dem stå, då! ... (*Paus.*) Varför röker du inte?	*Alice.* Dann lass sie! ... (*Pause*) Warum rauchst du nicht?
Kapten Jag börjar inte riktigt tåla stark tobak.	*Kapitän.* Ich vertrage den starken Tabak nicht mehr so recht.
Alice (*nästan vänligt*) Rök svagare, då! Det är ju din enda glädje, du kallar.	*Alice.* (*fast freundlich*). Dann rauche schwächeren! Es ist ja deine einzige Freude, wie du es nennst.
Kapten Glädje! Vad är det för slag?	*Kapitän.* Freude! Was ist das?

Alice Fråga inte mig? Jag är lika okunnig som du! ... Vill du inte ha din whisky än?
Kapten Jag skall dröja litet! ... Vad har du till kvälln?
Alice Hur ska jag veta det! Fråga Kristin!

c) *Captain.* Won't you play something for me?
Alice (*indifferently but not snappishly*). What shall I play?
Captain. Whatever you want.
Alice. You don't like my repertoire.
Captain. And you don't like mine.
Alice. (*changing the subject*). Do you want the doors left open?
Captain. It's up to you.
Alice. We'll leave them open then ... (*pause*) Why aren't you smoking?
Captain. I can't stand strong tobacco any more.
Alice (*almost friendly*). Smoke a milder kind then. You say it's your only pleasure.
Captain. Pleasure? What's that?
Alice. Don't ask me. I have as little knowledge of it as you ... Isn't it time for your whiskey?
Captain. I'll wait awhile ... What've you got for supper?
Alice. How should I know? Ask Kristine.

Alice. Frage mich nicht. Ich weiß das ebensowenig wie du ... Willst du noch nicht deinen Whisky haben?
Kapitän. Ich möchte noch etwas warten ... Was hast du zum Abendessen?
Alice. Wie soll ich das wissen! Frag Christel!

d) E: Spiele was vor.
A: Was?
E: Was du willst.
A: Solveigs Lied.
E: Den Einzug der Bojaren.
A: Du liebst nicht mein Repertoire.
E: Du meines auch nicht.
A: Dann spiele ich nichts vor.

E: Die Türe ist offen.
A: Soll ich sie schließen?
E: Wenn du willst.
A: Dann schließe ich sie nicht.

A: Rauche doch.
E: Ich vertrage keinen starken Tabak mehr.
A: Rauche schwächeren.
E: Ich habe keinen schwächeren.
A: Rauchen ist noch deine einzige Freude.
E: Was ist Freude?
A: Ich weiß nicht.
E: Ich weiß auch nicht.

A: Whisky?
E: Später.

E: Was gibt es heute abend?
A: Frag Jenny.

In der Übersetzungspraxis stellt sich das Problem der eigenständigen Textproduktion u. a. bei **„defekten" Originaltexten**: Jede Verbesserung des AS-Textes in der Übersetzung ist nicht mehr bloße Textreproduktion, sondern Textproduktion (die allerdings gebunden ist an eine „rekonstruierte Intention" des Originalautors). Zur Frage nach dem Recht, vielleicht sogar der Pflicht des Übersetzers, den Originaltext in der Übersetzung zu verbessern, wird unterschiedlich Stellung genommen. Einigkeit besteht übrigens nicht einmal darin, ob sich das Problem unterschiedlich stellt je nachdem, ob es sich um literarische Texte oder um Sachtexte handelt (s. dazu II.4.1.2).

Für H.-J. Stellbrink (1989:91) gilt, dass der „Literaturtranslator" „gleichberechtigt neben dem ‚Ersttextautor' steht und damit auch das Recht, ja sogar die Pflicht hat, Aussagen des ‚Ersttextautors' zu verifizieren, zu kritisieren und als neuer ‚Ersttextautor' ggf. sogar aus eigener Verantwortung neu (und auch anders) zu fassen". Immerhin sei daran erinnert, was Henrik Ibsen einem solchen selbsternannten Bearbeiter entgegenhielt. Es geht um „Die Stützen der Gesellschaft", die Emil Jonas für die deutsche Bühne bearbeiten wollte: „[...] eine Bearbeitung, so wie Sie sie in Aussicht stellen, muss ich mir aufs bestimmteste verbitten. – Was Sie zu Ihren Streichungen im ersten Akt schreiben, ist völlig sinnlos und zeugt davon, dass Sie das Werk überhaupt nicht verstanden haben, zu dessen Bearbeitung Sie sich als fähig betrachten. Selbst dem ungebildetsten literarischen Pfuscher müsste es meines Erachtens einleuchten, dass in diesem Stück keine Rolle ausgelassen und auch nicht eine einzige Replik gestrichen werden kann. [...] Lassen Sie aber gleichwohl das angekündigte Machwerk an die Öffentlichkeit treten, so schulden Sie mir jedenfalls die Genugtuung, auf die Plakate des Stadttheaters zu drucken: ‚verstümmelt von Emil Jonas'." (Brief vom 18. 1. 1878, unsere Übersetzung).

Die **Frage nach dem Anteil der textproduzierenden Aktivität** beim Übersetzen lässt sich nur empirisch beantworten: Ausgehend von einer repräsentativen Auswahl von Übersetzungen verschiedener Textgattungen müsste untersucht werden, wie sich Textreproduktion und Textproduktion zueinander verhalten. (Die Erarbeitung von Kriterien und Maßstäben für eine solche Analyse dürfte allerdings nicht wenige methodische Probleme stellen.) Der Aspekt der Textproduktion ist aufs engste verknüpft mit der komplexen **Frage nach Art und Grad der Kreativität des Übersetzens.**[28]

28 S. dazu das Kapitel „Der Begriff der Kreativität im Übersetzungsprozess" in W. Wilss (1988), P. Kußmaul (1999, 2000).

Nicht selten weisen Übersetzer mit Formulierungen wie „übersetzt und bearbeitet von“, „übersetzt und für deutsche Leser eingerichtet von“ auf ihren textproduzierenden Anteil hin. Manchmal liegt auch eine Arbeitsteilung zwischen Übersetzer und Bearbeiter vor; so heißt es im Buch von A. D. Švejcer (1987): „Übersetzung aus dem Russischen: ... In deutscher Sprache herausgegeben und bearbeitet von ...“. – Bei literarischen Texten wird mit der Charakterisierung als **Nachdichtung** darauf hingewiesen, dass nach Auffassung des Übersetzers der textproduzierende (auch kreative) Anteil größer ist als bei einer „gewöhnlichen“ Übersetzung. – Ein Hinweis besonderer Art liegt vor, wenn Max Knight die Übersetzung von Christian Morgensterns „Der Werwolf“ („The Banshee“) als *approach* bezeichnet (s. *Beispiel II.3.-22*).

Bei einem äquivalenzorientierten Ausgangspunkt ist die **Unterscheidung zwischen Bearbeitung und Übersetzung**, zwischen bearbeitenden und übersetzenden, zwischen textproduzierenden und -reproduzierenden Elementen in der Übersetzung bei aller Relativität des Übersetzungsbegriffs von fundamentaler Bedeutung. Der textreproduzierende Übersetzer ist ein anderer Typ Sender als der textproduzierende Sender des Originaltextes. Hinzuzufügen ist, dass er auch eine andere Art von Rezipient des AS-Textes ist als der „normale“ AS-Rezipient. In den gängigen Kommunikationsmodellen der Übersetzung wird dieser wichtige Aspekt übersehen bzw. nicht thematisiert. In der Übersetzungskommunikation sind S_1 und S_2 nicht Sender gleichen Ranges, vielmehr kommt S_1 als Primärsender eine wesensmäßig andere Rolle zu als dem Sekundärsender S_2 (dem Übersetzer). Die Funktion als Sender S_2 begründet eine ganz spezifische Verantwortung des Übersetzers gegenüber Ausgangstext und -autor. Der ZS-Leser geht beim Gebrauch einer Übersetzung davon aus, dass er sich, sobald ein Text als Übersetzung deklariert wird, darauf verlassen kann, dass der Übersetzer diese Verantwortung wahrnimmt. In diesem „übersetzungsethischen“ Zusammenhang hat der Begriff der **Übersetzungstreue** als Treue gegenüber dem AS-Text und als übersetzerische Verpflichtung gegenüber dem ZS-Leser seinen Ort.[29]

Aus diesem Grunde sind Übersetzungen, die von den Autoren selbst gemacht werden, anders zu beurteilen als Übersetzungen von Übersetzern. Nach C. Wittig (1987:89) ist Martin Andersen Nexø, der seinen Roman „Lotterisvensken“ selbst übersetzt, als Originalautor dazu berechtigt, „seine Vor-

29 Zu Übersetzungstreue oder -loyalität, s. C. Nord (1989, 1997).

lage zu überarbeiten und sogar zu revidieren“; die Übersetzung durch den Autor selbst unterliege nicht „den geltenden, sprich üblichen Bewertungsmaßstäben der Übersetzungskritik“. Und Samuel Beckett als Übersetzer der eigenen Dramen ist, wenn er von seinen Vorlagen abweicht, anders zu beurteilen als ein „normaler“ Übersetzer. Dies gilt selbst dann, wenn es zu zeigen gelingt, dass die betreffenden Veränderungen „auf einem logisch stringenten Gedankengang Becketts bei der Übersetzungsarbeit beruhen“ (E. Kaemmerling 1980:58). E. Kaemmerling demonstriert dies am Beispiel folgender Stelle aus Becketts „Come and Go“ und der Eigenübersetzung „Va et vient“, die eine Replik enthält, die es in der Vorlage nicht gibt:[30]

Beispiel II.2.-4

Silence.

FLO Just sit together as we used to, in the playground at Miss Wade's.

RU On the log.

Silence.

Französische „Übersetzung“:

Silence.

FLO Comme ça, nous trois, sans plus, comme jadis, chez les sœurs, dans la cour, assises côte à côte.

RU Sur la ba ...

VI Hssh!

Silence.

Die innere Logik, die in der Hinzufügung der betreffenden Replik (d. h., dem unterbrechenden Zischen von VI) liegen mag, ergibt sich erst in der nachträglichen Rekonstruktion. Vom Ausgangstext und den sprachlichen Möglichkeiten der ZS her gesehen, erscheint sie zwar nicht unplausibel, aber nicht zwingend. Ähnlich lässt sich in Bezug auf den ersten Abschnitt von Franz Kafkas „Amerika“ feststellen, dass durchaus eine innere Logik darin liegt, dass die Freiheitsstatue nicht eine Fackel, sondern ein Schwert in der Hand hält; aber auch diese Logik ist nicht zwingend. Hielte sie einen Lorbeerzweig (oder gar einen Spaten ...) in der Hand, ließe sich wohl auch dafür

30 Zur Eigenübersetzung, s. auch E. Gentes (2017), C. Gerlach-Berthaud (2016), A. Hultsch (2018), V. Petrbok (2014), G. Sgambati (2017), D. Weissmann (2013).

eine innere Logik rekonstruieren (s. u., II.4.1.2). Hätte nun Kafka selbst sein Werk übersetzt und dabei das Schwert durch Fackel, Lorbeerzweig oder Spaten ersetzt, so würden wir diese Veränderung zweifellos anders beurteilen, als wenn sie von einem „gewöhnlichen" Übersetzer vorgenommen worden wäre – logische Stringenz hin oder her.

Aufschlussreich ist die Untersuchung von E. Ahlstedt (1990) zur Quellen- und Übersetzungslage bei August Strindbergs in französischer Sprache verfassten Novellen „Pain" und „Automne" („Ce que j'ai à dire au monde ne doit pas être dit en suédois!"). Der vom Verlag engagierte Übersetzer äußerte sich nämlich dahingehend, dass er *beide* Novellen ins Schwedische übersetzt habe. Der Vergleich der beiden schwedischen Texte mit den französischen Vorlagen legt aber nahe, dass nur „Brödet" als Übersetzung gelten kann; „Höst" weist so große Veränderungen auf, dass nur Strindberg selbst als Übersetzer in Frage kommt: „En effet, les écarts entre le manuscript français d'„Automne" et la version suédoise sont [...] si grands qu'il faut supposer que c'est Strindberg qui a traduit la nouvelle tout en faisant plusieurs ajouts." (138). Ein Beispiel für solche Veränderungen:

Beispiel II.2.-5

frz. Vorlage: Il se sentait mal à l'aise. Tout lui manquait: les mules, la robe de chambre, les pipes, le bureau.

„Übersetzung": [Veränderungen *kursiv* gedruckt] *Sekreteraren* kände sig ängslig. Allting fattades: tofflorna, nattrocken, *piphyllan*, skrivbordet, *alla dessa småting, som han låtit ingå som beståndsdelar av sitt liv. Och så barnen och hustrun. Hur hade de det nu? Vore de friska? Han blev orolig och mycket dyster.* (‚*Der Sekretär* fühlte sich beängstigt. Alles fehlte: die Pantoffeln, der Schlafrock, *der Pfeifenständer*, der Schreibtisch: *alle diese Kleinigkeiten, die ihm Bestandteile seines Lebens geworden waren. Und dann die Kinder und seine Frau. Wie ging es ihnen? Waren sie gesund? Er wurde unruhig und sehr düster.*') Wenn man aus diesem Vergleich den Schluss zieht, dass nur Strindberg selbst der Übersetzer sein könnte, so ist damit gemeint: Nur der Autor selbst ist zu so weit reichenden, textproduzierenden Veränderungen berechtigt.

Wie das folgende Beispiel zeigt, sichert sich der Übersetzer gegen den Vorwurf ab, eigenmächtig in den Text eingegriffen zu haben (oder der Autor selbst nimmt den Übersetzer in Schutz, wie in *Beispiel I.7.-2*).

Beispiel II.2.-6

In einem „Vorwort der Übersetzerin" schreibt Inge Haas zu ihrer Übersetzung von D. Seleskovitch (1988):

> Bei einer vergleichenden Lektüre von Übersetzung und Original würde der Leser feststellen, dass die Übersetzerin an einigen Stellen vom Wortlaut des Originals abweicht. Diese Abweichungen sollten nicht voreilig auf Fehler oder Ungenauigkeiten zurückgeführt werden; sie sind nämlich durchaus beabsichtigt. Alle derartigen Änderungen wurden von der Übersetzerin in enger Abstimmung mit der Autorin vorgenommen. – Zum einen handelt es sich dabei um Fälle, wo das im Jahre 1968 erstmals aufgelegte Original Sachinformationen enthält, die heute nicht mehr zutreffen und daher zu korrigieren waren. Ebenso wurde bei gewissen Beispielen der enge Bezug zu einem Zeitereignis, das dem heutigen Leser kaum mehr bekannt ist, fallengelassen. – Da ferner davon auszugehen ist, dass der Leser der Übersetzung die Sprache des Originals – Französisch – nicht beherrscht, wurden die Beispiele entweder zusammen mit einer Übertragung ins Deutsche übernommen, oder es wurden andere, dem deutschsprachigen Leser besser ersichtliche Beispiele gewählt. Dies entspricht dem von der Autorin vertretenen Grundsatz der Anpassung an den „Empfänger" der zu übermittelnden Aussage, im vorliegenden Falle also an den Leser der Übersetzung. In demselben Bemühen wurde durchgehend auf Einhaltung der deutschen Sprachgewohnheiten geachtet, die Voraussetzung dafür ist, dass der Text für den Leser der Übersetzung ebenso unmittelbar verständlich ist wie für den Leser des Originals.

2.5 Relativität und Normativität des Begriffs der Übersetzung

Im konkreten Einzelfall stellt sich immer wieder die Frage, ob ein ZS-Text, der in einer Beziehung zu einem AS-Text steht, tatsächlich als Übersetzung („eigentliche“ Übersetzung) und damit als Gegenstand der Übersetzungswissenschaft zu betrachten ist. Sind z. B. gewisse fremdsprachliche Fassungen von Coopers „Lederstrumpf“-Romanen für Kinder noch als Übersetzungen im eigentlichen Sinne anzusprechen? Oder handelt es sich, mindestens bei einzelnen Passagen, nicht um „inhaltsbearbeitende Übertragungen“ oder gar um eigenständige ZS-Texte, für die der AS-Text als Inspirationsquelle Handlungsgerüst und/oder Personeninventar liefert? Sind Roh- oder Arbeitsübersetzungen im Unterschied zu „druckreifen Übersetzungen“ schon als eigentliche Übersetzungen zu betrachten?

info

Als Übersetzung im eigentlichen Sinne (eigentliche Übersetzung) bezeichnen wir nur, was bestimmten **Äquivalenzforderungen normativer Art** genügt. Dazu gehört, dass der AS-Text, unabhängig von den speziellen Übersetzungsbedingungen (Empfänger in der ZS, kommunikativer Hintergrund) als **autonomes** Objekt betrachtet (und geachtet) und als solches in der ZS wiedergegeben wird.

Bearbeitungen, Paraphrasen und kommentierende Inhaltserläuterungen können nicht als Übersetzungen im eigentlichen Sinne gelten und gehören damit nicht zum (primären) Gegenstand der Übersetzungswissenschaft. Sie können und sollen aber als **Sonderformen der Übersetzung**, die in der Geschichte der Übersetzung und im Rahmen bestimmter Übersetzungstextgattungen – etwa Übersetzungen von Kinderbüchern bzw. Übersetzungen für Kinder – eine Rolle spielen, durchaus im Rahmen einer weiter gefassten Übersetzungswissenschaft behandelt werden.[31]

Die Grenze zwischen Übersetzung und Bearbeitung kann aber kaum so scharf gezogen werden, wie das G. Jäger (1975:28 ff.) postuliert, wenn er zwei Hauptarten der Sprachmittlung unterscheidet, nämlich

31 Zur Übersetzung von Kinder- und Jugendliteratur, s. R. Oittinen (1999), J. House (2004), J.-Y. Kim (2015).

- die **kommunikativ äquivalente Sprachmittlung** = Übersetzung im eigentlichen Sinne (Kriterium: kommunikativer Wert des AS-Textes bleibt in der ZS erhalten), und
- die **kommunikativ heterovalente Sprachmittlung** = textbearbeitende Wiedergabe (AS-Text wird reduziert oder erweitert oder gleichzeitig reduziert und erweitert, wobei der kommunikative Wert des AS-Textes in der ZS nicht erhalten bleibt).

Bei stark AS-sprach- und -kulturgebundenen Texten kommt der Übersetzer nämlich nicht darum herum, den Text im Interesse der Lesbarkeit und der Verstehbarkeit in der ZS mittels kommentierender Übersetzungsverfahren in unterschiedlich starkem Maße zu bearbeiten. Die Forderung, die G. Jäger (1975:37) an die kommunikativ äquivalente Übersetzung stellt, wird der Spezifik der stark AS-sprach- und -kulturgebundenen Texte nicht gerecht:

> Als kommunikativ äquivalent betrachten wir zwei Texte verschiedener Sprachen dann, wenn ein ideal zweisprachiger Sprecher [...] in der Kommunikation mit einem ebenso idealen Adressaten [...] die freie Wahl hat, den Text der Sprache L_A oder den Text der Sprache L_B zur Realisierung seiner Intention zur Äußerung zu verwenden, da beide Texte beim Adressaten denselben kommunikativen Effekt auslösen, so dass die Entscheidung des Sprechers für den einen oder den anderen Text im Hinblick auf die Kommunikationssituation zufällig oder durch eine Ursache bedingt ist, die außerhalb der Partner und des Gegenstandes der Kommunikation sowie der betreffenden Sprachen liegt.

Die Übersetzungssituation ist gerade dadurch gekennzeichnet, dass es sich bei dem Leser der Übersetzung um keinen idealen Adressaten (Empfänger) handelt, der AS und ZS beherrscht und nur „zufällig" die Übersetzung benutzt. Die Situation des Lesers der Übersetzung ist eine prinzipiell andere als die des zweisprachigen Sprechers: Er rezipiert den AS-Text in der ZS-Fassung in einem anderen sprachlichen und soziokulturellen Zusammenhang. Ebenso wenig ist der Übersetzer ein „idealer Übersetzer", sondern er steht immer unter den Bedingungen von AS und ZS und den Ansprüchen des AS-Senders und des ZS-Empfängers. Es sind dies Ansprüche komplexer Art, die oft nicht miteinander in Einklang zu bringen sind.

Auch das **Irreversibilitätskriterium**, das G. Jäger (1975:35) als wesentliche Eigenschaft der heterovalenten Sprachmittlung betrachtet, ist nicht unproblematisch. Zwar sind Bearbeitungen irreversibel, d. h. bei der Rückübersetzung in die AS entsteht in keinem Fall der AS-Text, von dem bei der

ZS-Textherstellung ausgegangen wurde. Irreversibel sind aber auch Übersetzungen: Die **Unidirektionalität** ist ein primäres Kennzeichen der Übersetzung (s. o., II.2.2). Dies wird auch durch praktische Experimente bestätigt: Rückübersetzungen führen in den meisten Fällen nicht zurück zu einer mit dem AS-Text identischen Fassung (es sei denn, es handle sich um stark normierte Ausdrucksmuster wie *Rauchen verboten* ↔ *No smoking*). Geht die Rückübersetzung gar über verschiedene Sprachen (etwa engl. Original → frz. Übersetzung → ital. Übersetzung → dt. Übersetzung → Rückübersetzung ins Engl.), entstehen bisweilen mit dem Originaltext kaum mehr vergleichbare Texte (dies gilt in besonderem Maße für poetische Texte). Schon bei nahe verwandten Sprachen ergeben sich bei Rückübersetzungen mehr oder weniger starke Abweichungen.

Kennzeichnend für das Verhältnis Original – Übersetzung ist außerdem, dass zu einem Originaltext verschiedene Übersetzungen möglich sind, die durchaus als kommunikativ äquivalent beurteilt werden können. Das gilt nicht nur in übersetzungsgeschichtlicher Sicht (was sich anschaulich zeigt, wenn man Übersetzungen, die zu verschiedenen Zeitpunkten entstanden sind, miteinander vergleicht), sondern auch in synchroner Sicht (verschiedene Übersetzer übersetzen denselben Text).

Im Zusammenhang mit einem deutsch-schwedischen Übersetzersymposium[32] übersetzten 10 hochqualifizierte Übersetzer einen ins Schwed. übersetzten Textausschnitt aus Wolfgang Weyrauchs „Geschichten zum Weiterschreiben“ (1969) zurück ins Dt. Selbst bei einem scheinbar unproblematischen Satz des Originals wie [*Er setzte sich auf eine Kellertreppenstufe.*] *Er wickelte seine Stulle aus dem Stullenpapier. [Schweizerkäse drauf.]* ergab sich, wie das folgende Beispiel zeigt, bei den Rückübersetzungen der schwed. Fassung in keinem Fall die wortwörtliche Entsprechung zum Original.[33]

Beispiel II.2.-7

a. Er wickelte das Frühstücksbrot aus dem Stullenpapier, Schweizerkäse als Belag.

---

32 S. dazu W. Koller (1971).

33 [Han satte sig på ett källartrappsteg.] Han vecklade fram smörgåsen ur smörgåspapperet. [Schweizerost som pålägg.] – Dass es nicht zu wortwörtlichen Entsprechungen kommt, hängt u. a. mit dem konnotativen Wert von *Stulle* zusammen, der im schwed. *smörgås* nicht gewahrt ist: *Stulle* ist norddt., bes. Berliner Sprachgebrauch.

b. Er wickelte seine Brote aus dem Butterbrotpapier. Schweizer Käse als Belag.
c. Er wickelte sein Butterbrot aus dem Butterbrotpapier. Schweizerkäse war drauf.
d. Er wickelte Butterbrote aus dem Butterbrotpapier, mit Schweizerkäse belegt.
e. [Er setzte sich auf eine Kellerstufe,] wickelte sein Butterbrot aus dem Pergamentpapier, Schweizer Käse als Belag.
f. Wickelte sein Butterbrot aus dem Papier, Butterbrot mit Schweizerkäse.

Wenn es theoretisch auch schwierig ist, Übersetzungen im eigentlichen Sinne von Bearbeitungen abzugrenzen, so ist eine solche Unterscheidung spätestens dann unerlässlich, wenn es um die Beschreibung von potentiellen Äquivalenten und den Bedingungen ihrer Aktualisierung geht. Das heißt nichts anderes, als dass auch die deskriptive Übersetzungswissenschaft **eine normative Komponente** hat.[34] Es wird dabei einen zentralen Bereich geben, wo die Bestimmung von „Übersetzung im eigentlichen Sinne" eindeutig und einfach ist; einen Grenzbereich, wo Übersetzung und Bearbeitung ineinander übergehen (meistens wird es sich um ZS-Texte handeln, die Passagen oder Elemente größeren Umfangs enthalten, die als Bearbeitung zu charakterisieren sind); und einen Bereich der eindeutigen Bearbeitungen. Grundsätzlich ist jedoch festzuhalten, dass es Übergangszonen zwischen Übersetzung und Bearbeitung, zwischen – um die Begriffe G. Jägers (1975) zu verwenden – kommunikativ äquivalenter und kommunikativ heterovalenter Sprachmittlung gibt. Zudem weist jede Übersetzung zwangsläufig Züge und Elemente der Heterovalenz auf, ja muss diese aufweisen, wenn sie ihre Übersetzungsfunktion erfüllen will. Die Heterovalenz in kommunikativ als durchaus äquivalent zu betrachtenden Übersetzungen ist bedingt durch

- die sprachlichen Unterschiede, in denen sich Unterschiede der kommunikativen Hintergründe von AS und ZS, von AS-Text und ZS-Text widerspiegeln

34 S. dazu den Abschnitt „Normative decisions in the choice of the translated corpus for analysis", in V. Ivir (2004).

- die Empfängergruppe in der ZS, für die die Übersetzung abgefasst ist und die sich von der Empfängergruppe in der AS unterscheidet
- unterschiedliche Übersetzungszwecke
- unterschiedliche Interpretation des AS-Textes durch den Übersetzer in einer bestimmten historischen Situation
- Mehrdeutigkeiten in AS-Texten, insbesondere im literarischen Bereich, die im ZS-Text unterschiedlich aufgelöst werden können

In der sprachlich-stilistischen Gestaltung des ZS-Textes unmittelbar fassbar sind die Auswirkungen der Bedingungsfaktoren bei den **Bearbeitungsstufen der Übersetzung**. Unter Bearbeitungsstufen werden Rohübersetzung, Arbeitsübersetzung und druckreife Übersetzung verstanden, deren Bestimmungsfaktoren im jeweiligen Zweck und im jeweiligen Empfängerkreis liegen.

Hinsichtlich der übersetzungswissenschaftlichen Gegenstandsbestimmung ist allerdings zu fragen: Kann eine Rohfassung in der ZS, die für bestimmte Empfänger und zu bestimmten Zwecken angefertigt wird und die unter Umständen zahlreiche syntaktische, lexikalische und stilistische Mängel und Unkorrektheiten aufweist (Mängel, die ganz bewusst in Kauf genommen werden), schon als eigentliche Übersetzung bezeichnet werden? Oder anders gefragt: Welche Qualitätsforderungen müssen an eine Übersetzung gestellt werden, damit sie als eigentliche Übersetzung gelten kann? O. Kade (1964) betrachtet Roh- und Arbeitsübersetzungen als Übersetzungen, für die – im Sinne G. Jägers (1975) – das Kriterium der kommunikativen Äquivalenz gilt. Die Unterschiede zwischen diesen verschiedenen ZS-Fassungen werden als Unterschiede qualitativer Art angesehen. Die Rohübersetzung wird durch weitere Bearbeitung (Qualitätssteigerung) zur Arbeitsübersetzung, und diese kann wiederum Ausgangspunkt für die Herstellung einer druckreifen Übersetzung sein.

Die drei Bearbeitungsstufen der Übersetzung lassen sich nach O. Kade folgendermaßen charakterisieren:

1. **Rohübersetzung**: „kurzlebige“ Übersetzung; beschränkter, dem Übersetzer oft bekannter Empfängerkreis; Arbeitsweise und -hilfsmittel des Übersetzers: Stegreifübersetzen, kein Entwurf, Benutzung von Hilfsmitteln nur in Ausnahmefällen; **Qualitätsforderung**: **Genauigkeit**, die auf die Identität des Inhalts zielt; sprachlich-stilistische Ansprüche: Verstöße gegen Morphologie, Syntax, Phraseologie, Stil,

Angemessenheit der Lexik sind zugelassen, soweit dadurch die Genauigkeit der inhaltlichen Wiedergabe nicht beeinträchtigt wird.

2. **Arbeitsübersetzung**: Mittelstellung zwischen Rohübersetzung und druckreifer Übersetzung; „mittelfristige“ Übersetzung; größerer und anspruchsvollerer Empfängerkreis als bei der Rohübersetzung; Arbeitsweise und -hilfsmittel des Übersetzers: intensivere Benutzung der Hilfsmittel; **Qualitätsforderungen**: **Genauigkeit und Richtigkeit**, d. h. die Übersetzung verstößt nicht gegen die grammatischen und lexikalischen Normen der ZS, sie ist stilistisch akzeptabel.
3. **Druckreife Übersetzung**: „langlebige“ Übersetzung; uneingeschränkter Empfängerkreis; Arbeitsweise und -hilfsmittel des Übersetzers: Studium des Originals vor der Übersetzung, Herstellung eines Entwurfs, Benutzung aller Hilfsmittel (Wörterbucher, enzyklopädische Hilfsmittel, Handbücher und Fachliteratur zum betreffenden Fachgebiet, ggf. Rückfragen beim Verfasser des Originals oder bei Fachleuten), nochmaliger Vergleich der endgültigen Fassung mit dem Original; **Qualitätsforderungen**: **Genauigkeit, Richtigkeit und Adäquatheit**: die Übersetzung ist stilistisch nicht nur akzeptabel, sondern angemessen, d. h. die ZS-Entsprechungen sind optimal gewählt; berücksichtigte Gesichtspunkte bei der Wahl der ZS-Entsprechungen: a) Sprachform der Übersetzung entspricht den für die betreffende Textgattung in der ZS gültigen Normen, b) Sprachform ist dem Empfängerkreis angemessen, d. h. sie erreicht die intendierten Empfänger optimal, c) Sprachform ist dem Übersetzungszweck angemessen (Beispiel: der ZS-Text soll nicht nur lesbar, sondern auch sprechbar sein, wenn es um die Übersetzung von Vortragstexten oder von Predigten geht).

So wichtig diese Bearbeitungsstufen in der Übersetzungspraxis sind, und so notwendig es ist, dass sie in der Übersetzerausbildung geübt werden: Für die Übersetzungswissenschaft, insbesondere in ihrem sprachenpaarbezogenen Teil, geht es um Analyse und Beschreibung der druckreifen Übersetzung. Als produktorientierte Übersetzungswissenschaft geht sie in der Regel von gedruckt vorliegenden Übersetzungen aus. Unter den „potentiellen Äquivalenten“ können nicht alle möglichen Entsprechungen eines AS-Ausdrucks in der ZS verstanden werden, die unter bestimmten Umständen ihre kommunikative Funktion erfüllen, nämlich einen AS-Inhalt einem der AS nicht mächtigen ZS-Empfänger in irgendeiner Weise zu vermitteln.

in fo

Wissenschaftlich fassbar, d. h. objektivierbar und beschreibbar, sind nur die AS-/ZS-Beziehungen und -Entsprechungen, die bestimmten **Äquivalenzforderungen** genügen. Sprachlich-stilistisch unangemessene, ja unmittelbar als fehlerhaft erkennbare ZS-Ausdrücke gehören nicht zu den potentiellen Äquivalenten.

Das „normative Dilemma" der Übersetzungswissenschaft liegt darin, dass sie ihre Gegenstände aufgrund von bestimmten Äquivalenzforderungen zunächst einmal festlegen muss, d. h. sie muss feststellen, ob der Text eine „eigentliche" Übersetzung ist oder nicht (s. dazu W. Wilss 1977:67, 194).[35] Zugleich hat sie die Aufgabe, diese Gegenstände, d. h. vorliegende Übersetzungen, hinsichtlich Übersetzungsäquivalenzbeziehungen zu beschreiben und ggf. Äquivalenzforderungen abzuleiten. Es ist das Dilemma jeder Wissenschaft, die zugleich retrospektiv und prospektiv orientiert ist: Sie hat, ausgehend von Texten, Übersetzungsbeziehungen zu beschreiben, ggf. unter Einbeziehung von zusätzlichen, vom Beschreibenden als möglich betrachteten Varianten (**deskriptiv-retrospektive Übersetzungswissenschaft**), sie hat aber zugleich zu entscheiden, zu begründen und darzustellen, welche ZS-Ausdrücke in einer Beziehung potentieller Äquivalenz zu AS-Ausdrücken stehen, welche Faktoren und Bedingungen bei der Wahl einer aktuellen Übersetzungsentsprechung in einem Text maßgeblich sind und ggf. welches Äquivalent in dem betreffenden Text als optimal bezeichnet werden kann (**deskriptiv-prospektive Übersetzungswissenschaft**).

2.6 Sprachenpaar- und textbezogene Übersetzungswissenschaft

Bestimmung und Abgrenzung des Gegenstandes Übersetzung sind unerlässlich für die sprachenpaar- und textbezogene Übersetzungswissenschaft, soweit diese den Anspruch erhebt, nicht nur Einzelfälle verstehend-inter-

35 Zur Normproblematik in der Übersetzungstheorie, s. vor allem G. Toury (1980). – Ausführlicher zum Thema Normativität (Präskriptivität)/Deskriptivität in der Übersetzungswissenschaft, s. W. Koller (1997), V. Ivir (2004).

pretierend und übersetzungskritisch zu behandeln, sondern syntaktische, semantische, stilistische und pragmatische **Regelmäßigkeiten** in den Beziehungen zwischen AS- und ZS-Texten zu beschreiben (s. o., I.8.2 und I.9.2). Dies bedeutet, dass die Bedingungen herausgearbeitet werden, die die Auswahl unter potentiellen Äquivalenten auf Wort-, Syntagma-, Satz- und Textebene bestimmen. Damit ist der im engeren Sinn linguistische Ansatz charakterisiert, der sich auf den Übersetzungsfaktor Sprache konzentriert; es versteht sich von selbst, dass es sich dabei um einen Ansatz von begrenzter Reichweite handelt (s. dazu W. Koller 2004b, J. Albrecht 2005).

Die Konzentration der linguistisch orientierten Übersetzungswissenschaft auf die Beschreibung von Regelmäßigkeiten, erklärt auch ihre (nur zum Teil berechtigte) Scheu vor literarischen Texten bzw. der „künstlerischen Übersetzung“. Sie geht davon aus, dass der Anteil des Regelmäßigen, auch Standardisierten in Sachtexten wesentlich höher anzusetzen ist als in literarischen Texten. An der Richtigkeit dieser Einschätzung dürfte im Hinblick auf Fachterminologie und syntaktische Standardentsprechungen bzw. auf habitualisierte und teilhabitualisierte Übersetzungsprozeduren kaum Zweifel bestehen (vgl. W. Wilss 1977:131 f.).

2.7 Descriptive Translation Studies

In Grundlagenarbeiten der *Descriptive Translation Studies*[36] findet sich eine Gegenstandsbestimmung, die auf den ersten Blick verblüffend einfach ist; sie erscheint bei deren primär literatur-komparatistischer Ausrichtung auf **Stellenwert und Funktion von Übersetzungen im System der Gesamtheit der ZS-Literatur** zweckmäßig. Sie lässt sich in der Formel fassen: **Übersetzungen sind Übersetzungen**, oder wie es G. Toury (1985:20) ausdrückt:

> [...] a 'translation' will be taken to be any target-language utterance which is presented or regarded as such within the target culture, on whatever grounds.

---

36 Zu den *Descriptive Translation Studies*, s. den programmatischen Artikel von T. Hermans (1985) und die kritische Analyse unterschiedlicher Positionen innerhalb der *Descriptive Translation Studies* von J. Lambert (1991); eine kurze Charakterisierung des theoretischen Ausgangspunkts dieser Gruppe von Wissenschaftlern (u. a. G. Toury, S. Bassnett-McGuire, J. Lambert, T. Hermans) gibt M. Snell-Hornby (1988:22 ff.). S. auch A. Chesterman (2004), R. Stolze (2008:139 ff., 151 ff.). – Zur „manipulation hypothesis“ von T. Hermans (1985:11), s. A. Dukate (2009).

Das Phänomen der „Präsentation" als Übersetzung impliziert, dass die Existenz eines Ausgangstextes angenommen wird, der als Basis für die Übersetzung diente. Ob tatsächlich ein solcher Text existiert und wie sich AS- und ZS-Text zueinander verhalten, ist für die Gegenstandsbestimmung selbst irrelevant.

Deshalb sind nach G. Toury auch sogenannte **Pseudoübersetzungen** Gegenstand der *Descriptive Translation Studies.* Es handelt sich dabei um Texte, die als Übersetzungen gelten oder als Übersetzungen präsentiert werden, obwohl es keinen Originaltext dazu gibt (s. dazu G. Toury 1984). Mit der Berücksichtigung von Pseudoübersetzungen, in der das Primat der Orientierung auf das literarische System auf der Empfängerseite am deutlichsten zum Ausdruck kommt, handeln sich die *Descriptive Translation Studies* allerdings ebenso unnötige wie unlösbare Probleme ein (nach A. P. Frank 1987:xiii sind es „Pseudoprobleme"). So stellt sich die Frage, ob die Texte, die V. Worth (1988:223 f.) folgendermaßen beschreibt, als „Pseudoübersetzungen" zu betrachten sind:[37]

> [...] some of the processes of translation may be deemed to interfere with free composition *without* there being a written model to translate. That is to say, a Renaissance writer composing in French, but with a strong background of Latin, may at times produce a form in the vernacular which is in some way recognizably Latinate. For his readers, one of the ways in which this Latinate quality may be identified is by its resemblance to the style of translations. The author may or may not be consciously striving after this kind of style, but his French text will suggest the presence of an invisible 'foreign' model.

Noch spezieller als der Fall der Pseudoübersetzung dürfte das **Pseudooriginal** sein, d. h. ein Text, der sich als Original ausgibt, eigentlich aber eine Übersetzung (oder ein Plagiat) ist. (Nicht wenige Haus- und Magisterarbeiten dürften Pseudooriginale sein, d. h. mehr oder weniger umfangreiche Plagiate aus der Selbstbedienungstextwelt des Internets ...)

Die Hypothese, „that *translations are facts of one system only*" (G. Toury 1985:19), nämlich des literarischen Systems in der ZS, steuert den Forschungsprozess: Der erste Untersuchungsschritt besteht in der Kritik des Übersetzungstextes, ohne Vergleich mit dem Original.[38] In einem zweiten

37 Zur Pseudoübersetzung, s. auch A. Bohnenkamp (2004), G. Toury (1995:40 ff.). – Zu einer etwas anderen Form der Pseudoübersetzung, und zwar *in* Erzähltexten, s. B. Rath (2008).

Schritt werden Übersetzungsphänomene, verstanden als Übersetzungslösungen von Übersetzungsproblemen, analysiert. Dies geschieht „by means of the mediating functional-relational notion of *translation equivalence*“ (21 f.). Dazu ist anzumerken, dass der Begriff der Übersetzungsäquivalenz linguistisch definierte AS- und ZS-Einheiten (Übersetzungseinheiten) voraussetzt, die einander zugeordnet werden. Damit stellt sich folgende Frage, die den postulierten rein theoretisch-deskriptiven Ausgangspunkt der *Descriptive Translation Studies* ebenso betrifft wie die Auswahl und Klassifizierung der Daten: Wann kann eine ZS-Einheit tatsächlich als *Übersetzungs*lösung eines AS-Problems gelten?

in\
fo\

Der Begriff der Übersetzungslösung bekommt erst dann einen Sinn, wenn gesagt wird, was tatsächlich als *Lösung* gelten kann, und wenn die Lösungen sowohl quantitativ als auch qualitativ gewichtet werden. Es muss um die Feststellung von **Regelmäßigkeiten** und deren **Bedingungsfaktoren gehen**. In diesem Punkt trifft sich der Ansatz der linguistisch orientierten, sprachenpaar- und textbezogenen Übersetzungswissenschaft mit dem der *Descriptive Translation Studies.*

Hinsichtlich der Nicht- oder Null-„Übersetzung“, d. h. der Auslassung, die G. Toury als Lösung bei der Übersetzung von Metaphern gelten lassen will, ist aber anzumerken, dass diese zwar empirisch wohl für die meisten Übersetzungsprobleme belegbar ist, als *Übersetzungs*lösung kann sie in den wenigsten Fällen (und schon gar nicht in systematischer Hinsicht) gelten. D. h., auch die *Descriptive Translation Studies* müssen letztlich mit normativen Kategorien arbeiten, wenn sie – im zweiten Untersuchungsschritt – auf der Mikroebene Äquivalenzbeziehungen untersuchen wollen.

Nach G. Toury (1985:27) hängt es mit der präskriptiven Orientierung der (traditionellen) Übersetzungswissenschaft zusammen, dass sie **Auslassungen** (in diesem Fall von Metaphern) nicht als „‘legitimate solutions’“ akzeptiert. Aber kann der Deskriptivismus der *Descriptive Translation Studies* tat-

38 Unter dem Aspekt der Rezeption scheint uns die Hypothese, Übersetzungen gehörten *nur* zum ZS-System, problematisch zu sein: Viele Leser dürften einen Text, den sie – nicht zuletzt aufgrund sprachlicher und inhaltlicher Signale und Verweise – als Übersetzung identifizieren, damit zugleich auch als einem anderen als dem ZS-System zugehörig auffassen.

sächlich so weit gehen, dass alles, was in Übersetzungen vorkommt, als Übersetzungslösungen akzeptiert wird? In diesem Fall würde sich die Beschreibung reduzieren auf die atomistische Auflistung von „Phänomenen, die in Übersetzungen vorkommen". Damit wird keineswegs behauptet, dass es keine unlösbaren Übersetzungsprobleme gibt. Diese Frage wäre im Zusammenhang der Übersetzbarkeitsproblematik zu diskutieren; vgl. dazu die diesbezüglich sehr dezidierte theoretische Stellungnahme von H. Kubczak (1987) und die provokative Aussage von K. Birkenhauer (1986:510), dass es *immer* eine Lösung geben würde, wenn der Übersetzer nur genug Zeit hätte, sich mit dem betreffenden Problem zu beschäftigen. Es wird damit selbstverständlich aber auch nicht gesagt, dass in der Übersetzungs*praxis*, d. h. im Zusammenhang konkreter Übersetzungsaufgaben, die (teilweise) Nicht-Übersetzung als *praktische* Lösung grundsätzlich ausgeschlossen sein sollte – unter Umständen auch in Fällen, wo eine Übersetzungslösung durchaus vorliegen könnte.

Das Problem der Objektbestimmung stellt sich allerdings schon beim ersten Schritt. Sind Texte, die erst aufgrund philologischer Untersuchungen als Übersetzungen „entlarvt" werden, etwa nicht Gegenstand der *Descriptive Translation Studies*, nur weil sie nicht als Übersetzungen präsentiert und auch nicht als Übersetzungen rezipiert wurden, sondern als Originaltexte (Pseudooriginale)? Und was mit Texten, die sich als Nachdichtungen, Be- oder Umarbeitungen deklarieren? Wo und aufgrund welcher Kriterien ist die Grenze zu ziehen? Gehört beispielsweise F. Dürrenmatts „Play Strindberg" zur deutschsprachigen Übersetzungs- oder zur Originalliteratur oder zu beiden zugleich?[39] Im Falle von „Play Strindberg" ist die Sachlage umso verwirrender, als auf dem Schutzumschlag der Originalausgabe (Zürich 1969) zu lesen ist: „*Play Strindberg*, arrangiert von Friedrich Dürrenmatt", auf dem Titelblatt heißt es „Friedrich Dürrenmatt. „Play Strindberg". Totentanz nach August Strindberg", und im „Bericht", der in einem Anhang zum Stück abgedruckt ist, spricht Dürrenmatt von einer „Umarbeitung anhand einer Rohübersetzung", die ihm „ehrlicher" vorkomme als die „üblichen Strindberg-Bearbeitungen durch Striche, Umstellungen, Textveränderungen und Textergänzungen", die Strindberg doch nur verfälschen würden (s. o., *Beispiel II.2.-3*).

39 Diese Frage stellt sich auch bei „König Johann" und „Titus Andronicus", den Shakespeare-Bearbeitungen Dürrenmatts.

2.8 Der (neo-)hermeneutische Ansatz

Der Aspekt des **Verstehens des AS-Textes durch den Übersetzer** steht im Zentrum des neohermeneutischen Ansatzes in der Übersetzungswissenschaft.[40] Die Frage nach Gegenstandsbestimmung und -abgrenzung scheint sich dabei gar nicht zu stellen. Die Verabsolutierung des übersetzerischen Verstehensaktes und die Fokussierung auf die ausgangstextliche Bindung führt zu einer folgenreichen Sicht- und Problemverengung: Systematisch erfassbare sprachlich-stilistische Probleme und Regelmäßigkeiten bei der Herstellung einer Übersetzung und der Bezug auf zielsprachliche Leser werden außer Acht gelassen. Die Auffassung, dass auch interlinguale Kommunikation (mindestens teilweise) regelgeleitet ist, wird als „irrig" bezeichnet (R. Stolze 1987:108), und Forschungsunternehmen wie die Erstellung von Übersetzungsgrammatiken und -stilistiken werden als „ins Leere" greifend abqualifiziert (R. Stolze 1986:137). Kennzeichnend für den neohermeneutischen Wissenschaftsbegriff ist, dass alles, was nach Systematisierung und Typologie klingt, suspekt erscheint: Weil jeder Text eine individuell-kreative Verstehens- und Interpretationsleistung erfordert, ist auch jedes Übersetzen einzeltextbezogen und unwiederholbar.

Nach R. Stolze (1982:177) kann der Übersetzer eines „individuellen Textes [...] den Einzelfall nun einmal nicht so entscheiden, wie er alle vergleichbaren Fälle entscheiden würde"; Einzelentscheidungen gelten nur „*innerhalb der Grenzen einer bestimmten Textvorlage* und sind nicht generalisierbar". Dem ist entgegenzuhalten, dass es für weite Bereiche von Syntax und Lexik ein Repertoire von mehr oder weniger festen Entsprechungen zwischen verschiedenen Sprachen gibt. Der Übersetzer greift auf dieses – je nach Textgattung unterschiedlich große – Korpus von potentiellen ZS-Entsprechungen zurück; das erlaubt ihm, seine interpretatorischen und kreativen Kräfte ökonomisch, d. h. dort, wo sie wirklich gebraucht werden, einzusetzen.

Die grundsätzlichen wissenschaftstheoretischen Schwierigkeiten mit der Methode des Verstehens hat W. K. Essler (1971:50) – auf zweifellos überspitzte Weise – folgendermaßen formuliert:

---

40 S. die ausführliche Darstellung in R. Stolze (2003). – Wir verwenden den Ausdruck neohermeneutisch zur Abgrenzung von der philosophisch-hermeneutischen Auseinandersetzung mit dem Übersetzen, wie man sie bei F. Schleiermacher (1813) und H.-G. Gadamer (1960) findet.

> Die Fragen der Adäquatheit, der Tragweite und der Grenzen der Operation des Verstehens sind in der Wissenschaftstheorie bislang noch nicht gestellt und folglich auch nicht beantwortet worden; die eifrigsten Verfechter dieser Methode haben es vielmehr immer wieder verstanden, eine Explikation dieser Methode und, darauf aufbauend, einer Analyse jener Fragen geschickt aus dem Weg zu gehen.

Diese polemisch-generalisierende Aussage schießt über das Ziel hinaus; für einen Teil der neohermeneutischen Diskussion der Übersetzungsproblematik trifft sie aber den Nagel auf den Kopf. Übersetzen und Verstehen gehören ohne Zweifel zusammen, und jede Übersetzungstheorie muss den Aspekt des Verstehens thematisieren. Was aber trägt (um nur eines von vielen Beispielen anzuführen) folgende Aussage zum Verstehen des Übersetzens bei?

> Wissenschaft ist beim Übersetzen eine dynamische Bewegung und vollzieht sich in der ununterbrochenen Zurückführung des Wissens auf das Verstehen des Textes. [...] Im Übersetzen ist der Text auch in der Entschlüsselung durch das Textverstehen als verschlüsselter zu verstehen, weil er nur auf diese Weise der Text bleibt, der er ist und in der Übersetzung als ein textgebundenes Ganzes erscheint. Textverstehen und Übersetzungskritik sind wie Schlösser, die den Zugang eröffnen und immer wieder zuschnappen. (F. Paepcke 1986:131)

Vom Übersetzer wird verlangt (R. Stolze 1989:61), er müsse sich zwar nicht mit dem Autor, wohl aber mit der im Text zum Ausdruck gebrachten Sache „identifizieren", weil man nur dann „wirkungsvoll" reden könne, wenn man „ein eigenes Anliegen vertritt" und „als Betroffener aus eigener Erfahrung spricht". Identifikation mit der im Text zum Ausdruck gebrachten Sache als Forderung an den verstehenden Übersetzer? Dazu hat W. K. Essler (1971:54 f.) unmissverständlich Stellung genommen; er zeigt, dass das „Dogma", man könne einen Text nur dann verstehen, „wenn man ihn samt seinem Begriffs- und Erfahrungshintergrund *akzeptiere*", einer kritischen Betrachtung nicht standhält.[41] Nach R.-A. de Beaugrande/W. U. Dressler (1981:227) liegt eine „Hauptquelle für Nichtäquivalenz" gerade darin, dass der Übersetzer „seine *eigene* Erfahrung in den Text selbst einbindet und so-

41 Zu diesbezüglich ganz unterschiedlichen Übersetzerhaltungen, s. das „Doppelportrait der Übersetzer Goldschmidt und Lortholary" von J. Fritz-Vannahme (DIE ZEIT, 13. 10. 1989). Bernard Lortholary äußert sich folgendermaßen: „Ich habe Bücher übersetzt, die ich gar nicht mochte. Aber das machte vielleicht hellsichtiger als es alle Einfühlung vermag. Der Übersetzer gleicht in meinen Augen dem Schauspieler, er nimmt viele Rollen an, ohne sich immer gleich zu identifizieren."

mit die Erfahrung der Rezipienten verkürzt und einengt". Allerdings können sich für den Übersetzer ethische Probleme stellen, wenn er Texte/Textstellen übersetzen soll, mit deren Inhalt er sich nicht nur nicht identifizieren kann, sondern die ihm – aus welchen Gründen auch immer – fragwürdig, ja unakzeptabel erscheinen. Das gilt etwa für rassistische, chauvinistische oder antisemitische Inhalte.

Ein interessantes, wenn auch außergewöhnliches Beispiel bietet die dt. Übersetzung von István Örkénys Buch „Das Lagervolk" (Berlin 2010), dem der Übersetzer Laszlo Kornitzer einen „Brief" an den (verstorbenen) Autor beifügt, in dem er sich gegen antisemitische Passagen des Textes verwahrt. Er springe ständig vom Schreibtisch hoch, so schreibt L. Kornitzer in seinem Brief, weil er übersetzen solle, was „nicht zu übersetzen ist": „ich tue es trotzdem, statt diese Sätze einfach rauszuschmeißen, obwohl ich es immer wieder überlege, doch ich würde dann Ihren Text nur fälschen" (365). Der Rezensent des Buches, Ulrich M. Schmid, bemerkt dazu (in der *Neuen Zürcher Zeitung* vom 28. 8. 2010), die Erregung des Übersetzers sei zwar „emotionell nachvollziehbar", sie zeuge aber „von einer Blindheit gegenüber der ästhetischen Autonomie" des Buches. Denn dieses überzeuge gerade deshalb, weil es sich moralischer Anklagen enthalte. Darauf antwortet L. Kornitzer (in der *Neuen Zürcher Zeitung* vom 10. 9. 2010), die von ihm kritisierten antisemitischen Klischees stammten nicht etwa von den Protagonisten des Buches, sondern es handle sich um „Résumés des Autors". Und er beschließt seine geharnischte Antwort mit der Bemerkung: „Vielleicht hätte der Rezensent der Frage nachgehen können, wie man ein Buch adäquat übersetzt, das man nicht begreift." Eine merkwürdige Frage – denn was ist es denn, was der Übersetzer L. Kornitzer am Buch von István Örkénys nicht begreift? Oder meint er: Wie soll ich ein Buch eines (jüdischen) Autors übersetzen, dessen antisemitische Passagen für mich als Übersetzer so unerträglich und unbegreifbar sind, dass ich dazu einfach nicht schweigen kann?

2.9 Funktionalistische Translationswissenschaft („Skopostheorie")

Im Satz „Die Dominante aller Translation ist deren Zweck" liegt das Credo der funktionalistischen Translationswissenschaft („Skopostheorie") bzw. der handlungstheoretisch begründeten Translatologie (K. Reiß/H. J. Vermeer 1984, J. Holz-Mänttäri 1984).[42] Daraus folgt: „Der Zweck [der Translationshandlung] heiligt die Mittel" (K. Reiß/H. J. Vermeer 1984:96,101); dies hat die Konsequenz, dass Translation dann als „geglückte Interaktion" aufzufassen ist, „wenn sie vom Rezipienten als hinreichend kohärent mit seiner Situation interpretiert wird und kein Protest, in welcher Form auch immer, zu Übermittlung, Sprache und deren Sinn (‚Gemeintem') folgt" (112). Der „Translator" hat bei diesem Konzept eine Eigenständigkeit, die folgendermaßen beschrieben wird: „Er entscheidet letzten Endes, ob, was, wie übersetzt/gedolmetscht wird." (87). Normative Sätze dieser Art sind unverträglich mit der Auffassung von Übersetzungswissenschaft als empirisch-induktiver Wissenschaft. Der Satz *Der Zweck heiligt die Mittel* beinhaltet letztlich nichts anderes als die höchst problematische Abspaltung des Begriffs der Zweckmäßigkeit (der Übersetzung) vom Begriff der Wahrheit (bzw. in der traditionellen Terminologie: der Treue) der Übersetzung.[43]

Was fällt nun aber unter den Begriff des Translats, d. h. des Resultats der Translationshandlung? Nach K. Reiß/H. J. Vermeer (1984) dürfte die „allgemeine Translationstheorie" ganz unterschiedliche Verarbeitungsformen ausgangssprachlicher Texte in einer Zielsprache umfassen, abhängig davon, welche Funktion der Translator „(begründet) wählt: Don Quijote als literarisches Kunstwerk der Weltliteratur, als Kinder- und Jugendbuch usw." (57). Mehr noch: Translation ist „gesamtmenschliches Handeln" und „schließt als Sondersorte von Transfer auch die Möglichkeit des Umsetzens von sprachlichem in aktionales Handeln und umgekehrt ein" (91). Bei diesem Ausgangsspunkt dürfte es einfacher sein, eine Antwort auf die Frage zu finden, was *nicht* Translation ist; jedenfalls verliert die Übersetzungswissenschaft

---

42 Zum funktionalistischen Ansatz, s. R. Stolze (2008:177 ff.), S. Colina (2009). S. auch H. J. Vermeer (1996), C. Nord (2014). – Kritisch zur „Skopostheorie": A. F. Kelletat (1987), R. Kohlmayer (1988), F. Liedtke (1997), R. Stolze (2003:20 ff., 139 ff.), C. Martín de León (2008). – S. auch I. Aboluwade (2011).

43 Mit Recht weist W. Lörscher (1988:80 f.) darauf hin, dass der „Zugang [funktionaler Übersetzungsmodelle] zum Objektbereich nicht empirischer, sondern theoretisch-spekulativer Art ist".

(Translatologie) ihre spezifische empirische Basis: Sie wird zu einer allgemeinen Textverarbeitungswissenschaft.[44]

Bei der funktionalistischen Konzeption von Übersetzung kommt dem Originaltext nur mehr eine untergeordnete Funktion zu: Er ist „entthront" (H. J. Vermeer 1986:42), zu einem „Informations*angebot*", ja bloßem „Ausgangs*material*" reduziert (H. J. Vermeer 1987:541). Wer dem Ausgangstext eine vorrangige Bedeutung zuweist, muss sich vorwerfen lassen, dem (Irr-)Glauben an ein „heiliges Original" verfallen zu sein (H. G. Hönig/P. Kußmaul 1982).[45] Der Übersetzer steht nach dieser Auffassung nicht mehr im Dienste des Originaltextes, und er ist schon gar nicht „Diener" des Originalautors. Vielmehr ist er – als *Translator* – recht eigentlich *Ko-Autor* (H. J. Vermeer 1987:545). Und als solcher hat er weitreichende Kompetenzen: Der Translator „wird soviel Information anbieten und so, wie er dies als (sic) für den Zieltextrezipienten angesichts seiner Translation eines Ausgangstextes für optimal hält" (K. Reiß/H. J. Vermeer 1984:123).

Ähnlich P. Kußmaul (1986:215), der die Frage: „Wie differenziert muss eine Textstelle wiedergegeben werden?" mit der Maxime beantwortet: „so genau und differenziert wie nötig" (und *nicht*: „wie irgend möglich"), s. dazu auch den Abschnitt „Der notwendige Differenzierungsgrad" in P. Kußmaul (2015:67 ff.). Dazu stellt A. P. Frank (1988:193) die Gegenfrage: „Was ist beim Übersetzen eines literarischen Werks nötig?" Und er gibt die unzweideutige Antwort: „Ganz einfach alles: dass an jeder Stelle der Übersetzung genau so und mit genau denselben Mitteln wie in der Vorlage voll differenziert wird." Dies das (unerreichbare) Ideal, an dem sich das Berufsethos des Übersetzers literarisch-poetischer Werke orientiert. Von genau diesem Ethos des Dienens am Originaltext legen, um nur ein Beispiel zu nennen, die Beiträge in „Übersetzer – Kuriere des Geistes" (*Zeitschrift für Kulturaustausch*, 4/1986), das schönste Zeugnis ab. Ein Übersetzer, der so dem Originaltext und damit auch dem Leser der Übersetzung dient, ist deshalb noch lange kein untergeordneter Diener, und schon gar nicht ein Sklave (zur „Dienstleistung" des

44 Nach H. J. Vermeer (1987a:170) ist auch die *Transmutation* (s. o., I.5.3) eine Form der Translation: „Neulich hat Peter Bretthauer, IÜD, Heidelberg, vorgeführt, wie eine wortreiche chinesische Betriebsanleitung für einen Kassettenrecorder in eine fast textlose deutsche Bildanweisung übersetzt wird." P. Bretthauer (1987:223) ist allerdings vorsichtiger: Er setzt *Übersetzung* in Gänsefüßchen und verwendet den Konjunktiv („Die „Übersetzung" wäre in diesem Fall eine graphische Arbeit.").

45 Auch Vertreter der Skopostheorie sehen dies (wie auch das Konzept der Äquivalenz) inzwischen differenzierter und unpolemischer (s. P. Kußmaul 2015:63 f.).

Übersetzers, der dem ZS-Leser einen AS-Text erschließt, s. K. Reiß 1985:33; zur Ethik des Übersetzens, s. o., I.7.2.1).

2.10 Schlussbemerkung

Für die literatur-komparatistisch orientierten *Descriptive Translation Studies* wie auch die linguistisch orientierte Übersetzungswissenschaft (und mit ‚linguistisch' ist ein breites Spektrum von Ansätzen verstanden, unter Einschluss von Text-, Sozio-, Pragma- und Psycholinguistik) ist die Klärung des Übersetzungsbegriffs und die Abgrenzung der Übersetzung von anderen Formen der Textverarbeitung/-reproduktion von grundlegender Bedeutung. Übersetzung wird – als textreproduzierende Aktivität wie auch als Produkt dieser Aktivität – verstanden als ein **historisch-kulturelles Phänomen** und eine **Kulturtechnik** *sui generis*, die im Universum von Textprodukten und unter den vielfältigen textherstellenden Aktivitäten eine eigene Position innehat. Kennzeichnend ist ihre **doppelte Bindung**: die Bindung an den Ausgangstext und die Bindung an die empfängerseitigen Bedingungen und Voraussetzungen. Bei der theoretischen Klärung des Übersetzungsbegriffs und bei der Beschreibung von Übersetzungen ist die Differenzierung und Operationalisierung des Begriffs der Äquivalenz von zentraler Bedeutung. Dies geschieht im folgenden Kapitel.

2.11 Zusammenfassung

In Kapitel 2 wird Äquivalenz als ganz spezifische Beziehung zwischen einem Zieltext und einem Ausgangstext bestimmt. Die Äquivalenzbeziehung wird aus verschiedenen theoretischen Perspektiven beleuchtet. Kennzeichnend für Äquivalenz ist die Bindung der Übersetzung sowohl an den Ausgangstext als auch an die empfängerseitigen Voraussetzungen. Übersetzung wird im Zusammenhang von Textproduktion und Textreproduktion gesehen. Dabei geht es unter anderem um folgende Fragen: Wo läuft die Grenze zwischen Bearbeitung und Übersetzung? Welche Rolle spielt der Begriff der Übersetzungstreue? Relativität und Normativität des Übersetzungsbegriffs werden thematisiert, auch im Zusammenhang mit verschiedenen Ansätzen in der Übersetzungswissenschaft.

3 Differenzierung des Äquivalenzbegriffs

3.1 Übersetzungsäquivalenz und ihre Bezugsrahmen

Die Begriffe *Äquivalenz, Äquivalent* und *äquivalent zu* erscheinen in den meisten Definitionen und Beschreibungen des Übersetzungsprozesses (s. o., I.6.1 und I.6.3): Es wird gesprochen von *equivalent elements* (A. G. Oettinger 1960:110), *equivalent textual material* (J. C. Catford (1965:20), *another formulation as equivalent as possible* (W. Winter 1961:68) und *the closest natural equivalent* (E. A. Nida/C. R. Taber 1969:12). In der Definition von W. Wilss (s. o., II.2.2) ist die Rede von einem *möglichst äquivalenten zielsprachlichen Text.* In diesen Definitionen wird der Äquivalenzbegriff ganz unterschiedlich gefasst. Noch vielfältiger und verwirrender wird das Bild, wenn man sich die verschiedenen näheren Bestimmungen zu Äquivalenz vor Augen hält: inhaltliche, textuelle, stilistische, expressive, formale, dynamische, funktionelle, kommunikative, pragmatische, wirkungsmäßige Äquivalenz.

Die Klärung des Äquivalenzbegriffs muss von drei prinzipiellen Vorüberlegungen ausgehen:

1. (Übersetzungs-)Äquivalenz bedeutet zunächst nur, dass zwischen zwei Texten eine Übersetzungsbeziehung vorliegt; man würde deshalb besser von **Äquivalenzrelation** statt nur von Äquivalenz sprechen.
2. Die Verwendung des Äquivalenzbegriffs setzt die Angabe von **Bezugsrahmen** voraus.
3. Als **ZS-Äquivalente** werden sprachliche/textuelle Einheiten verschiedener Art und unterschiedlichen Ranges und Umfanges bezeichnet, die zu AS-Elementen in einer durch Angabe des/der Bezugsrahmen(s) spezifizierten Äquivalenzrelation stehen.

Zu 1.: Mit dem Begriff der Äquivalenz wird postuliert, dass zwischen einem Text (bzw. Textelementen) in einer Sprache L_2 (ZS-Text) und einem Text (bzw. Textelementen) in einer Sprache L_1 (AS-Text) eine **Übersetzungsbeziehung** besteht. Der Begriff Äquivalenz sagt dabei noch nichts über die Art der Beziehung aus; diese muss zusätzlich definiert werden. Auch die Forderung an die Übersetzung, sie habe äquivalent (oder gleichwertig) zu einem bestimmten Original zu sein, bedarf der inhaltlichen Präzisierung: Es muss angegeben werden, auf welche Qualitäten des AS-Textes sich diese normative Aussage bezieht.

Zu 2.: Die Art der Äquivalenzbeziehung wird dadurch bestimmt, dass man die **Bezugsrahmen** nennt, auf die man sich beim Gebrauch des Äquivalenzbegriffs bezieht. D. h., es ist – in diesem Sinne immer normativ – anzugeben: Äquivalenz bzw. eine Äquivalenzrelation (Übersetzungsbeziehung) zwischen einem bestimmten ZS-Text und einem bestimmten AS-Text liegt dann vor, wenn der ZS-Text bestimmte Forderungen hinsichtlich dieser Bezugsrahmen erfüllt. Die Äquivalenzforderung lässt sich jeweils in die Formel fassen: Die Qualität(en) X des AS-Textes muss (müssen) in der Übersetzung gewahrt werden.

Zu 3.: ZS-Äquivalente sind bezogen auf ausgangstextliche **Übersetzungseinheiten** (s. o., I.6.5); zwischen den AS-Einheiten und den ZS-Äquivalenten bestehen sowohl Ähnlichkeiten als auch Unterschiede, die sich aus dem unterschiedlichen Grad der Erhaltung von Werten ergeben, die den einzelnen Bezugsrahmen zugeordnet sind. Es wird von **fünf Bezugsrahmen** ausgegangen, die bei der Festlegung der Art der Übersetzungsäquivalenz eine Rolle spielen:

1. der **außersprachliche Sachverhalt**, der in einem Text vermittelt wird; Äquivalenztyp: **denotative Äquivalenz (siehe II.3.3)**
2. die im Text durch die **Art der Verbalisierung** (insbesondere: durch spezifische Auswahl unter synonymischen oder quasi-synonymischen Ausdrucksmöglichkeiten) vermittelten Konnotationen; Äquivalenztyp: **konnotative Äquivalenz (siehe II.3.4)**
3. die **Text- und Sprachnormen** (Gebrauchsnormen), die für bestimmte Textgattungen gelten; Äquivalenztyp: **textnormative Äquivalenz (siehe II.3.5)**
4. der **Empfänger** (Leser), an den sich die Übersetzung richtet und der den Text auf der Basis seiner Verstehensvoraussetzungen rezipieren können soll, bzw. auf den die Übersetzung „eingestellt" wird, damit sie ihre kommunikative Funktion erfüllen kann; Äquivalenztyp: **pragmatische Äquivalenz (siehe II.3.6)**
5. bestimmte **ästhetische, formale und individualstilistische Eigenschaften** des AS-Textes; Äquivalenztyp: **formal-ästhetische Äquivalenz (siehe II.3.7)**

Bevor auf diese Bezugsrahmen im Einzelnen eingegangen wird, sollen einige Aspekte der wissenschaftlichen Äquivalenzdiskussion behandelt werden.

3.2 Der Äquivalenzbegriff in der wissenschaftlichen Diskussion

3.2.1 Äquivalenz und Korrespondenz in der kontrastiven Linguistik

Der Begriff der Äquivalenz spielt nicht nur in der Übersetzungswissenschaft, sondern auch in der kontrastiven Linguistik eine zentrale Rolle (s. dazu V. Ivir 2004). In beiden Wissenschaften (oder in Teilbereichen dieser Wissenschaften) werden sprachliche Einheiten verschiedener Art und Größe (vom Phonem bis hin zum Satz und zu satzübergreifenden Konstruktionen) bzw. Äußerungen und Texte (**deskriptiv**) einander zugeordnet. Im Folgenden wird die unterschiedliche Ausrichtung von kontrastiver Linguistik und Übersetzungswissenschaft dargestellt und vorgeschlagen, den Begriff der Äquivalenz für die Übersetzungswissenschaft, den der Korrespondenz für die kontrastive Linguistik zu reservieren.

Nach G. Nickel (1980:633) besteht das Ziel der kontrastiven Linguistik darin, „zwei oder mehrere Sprachen auf allen Ebenen mit Hilfe der Grundlage eines *tertium comparationis* systematisch miteinander zu vergleichen". Was setzen solche Vergleiche voraus in sprachtheoretischer, beschreibungstheoretischer und -praktischer Hinsicht?

1. **Sprachtheoretisch**: Die Vergleichbarkeit von Sprachsystemen bzw. von Teilsystemen muss gegeben sein. Nach K. H. Wagner (1974:375) besteht eines der „diffizilsten theoretischen Probleme" im Begriff der Vergleichbarkeit:

   > Objekte können nur dann kontrastiv verglichen werden, wenn sie Eigenschaften gemeinsam haben, die als Vergleichsgrundlage dienen können. Die Grundlage eines jeden Vergleichs sind Gemeinsamkeiten.

   Nach streng strukturalistischer Auffassung etwa, für die Systemelemente nur hinsichtlich ihres Stellenwerts in Strukturen definiert sind, ist der Vergleich von Einheiten unterschiedlich strukturierter Sprachsysteme theoretisch nicht möglich.

2. **Sprach- und beschreibungstheoretisch**: Unterstellt man, dass Vergleichbarkeit gegeben ist, so besteht bei jedem Vergleich die Notwendigkeit, auf ein bestimmtes Grammatikmodell zurückzugreifen, und zwar ein Modell, das auf beide Sprachen anwendbar ist.
3. **Beschreibungstheoretisch und -praktisch**: Sprachliche Einheiten/Äußerungen in den zu vergleichenden Sprachen müssen auf die grammatischen Kategorien dieser auf beide Sprachen anwendbaren Grammatik bezogen und damit einander zugeordnet werden.

In Arbeiten zur kontrastiven Grammatik werden vor allem die Punkte 2 und 3 problematisiert. So wird die Verwendbarkeit der traditionellen Grammatikkonzeption, taxonomisch-strukturalistischer Modelle, der Stratifikationsgrammatik, der funktionalen Grammatik, der generativen Transformationsgrammatik, der Kasus- und Valenzgrammatik diskutiert; für die Beschreibung von Teilbereichen der Grammatik wurden diese Modelle auch angewendet.[46] Die Wahl des Grammatikmodells und die Verwendbarkeit vorliegender (meist unvollständiger) einzelsprachlicher Grammatiken stellt aber für die kontrastive Linguistik ein nach wie vor nur teilweise gelöstes Problem dar.

Bei Punkt 3 stellt sich die Frage: **Was wird bei kontrastiven Beschreibungen womit verglichen, welche Einheiten der einen Sprache werden aufgrund welcher Kriterien welchen Einheiten der anderen Sprache zugeordnet**? Es geht letztlich um das Problem des *tertium comparationis* bei kontrastiven Analysen:

> All comparisons involve the basic assumption that the objects to be compared share something in common, against which differences can be stated. (T. P. Krzeszowski 1990:15)

Nach L. F. Bouton (1976:44) müssen die Elemente und Strukturen der Sprachen, die man bei kontrastiven Analysen zueinander in Beziehung setzt, äquivalent sein:

> He [der Linguist] must choose what elements from each of the languages he is studying to juxtapose to and contrast with specific elements from the others, and he must decide what sort of equivalence should exist between those elements.

46 Vgl. dazu T. P. Krzeszowski (1990, Kap. VI: „Linguistic models and contrastive studies").

Was ist hier unter Äquivalenz zu verstehen? Wer liefert äquivalente Äußerungen? Und wie und von wem wird Äquivalenz beurteilt? Die Antworten auf diese die theoretische Grundlage der kontrastiven Linguistik betreffenden Fragen lassen sich in vier Kategorien zusammenfassen:

1. **Beispiellieferant und Beurteilungsinstanz** bei kontrastiven Analysen ist **der (ideal) zweisprachige Sprecher**, der in einer bestimmten Situation einen bestimmten Sachverhalt sowohl mit dem Ausdruck A in L_1 als auch mit dem Ausdruck Z in L_2 verbaliseren kann. Kontrastive Linguisten berufen sich dabei auf J. C. Catfords Begriff der textuellen Äquivalenz:

    > The discovery of textual equivalents is based on the authority of a competent bilingual informant or translator (J. C. Catford 1965:27).
    > The SL [= Source Language] and TL [= Target Language] items rarely have ‚the same meaning' in the linguistic sense; but they can function in the same situation. In total translation, SL und TL texts or items are translation equivalents when they are *interchangeable in a given situation.* This is why translation equivalence can nearly always be established at sentence-rank – the sentence is the grammatical unit most directly related to speech-function within a situation. (J. C. Catford 1965:49)

    Dabei übernimmt oft der Linguist selbst die Rolle des Informanten und des Beurteilers textueller Äquivalenz:

    > In order to discover equivalents across languages, one has to rely on the authority of a competent bilingual informant, usually the investigator himself. The informant's judgements are based on his intuition, which is connected with his competence in the two languages. (T. P. Krzeszowski 1990:148)

    Die Vergleichsbasis wird damit in die Bezeichnungsrelation gelegt, d. h. in die Relation sprachlicher Ausdruck → außersprachlicher Sachverhalt. Bei diesem Ausgangspunkt müssten aber sehr viele intralinguale wie interlinguale Paraphrasen einander zugeordnet werden: nämlich alle möglichen Verbalisierungen von Sachverhalten und Handlungen in einer Sprache allen möglichen Verbalisierungen in der anderen Sprache. So lässt sich die Aufforderung an Karl, das Fenster zu öffnen (s. o., I.5.-3), ausdrücken mit *It's a bit chilly here, isn't it* oder *Mach bitte das Fenster auf.* Einer kontrastiven Untersuchung aber, die diese beiden Äußerungen einander zuordnet, würde man mit Recht vorwerfen, dass sie Äußerungen kontrastiert, die man, wenn es um einen Systemvergleich geht, sinnvollerweise nicht kontrastieren sollte. Auf diesen Sachverhalt weist B. Kielhöfer (1975) hin; er nennt als zusätzliches Kriterium, das bei kontrastiven Untersuchungen eine zentrale Rolle spielen muss, die mögliche formale Zuordnung:

> Ein Übersetzungsvergleich [d. h. der Vergleich von textuellen Äquivalenten im Sinne von J. C. Catford] ist nur dann sinnvoll, wenn eine formale Zuordnung der L_1- und L_2-Elemente möglich ist. (118)

2. Die Kompetenz des (ideal) zweisprachigen Sprechers wird als **Beurteilungs- oder Kontrollinstanz** eingesetzt, und zwar in der Weise, dass er die Aufgabe hat, vom Linguisten selbst konstruierte und zugeordnete Sätze in L_1 und L_2 hinsichtlich ihrer Äquivalenz, Grammatikalität und gegebenenfalls auch Akzeptabilität zu beurteilen.
3. In Arbeiten, denen es um kontrastive Beschreibung auf der Basis der *generativen Transformationsgrammatik* geht, wird **der intralinguale Paraphrasenbegriff zur Explikation von interlingualer Äquivalenz** verwendet. So führt K. H. Wagner (1974:376) aus:

> In der generativen Grammatik wird die interlinguale semantische Äquivalenz von verschiedenen Ausdrücken durch die Theorie über die Begriffe „Tiefenstruktur" (semantische Struktur), „Transformation" und „Oberflächenstruktur" erklärt. Verschiedene Ausdrücke sind Paraphrasen voneinander, wenn sie aus einer gemeinsamen Tiefenstruktur durch generelle Transformationsregeln abgeleitet werden können.

Bei diesem Ansatz[47] wird das Äquivalenzproblem aber keineswegs gelöst, sondern nur verschoben, und zwar auf den Begriff der Paraphrase und der Tiefenstruktur: Wann sind zwei Ausdrücke Paraphrasen voneinander? Wie findet man Paraphrasen? Welches ist das Kriterium für die Postulierung identischer Tiefenstrukturen? Ganz abgesehen von der Ungeklärtheit dieser Fragen (vgl. dazu E. Coseriu 1970) hat L. F. Bouton (1976) mit überzeugenden Argumenten und Beispielen dargelegt, dass strukturell ähnliche Oberflächenstrukuren in AS (L_1) und ZS (L_2), bei denen es sich zudem um textuelle Äquivalente handelt, nicht auf eine gemeinsame Tiefenstruktur zurückgeführt werden können. Wenn aber

47 Vgl. dazu T. P. Krzeszowski (1990, Kap. VIII „Contrastive Generative Grammar").

schon strukturell ähnliche, synonyme Konstruktionen nicht auf eine solche gemeinsame Tiefenstruktur zurückgeführt werden können, wie soll dann dies erst für unterschiedliche, von kompetenten Sprechern aber als äquivalent beurteilte Strukturen möglich sein?

4. Das in theoretischen Arbeiten zur kontrastiven Linguistik am häufigsten angeführte und vielen kontrastiven Beschreibungen von Teilbereichen von Grammatiken explizit oder implizit zugrunde liegende Vergleichskriterium ist die Übersetzungsäquivalenz; **verglichen werden Übersetzungsäquivalente**. So führt E. A. Levenston (1965:221 f.) aus:

    > One way of presenting the syntactic differences between languages is what may be called a „translation-paradigm". A grammatical category from language A is listed opposite all the categories in language B by which it may be translated. Whenever possible, the grammatical and contextual criteria governing the choice of one translation rather than another are listed in notes to the paradigm. The most frequent translation is listed first; where it is the unmarked equivalent, always chosen unless there are specific grammatical and/or contextual criteria dictating an alternative choice, no notes need be appended.

Nun erweist sich der Begriff der Übersetzungsäquivalenz und die Verwendung von Übersetzungen als Basis kontrastiver Beschreibungen aus verschiedenen Gründen als problematisch. Ein Argument findet sich in der kritischen Auseinandersetzung von W. Nemser/T. Slama-Cazacu (1970:115) mit den theoretischen Grundlagen und praktischen Zielsetzungen und Ansprüchen der kontrastiven Linguistik:

> A second methodological pitfall is the so-called translation approach, which assumes that the relevant relationships between B [= Base Language] and T [= Target Language] can be established on the basis of semantic equivalence alone [...]. However, since translation (except in types of literature) normally seeks to abstract meaning from form, and learners most often apparently identify B and T elements on the *combined* basis of form and meaning, the yield of this approach is largely irrelevant to contrastive studies.

Wichtig in unserem Zusammenhang scheinen uns folgende Argumente zu sein: Übersetzungsäquivalenz bezieht sich auf *parole*-Sprachvorkommen. Übersetzt werden immer Äußerungen und Texte; der Übersetzer stellt Äquivalenz her zwischen AS-Äußerungen/Texten und ZS-Äußerungen/Texten, nicht zwischen Strukturen und Sätzen zweier Sprachen. Kontrastive Linguistik zielt aber gerade auf Systemvergleich im Bereich von übereinstimmenden und divergierenden Strukturen; sie operiert auf der Ebene der *langue*. Der Schritt von Äußerungen und Texten in zwei Sprachen, die unter dem Gesichtspunkt des Übersetzens als äquivalent zu betrachten sind, zu äquivalenten und vergleichbaren Strukturen und Sätzen in zwei Sprachen bedeutet, dass der Kontrastivist von den vielen möglichen (u. a. in Übersetzungen vorkommenden) Äquivalenten die zu vergleichenden unter Berücksichtigung anderer Kriterien auswählen muss. So etwa muss er unter den möglichen englischen Übersetzungsäquivalenten zu dt. *Steh auf!*: engl. *Stand up! Get up! Get on your feet! Up! Stand!* (vgl. L. F. Bouton 1976:145) dasjenige oder diejenigen auswählen, die bei einem systematischen Vergleich von Interesse sind. Es ist dabei nicht auszuschließen, dass die unter dem Aspekt des Systemvergleichs relevanten Äquivalente gerade *nicht* unter vorliegenden Übersetzungsäquivalenten zu finden sind. Wenn man sagt, dass der Übersetzer Äußerungen und Texte übersetzt, so meint man damit, dass er in Übersetzungstexten, in denen es um „inhaltliche Äquivalenz" geht, Bezeichnungsgleichheit herzustellen versucht. Der gleiche Sachverhalt kann aber in der ZS wörtlicher oder freier wiedergegeben werden; für kontrastive Analysen von Interesse sind aber in erster Linie Entsprechungen, die der AS-Struktur so nahe wie möglich kommen. Äußerungen und Texte übersetzen dagegen bedeutet: die Bedingungen sprachlicher Kommunikation berücksichtigen. Und das heißt, die für bestimmte Textgattungen geltenden Formulierungskonventionen (Sprach- und Textnormen) einhalten, den Bedingungen des kommunikativen Hintergrunds Rechnung tragen und den Empfängerbezug beachten.

Aus obiger Argumentation lässt sich die **unterschiedliche Ausrichtung und Aufgabenstellung von kontrastiver Linguistik und Übersetzungswissenschaft** ableiten:

info

Die **Übersetzungswissenschaft** untersucht die Bedingungen von **Äquivalenz** und beschreibt die Zuordnungen von Äußerungen und Texten in zwei Sprachen, für die das Kriterium der Übersetzungsäquivalenz gilt; sie ist Wissenschaft der *parole*. Die **kontrastive Linguistik** dagegen untersucht Bedingungen und Voraussetzungen von **Korre-**

spondenz (formaler Ähnlichkeit) und beschreibt korrespondierende Strukturen und Sätze; sie ist Wissenschaft der *langue*.

Diese Definition des Aufgabenbereichs der kontrastiven Linguistik impliziert eine starke Einschränkung ihres Untersuchungsfeldes: Sie hat nicht die Aufgabe, alle möglichen bezeichnungsgleichen ZS-Varianten zu beschreiben, wie sie unter unterschiedlichen sprachlichen, textuellen und situativen Bedingungen möglich sind und etwa in Übersetzungen vorliegen können oder von bilingualen Sprechern geliefert werden, sondern nur diejenigen, die strukturell mit den AS-Ausdrücken aufgrund des Korrespondenzkriteriums vergleichbar sind. Die Korrespondenzforderung bedeutet, dass AS-Strukturen in regelhafter Weise ZS-Strukturen zugeordnet werden, wobei diese korrespondierenden Strukturen entweder strukturähnlich, partiell strukturähnlich oder unähnlich sind. Schwierigkeiten ergeben sich bei den unähnlichen Strukturen: Wie unähnlich dürfen zwei Strukturen sein und trotzdem noch als Korrespondenzen betrachtet werden?

Kontrastive Grammatik, Fehler- und Interferenzlinguistik haben selbstverständlich einen wichtigen Platz in dem Teil der Übersetzerausbildung, der sich auf den Aufbau und Ausbau der **fremdsprachlichen Kompetenz** der Übersetzer konzentriert. So gehört die Beschreibung von *faux amis*, oder allgemeiner: von lexikalischen, morphologischen und syntaktischen Interferenzerscheinungen, zum Aufgabenbereich der kontrastiven Linguistik.[48] **Übersetzungskompetenz** ist aber (s. Einführungskapitel) qualitativ etwas anderes als fremdsprachliche Kompetenz. Im Idealfall sollte sich der zukünftige Übersetzer diese fremdsprachliche Kompetenz, zu der das Erkennen und Vermeiden von interferenzbedingten Fehlern gehört, angeeignet haben, bevor die Übersetzungskompetenz ausgebildet wird; in der Ausbil-

48 Bei den *faux amis* (*false friends, falsche Freunde*), d. h. Ausdrücken, die sich in der Form ähnlich sind, in der Bedeutung aber nicht miteinander übereinstimmen, und die als „Fallgruben“ für den Übersetzer bekannt sind, kann man unterscheiden zwischen **diachronischen, intralingualen** *faux amis* (mittelhochdeutsch *arebeit* ≠ neuhochdeutsch *Arbeit*, mhd. *veige* ≠ nhd. *feige*, mhd. *muot* ≠ nhd. *Mut*) und **synchronischen, interlingualen** *faux amis* (frz. *solide* ≠ dt. *solid*, frz. *visage* ≠ dt. *Visage*, frz. *tempérament* ≠ dt. *Temperament*, engl. *linguist* ≠ dt. *Linguist*, engl. *actually* ≠ dt. *aktuell*, engl. *bride* ≠ dt. *Braut*, dt. *Balance* ≠ span. *balance*, dt. *Benzin* ≠ span. *bencina*, dt. *Akademiker* ≠ span. *académico*. – Zu falschen Freunden bei der Übersetzung aus dem Mittelhochdeutschen, s. U. Müller (2009).

dungspraxis der Übersetzerinstitute werden sie im Allgemeinen parallel aufgebaut.

S. Kupsch-Losereit (2004) arbeitet mit dem Begriff der **translatorischen Interferenz**, der sich vom kontrastiv-linguistischen, auf den Fremdsprachenerwerb bezogenen Interferenzbegriff unterscheidet. Denn bei translatorischen Interferenzen handelt es sich in der Regel nicht um (mehr oder weniger primitive) Verstöße gegen strukturelle Gegebenheiten in der ZS. Vielmehr hat man es mit ZS-Sätzen zu tun, die zwar grammatisch oder lexikalisch akzeptabel sind, bei denen sich aber „die tatsächliche Verwendung und die kommunikative Wirkung der grammatischen, thematisch-inhaltlichen, mikro- und makrostrukturellen Strukturen sowie die jeweiligen funktionellen Sprachen in AT [Ausgangstext] und ZT [Zieltext] unterscheiden" (543). Kontrastive Interferenz hat es mit Fehlern oder Abweichungen zu tun, die Korrespondenzen betreffen, translatorische Interferenz betrifft dagegen Inadäquatheiten in Bezug auf Äquivalente.

3.2.2 Äquivalenz und Äquivalenzrahmen: andere Ansätze

Die Äquivalenzproblematik wird in diesem Buch primär unter sprachwissenschaftlichem Aspekt (in einem weiten Sinn) gesehen. In diesem Kapitel wird der Äquivalenzbegriff auf eine Weise differenziert und spezifiziert, die es möglich macht, Übersetzungsfälle, -probleme und -verfahren unter Berücksichtigung sprachlich-stilistischer, textueller und kommunikativer Faktoren und Bedingungen zu beschreiben und zu analysieren.

Die Äquivalenzproblematik kann aber auch anders angegangen und gewichtet werden, insbesondere wenn der normative Aspekt stärker betont wird (vgl. H. Turk 1989:59 ff., der mit den Begriffen der Adäquatheit, der Äquivalenz und der Korrespondenz arbeitet). Hingewiesen sei auf J. Delisle (1984:101 ff.), der im lexikalischen Bereich hinsichtlich des „interpretatorischen Aufwands", den verschiedene Typen von AS-Ausdrücken erfordern, drei Fälle von Äquivalenzbeziehungen bzw. **drei Stufen der lexikalischen Interpretation** (*l'exégèse lexicale*) unterscheidet:

- Die **Stufe Null**: Semantisch eindeutigen Ausdrücken des AS-Textes können in der ZS **semantisch eindeutige Ausdrücke** zugeordnet werden. Das gilt für Eigennamen, Zahlen und wissenschaftliche Termini (in unserer Terminologie: Eins-zu-eins-Entsprechungen, s. u., II.3.3.1).

- Auf der **Stufe 1** handelt es sich um **kontextbedingte Bedeutungen**, die der Übersetzer durch Kontextanalyse ermittelt. Für die AS-Ausdrücke gibt es in der ZS fest zuordenbare, im System präetablierte Entsprechungen, die sich auf die gleiche Wirklichkeit in der gleichen Kommunikationssituation beziehen (in unserer Terminologie: potentielle Äquivalenzbeziehungen im Bereich der Eins-zu-viele-, Viele-zu-eins- und teilweise auch Eins-zu-Teil-Entsprechungen).
- Auf **Stufe 2** gibt es **keine festen Äquivalenzbeziehungen**; das Übersetzen von solchen Textelementen geht von der Sinnerschließung der Originalstelle aus und bedingt schöpferische Wiedergabe durch kreative Ausnützung der ZS-Möglichkeiten, um so zu einem ZS-Ausdruck mit gleichem semantischem und stilistischem Gehalt zu kommen. Die Äquivalenzen auf Stufe 2 sind in höchstem Maße einzeltextbedingt und nicht generalisierbar. (Man könnte in diesem Fall von einzeltextbedingten Problemen bei der Herstellung von Äquivalenz sprechen. Dazu dürften die Eins-zu-Null und teilweise auch die Eins-zu-Teil-Entsprechungen zu rechnen sein – aber nicht nur diese. Außerdem wäre auf dieser Stufe zu unterscheiden zwischen generalisierbaren und nicht-generalisierbaren Äquivalenzbeziehungen.)

Der hier dargestellten Unterscheidung von Äquivalenzrahmen am nächsten kommen die Ansätze von K. Henschelmann (1979), F. G. Königs (1981) und R. Barczaitis (1985). K. Henschelmann (1979:56 ff.) geht von zwei Hauptkategorien aus: Die Inhaltsebene umfasst Denotation (symbolfunktionale Bedeutung) und Konnotation (symptom-/signalfunktionale Bedeutung), d. h. die **Informationsgröße der Inhaltsebene** (Si) besteht aus den beiden Komponenten der semantischen (S) und der pragmatisch-stilistischen (P) Informationsschicht. Si umfasst also unsere Bezugsrahmen 1 (der außersprachliche Sachverhalt) und 2 (die Art der Verbalisierung), teilweise auch 3 (die Text- und Sprachnormen). Die Bezugsrahmen 5 (ästhetische, formale und individualstilistische Eigenschaften) und teilweise auch 3 werden dagegen als **formal-stilistische Informationsgröße** zusammengefasst (SSi); sie ergibt sich aus den (einzelsprachspezifischen) Werten des Zeichens selbst und tritt in Texten am augenfälligsten als „Sprachspiel" in Erscheinung. (Bezugsrahmen 4 wird bei K. Henschelmann ausgeschlossen, da es sich nicht um einen textinternen, sondern einen textexternen Faktor handelt.) K. Henschelmann unterscheidet verschiedene **Äquivalenzgrade** (bei mir: Hierarchie der Äquivalenzforderungen), ausgehend von einer Gewichtung der Informationsgrößen in obligatorische (N), nicht-obligatorische (n) und keine (i) Relevanz. Je nachdem ob Si und SSi obligatorisch relevant oder nicht-obligatorisch/nicht relevant sind, lassen sich verschiedene Äquivalenztypen (und -subtypen) unterscheiden. Der Ansatz von K. Henschelmann stellt eine Gegenposition zu R. W. Jumpelt (1961) und K. Reiß (1971) dar, bei denen **Äquivalenzkriterien nach Texttypen** festgelegt werden (bei K. Reiß: inhaltsbetonte Texte → Invarianz auf der Inhaltsebene, formbetonte Texte → formale Analogie, appellbetonte Texte → Bewahrung des Appells/Effekts). Die verschiedenen Äquivalenztypen sind in K. Henschelmanns Modell rangmäßig nicht festgelegt; sie reichen von minimalen Übersetzungseinheiten (Wort/Syntagma/Satz) bis zum Text als Ganzem.

F. G. Königs (1981) schlägt terminologisch und inhaltlich leicht modifizierte Äquivalenztypen vor: 1. denotative, 2. diastratisch-diatopische, 3. textnormative, 4. pragmatische und 5. formale Äquivalenz. Als zusätzliche Äquivalenztypen führt er ein: 6. die textintendierte Äquivalenz, die sich auf die Funktion bezieht, die der Autor selbst seinem Text zuweist, und 7. die finalistische Äquivalenz, d. h. die Funktion, die die Übersetzung haben soll. Die **außertextuellen Äquivalenztypen 6 und 7** liegen auf einer anderen Ebene als die **textuellen Äquivalenztypen 1–5**, die auf Übersetzungseinheiten bezogen sind. Bei der finalistischen Äquivalenz lassen sich Funktionserhaltung und Funktionswechsel unterscheiden; bei Funktionswechsel stellt sich die Frage, wann nicht mehr (eigentliche) Übersetzung, sondern ein anderer Typ von Textverarbeitung vorliegt (s. o., II.2.4).

R. Barczaitis (1985:35 f.) unterscheidet drei Ebenen: 1. Denotation – referenzsemantische Äquivalenz, 2. Konnotation – konnotative Äquivalenz, bezieht sich auf Sprachvarianten, und 3. werkspezifische (individualtext-typische) Sprachverwendung – ästhetische Äquivalenz.

3.2.3 Äquivalenz als umstrittenes Konzept

In seinem grundlegenden Buch stellt W. Wilss (1977:157) fest, dass es der Übersetzungswissenschaft bisher nicht gelungen sei, „ein hinlänglich detailliertes Faktoreninventar für die Messbarkeit der Äquivalenz von ausgangs- und zielsprachlichem Text zu entwickeln und an die Stelle eines hypostasierten Äquivalenzbegriffes einen theoretisch explizierten, empirisch abgesicherten Äquivalenzbegriff zu setzen". Der zweite Hauptteil dieses Buches wäre nicht mit „Äquivalenz" überschrieben, wenn die Verfasser nicht die Hoffnung hätten, die Forderung von W. Wilss wenigstens teilweise einzulösen. Von den Bemühungen, den Äquivalenzbegriff zu klären – ausgehend von der Feststellung von G. Thome (1990:2), dass „sich keine ernstzunehmende Übersetzungstheorie welcher Ausprägung auch immer der zentralen Frage nach der zwischen einem Text und seiner Übersetzung bestehenden Relation entziehen (kann)" –, sind die Auffassungen zu unterscheiden, die den **Äquivalenzbegriff grundsätzlich ablehnen.**[49] Das gilt vor allem für die Vertreter der funktionalistischen (s. o., II.2.9) und der (neo-)hermeneutischen Übersetzungskonzeption (s. o., II.2.8), aber auch für den „integrativen" Ansatz von M. Snell-Hornby (1986:13 ff.), für die Äquivalenz ein übersetzungstheoretischer Stein des Anstoßes, ja eine „Illusion" ist.[50] J. Holz-Mänttäri (1984:127) gibt jeden Versuch zur Bestimmung der Übersetzungsbeziehung und deren Operationalisierung mit dem Hinweis auf einen immer einzelfallbedingten „Maßstab ‚Zieltextfunktion'" auf. F. Paepcke (1986:113) lässt es mit nebulosen Bemerkungen zu einem sogenannten „geglückten Übersetzen" bewenden:

> Das Geglücktsein einer Übersetzung hängt an dem oszillierenden Mischungsverhältnis von sachhaltiger Information und der sprachlichen Wahrnehmung einer solchen sachhaltigen Information.

Das „Definitionschaos" dürfte jedoch kaum damit überwunden werden, dass man statt Äquivalenz den **Begriff der geglückten Übereinstimmung** vorschlägt, „der dann greift, wenn die Übersetzung als das Nicht-Andere im Vergleich zum Text wirklich erreicht ist" (R. Stolze 1982:168). Der Ausdruck „geglückt" weise „auf den Rest von Nichtvorhersagbarkeit hin, der allem menschlichen Tun anhaftet, der aber auch die Möglichkeit einer Erreichung des Ziels durchaus einschließt".[51] Der Bannstrahl trifft dabei auch den Begriff des Übersetzungsverfahrens, dessen systematischer Charakter dem Intuitiv-Kreativen allen Übersetzens widerspreche:

---

49 Mit dem Äquivalenzkonzept, wie es in diesem Buch vorgelegt wird, setzt sich A. Pym (1997) auf eine produktive und inspirierende Art und Weise auseinander.

50 In neueren Arbeiten wird das Äquivalenzkonzept differenzierter betrachtet, s. M. Snell-Hornby (2006).

51 Es sei aber darauf hingewiesen, dass R. Stolze (1982:385) fast wörtlich dieselben Äquivalenzrahmen ansetzt wie wir: inhaltliche Invarianz, konnotative Analogie, gebrauchsnormative Adäquatheit, pragmatische Wirkungsgleichheit und expressive Entsprechung.

> Das stilistische Vermögen des Übersetzers hängt nun wesentlich mit seiner Intuition und Kreativität zusammen und entzieht sich der Systematisierung im Sinne bestimmter Übersetzungsverfahren. (R. Stolze 1982:338 f.)

Übersetzungspraktisch wie -theoretisch fragwürdig scheint es uns, wenn der eine Brückenkopf, dessen (relative) Stabilität und (relativer) Eigenwert (relative Autonomie) Voraussetzung für die Verwendung des Äquivalenzbegriffs sind, unterhöhlt wird: der AS-Text in seiner sprachlich-textuellen Form als sine qua non jeder Übersetzung (s. o., II.2.9). Diesbezüglich extrem ist die Auffassung von J. Holz-Mänttäri (1986:355):

> Für ‚translatorisches Handeln' ist es wesentlich, den Gedanken fallen zu lassen, dass Texte oder Teile davon oder gar Sprachen ‚übersetzt' werden.

Die wesentlichen Punkte, die gegen eine solche einseitige zweck- und empfängerbezogene Übersetzungskonzeption angeführt werden können, finden sich bereits in K. Henschelmannn (1979:55 f.), wo der Begriff der Verstehbarkeit im Vordergrund steht: **Herstellung von Übersetzbarkeit** ist, wegen der doppelten Bindung der Übersetzung (s. o., II.2.2), etwas anderes als **Herstellung von Verstehbarkeit**. Zwei Argumente sprechen nach K. Henschelmann gegen die Verstehbarkeit als generellen Äquivalenzmaßstab:

1. Übersetzung ist keine „originäre Textproduktion". Sie ist vielmehr „an die AS-Kommunikationssphäre gekoppelt; dort wird mit dem AS-Text ein Kommunikationsangebot gemacht, bei dem gegebenenfalls der Faktor der Effektivität, der Verständlichkeit oder Lesbarkeit gerade keine oder eine nur untergeordnete Rolle für die Textkonstitution spielt und beispielsweise vor dem Originalitätsanspruch des Autors oder seinem Verfremdungswillen gegenüber erstarrten Rezeptionsgewohnheiten in den Hindergrund tritt".
2. Ein Äquivalenzbegriff, der sich an der Kategorie der Verstehbarkeit orientiert, hätte „eine totale Situations- und Rezeptionsabhängigkeit der Übersetzungsäquivalenz und mithin die Atomisierung dieses Begriffs zur Folge".

Anzumerken ist abschließend, dass der Äquivalenzbegriff **primär als theoretisches Konzept umstritten** ist; in der praktischen Übersetzungsarbeit und in zahlreichen empirisch orientierten Arbeiten (ganz zu schweigen von unzähligen Diplom- und Prüfungsarbeiten im Rahmen der Übersetzerausbildung) zu Übersetzungsvergleich und -kritik, und zu einzelnen sprachlich-stilistischen Übersetzungsproblemen hat er seine Brauchbarkeit immer wieder erwiesen.

3.3 Denotative Äquivalenz, Entsprechungstypen und Übersetzungsverfahren

Im Hinblick auf die Kategorie der denotativen Äquivalenz stellt sich der Übersetzungswissenschaft die Aufgabe, sprachenpaarbezogen die potentiellen Äquivalenzbeziehungen zu beschreiben und anzugeben, welche Faktoren textueller Art die Wahl eines bestimmten Äquivalents im konkreten Übersetzungsfall bestimmen. Zentraler Gegenstandsbereich bei der Beschreibung denotativer Äquivalenzbeziehungen ist die **Lexik** (Wörter und feste Syntagmen einer Sprache), weil hier die Sprachen am produktivsten sind bzw. sein müssen (insbesondere unter Ausnutzung bestehender oder neuer Wortbildungsmöglichkeiten), um den sich verändernden Kommunikationsbedürfnissen und -zwecken gerecht zu werden. Vom Übersetzungsstandpunkt aus ist davon auszugehen, dass denotative Äquivalenz mittels kommentierender Übersetzungsverfahren (s. u., II.3.9) prinzipiell erreicht werden kann, unter Umständen allerdings auf vom sprachlichen Aufwand her gesehen unökonomische Weise. „Prinzipiell" heißt hier: unter Absehung von anderen Kategorien, die beim Übersetzen eine Rolle spielen (Lesbarkeit und Verständlichkeit, Empfängerbezug, konnotative und formal-ästhetische Werte des Textes). Im lexikalischen Bereich lassen sich fünf Entsprechungstypen unterscheiden: Eins-zu-eins-, Eins-zu-viele-, Viele-zu-eins-, Eins-zu-Null- und Eins-zu-Teil-Entsprechungen.[52]

52 S. dazu auch E. E. von der Weppen (1982). – R. Arntz/H. Picht/F. Mayer (2004:153 ff.) unterscheiden in der zweisprachigen Terminologie vier Äquivalenz-Fälle (Äquivalenz wird definiert als Übereinstimmung von zwei Termini in sämtlichen Begriffsmerkmalen): 1. vollständige begriffliche Äquivalenz (Beispiel: dt. *Verursacherprinzip* – engl. *pay-as-you-pollute principle* – frz. *principe „pollueur-payeur"*), 2. Überschneidung (engl. *civil servant* – dt. *Beamter*), 3. Inklusion (frz. *social* – dt. *sozial*), 4. keine begriffliche Äquivalenz (Beispiel: frz. *académicien* ≠ dt. *Akademiker*). Während es sich bei den Fällen 1.–3. um Eins-zu-eins- und Eins-zu-Teil-Entsprechungen handelt, so ist der Fall 4. nicht identisch mit der Eins-zu-Null-Entsprechung. Hier geht es nämlich um die Erscheinung der falschen Freunde, d. h. Fälle von Benennungs*ähnlichkeit* bei begrifflicher Verschiedenheit.

3.3.1 Die Eins-zu-eins-Entsprechung

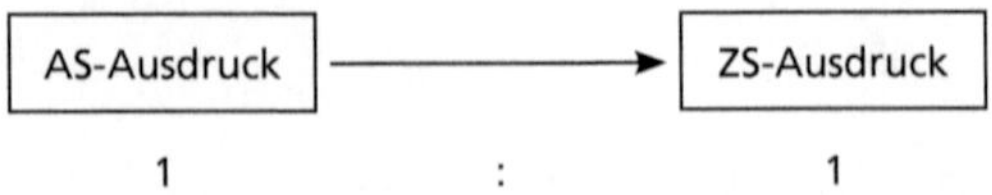

Abb. II.3.-1

dt. *Kalenderjahr* → frz. *année civile*
engl. *control signal* → dt. *Stellgröße*[53]
dt. *fünf* → schwed. *fem*
frz. *bouc émissaire* → dt. *Sündenbock*
dt. *die Schweiz* → frz. *la Suisse*

Übersetzungsschwierigkeiten können dann auftreten, wenn in der ZS synonymische Varianten gegeben sind: engl. *car* → dt. *Auto/ Wagen*, frz. *samedi* → dt. *Samstag/Sonnabend*, engl. *scanner* → dt. *Scanner/Abtastgerät/Abtastvorrichtung*, engl. *appendicitis* → dt. *Appendizitis/Entzündung des Wurmfortsatzes/Blinddarmentzündung*. Es handelt sich bei diesen Mehrfachentsprechungen allerdings um Synonyme nur auf der denotativen Ebene, in Bezug auf konnotative Werte (s. u., II.3.4.1) sind sie nicht gleichwertig.

3.3.2 Die Eins-zu-viele-Entsprechung

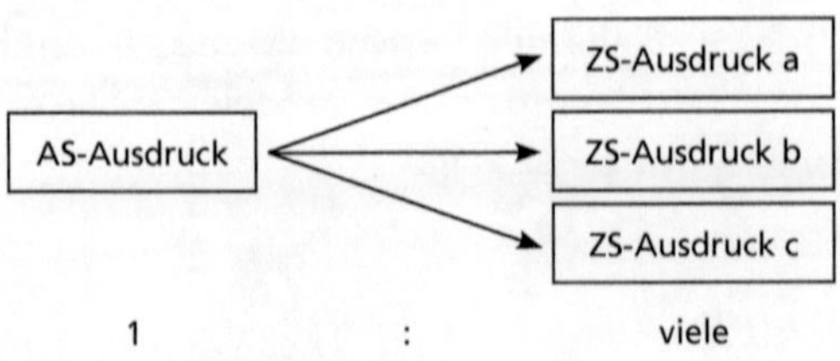

Abb. II.3.-2

engl. *control* → dt. *Regelung – Steuerung – Bedienung – Regelgerät – Regler – Steuergerät – Bedien(ungs)organ*[54]
engl. *river* → frz. *fleuve – rivière*

53 Beispiel aus R.W. Jumpelt (1961:44).
54 Beispiel aus R.W. Jumpelt (1961:44).

dt. *verheiratet* ⟶ tschech. *ženatý – vdaná*[55]
dt. *Großvater* ⟶ schwed. *morfar – farfar*

Bei der Übersetzung lassen sich drei Fälle unterscheiden:

1. Aus dem Textzusammenhang (Kotext) oder auf der Basis von „Wissen über die Welt" kann erschlossen werden, welche der potentiellen Entsprechungen zutrifft, d. h., ob es sich bei dem betreffenden *Großvater* um den Großvater väterlicherseits (*farfar*) oder den Großvater mütterlicherseits (*morfar*) handelt, oder ob der betreffende Fluss ins Meer mündet (*fleuve*) oder sich in einen anderen Wasserlauf ergießt (*rivière*).[56]
2. Es kann im betreffenden Textzusammenhang irrelevant sein, ob es sich um *morfar* oder *farfar*[57] bzw. um *fleuve* oder *rivière* handelt.
3. Übersetzungsprobleme treten dann auf, wenn der unspezifizierte Ausdruck gefordert ist: *Wer möchte nicht gern Großvater sein?* ⟶ schwed. ? Auf der Textebene liegt in diesem Fall eine *Lücke* vor. Diese ist als *unechte Lücke* zu betrachten, weil sie rein textbedingt ist; vom Denotat her gesehen decken schwed. *farfar* + *morfar* den ganzen Großvater-Begriff des Deutschen ab. Das gilt für alle Oberbegriffe einer Sprache, die in anderen Sprachen mit mehreren Unterbegriffen erfasst werden. So verfügt das Deutsche über den Ausdruck *Gezeiten*, mit dem *Ebbe* und *Flut* zusammengefasst werden; das Russische hat keinen Sammelbegriff, sondern nur die Einzelausdrücke *otliv* ‚Ebbe' und *priliv* ‚Flut'. Ähnlich liegt der Fall bei dt. *Geschwister*, das keine direkten Entsprechungen im Russischen und im Französischen hat. Als Übersetzungsverfahren bietet sich die Wiedergabe des Oberbegriffs als Summe der Unterbegriffe an (dt. *Gezeiten* ⟶ russ. *priliv i otliv* ‚Flut und Ebbe') oder die Verwendung eines anderen übergeordeneten Begriffs: dt. *Wir sind vier Geschwister* ⟶ frz. *Nous sommes quatre enfants*, dt. *Wer möchte nicht gern Großvater sein?* ⟶ schwed. *Vem skulle inte gärna ha barnbarn?* ‚Wer hätte nicht gern Enkelkinder?'.

---

55 Beispiel aus G. Jäger (1975:135 ff.): *ženatý* wird gebraucht, wenn sich *verheiratet* auf den Mann, *vdaná*, wenn es sich auf die Frau bezieht.

56 Nach M. Wandruszka (1969:37) handelt es sich bei dieser Unterscheidung allerdings ohnehin nur um eine „Sprachregelung der Ämter und Schulen".

57 Zu möglichen Unterschieden zwischen *morfar* und *farfar* im konnotativ-affektiven Bereich, s. S. Öhman (1951:163 ff.).

Zu den Eins-zu-viele-Entsprechungen, die Übersetzungsschwierigkeiten zur Folge haben können, gehört der Fall, dass in der ZS Bedeutungen obligatorisch ausgedrückt werden, die in der AS unausgedrückt bleiben. Als Beispiel kann die Genusdifferenzierung dienen: Das im Englischen genus-unspezifizierte *a friend of mine* muss im Russ. und im Dt. spezifiziert werden, je nachdem ob es sich um *einen Bekannten* oder *eine Bekannte* handelt. Geht das Geschlecht des/der Bekannten aus dem Kotext hervor, bietet die Übersetzung keine Schwierigkeiten; geht es nicht aus dem Kotext hervor, so ist die Lösung mindestens in literarischen Texten nicht einfach, wenn sich Formen wie *der/die Bekannte, der/die Freund/-in* verbieten. Die Schwierigkeiten steigern sich, wenn es sich um Texte wie Shakespeares Sonette handelt, aus denen nicht hervorgeht, ob sich der Autor an eine Frau oder einen Mann wendet; im Russischen besteht aber der Zwang, das Geschlecht auch in der Flexion zum Ausdruck zu bringen. So tritt der Fall ein, dass in verschiedenen Übersetzungen desselben Sonettes in einem Fall das geliebte Wesen eine Frau, im anderen ein Mann ist (vgl. L. Barchudarow 1979:158 ff.).

3.3.3 Die Viele-zu-eins-Entsprechung

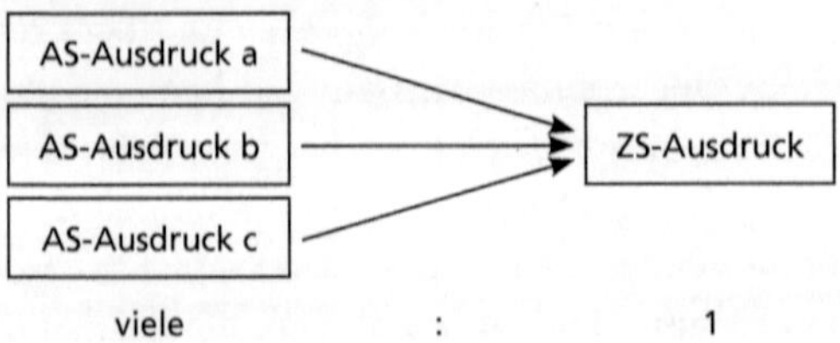

Abb. II.3.-3

schwed. *leka* – *spela* ⟶ dt. *spielen*[58]
engl. *control* – *control unit* – *regulator* – *governor* ⟶ dt. *Regler*
schwed. *morfar* – *farfar* ⟶ dt. *Großvater* (= aufgehobene Differenzierung)

Bei der Übersetzung kann – falls es der Textzusammenhang erfordert – die in der ZS-Entsprechung aufgehobene Differenzierung durch attributive Adjektive und Genitive, Zusammensetzungen, Adverbien usw. ausgedrückt

58 *leka* wird verwendet, wenn es um das Spielen der Kinder geht, *spela* dagegen, wenn es sich um ein Musikinstrument handelt.

werden: schwed. *morfar* → dt. *Großvater mütterlicherseits* (in Textzusammenhängen, wo die Spezifizierung irrelevant ist, genügt die Wiedergabe mit dt. *Großvater* allein).

3.3.4 Die Eins-zu-Null-Entsprechung

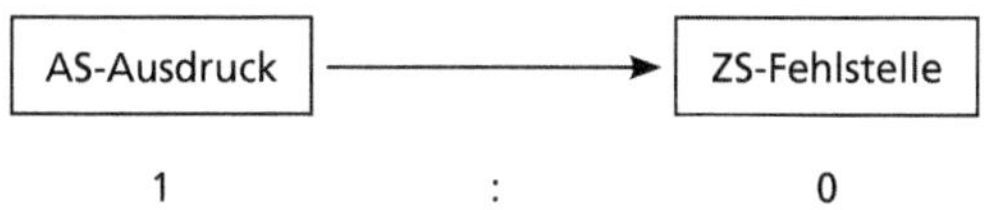

Abb. II.3.-4

engl. *layout* → dt. ?
engl. *performance* (Linguistik) → dt. ?
engl. *fast-breeder reactor* → dt. ?
dt. *Bundesgerichtshof* → schwed. ?
schwed. *ombudsman* → dt. ?
dt. *Berufsverbot* → frz. ?

Bei den Eins-zu-Null-Entsprechungen handelt es sich um **echte Lücken** im lexikalischen System der ZS. Im Hinblick auf das Übersetzen als Problemlösungsaufgabe sind es allerdings nur vorläufige Lücken: Der Übersetzer hat die Aufgabe, diese Lücken im Zieltext zu schließen. Solche Lücken gibt es insbesondere bei **Realia-Bezeichnungen** (sogenannten landeskonventionellen, in einem weiteren Sinne: kulturspezifischen Elementen), d. h. Ausdrücken und Namen für Sachverhalte politischer, institutioneller, soziokultureller, geographischer Art, die spezifisch sind für bestimmte Länder.[59] Mit den Eins-zu-Null-Entsprechungen und den darauf bezogenen Übersetzungsverfahren hat sich die linguistisch orientierte Übersetzungswissenschaft ausführlich beschäftigt.

59 Vgl. S. Öhman (1951, Kap. 4 „Aus dem Wortschatz im Gebiete menschlicher Einrichtungen"), E. Boecker (1973, Kap. 2.3 „Extralinguistic problems: Cultural distance"), O. Kade (1968:71 ff.), G. Magnusson (1987:98 ff.), P. Newmark (1981:70 ff. „The translation of proper names and institutional and cultural terms"), K. Henschelmann (1980:29 ff.), L. Barchudarow (1979:100 ff. „äquivalentlose Lexik"), R. Barczaitis (1985:48 ff.), W. Kutz (1981), G. Jäger (1976), B. Bödeker/K. Freese (1987), I. Lukačovičová (1997), P. Kujamäki (2004), J. House (2004b), B. Schultze (2004a).

Um Lücken zu schließen, bieten sich folgende fünf Übersetzungsverfahren an:[60]

1. **Übernahme** des AS-Ausdrucks in die ZS (ggf. in Anführungszeichen): a) unverändert als **Zitatwort** (Fremdwort): engl. *joint venture* → dt. „*joint venture*“ → dt. *Joint Venture*; engl. *public relations* → dt. *Public Relations*; dt. *Berufsverbot* → frz. *le Berufsverbot*; schwed. *ombudsman* → dt. *der Ombudsmann*; norw. *flatbrød* → dt. *das Flatbrød*. b) vollständige oder teilweise **Anpassung** an die phonetischen, graphemischen und/oder morphologischen Normen der ZS (Lehnwort): schwed. *ombudsman* → dt. *der Ombudsmann, des Ombudsmannes, die Ombudsmänner* (inzwischen auch die feminine Form*: Ombudsfrau,* für *Ombudsfrauen und Ombudsmänner* auch *Ombudsleute);* engl. *performance, linking* → dt. *die Performanz, das Linking*; engl. *layout* (Verb) → dt. *layouten*; dt. *umgelautete Vokale* → engl. *umlauted vowels*; engl. *recycling* → frz. *le recyclage.*
2. **Lehnübersetzung**: der AS-Ausdruck wird wörtlich (Glied für Glied) in die ZS übersetzt: engl. *bomb carpet* → dt. *Bombenteppich*, frz. *tapis de bombes*; dt. *Der Deutsche Fußballbund* → schwed. *Tyska fotbollsförbundet*; engl. *data processing* → dt. *Datenverarbeitung*; engl. *fast-breeder reactor* → dt. *Schneller Brüter*; engl. *the grassroots of the nation* → dt. *die Graswurzeln der Nation*; dt. *Berufsverbot(e)* → frz. *les interdictions professionelles.*
3. **Wahl der am nächsten liegenden Entsprechung**: Als Entsprechung zum AS-Ausdruck wird in der ZS ein bereits in ähnlicher Bedeutung verwendeter Ausdruck gebraucht: engl. *performance* (Linguistik) → dt. *Sprachverwendung*; engl. *public relations* → dt. *Öffentlichkeitsarbeit – Kontaktpflege – Werbung – Propaganda.*
4. **Explikation**: Der AS-Ausdruck wird in der ZS umschrieben, kommentiert oder definiert (s. u., II.3.9): engl. *non-foods* → dt. *Produkte, die keine Lebensmittel sind*; engl. *runner* → dt. *sich rasch verkaufendes Produkt.*
   Das 4. Verfahren ist allerdings nur begrenzt anwendbar: Sobald ein bestimmter Sachverhalt öfter bezeichnet werden muss oder wenn die terminologische Erfassung nötig ist, kommen nur die Verfahren 1–3 in Frage. Die definitorische Umschreibung, die auch in einer Fußnote oder Anmerkung stehen kann, ist aber in Kombination mit den Verfahren 1–

60 Zu den Übersetzungsverfahren, s. den Übersichtsartikel von K. Henschelmann (2004).

3 nicht selten die einzige Lösung, einen neuen Ausdruck genau, verständlich und leserfreundlich im ZS-Text einzuführen. Sie ist insbesondere in Kombination mit Verfahren 3 zu empfehlen, weil bei diesem die Gefahr besteht, dass der ZS-Ausdruck im Sinne der konventionellen, ggf. unscharfen oder abweichenden ZS-Bedeutung, und nicht im Sinne der AS-Verwendung verstanden wird. So ist der *performance*-Begriff N. Chomskys (1965:3 ff.) wesentlich eingeschränkter als das, was man im Dt. unter dem Begriff **Sprachverwendung** versteht. Mindestens sollte bei diesem Verfahren der AS-Ausdruck in eckigen Klammern hinzugefügt werden, um darauf hinzuweisen, dass es sich um eine spezifisch terminologische AS-Verwendung handelt: *Sprachverwendung [performance], interdictions professionelles [Berufsverbote].*

In der konkreten Übersetzungssituation kann die Anwendung der Übersetzungsverfahren 1.–4. erst dann in Frage kommen, wenn sich der Übersetzer unter Heranziehung aller relevanten Hilfsmittel (Wörterbücher, Terminologielisten, Übersetzungen im gleichen Textbereich, Paralleltexte, ggf. Rückfrage bei Fachleuten) vergewissert hat, dass er tatsächlich sprachliches Neuland betreten muss. Bei den Verfahren 1. und 2., mit denen neue Ausdrücke in die ZS eingeführt werden, darf der Übersetzer nicht willkürlich vorgehen: Er hat sich – im fachsprachlichen Bereich – an die Grundsätze der Terminologienormung zu halten:[61]

> Benennungen sollen sich nach Form und Inhalt zwanglos in das bestehende Gefüge der Sprache einordnen. Beim Bilden von Benennungen soll auch auf die internationale Angleichung der Begriffe und Benennungen Bedacht genommen werden. Die Benennungen sollen sein: klar – einfach – einprägsam – leicht aussprechbar – geeignet zum Bilden von Ableitungen. (Benennungsregeln des Normblatts DIN 2330, nach H.-R. Fluck 1996:119)

In Übersetzungen literarischer Texte wird das Verfahren 1 nicht selten aus Gründen des Lokalkolorits oder der Authentizität verwendet; es handelt sich um bewusste **Verfremdung** (Beispiel: Übernahme englischer Anredeformen und Titel in Übersetzungen von Kriminalromanen). Das Verfahren kommt aber auch in Originaltexten zur Anwendung, man denke etwa an Ernest Hemingways „Fiesta“ oder an Max Frischs „Montauk“. Die betreffenden französischen und spani-

61 Zur Terminologiearbeit, s. E. Arntz/H. Picht/F. Mayer (2004), I. Hohnhold (1990).

schen bzw. englisch-amerikanischen Einschläge stellen ein Übersetzungsproblem besonderer Art dar.[62]

5. **Adaptation**: Unter diesem Verfahren versteht die *Stylistique comparée* (vgl. J.-P. Vinay/J. Darbelnet 1971, A. Malblanc 1968) die Ersetzung des mit einem AS-Ausdruck erfassten Sachverhalts durch einen Sachverhalt, der im kommunikativen Zusammenhang der ZS eine vergleichbare Funktion bzw. einen vergleichbaren Stellenwert hat – aus dem engl. *Burberry* wird ein dt. *Lodenmantel*.[63] Beispiel aus J.-P. Vinay/J. Darbelnet (1971:53):

> Pour prendre un exemple, on peut citer le fait pour un père anglais d'embrasser sa fille sur la bouche comme une donnée culturelle qui ne passerait pas telle quelle dans le texte français. Traduire: „he kissed his daughter on the mouth" par „il embrassa sa fille sur la bouche", alors qu'il s'agit simplement d'un bon père de famille rentrant chez lui après un long voyage, serait introduire dans le message LA (= langue d'arrivée, ZS] un élément qui n'existe pas dans LD [= langue de départ, AS]; c'est une sorte particulière de surtraduction. Disons: „il serra tendrement sa fille dans ses bras", à moins que le traducteur ne veuille faire de la couleur locale à bon marché.

Zur Übersetzung der ersten Zeile von T. S. Eliots „The Waste Land" („April is the cruellest month, breeding") gibt K. Junkes-Kirchen (1988: 258) folgenden Kommentar:

> Die erste Zeile gilt als Reminiszenz an Chaucers *Canterbury Tales*, die mit der Frühlingsevokation „Whan that Aprill with his shoures soote" beginnen und auf die jahrhundertealte Tradition der englischen Lyrik verweist, in der der Monat April (bedingt durch die klimatische Situation der britischen Inseln) als Frühlingsbeginn gefeiert wird. [...] Um die Wirkungsgleichheit zu erzielen, müsste *April* hier durch den Monat *Mai* ersetzt werden, der im mitteleuropäischen Sprach- und Kulturraum die Konnotationssphäre als „Wonnemonat" besitzt und entsprechend in der dichterischen Tradition verankert ist. Demnach lautete die erste Zeile: „Der Mai ist der grausamste Monat". Diese Übersetzungsentscheidung würde jedoch eine Gesamtverschiebung der übersetzerischen Methode zur Konsequenz haben (zur Imitation hin). Deshalb, und um den Verweis auf die *englische* Literaturtradition zu erhalten,

---

62 Zur Fremdsprachigkeit/Mehrsprachigkeit/Sprachwechsel in literarischen Texten s. S. Boytcheva (2010), G. Radaelli (2011), S. Arnaudova (2015), W. Helmich (2016).

63 Vgl. H. Gerzymisch-Arbogast (1987:82 f.).

verblieb ich in der bisherigen Übersetzungstradition dieser Stelle. [d. h., K. Junkes-Kirchen übersetzt mit „April ist der grausamste Monat"]

Das Verfahren der Adaptation ist im Zusammenhang mit der **adaptierenden Übersetzung** zu sehen, d. h. der kulturellen Assimilierung des AS-Textes im kommunikativen Zusammenhang der ZS (s. o., I.3.2).[64] Im Extremfall führt dieses Verfahren dazu – die Geschichte der literarischen Übersetzung zeigt, dass es in bestimmten Epochen ein weit verbreitetes Verfahren war (etwa in der Aufklärungszeit) –, dass der AS-Text nur noch Ausgangspunkt für eine Originalproduktion in der ZS ist. Es wird mit anderen Worten die Grenze zwischen Textreproduktion und Textproduktion, zwischen Übersetzung und autonomer Originalproduktion überschritten, d. h. es kann nicht mehr von einer Übersetzung mit bearbeitenden Elementen gesprochen werden, sondern es handelt sich um Textproduktion (mit bearbeitenden und ggf. übersetzten Elementen, s. dazu die Untersuchung von G. Nover 1982). **Punktuelle Adaptationen** sind als bearbeitende, d. h. textproduzierende Elemente in der Übersetzung zu betrachten. Diese können durchaus angemessen, ja unumgänglich sein, wenn die Übersetzung ihre Leser erreichen will, d. h. unter dem Aspekt pragmatischer Äquivalenz (s. u., II.3.6). Um einen solchen Fall – dessen Art und Notwendigkeit man übersetzungskritisch diskutieren müsste – handelt es sich beim Beispiel von J.-P. Vinay/J. Darbelnet: Aus dem englischen Vater, der seine Tochter auf englische Weise begrüßt, wird ein französischer Vater, der dies auf französische Weise tut. Man würde sich wünschen, dass der Übersetzer adaptierende Texteingriffe an Ort und Stelle kenntlich macht bzw. in einem Vor- oder Nachwort erläutert und begründet (zur Ethik des Übersetzens, s. o., I.7.2.1).

3.3.5 Die Eins-zu-Teil-Entsprechung

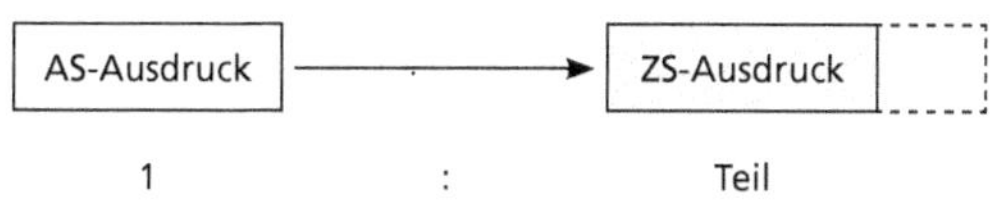

Abb. II.3.-5

64 Statt von Assimilierung wird auch von *Domestikation* gesprochen, s. M. Farghal/M. Al-Hamly (2010). – Zum Problem der kulturellen Adaptation im Zusammenhang mit der Bibelübersetzung, s. J. Gnilka/H. P. Rüger, Hrsg. (1985), J.-C. Margot (1979:90 ff.).

dt. *Geist* → engl. *mind*
schwed. *trivas* → dt. *sich wohl fühlen*
dt. *Stimmung* → frz. *ambiance*
frz. *esprit* → dt. *Geist*

Klassisches Beispiel für Eins-zu-Teil-Entsprechungen sind die Farbbezeichnungen verschiedener Sprachen, in denen das Farbenspektrum auf mehr oder weniger stark divergierende Weise segmentiert wird.[65] Um Eins-zu-Teil-Entsprechungen handelt es sich deshalb, weil dem *Rot* in einer vierteiligen Skala nicht das *Rot* entspricht, wie es die siebenteilige Skala segmentiert. Allerdings können die Farbbezeichnungen nicht als Beispiele für Unübersetzbarkeit im denotativen Bereich herangezogen werden: Neben einfachen Farbbezeichnungen gibt es andere Möglichkeiten, Farben bis in die feinsten Nuancen sprachlich zu erfassen. Man denke an die Möglichkeiten der Kombination von Farbbezeichnungen (*rotbraun*), der Ableitung (*gelblich, blaugrünlich*) und des Vergleichs (*rot wie Blut, grün wie der Tannenbaum, horizontblau, zitronengelb*).

Der Vergleich größerer und kleinerer Wortfelder in verschiedenen Sprachen führt immer wieder zur Feststellung von Eins-zu-Teil-Entsprechungen. Ein schönes Beispiel wird von E. Leisi (1973:94 f.) analysiert:

> Deutsch *Hexe* und englisch *witch* entsprechen sich nicht ganz: das englische Wort hat neben sich das Wort *hag* mit den Elementen ‚alt', ‚hässlich', ‚Frau (ohne Zauberkraft)'; sollen diese Elemente betont werden, so wird *hag* gebraucht. Die Folge ist, dass bei *witch* die Elemente des Schönen, Jugendlichen, Zauberhaften stärker oder häufiger in den Vordergrund treten als bei *Hexe* [...]. Vom Deutschen aus gesehen kann man auch sagen, dass sich *witch* bereits der Bedeutung von *Fee* nähert. Betrachtet man anderseits englisch *fairy*, so stellt man fest, dass hier (im Vergleich zu *Fee*) das Kleine, Elfenhafte, stärker vorherrscht; auch kommt *fairy* viel häufiger im Plural vor als *Fee* (*dance of fairies* usw.). Das Wort ist also wiederum „verschoben", und zwar gegen die Bedeutung von deutsch *Elfe* hin. Englisch *elf* wiederum geht stärker gegen deutsch *Kobold*. Die Bedeutungen der englischen Wörter im Vergleich mit den entsprechenden deutschen können etwa so dargestellt werden:

65 G. Leech (1974:235) führt in einer Tabelle acht Sprachen auf, die zwischen zwei und elf *basic colour terms* enthalten. S. auch die Studie von H. Haarmann (2005).

Deutsch:	Hexe	Fee	Elfe	Kobold
Englisch:	hag	witch	fairy	elf

Abb. II.3.-6

Als Beispiele für Eins-zu-Teil-Entsprechungen werden gerne sogenannte **unübersetzbare Wörter** angeführt: dt. *Geist*, *Stimmung*, frz. *esprit*, russ. *toská*, *néga*, schwed. *lagom*, *trivas*. Dt. *Sinn*, *Geist*, *Verstand*, *Feinsinnigkeit* sind Teil-Entsprechungen zu frz. *esprit*; dt. *Sehnsucht*, *Sorge*, *Melancholie*, *Trauer*, *Niedergeschlagenheit*, *Langeweile* zu russ. *toská*, und engl. *mind*, *intellect*, *intelligence*, *thinking faculty*, *spirit*, *human spirit* zu dt. *Geist*.

Beispiel II.3.-1

Der Übersetzer ist bei folgender Stelle aus der „Vorrede" von Friedrich Nietzsches „Jenseits von Gut und Böse" mit dem Problem der Wiedergabe des „unübersetzbaren Wortes" *Geist* konfrontiert (vgl. auch *Beispiel II.3.-26*):

> Aber wir, die wir weder Jesuiten, noch Demokraten, noch selbst Deutsche genug sind, wir *guten Europäer* und freien, *sehr* freien Geister – wir haben sie noch, die ganze Not des Geistes und die ganze Spannung seines Bogens! Und vielleicht auch den Pfeil, die Aufgabe, wer weiß? Das *Ziel*...

Die Übersetzung ins Englische lautet folgendermaßen:

> But we who are neither Jesuits nor democrats, nor even sufficiently German, we *good Europeans* and free, *very* free spirits – we have it still, the whole need of the spirit and the whole tension of its bow! And perhaps also the arrow, the task and, who knows? the *target*... (F. Nietzsche, „Beyond Good and Evil." Translated, with an Introduction and Commentary, by R. J. Hollingdale, 1973, 14).

Dt. *Geist* wird also mit engl. *spirit* wiedergegeben, wozu der Übersetzer, der den Text gleichzeitig kommentiert, anmerkt:

> ‚*Geister*' is the plural of ‚*Geist*', a word whose meaning and overtones cannot be fully transmitted in a single English word: it means mind,

intellect, the intelligence, the thinking faculty, the ‚spirit' as opposed to the ‚body' (and thus, in the right context, ‚ghost'), and broadly speaking everything contained in the concept ‚the human spirit'. In the present translation I have consistently rendered *Geist* as ‚spirit', but the reader should remember that the word as used in German is strongly biased towards equating ‚spirit' and ‚mind', so that the idea of intelligence is bound up with it. A ‚free spirit' is thus something comparable with a ‚freethinker', although Nietzsche very strongly repudiates any equating of the two. (206)

Die Übersetzungsschwierigkeiten, die sich aus dem Sachverhalt der Eins-zu-Teil-Entsprechung ergeben, sollten weder über- noch unterschätzt werden. Im konkreten Übersetzungsfall bereiten sie keineswegs immer Schwierigkeiten, denn eine Teilentsprechung kann in einem bestimmten Textzusammenhang durchaus als adäquate Übersetzung fungieren. Es ist auch möglich, dass eine Teilentsprechung, die an sich nicht den vollen Inhaltsbereich des AS-Ausdrucks abdeckt, im Kotext im AS-Sinne definiert wird (d. h. der ZS-Ausdruck nimmt neue Bedeutungsqualitäten an). In Texten aber, wo es auf das ganze Inhaltsspektrum oder auf die genaue Wiedergabe einer (Teil-)Bedeutung des AS-Ausdrucks ankommt, weil erst damit ein angemessenes Verständnis in der ZS gewährleistet ist, und/oder wo die einheitliche und durchgängige Wiedergabe eines AS-Ausdrucks gefordert ist, stößt die Übersetzung und die Übersetzbarkeit an ihre Grenzen. Als Übersetzungsverfahren kommen in diesen Fällen nur noch **kommentierende Verfahren** in Frage.

Auf den Sachverhalt, dass Wortinhalte in verschiedenen Sprachen nur teilweise miteinander übereinstimmen, weil die sozialen, politischen, wirtschaftlichen, kulturellen, historischen Hintergründe des Sprachgebrauchs verschieden sind, haben besonders Ethnologen und **Übersetzer ethnographischer Schriften** hingewiesen. Im Zusammenhang mit der Darstellung der mutterrechtlichen Gesellschaftsordnung, die für die Eingeborenen der

Trobriand-Inseln gilt, führt B. Malinowski zum Wort *Vater* aus, dass es für den Trobriander eine „ausschließlich soziale Bedeutung" hat:[66]

> [...] es bezeichnet den Mann, der mit der Mutter verheiratet ist, im gleichen Hause mit ihr lebt und zum Haushalt gehört. In allen Gesprächen über Verwandtschaft wurde mir der Vater sehr entschieden als *tomakava*, als ein „Fremder", oder richtiger als „Außenstehender" beschrieben. Diesen Ausdruck gebrauchen die Eingeborenen auch häufig, wenn sie irgendeine Erbschaftsfrage erörtern, ein bestimmtes Betragen erklären oder bei einem Streit den Vater in seiner Stellung herabsetzen wollen. – Es ist dem Leser also klar: das Wort „Vater" darf nicht in dem rechtlichen, moralischen und biologischen Sinne aufgefasst werden, den es für uns hat, sondern in dem ganz besonderen Sinne der Gesellschaftsordnung, mit der wir es hier zu tun haben. Um Missverständnisse zu vermeiden, hätten wir vielleicht besser daran getan, unser Wort „Vater" überhaupt nicht zu verwenden, sondern lieber das Eingeborenenwort *tama*, und nicht „Vaterschaft", sondern „*tama*-Verhältnis" zu sagen; doch das wäre zu schwerfällig gewesen. Wenn jedoch der Leser auf diesen Seiten dem Wort „Vater" begegnet, sollte er stets daran denken, dass es nicht nach dem deutschen Wörterbuch definiert werden darf, sondern nur im Sinne der trobriandischen Lebenswelt. Diese Regel gilt übrigens für alle Ausdrücke, die eine besondere soziologische Bedeutung haben, also für jede Bezeichnung menschlicher Beziehungen und für Worte wie „Ehe", „Scheidung", „Verlöbnis", „Liebe", „Werbung" und ähnliche. (3 f.)

Doch wir brauchen keineswegs so exotische Beispiele heranzuziehen. C. F. Hockett (1958:141) kommt auf das gleiche Problem zu sprechen, wenn er zur Nichtübereinstimmung von russ. *drug* mit engl. *friend* ausführt:

> One can ask a Russian who knows some English what the Russian word /drúk/ means, and the answer will be ‚friend'. This is roughly true, the precise social circumstances under which a Russian calls another person /drúk/ are by no means the same as those under which we call someone a friend. The meaning of /drúk/, or of *friend*, for a speaker of the language involved, is the result of all his past experiences with that word. Within a single speech community, the differences between the accidents of personal history of different individuals tend to cancel out. [...] From one community to another, however, this levelling-out does not occur. Bilingual dictionaries and easy word-by-word trans-

66 B. Malinowski, „Das Geschlechtsleben der Wilden in Nordwest-Melanesien. Liebe/Ehe und Familienleben bei den Eingeborenen der Trobriand-Inseln/Britisch Neu-Guinea", Leipzig/Zürich 1930.

> lations are inevitably misleading; the shortcut of asking what a form means must ultimately be supplemented by active participation in the life of the community that speaks the language.

Auf das diesbezügliche Ungenügen, ja die Gefährlichkeit von Wörterbüchern weist auch B. Malinowski hin:

> Ein Wörterbuch der Eingeborenensprache kann in der Hand eines unvorsichtigen Ethnographen zum gefährlichen Werkzeug werden, falls er nicht über zuverlässige Kenntnisse der Sprache verfügt, die allein es ihm ermöglichen, die Bedeutung der Ausdrücke aus ihrer vielfältigen Anwendung in verschiedenen Zusammenhängen zu erkennen. Vereinzelte Ausdrücke mit ihrer Übersetzung ins Pidgin-Englisch aufzuzeichnen und solch grobe Übersetzungen als „Gedankenwelt der Eingeborenen" zu präsentieren, ist geradezu irreführend. Es gibt in der Anthropologie keine größere Fehlerquelle als die Benutzung missverstandener und falsch gedeuteter, bruchstückhafter Wörterverzeichnisse der Eingeborenensprachen durch Beobachter, die mit dem betreffenden Idiom nicht völlig vertraut sind und seinen soziologischen Charakter nicht kennen. (320)

Das grundsätzliche Problem besteht darin, dass die Übersetzung eine andere Lebens- und Alltagswelt, eine andere als die uns bekannte Wirklichkeit vermitteln sollte. Die „fremde" Wirklichkeit ist aber mit den Mitteln der ZS nur ungenau erfassbar und mitteilbar. Dieses Ungenügen erweist sich bei näherem Hinsehen allerdings wieder als relativ: Die spezifisch kultur- und einzelsprachgebundenen Ausdrücke stehen in Textzusammenhängen und werden in diesen Kotexten selbst bis zu einem gewissen Grade im AS-Sinn determiniert. Die ZS-Ausdrücke entwickeln im Text Bedeutungsvarianten, die (mehr oder weniger) den gemeinten Sachverhalt treffen. Um beim Beispiel von B. Malinowski zu bleiben: *Ehe*, *Scheidung*, *Vater* usw. nehmen als zusätzliche Bedeutungen (bzw. als Bedeutungen im betreffenden Textzusammenhang) die Bedeutungen an, die sie (nach Auffassung B. Malinowskis) für die Bewohner der Trobriand-Inseln haben. Aus für uns gemeinsprachlichen Wörtern, die Sachverhalte „unserer Welt" bezeichnen, werden im betreffenden Verwendungszusammenhang gewissermaßen fachsprachliche Wörter, die im Textzusammenhang selbst als solche definiert werden.

Das Übersetzungsverfahren, das darin besteht, uns geläufige Ausdrücke für zunächst fremde, bedeutungsmäßig abweichende Phänomene zu verwenden, kann allerdings zu Missverständnissen führen, wie B. Malinowski anmerkt. Er zieht deshalb ein anderes Verfahren in Betracht: nämlich von *tama* (für ‚Vater') und *tama*-Verhältnis zu sprechen. Mit anderen Worten: Statt ein deutsches Wort zu wählen, hätte man den betreffenden Ausdruck direkt aus der AS als **Zitatwort** in die ZS übernehmen können. Das wäre jedoch, wie B. Malinowski meint, auf Kosten der Lesbarkeit gegangen; das Verfahren würde zu schwerfälligen Lösungen führen. Ein anderer Gesichtspunkt scheint uns allerdings wichtiger zu sein: In gewisser Hinsicht und in gewissen Bereichen ist der *Vater* bei den Trobriandern durchaus mit dem europäischen *Vater* vergleichbar. Indem man den deutschen Ausdruck wählt, stellt man diese Beziehung unmittelbar her, man schließt bei der Darstellung des Unbekannten und Fremden beim Bekannten an. Dies wiederum erleichtert das Verständnis des (zunächst) Fremden.

3.4 Konnotative Äquivalenz

3.4.1 Denotative Bedeutung und konnotative Werte

Sprachliche Ausdrücke haben nicht nur denotative Bedeutung, sondern mit der spezifischen Art der sprachlichen Erfassung des Denotats werden zusätzliche konnotative Werte vermittelt, in der Terminologie K. Bühlers (1934) sind es symptomfunktionale Werte. Für den Ausdruck eines denotativ Gemeinten stehen unterschiedliche bezeichnungsgleiche (synonymische bzw. quasi-synonymische) Ausdrucksmöglichkeiten zur Verfügung:

essen : speisen : tafeln : fressen
sterben : ins Gras beißen
etwas durchführen : etwas zur Durchführung bringen
Wir sind die Schuldigen : Die Schuldigen sind wir

In Abschnitt II.3.3 sind die fünf Entsprechungstypen unter rein denotativem Aspekt, d. h. dem Sachverhalts-/Wirklichkeitsbezug (konkrete und abstrakte Wirklichkeit) betrachtet worden. Berücksichtigt man neben der denotativen Dimension auch konnotative Werte, so müssen die Eins-zu-eins-, Eins-zu-viele-, Viele-zu-eins-Entsprechungen und die mittels verschiedener Übersetzungsverfahren aufgehobenen Eins-zu-Null-Entsprechungen zugleich als Eins-zu-Teil-Entsprechungen behandelt werden. Bei den Eins-zu-Teil-Entsprechungen wiederum steigert sich der Teil-Charakter der Entsprechungen.

Die Übersetzungswissenschaft hat die Aufgaben, die konnotativen Dimensionen und Werte in den Einzelsprachen zu charakterisieren,[67] ihre Merkmale und Strukturelemente herauszuarbeiten, und diese in Beziehung zu den Konnotationsdimensionen der jeweiligen Zielsprachen zu setzen. Ferner sind die beim Übersetzen bestimmter Texte problematischen Fälle sowie die Übersetzungsverfahren im konnotativen Bereich zu beschreiben.

info

Die Herstellung konnotativer Äquivalenz gehört zu den meist nur annäherungsweise lösbaren Problemen des Übersetzens; um so wichtiger sind korpusorientierte, sprach- und textbezogene Analysen einzelner konnotativ „geladener" lexikalischer und syntagmatischer Bereiche.

3.4.2 Konnotationen und Stil

Konnotative Werte ergeben sich als Folge der **Heterogenität der Einzelsprachen**:[68] Sprachliche Ausdrücke (Wörter, Syntagmen, Sätze) lassen sich verschiedenen Sprachschichten zuordnen; sie unterscheiden sich in der Frequenz, der stilistischen Wirkung, dem Anwendungsbereich; sie können beschränkt sein auf bestimmte Benutzergruppen usw. Unter rein denotativem Aspekt ist frz. *boucher* eine Eins-zu-eins-Entsprechung zu dt. *Fleischhauer*, unter dem Aspekt des zusätzlichen konnotativen Wertes [+ österreichisch] von *Fleischhauer* ist *boucher* nur eine Eins-zu-Teil-Entsprechung. Frz. *tête* ist unter denotativem Aspekt eine adäquate Übersetzung von dt. *Haupt*; der konnotative Wert [+ gehobene Sprachschicht] von *Haupt* wird mit dem frz. Ausdruck nicht vermittelt. *Fahr zur Hölle!* kann als denotative Eins-zu-eins-Entsprechung von *Go to hell!* gelten, die konnotativen Wirkungswerte sind jedoch verschieden. *Entzündung des Wurmfortsatzes, Blinddarmentzündung* und *Appendizitis* (als mögliche Entsprechungen zu engl. *appendicitis*) unterscheiden sich hinsichtlich Frequenz und Anwendungsbereich. Auch bei den konnotativen Werten ist anzumerken, dass auf der Textebene zwischen **übersetzungsrelevanten und irrelevanten konnotativen Werten** zu

67 Dabei kann sie sich auf Stilistiken dieser Sprachen stützen; für das Deutsche, s. B. Sowinski (1999), B. Sandig (2006), W. Fleischer/G. Michel/G. Starke (1993), G. Michel (2001), K.-H. Göttert/O. Jungen (2004), H.-W. Eroms (2008).

68 Zur Heterogenität der Einzelsprachen als Übersetzungsproblem, s. E. Steiner (2004).

unterscheiden ist. So kann es in einem bestimmten dt. Textzusammenhang irrelevant sein, ob *Metzger, Fleischer* oder *Fleischhauer* verwendet wird. Zu den textanalytischen Aufgaben des Übersetzers gehört die Feststellung, Bewertung und Hierarchisierung der konnotativen Werte sprachlicher Einheiten bezüglich ihrer Erhaltung im ZS-Text.

in\
fo

Der Stil eines Textes ergibt sich aus dem Vorkommen, der Frequenz, Distribution und Kombination von konnotativ wertigen sprachlichen Einheiten auf Wort-, Syntagma-, Satz- und satzübergreifender Ebene.

Der konnotative Wert [+ gespreizt] lässt sich an einzelnen Wörtern, aber auch an Syntagmen und Sätzen festmachen. [+ fachsprachlich] geprägt ist nicht nur der Wortschatz, sondern auch die Syntax eines Fachtextes. [+ geographisch] markiert kann nicht nur die Wortwahl, sondern auch eine syntaktische Erscheinung wie die Perfektbildung mit *sein* oder *haben* sein: *Ich bin gelegen* [+ süddt. Raum]. Dabei ist zu beachten, dass auch **Neutralität** bezüglich einer konnotativen Dimension **stilprägend** ist. So ist der Stil von Texten im wissenschaftlich-technischen Bereich in der Regel durch stilistische Neutralität hinsichtlich mehrerer konnotativer Dimensionen gekennzeichnet.

Die stilistische Übersetzbarkeitsproblematik resultiert daraus, dass die Systeme der konnotativen Werte, die stilprägend sind, sich in verschiedenen Sprachen nicht eins zu eins decken. Aufgabe des Übersetzers ist es, auf der Textebene in der ZS diejenigen sprachlich-stilistischen Möglichkeiten zu realisieren, die als optimale konnotative Entsprechungen fungieren können. Die Entscheidung für eine bestimmte Entsprechung hängt einerseits von den zur Verfügung stehenden sprachlich-stilistischen (Wahl-)Möglichkeiten ab, andererseits von der Hierarchie der zu erhaltenden Werte, die der Übersetzer aus der für den betreffenden Text/die betreffende Textstelle maßgeblichen Hierarchie der Äquivalenzforderungen ableitet. Analyse und Bewertung dieser vom Übersetzer getroffenen Entscheidungen ist Aufgabe der wissenschaftlichen Übersetzungskritik.

Wie bei der Herstellung denotativer Äquivalenz besteht im konnotativen Bereich grundsätzlich die Möglichkeit, konnotative Werte, die nicht erhalten werden können, durch kommentierende Verfahren (s. u., II.3.9) zu vermitteln. Diese können jedoch in Texten, in denen konnotative Werte eine wichtige stilprägende Funktion haben (zum Beispiel soziolektale oder dialektale Einschläge in literarischen Texten) kaum in größerem Umfange angewendet werden, ohne dass der Text entscheidender ästhetischer Qualitäten verlustig ginge und als künstlerischer Text unter Umständen unlesbar würde.

3.4.3 Konnotative Dimensionen

Die übersetzungsrelevanten konnotativen Dimensionen, wie sie im Folgenden charakterisiert werden, sind vom Deutschen her gewonnen; die angeführten Beispiele zeigen aber, dass sie (teilweise) auch auf andere europäische Sprachen angewendet werden können. (Unterschiede ergeben sich allerdings bei den konnotativen Werten.) Zu beachten ist, dass eine konnotativ markierte Form oft verschiedenen konnotativen Dimensionen zugleich zugeordnet werden kann.[69]

1. **Konnotationen der Stilschicht** (konnotative Werte wie [+ gehoben], [+ dichterisch], [+ normalsprachlich], [+ umgangssprachlich], [+ Slang], [+ vulgär])

Beispiel II.3.-2
sterben ist normalsprachlich-unmarkiert, *entschlafen* und *das Zeitliche segnen* gehören der gehobenen Stilschicht an, *abkratzen* ist salopp-umgangssprachlich, *krepieren* und *verrecken* sind vulgär.

2. **Soziolektale Konnotationen, d. h. Konnotationen sozial (gruppenspezifisch) bedingten Sprachgebrauchs** (konnotative Werte wie [+ studentensprachlich], [+ soldatensprachlich], [+ Sprache der Arbeiterschicht], [+ Sprache des Bildungsbürgertums])

Beispiel II.3.-3
In einem Brief an den Übersetzer Victor Barrucand (6. 3. 1891) weist Henrik Ibsen auf Übersetzungsschwierigkeiten in „Vildanden" („Die

69 Zum Begriff der Konnotation, s. T. Schippan (1992:155 ff.); s. dazu auch das Kap. „Übersetzung und Varietätenlinguistik: Soziostilistische Probleme der Übersetzung" in J. Albrecht (2005).

Wildente") hin, die mit der Verwendung verschiedener Register des Dänisch-Norwegischen als Mittel der individuellen Charakterisierung und gleichzeitig der sozialen Markierung der Personen, d. h. mit der soziolektalen Dimension zusammenhängen:

> „Die Wildente" enthält zudem ganz besondere Schwierigkeiten, indem man mit der norwegischen Sprache sehr vertraut sein muss, um verstehen zu können, wie konsequent jede einzelne Person im Stück ihre eigentümliche, individuelle Art hat, sich auszudrücken, wodurch gleichzeitig das Bildungsniveau der betreffenden Person markiert wird. Wenn zum Beispiel Gina spricht, muss man unmittelbar hören können, dass sie nie Grammatik gelernt hat und dass sie den unteren Gesellschaftsschichten entstammt. Und so auf je verschiedene Weise für alle anderen Personen auch. Die Aufgabe des Übersetzers ist also keineswegs einfach zu lösen. [Unsere Übersetzung]

3. **Geographische Konnotationen** (konnotative Werte wie [+ überregional], [+ plattdeutsch], [+ berlinerisch], [+ schwäbisch], [+ österreichisch])[70]

Beispiel II.3.-4
Thomas Manns „Buddenbrooks" enthält zahlreiche Beispiele für regional/dialektal markierten Sprachgebrauch, der häufig zugleich – wie es für das Deutsche charakteristisch ist – sozial bestimmt ist. So ist die „Revolutionsszene" gekennzeichnet durch den Wechsel zwischen bzw. die Mischung von Plattdeutsch und Standardsprache:

> „Hür mal, Smolt, un ihr annern Lüd! Wer nu'n verstännigen Kierl is, der geht naa Hus un schert sich nich mihr um Revolution und stört hier nich de Ordnung." „Die heilige Ordnung!" unterbrach Herr Gosch ihn zischend. „De Ordnung, segg ick!" beschloß Konsul Buddenbrook. „Nicht mal die Lampen sind angezündet. Dat geiht denn doch tau wied mit de Revolution!" (Teil IV, Kap. 3)

70 S. dazu B. Czennia (2004), W. Kolb (1999).

Das soziolektal bestimmte, für den Sprachgebrauch des Konsuls in der betreffenden Situation typische „paternalistische" Codeswitching wird in der engl. Übersetzung eingeebnet:

> „Now, listen, Carl Smolt and the rest of you. Whoever's got any sense will go home and not bother himself over any revolutions, disturbing the regular order of things –"
> „The sacred order," interrupted Herr Gosch dramatically.
> „The regular order, I say," finished the Consul. „Why, even the lamps aren't lighted. That's going too far with the revolution." (Thomas Mann, „Buddenbrooks", übersetzt von H. T. Lowe-Porter, New York 1961/1924).

4. **Konnotationen des Mediums** (konnotative Werte wie [+ geschriebensprachlich], [+ gesprochensprachlich]). Das Problem der Übersetzung von sprachlichem Material mit gesprochensprachlicher Markierung stellt sich besonders bei literarischen Texten.[71] In Alfred Döblins „Berlin Alexanderplatz" wimmelt es nicht nur von berlinerischen Besonderheiten (*Molle* ‚Glas Bier', Dativ statt Akkusativ wie in *Ich lach mir schief*), sondern Döblin macht in großem Umfang von gesprochensprachlichen Formen Gebrauch, wie beispielsweise *Versteh ick nicht* (für standardsprachliches *Das verstehe ich nicht*), *Ick möchte nicht in dem seine Haut stecken* (für *Ich möchte nicht in seiner Haut stecken*), *Da geb ich meinen Segen zu* (für *Dazu gebe ich meinen Segen*). Für die Übersetzung lassen sich dafür oft nur – wenn überhaupt – annäherungsweise Lösungen finden.
5. **Konnotationen der stilistischen Wirkung** (konnotative Werte wie [+ veraltet], [+ gespreizt], [+ papierdeutsch], [+ modisch], [+ euphemistisch], [+ anschaulich], [+ bildhaft])

71 S. dazu K. Freese (1987), H. M. Braem (1979:13 ff.: „Der Dialog in Prosa, Drama, Hörspiel", mit engl., frz., it., russ., schwed., slowak. und span. Textbeispielen), B. Czennia (1992), K. B. Henjum (2003, 2004, 2018), A. Detken (1997).

Beispiel II.3.-5

Die folgende Textstelle findet sich im I. Akt von Henrik Ibsens „Fruen fra havet" („Die Frau vom Meer"):

> *Lyngstrand* [...] Jeg kommer i anledning af geburtsdagen, frue.
> *Ellida.* Geburtsdagen? Så har De ta't fejl, herr Lyngstrand. Der er ingen fødselsdag her i huset idag.
> *Lyngstrand* (smiler lunt). Å, jeg véd det nok. Men jeg trode ikke, det skulde være så hemmeligt.
> *Ellida.* Hvad for noget véd De?
> *Lyngstrand.* At det er fruens ge- fruens fødselsdag.

In der deutschen Übersetzung von Elias/Schlenther (1907):

> *Lyngstrand* [...] Ich komme aus Anlaß des Geburtstages, gnädige Frau.
> *Ellida* Des Geburtstages? Da haben Sie sich geirrt, Herr Lyngstrand. Es ist kein Geburtstag heut hier im Hause. [...]
> *Ellida* Was wissen Sie denn?
> *Lyngstrand* Dass der gnädigen Frau ihr Ge- ihr Wiegenfest ist.

In einem Brief an Julius Hoffory (16. 11. 1888) geht Ibsen auf das Problem der konnotativen Werte ein, die mit den Ausdrücken *geburtsdag/fødselsdag* verknüpft sind:

> Dann finden sich dort die Ausdrücke ‚geburtsdag' und ‚fødselsdag'. Der erstere wird bei uns jetzt als altertümlich und nicht als guter Sprachgebrauch betrachtet. [Unsere Übersetzung]

Für Ibsen aber scheint die Erhaltung dieses Unterschieds, die bewusste Verwendung von Synonymen und des mit dem einen Ausdruck verbundenen konnotativen Werts ‚altertümlich' also, nicht besonders wichtig zu sein:

> Aber da ich mir nicht vorstellen kann, dass diese Nuance in der Übersetzung wiedergegeben werden kann, so haben Sie sie vermutlich fallen gelassen, wogegen nicht das geringste einzuwenden ist.

Interessant ist, dass Julius Hoffory in seiner Übersetzung (Berlin 1889, „Einzige vom Verfasser autorisierte deutsche Ausgabe" von „Die Frau vom Meer") trotzdem versucht, die von Ibsen intendierte Nuance des

Originaltextes in der Übersetzung zu bewahren, indem er zwischen *Geburtsfest* und *Geburtstag* wechselt. Ähnlich verfahren spätere Übersetzer, die *Geburtstag – Geburtsfest* und *Geburtstag – Wiegenfest* verwenden.

6. **Konnotationen der Frequenz** (konnotative Werte wie [+ gebräuchlich], [+ wenig gebräuchlich])

Beispiel II.3.-6

1. Das Fremdwort *Plastizität* wird in folgendem Textauszug nicht in der (Haupt-)Bedeutung ‚körperhafte Anschaulichkeit', sondern in der Bedeutung ‚Formbarkeit' (des „Materials", aus dem die Generative Grammatik besteht) gebraucht:

   (Die Generative Grammatik muss am Phänomen des Sprachwandels scheitern), „solange sie nicht bereit ist, einige mehr oder minder drastische Theoriemodifikationen vorzunehmen. Ob sie die hierzu notwendige Plastizität aufbringt, muss der Zukunft überlassen bleiben." (W. Mayerthaer, in: W. Besch u. a. (Hrsg.), „Sprachgeschichte", Bd. I, Berlin/New York 1984, 802)

   Bei der Übersetzung ins Norwegische ist die Wiedergabe mit *fleksibilitet* vorzuziehen, obwohl auch norw. *plastisitet* beide Bedeutungsvarianten hat. Im betreffenden Textzusammenhang würde aber die Formulierung *Om den generative grammatikken har den dertil nødvendige plastisitet, må fremtiden vise* verwirrend wirken. Die Hauptbedeutung ‚Anschaulichkeit' ist im Norwegischen so viel frequenter, dass die Verwendung von *plastisitet* beim Leser wenn nicht Un- oder Missverständnis, so mindestens Irritation über die unnötige Interpretations- (bzw. Textverbesserungs-)arbeit zur Folge hat.
2. G. Magnusson (1987) weist u. a. auf folgende Frequenzunterschiede im deutschen und schwedischen Sprachgebrauch hin: Fremdwörter werden in der deutschen Pressesprache häufiger verwendet als in der schwedischen (16, 115 ff.), die Verwendung des modalen Infinitivs (*sein + zu*-Infinitiv) ist im

Deutschen häufiger als im Schwedischen (22), Nominalisierungen, zusammengesetzte Adjektive und schwere deutsche Satzkonstruktionen müssen im Schwedischen oft aufgelöst werden (28 f., 36 f., 39 f.).

7. **Konnotationen des Anwendungsbereichs** (konnotative Werte wie [+ gemeinsprachlich], [+ fachsprachlich], [+ medizinische Fachsprache])

Beispiel II.3.-7

Dieselben medizinischen Sachverhalte werden in der Allgemeinsprache (bzw. in einer der Allgemeinsprache näher stehenden Sprachform) und in der Fachsprache anders formuliert; man vergleiche dazu folgende zwei Textausschnitte. Es handelt sich um intralinguale Übersetzung (s. o., I.5.3):[72]

(Aus der Information für den Arzt:) *Kontraindikationen*	(Aus der Information für die Patientin:) *Unverträglichkeiten und Risiken*
▸ akute Zervizitis, akute oder subakute rezidivierende Entzündungen des Genitalbereiches, anamnestisch bekannter infizierter Abort, postpartale Endometritis, die nicht länger als 3 Monate zurückliegen. ▸ Endometriumhyperiplasie mit Menometrorrhagie.	▸ akute oder subakute wiederholt aufgetretene Entzündungen der Geschlechtsorgane, fieberhafte Fehlgeburt und/oder Entzündung der Gebärmutterschleimhaut, die nicht länger als 3 Monate zurückliegen ▸ Veränderungen der Gebärmutterschleimhaut, die zu zyklischen oder azyklischen Dauerblutungen führen

72 Information zu einer empfängnisverhütenden Spirale. Man kann sich allerdings fragen, ob der Text für die Patientin nicht benutzerfreundlicher abgefasst werden könnte/müsste.

8. **Konnotationen der Bewertung** (konnotative Werte wie [+ positive Bewertung [eines Sachverhalts]], [+ negative Bewertung], [+ ironisierende Bewertung])

Beispiel II.3.-8

Wenn man sagt: „Bei dieser Arbeit hast du dir auch nicht gerade *ein Bein ausgerissen*", so meint man damit: ‚Du hast dich bei dieser Arbeit nicht besonders angestrengt'. Durch die Verwendung der Redensart in ihrer drastischen Anschaulichkeit kommt eine ironische Bewertung des Verhaltens zum Ausdruck. Diese Konnotation geht bei der Übersetzung mit norw. 1. „Dette arbeidet har du tatt litt for lett på" (‚Mit dieser Arbeit hast du es dir ein bisschen zu leicht gemacht') oder 2. „I denne oppgaven har du ikke akkurat overanstrengt deg" (‚Bei dieser Aufgabe hast du dich nicht gerade überanstrengt') ganz (wie in 1.) oder teilweise (wie in 2.) verloren.

In die obige Zusammenstellung konnotativer Dimensionen sind nicht aufgenommen die Dimensionen der intralinguistischen, der soziokulturellen und der intertextuellen Bedeutungen, die mit guten Gründen auch zu den Konnotationen gerechnet werden könnten. Wir rechnen sie nicht dazu, weil sie sich erst auf der textuellen und/oder kommunikativen Ebene ergeben; sie werden in II.4.1.4 behandelt.

3.5 Textnormative Äquivalenz

in\
fo

Vertragstexte, Gebrauchsanweisungen, Kochrezepte, Geschäftsbriefe, wissenschaftliche Texte usw. folgen hinsichtlich Auswahl und Verwendungsweise sprachlicher Mittel im syntaktischen und lexikalischen Bereich bestimmten sprachlichen Normen (Stilnormen), deren Einhaltung in der Übersetzung Herstellung textnormativer Äquivalenz bedeutet.

W. Wilss (1974:37) spricht von **Gebrauchsnormen**, „weil es im ausgangssprachlichen und im zielsprachlichen Raum vorgeprägte sprachliche Ausdrucksschemata, eingespielte sprachliche Verhaltensweisen und restriktive

Regeln gibt, wo also der kommunikative Effekt der Übersetzung in der zielsprachlichen Aktualisierung ganz bestimmter, in ihren Grundstrukturen intralingualer und damit auch interlingual bis zu einem gewissen Grad konventionalisierter Performanzgesetzlichkeiten liegt, die korrelierbar sein müssen". Die Bedingungen der Textsorte steuern dabei nicht nur die Selektion der sprachlichen Mittel (s. A. Rothkegel 1986), sondern auch den Textaufbau.[73] R. van den Broeck (1986) weist darauf hin, dass Übersetzungen in der Regel nicht die Textfunktionund -pragmatik verändern, wohl aber verändern sich funktional-stilistische und textkonventionelle Eigenschaften. In der ZS geltende Textnormen (Gebrauchsnormen) sind dafür verantwortlich, dass der Übersetzer sprachliche Veränderungen vornimmt, die nicht aus Unterschieden zwischen AS und ZS erklärt werden können. (R. van den Broeck zeigt dies am Beispiel von niederländischen und englischen Kochrezepten.)

Die Beschreibung und Korrelierung solcher Sprachverwendungsmuster in einzelnen Textgattungen ist eine zentrale, bisher eher stiefmütterlich behandelte Aufgabe der sprachenpaar- und textbezogenen Übersetzungswissenschaft. Dabei können die Methoden und Ergebnisse der funktional-stilistischen Sprach- und Textanalyse, die sich mit den funktional differenzierten, verbindlichen Sprachverwendungsmustern in konkreten Kommunikationsbereichen und -situationen beschäftigt, fruchtbar gemacht werden. Die Materialbasis für solche Untersuchungen liefern dabei nicht nur Übersetzungen, sondern insbesondere auch **Paralleltexte** (s. o., I.7.1). Denn die „Normen der parallelen ZS-Textklasse" entscheiden darüber, ob eine Übersetzung als „wohlgeformter Text" und nicht bloß als Addition wohlgeformter Sätze gelten kann (A. Neubert 1983:104).

Beispiele für solche Analysen: S. etwa die Beiträge im Kapitel *EG-Textsorten* in A. Rothkegel/B. Sandig, Hrsg. (1984), G. Thiel/G. Thome (1987). – Für das Deutsche und Norwegische, s. C. Fabricius-Hansen (1986). Zahlreiche praktische Beispiele Deutsch ⟶ Schwedisch bringt G. Magnusson (1987); für die Richtung Französisch ⟶ Deutsch, s. K. Henschelmann (1980).

73 S. dazu S. Göpferich (1995), B. Sandig (2006). – Zu Überschriften zu und Aufbau von Presse- und publizistischen Texten, s. A. D. Švejcer (1987:151 ff.).

3.6 Pragmatische Äquivalenz

in\
fo

Pragmatische Äquivalenz herstellen heißt, die Übersetzung auf die Leser in der ZS „einstellen".

Dabei ist auszugehen von für AS- und ZS-Text unterschiedlichen Rezeptionsbedingungen, wie sie in I.7.1 dargestellt worden sind. Aufgabe der Übersetzungswissenschaft ist es, die für bestimmte Sprachenpaare und Texte hinsichtlich bestimmter Empfängergruppen geltenden kommunikativen Bedingungen zu analysieren und die Prinzipien und Verfahren der Herstellung pragmatischer Äquivalenz zu erarbeiten. Für den Übersetzer stellt sich in diesem Zusammenhang immer wieder die Frage, wie weit er in den Text eingreifen darf und soll, wenn er ihn auf den ZS-Empfänger „einstellt" (s. o., I.7.2.1). Zu den „harmlosen" Eingriffen gehören Zusätze als Resultat kommentierender Übersetzungsverfahren, mit denen Wissensdefizite der ZS-Leser oder Verluste im Bereich denotativer und konnotativer Werte, intralinguistischer, soziokultureller und intertextueller Bedeutungen ausgeglichen werden. Im Hinblick auf die Wissensvoraussetzungen der ZS-Leser besteht sowohl **die Gefahr der Leserunterschätzung als auch der Leserüberschätzung**. Im ersten Fall schätzt der Übersetzer das Verstehenspotential der Leser zu gering ein, und er kommentiert, wo dies gar nicht erforderlich wäre (E. A. Nida 1964:155 spricht von der Gefahr einer paternalistischen Übersetzerhaltung); im zweiten Fall verkennt er, dass der ZS-Leser nicht wie er selbst zugleich in AS- und ZS-Kultur verankert ist. Hierzu ein Beispiel: Im Roman „Lillelord" des norwegischen Schriftstellers Johan Borgen findet sich der Satz *Det var 17. mai i september* (in der dt. Übersetzung *Es war ein 17. Mai im September*), um einen schönen Septembertag mit vielen Leuten in den Straßen von Oslo zu beschreiben.[74] Der Übersetzer versieht diese Stelle mit der Fußnote: *Norwegischer Nationalfeiertag*. Vom Sachverhalt her gesehen, trifft das zu. Aber der norwegische Nationalfeiertag lässt sich nur bedingt mit dem deutschen vergleichen: Der norwegische ist – im Unterschied zum deutschen – mit Aufzügen und viel Pomp verbunden (s. zum 17. Mai auch *Beispiel I.7.-5*). Diese Komponente wird dem deutschen Leser nicht

74 J. Borgen, „Lillelord", Oslo 1955, 197; J. Borgen, „Lillelord", Frankfurt a. M. 1983 (Fischer Taschenbuch 5370), 182.

vermittelt. Nur stellt sich die Frage, ob es sich dabei um einen Wert handelt, der in der Hierarchie der in der Übersetzung zu erhaltenden Werte weit oben anzusiedeln ist (s. dazu II.3.8).

Letztlich geht es auch hier um die Frage der Abgrenzung von übersetzender Textreproduktion und -produktion (s. o., II.2.4). Obwohl die Grenze nicht einfach zu ziehen ist, gehören fremdsprachige Texte, in denen ein AS-Text für eine Empfängergruppe in der ZS bearbeitet wird, die in entscheidenden Merkmalen von der Empfängergruppe der AS abweicht, nicht zu den Übersetzungen, in denen pragmatische Äquivalenz realisiert wird. So ist die mit einschneidenden Veränderungen verbundene „Übersetzung" von Defoes „Robinson Crusoe" für Kinder und Jugendliche als Ganzes keine Übersetzung (auch wenn einzelne Sätze/Abschnitte übersetzt sind). Ebenso wenig kann die Umarbeitung eines juristischen Fachbuches, das sich in der Originalfassung an einen eingeschränkten Kreis von Fachjuristen richtet, für *the man in the street* als Übersetzung gelten. Und auch die „Verwissenschaftlichung" eines populärwissenschaftlichen Werkes (vgl. das Beispiel in C. Nord 2009:27) durch den Übersetzer ist – als Ganzes genommen – keine Übersetzung. (Das schließt selbstverständlich nicht aus, dass diese Bearbeitungen Teile enthalten, die als Übersetzungen gelten können.)[75]

Beispiel II.3.-9

Unter dem Aspekt der pragmatischen Äquivalenz könnte sich der Übersetzer fragen, ob die Information, die Ernest Hemingway in „Fiesta" zu *pernod* gibt, in der französischen Übersetzung wiedergegeben werden soll: Welcher Franzose wüsste nicht, was ein *pernod* ist? Ein Übersetzer literarischer Texte wird sich (hoffentlich) hüten, in den Text einzugreifen – selbst wenn die betreffende Textstelle auf den französischen Leser etwas befremdlich wirken sollte.[76]

75 Unzweifelhaft nicht mehr um „eigentliche" Übersetzungen handelt es sich, wenn der betreffende Text nicht von einer fremdsprachigen Vorlage ausgeht, sondern bereits von einer Übersetzung, wie dies bei Dürrenmatts „Play Strindberg" (s. o., *Beispiel II.2.-2*) oder bei der Bearbeitung von Herman Melvilles „Benito Cereno" durch Heinz Weissenberg (s. D. Göske 1990:156 ff.) der Fall ist.

76 Ein besonderes Problem für die französische Übersetzung stellen die französischen und spanischen Textstellen dar. Der Übersetzer löst das Problem drucktechnisch und mit einer Fußnote: „Les mots français et espagnols en italique se trouvent dans l'original (N. d. T.)."

‚Well, what will you drink?' I asked.
‚Pernod.'
‚That's not good for little girls.'
‚Little girl yourself. Dites garçon, un pernod.'
‚A pernod for me, too.' [...]
Pernod is greenish imitation absinthe. When you add water it turns milky. It tastes like licorice and it has a good uplift, but it drops you just as far.

– Qu'est-ce que tu prends? dis-je.
– Un Pernod.
– Ce n'est pas bon pour les petites filles.
– Petite fille toi-même. *Dites, garçon, un Pernod.*
– Un Pernod pour moi aussi. [...]
Le Pernod est une imitation verdâtre d'absinthe. Quand on y ajoute de l'eau, la teinte en devient laiteuse. Ça a goût de réglisse et ça vous donne un bon coup de fouet, mais la dépression qui suit n'en est que plus grande.

Würde man die funktionalistische These ernst nehmen, dass eine Übersetzung dann geglückt ist, wenn sie „vom Rezipienten hinreichend kohärent mit seiner Situation interpretiert wird und kein Protest, in welcher Form auch immer, zu Übermittlung, Sprache und deren Sinn (‚Gemeintem') folgt" (K. Reiß/H. J. Vermeer 1984:112), so wäre der französische Übersetzer gezwungen, die Pernod-Erläuterung Hemingways umzuschreiben oder gar auszulassen.

Obwohl die Grenzen fließend sind, ist zu unterscheiden zwischen **Übersetzungen, die bearbeitende Elemente enthalten**, und **Bearbeitungen mit übersetzten Elementen**. Wir gehen dabei von einem Übersetzungsbegriff aus, wie er sich als kulturelle Leistung in den letzten zweihundert Jahren etabliert hat; es ist an anderer Stelle darauf hingewiesen worden, dass sich dies aus der Sicht der historischen Übersetzungsforschung anders darstellt (s. o., I.5.2).

Beispiel II.3.-10

Um eine Übersetzung mit bearbeitenden Elementen, die sich als Folge der Berücksichtigung pragmatischer Äquivalenzforderungen ergeben, handelt es sich im Fall eines zweisprachigen Prospektes, der zum Besuch von Alt-Bergen, eines Freilichtmuseums in Bergen, einlädt: VELKOMMEN TIL GAMLE BERGEN/WELCOME TO OLD BERGEN. Der norwegische Satz *Velkommen til dine oldeforeldres by* (wörtlich: „Willkommen in der Stadt deiner Urgroßeltern"), der in diesem Text erscheint, wird in der englischen Fassung wiedergegeben mit *Welcome to the town of our greatgrand-parents.* D. h., die norwegischen Leser des Prospekts werden in der Stadt ihrer eigenen Urgroßeltern willkommen geheißen; bei den Lesern der englischen Übersetzung wird davon ausgegangen, dass es sich nicht um Norweger handelt.

Beispiel II.3.-11

Als bearbeitende Übersetzungen sind auch Textabschnitte zu betrachten, in denen der Übersetzer aufgrund moralischer, politischer usw. Vorbehalte den Originaltext in der Übersetzung kürzt oder strafft. Der Übersetzer E. Schaper ging bei seiner Übersetzung von Harry Martinsons „Vägen till klockrike" (dt. „Der Weg nach Glockenreich", 1953/1974) zweifellos davon aus, dass erotische Partien und Anspielungen entschärft werden mussten, um möglichen „Protesten" der Leserschaft vorzubeugen (s. dazu G. Korlén 1966:30). Dazu ein Beispiel:

schwed. Original: Och skrattande åt våldtäktsrädslan som han berättade om, lät hon kläderna falla, reste sig naken mot honom, lade sig sedan bakåt och drog honom intill sig. Och likt en levande sax med utfällda skänklar gjorde hon det härligt skrevande upproret mot rädslan i våldtäktsrädslans land. [...] Hon gjorde allt för att ta rädslan ur den häpne luffaren; höll om hans fallos som en rorkult och styrde honom av och an över golvet i sovkammaren. Och han följde uppjagad, lydig och förundrad med i svängarna, mer än en gång fast i den tanken att det hela bara var en könsdröm. (88)

Gedruckte Übersetzung: „Und lachend über das Misstrauen, von dem er erzählt hatte, ließ sie die Kleider

Unsere Übersetzung, zensurierte bzw. abgeschwächte Stellen *kursiv* gedruckt: „Und lachend über die *Verge-*

fallen, stand nackend vor ihm und zog ihn zu sich. [...] Sie tat alles, um dem verdutzten Landstreicher seine Angst auszutreiben, und er fügte sich erhitzt, gehorsam und staunend ihren Einfällen, sich mehr als einmal bei dem Gedanken ertappend, das Ganze sei nur ein Traum des Begehrens." (S. 138) (Man beachte die Verwendung des veralteten *nackend* statt *nackt* – auch dies steht im Dienste der Entsexualisierung der geschilderten Szene.)	*waltigungsangst*, von der er erzählte, ließ sie ihre Kleider fallen, richtete sich nackt zu ihm auf, *lehnte sich dann zurück* und zog ihn an sich. *Und wie eine lebende Schere mit offenen Schenkeln machte sie diesen herrlich spreizenden Aufruhr gegen die Angst im Lande der Vergewaltigungsangst.* [...] Und sie machte alles, um dem verdutzten Landstreicher die Angst zu nehmen; *hielt sein Glied wie eine Ruderpinne und steuerte ihn damit auf dem Schlafzimmerboden hin und her.* Und er hielt erregt, gehorsam und staunend mit; mehr als einmal ertappte er sich beim Gedanken, das Ganze sei nur ein Geschlechtstraum [...].

B. Bödeker/K. Freese (1987:154 f.) sehen die Vermeidung von Anstößigem in Übersetzungen (die etwa darin zum Ausdruck kommt, dass aus den *Unterhosen* eines Pastors *Hosen* werden) mit Recht im Zusammenhang einer übersetzerischen „Tendenz zur Einebnung, zur Normalisierung", die sich auch in den Bereichen der Realienübersetzung und der Übersetzung von Metaphern feststellen lässt (s. u., II.3.7.2).

3.7 Formal-ästhetische Äquivalenz

3.7.1 Formal-ästhetische Qualitäten in literarischen Texten und in Sachtexten

in\
fo

Herstellung formal-ästhetischer Äquivalenz im ZS-Text bedeutet – unter Ausnutzung der in der ZS vorgegebenen Gestaltungsmöglichkeiten, ggf. unter Schaffung neuer Gestaltungsformen – „Analogie der Gestaltung" in der Übersetzung.

K. Reiß (1976:21) beschreibt diesen Typ von Äquivalenz wie folgt:

> Sie [die Übersetzung] orientiert sich am Eigencharakter des Kunstwerks und nimmt den Gestaltungswillen des Autors zur Richtschnur. Lexik, Syntax, Stil und Aufbau werden so gehandhabt, dass sie eine dem expressiven Individualcharakter des AS-Textes analoge ästhetische Wirkung in der ZS erzielen können.

Aufgabe der Übersetzungswissenschaft ist es, die Möglichkeiten formal-ästhetischer Äquivalenz im Blick auf Kategorien wie Reim, Versformen, Rhythmus, besondere stilistische (auch individualstilistische und werkspezifische) Ausdrucksformen in Syntax und Lexik, Sprachspiel, Metaphorik usw. zu analysieren (s. beispielsweise N. Hofmann 1980). Von literaturwissenschaftlicher Seite liegen hierzu einerseits eine Vielzahl von Einzeluntersuchungen zu literarischen Texten und Autoren vor, andererseits gibt es einige zusammenfassende Darstellungen zu Theorie und Problemen der literarischen Übersetzung wie R. Kloepfer (1967), J. Levý (1969), T. Savory (1968), R. Zimmer (1981), F. Apel (1982, 1983), N. Greiner (2004).

Formal-ästhetische Gestaltungsmittel und Ausdrucksformen finden sich nicht nur in literarischen Texten. Treten sie aber in nicht-literarischen Texten auf, haben sie dort in der Regel einen anderen Stellenwert. **Formal-ästhetische Qualitäten sind konstitutiv für literarische Texte**, d. h., ein literarischer Text, der dieser Qualitäten verlustig geht, verliert seine Literarizität. Das gilt in der Regel nicht für Sachtexte, die auch in „ent-ästhetisierter" Form ihre Sachtextfunktion(en) erfüllen können. Oder wie es R. van den Broeck (1981:84) im Zusammenhang mit der Frage nach der Übersetzbarkeit von Metaphern zum Ausdruck bringt:

> Finally it seems reasonable to assume that ‚decorative' metaphors (as e. g., in journalistic prose) will impose lower requirements on the translator than ‚creative' ones (as in poetry); to the degree that they are less relevant for the communicative function of the text – at least in so far as their ‚vehicles' are concerned – they may often either be substituted by TL-specific equivalents or paraphrased.

Zu den formal-ästhetischen Qualitäten sind auch die intralinguistischen (intratextuellen) Bedeutungen zu rechnen (s. u., II.4.1.4), die sich aus den strukturellen Beziehungen im Text selbst ergeben. So ist es sicher nicht zufällig, dass in August Strindbergs „Dödsdansen" (*Beispiel II.2.-3*) die Repliken mit *Vill du* oder *Vill du inte* beginnen. Die Übersetzungen verfahren hinsichtlich dieses textstrukturierenden Merkmals unterschiedlich.

In den folgenden Abschnitten wird exemplarisch auf die besonderen Probleme im Zusammenhang mit der Übersetzung von Metaphern und von Sprachspielen eingegangen.

3.7.2 Metaphern

Mit den Problemen und Verfahren der Übersetzung von Metaphern hat man sich in der Übersetzungswissenschaft intensiv beschäftigt.[77] R. van den Broeck (1981) geht von **drei Metaphern-Typen** aus: 1. **Lexikalisierte („tote") Metaphern**, d. h. sprachliche Ausdrücke, die nur noch unter sprachhistorischem Aspekt als bildhaft zu betrachten sind (Beispiele: *in the face of, lay a finger on, anhand, die öffentliche Hand, ungeschoren davonkommen*), 2. **konventionelle/konventionalisierte Metaphern** (d. h. traditionelle, literarisch „institutionalisierte" Metaphern): *du bist eine Rose* (für ‚du bist sehr schön'), und 3. **private (kühne, okkasionelle) Metaphern**, d. h. autorenspezifische, individuelle Metaphern (R. van den Broeck weist darauf hin, dass es schwierig ist, eine scharfe Grenze zwischen der 2. und der 3. Kategorie zu ziehen). **Drei Übersetzungsverfahren** lassen sich unterscheiden: 1. **Übersetzung sensu stricto**: Das der AS-Metapher zugrunde liegende Bild ist in der ZS wiedergegeben. 2. **Substitution**: Das der AS-Metapher zugrunde liegende Bild wird in der ZS durch ein anderes Bild ersetzt. 3. **Paraphrase**: Die AS-Metapher wird nicht-metaphorisch übersetzt.[78] Bezüglich der Übersetzbarkeit von Metaphern (und zwar allein hinsichtlich der Kategorie der Übersetzung *sensu stricto*) vertritt R. van den Broeck die Auffassung, dass kühne Metaphern oft leichter übersetzbar sind als konventionelle Metaphern, insofern erstere wenig oder keine kulturspezifische Information enthalten.[79] Aber auch konventionelle Metaphern zeichnen sich durch einen

---

77 S. etwa N. Hofmann (1980, Kap. 7), R. van den Broeck (1981), P. Newmark (1981, Kap. 7), U. Kjär (1988), A. Pisarska (1989, 2004), E.-N. Kurth (1995), C. Schäffner (1999), L. Mitrache (2006).

78 P. Newmark (1981:88 ff.) unterscheidet sieben Übersetzungsverfahren und dürfte damit der Vielfalt der Übersetzungswirklichkeit näher kommen als R. van den Broeck; dies bestätigt die Untersuchung von A. Pisarska (1989), bei der es um die Übersetzung von Metaphern in Sachtexten geht. Die Übersetzungsverfahren P. Newmarks decken sich teilweise mit den Äquivalenztypen N. Hofmanns (1980:96 ff.), die anhand der Analyse von deutschen „Hamlet"-Übersetzungen gewonnen und quantifiziert werden.

79 Hinsichtlich kühner Metaphern zieht N. Hofmann (1980:96) den gleichen Schluss wie R. van den Broeck: „Weitgehend unproblematisch muten dagegen die ‚rein poetischen' Metaphern und Vergleiche an, die zum einen leicht erkennbar und zum anderen wegen

hohen Grad an Übersetzbarkeit aus, wenn sie – obwohl abhängig von zeitbedingten ästhetischen Normen – zum allgemeinen Kulturgut („Weltliteratur") gehören. Am problematischsten ist die Übersetzung lexikalisierter Metaphern, weil sie häufig einzelsprach- und kulturspezifisch sind. Der Grad der Übersetzbarkeit verringert sich noch mehr, wenn die Metaphern (etwa in sprachspielerischem Zusammenhang) „deautomatisiert" (*foregrounding*) sind:[80]

> Foregrounded lexical metaphors in complex texts (poems, puns) are of a very low translatability since they convey contextual (semantic as well as pragmatic or cultural), poetic, and metalingual information simultaneously. (84)

Mindestens was die Übersetzung okkasioneller Metaphern angeht, bietet die Übersetzungswirklichkeit ein anderes Bild, wie die empirische Untersuchung von U. Kjär (1988) zeigt. U. Kjär analysiert okkasionelle (in der Terminologie von R. van den Broeck: *private*, d. h. ungewöhnliche, nicht selten kühne) Verbalmetaphern des Typs ‚das Schweigen *wuchert*' oder ‚ein Lächeln *weht* (über das Gesicht)', ausgehend von schwedischen Übersetzungen einer Reihe von Romanen der deutschen Gegenwartsliteratur. Es lassen sich folgende **Übersetzungsverfahren** unterscheiden:

Verfahren I: Okkasionelle Metapher im Original ⟶ okkasionelle Metapher in der Übersetzung: ein gewaltiger *Gesang*, der wieder *versinkt und verrinnt* – en väldig *sång*, som åter *sjunker hän och rinner bort* (‚ein gewaltiger Gesang, der wieder hinsinkt und wegrinnnt')

Verfahren II: Okkasionelle Metapher im Original ⟶ usuelle Metapher (in der Terminologie von R. van den Broeck: konventionelle Metapher) in der Übersetzung: *wehte ein kleines Lächeln* über sein Gesicht – *gled ett litet leende* över hans ansikte (‚glitt ein kleines Lächeln über sein Gesicht')

Verfahren III: Okkasionelle Metapher im Original ⟶ Neutralisierung in der Übersetzung: Allenfalls *sang* im Kessel *die Brühe* – På sin höjd sjöd oxbensbuljongen i kitteln (‚Allenfalls siedete die Fleischbrühe im Kessel.')

Verfahren IV: Nicht-metaphorisches Element im Original ⟶ Metapher in der Übersetzung (Kompensation)

---

der abendländischen Bildkongruenz und der kognitiv-kreativen Fähigkeit des Rezipienten, zwischen unbekannt-exotischen und vertrauten Sinnbezirken Analogien zu konstruieren, auch in der Zielsprache ohne Verlust der Bildkraft nachvollzogen werden können."

80 So in *Beispiel II.3.-17*, wo in der dt. Übersetzung C das Adjektiv *weitschweifig* im Kotext *langer Schwanz* deautomatisiert, d. h. wörtlich genommen wird.

Wird nach Verfahren I übersetzt, kann von Metaphern-Übersetzungsäquivalenz unter Bewahrung des Merkmals der Okkasionalität gesprochen werden. Übersetzungen nach Verfahren I + II realisieren Metaphern-Übersetzungsäquivalenz mit dem Merkmal Metaphorizität. Die Übersetzungen nach Verfahren I + II + IV ergeben die (Gesamt-)Metaphern-Dichte des betreffenden Textes.

In der Untersuchung von U. Kjär werden – mit einer differenzierteren Skala von Übersetzungsverfahren – die Resultate der Analyse von 1200 deutsch-schwedischen Belegstellen vorgelegt. Dabei zeigt sich (s. *Tab. II.3-1*, Kolonne Durchschnitt), dass in fast der Hälfte der Fälle Verfahren I angewendet wird, in etwas weniger als einem Fünftel der Fälle Verfahren II. Die Durchschnitts-Metaphorizität der Übersetzungen beträgt im Vergleich mit den Originalen 66 %, d. h., in zwei Dritteln der Fälle werden Metaphern des Originals mit Metaphern übersetzt. In knapp einem Viertel der Fälle werden die Originalmetaphern mit Verfahren III neutralisiert, und bei einem Achtel der Fälle handelt es sich um freie Übersetzungen, Auslassungen und einen schwer klassifizierbaren Rest. Über die Anwendung des Kompensations-Verfahrens IV in den schwedischen Übersetzungen gibt die Untersuchung keine Auskunft; zur (Gesamt-)Metaphern-Dichte kann damit nichts gesagt werden. Die Tabelle macht deutlich, dass einzelne Übersetzungen mehr oder weniger stark vom Durchschnittswert abweichen (die Übersetzungen der drei Romane stammen von verschiedenen schwedischen Übersetzern):

	Schwed. „Blechtrommel"	**Schwed. „Butt"**	**Schwed. „Stiller"**	**Durchschnitt**
Verfahren I	25 %	60 %	44 %	66 % { 48 %
Verfahren II	17 %	17 %	17 %	18 %
Verfahren III	30 %	17 %	26 %	23 %
Freie Übersetzung	24 % { 13 %	2 %	6 %	9 % { 6 %
Auslassung	11%	–	–	3 %
Restgruppe	4 %	4%	8%	3 %
	100 % n = 261	100 % n = 235	100 % n = 66	100 % n = 1188
Verfahren IV	?	?	?	?

Tab. II.3-1

Die Zahlen sind eindrücklich und ohne Zweifel von direkter übersetzungskritischer Relevanz; sie machen u. a. einsichtig, dass die Behauptung, Übersetzungen seien „flacher“ als die Originale nicht aus der Luft gegriffen ist, jedenfalls wenn man die Übersetzung von Metaphern als Maßstab nimmt. Während nach Auffassung von U. Kjär ein Resultat seines Übersetzungsvergleichs in der Widerlegung der These von der „Unübersetzbarkeit von Metaphern“ (120) besteht, würden wir das Gewicht auf den Sachverhalt legen, dass im Durchschnitt nur die Hälfte der okkasionellen Originalmetaphern als okkasionelle, d. h. stilistisch wirksame Metaphern übersetzt sind – und das bei Sprachen, die so nahe verwandt sind wie das Deutsche und das Schwedische.[81]

Überraschend sind, wie die Tabelle zeigt, die großen Unterschiede in der Metaphern-Dichte einzelner Übersetzungen, und das heißt: Die Übersetzer verhalten sich gegenüber der übersetzerischen Herausforderung der okkasionellen Metapher ganz verschieden. Sehen wir uns dazu die Werte der „Blechtrommel“ und des „Butt“ an (unter der Annahme, dass die Metaphern der „Blechtrommel“ nicht schwieriger oder unmöglicher zu übersetzen sind als diejenigen des „Butt“): Während im „Butt“ drei Fünftel der okkasionellen Metaphern mit okkasionellen Metaphern übersetzt werden, sind es in der „Blechtrommel“ nur ein Viertel. Und während der „Blechtrommel“-Übersetzer in einem Viertel der Fälle auf freie Weise paraphrasiert oder auch auslässt, wird dieses Übersetzungsverfahren vom „Butt“-Übersetzer nur in wenigen Ausnahmefällen eingesetzt. Der Schluss liegt nahe, dass sich der Übersetzer der „Blechtrommel“ von einem anderen Begriff von Übersetzungstreue leiten lässt als der Übersetzer des „Butt“.[82]

Lassen sich schon innerhalb der einen Zielsprache Schwedisch große Unterschiede in den Übersetzungen feststellen, so wird das Bild noch vielfältiger, lebendiger, auch verwirrender, wenn man Übersetzungen in verschie-

81 Die Behauptung, Übersetzungen seien grundsätzlich flacher als die Originale, wird immer wieder erhoben. So stellt etwa B. Grünbeck (1983:249) bezüglich der Übersetzung lebendiger Metaphern (Dt. → Frz.) bei „traditionalistischen“ Übersetzern die Tendenz fest, „gewisse Retouchen, meist logisierende Korrekturen, vorzunehmen, wenn das deutsche Bild allzu kühn, dem logischen und harmonischen Gleichmaß zuwiderlaufend, oder gar als logisch nicht haltbar erscheint“. B. Grünbeck spricht von „Beckmesserei“ bzw. „der gerade unter Berufsübersetzern allgemein verbreiteten Krankheit der stilistischen Besserwisserei“ (249). – Die Anpassung an literatursprachliche Normen hat eine „Ausdünnung des Textes“ zur Folge (A. Gardt 1989:155, im Zusammenhang mit dem Vergleich der deutschen Übersetzungen von James Joyces „Ulysses“). Bei „flachen“ Originalen ist allerdings auch der umgekehrte Vorgang denkbar: Die Übersetzung wirkt farbiger; vgl. R. Barczaitis (1985:270) zu Arno Schmidt als Übersetzer.

82 Zur Übersetzung der Metaphern in der „Blechtrommel“ ins Arabische, s. H. Salim-Mohammad (2007).

denen Sprachen miteinander vergleicht. Das gilt schon für auf den ersten Blick so einfache Fälle wie bei folgender Stelle aus „Stiller“ von Max Frisch.

Beispiel II.3.-12

Max Frisch, „Stiller“: [...] und in der Mitte glitzert ein grünes Flüßchen, das die Richtung nach den großen Ozeanen verrät (wie allerdings jedes Gewässer) [...]
schwed.: och i mitten glittrar en liten grön flod, som visar riktningen mot oceanen
norw.: Og tvers gjennom dette yppige landskapet glitrer en grønn liten elv, som renner mot havet
dän.: og i midten glitrer en lille grøn flod, som røber retningen mod de store oceaner
engl.: while in the centre there glitters a little green river that reveals the direction in which great oceans lie
niederl.: en in het midden glinstert een groen riviertje dat de richting naar de grote oceanen verraadt
frz.: elle [die Stadt Zürich] s’étend le long d’une petite rivière dont le cour scintillant indique la direction de l’océan
ital.: e nel mezzo scintilla un piccolo fiume verde che tradisce la direzione verso i grandi oceani
span.: en medio de la ciudad brilla un riachuelo verde, que indica la dirección de los grandes océanos
finn.: ja keskellä välkehtii vihreä pikku joki, joka näyttää suunnan suuriin valtameriin

Während in einigen Übersetzungen das Verb *verraten* erhalten bleibt, schwächt ein Teil ab zu *zeigen/anzeigen* (das Flüsschen zeigt die Richtung), und im Fall der norw. Übersetzung *fließt* (*renner*) das Flüsschen zum Meer, wodurch – wenn man den trocken-ironischen Kommentar (*wie allerdings jedes Gewässer*) berücksichtigt – der Inhalt auf eine Trivialität reduziert wird.

Wesentlich ungewöhnlicher ist die Metapher in folgendem Beispiel (in einem unmetaphorischen Kontext wird *wuchern* zusammen mit *Unkraut* oder *Geschwulst, Tumor* gebraucht):

Beispiel II.3.-13
Max Frisch, „Stiller“: Und das Schweigen wucherte, ein Schweigen, das schlimmer war als Zank.
schwed.: Och det blev en ruvande tystnad som var värre än gräl.
norw.: Og tausheten vokste over alle grenser og ble verre enn den verste trette.
dän.: Og tavsheden voksede, en tavshed, der var værre end skænderi.
engl.: And the silence proliferated, a silence that was worse than quarrelling.
niederl.: En het zwijgen woekerde voort, en zwijgen dat erger dan ruzie was.
frz.: Et ce fut alors un silence envahissant, un silence bien pire que les disputes.
ital.: E il silenzio crebbe, s'ingrandì, un silenzio che era peggio di una lite.
span.: El silencio creció, un silencio que era peor que la disputa.
finn.: Ja vaitiolo jatkui, vaitiolo, joka oli pahempaa kuin riita.

Warum viele Übersetzungen so viel weniger kühn, so viel vorsichtiger als das Original mit der Sprache umgehen, und wie diese hier nur bruchstückhaft angeführten Befunde unter sprachstrukturellem und -normativem, stilistisch-ästhetischem und wirkungsmäßigem Aspekt zu interpretieren sind, bedürfte weiterer Überlegungen und eingehender korpusbasierter Analysearbeit. Jedenfalls können diese Beispiele als Belege für das „Gesetz der zunehmenden Standardisierung“ (*the law of growing standardization*) dienen, das G. Toury (1995:268) folgendermaßen formuliert:

> In translation, textual relations obtaining in the original are often modified, sometimes to the point of totally ignored, in favour of [more] habitual options offered by a target repertoire.

3.7.3 Sprachspiel

Die Übersetzung von Textstellen, in denen mit sprachlichen Formen und Inhalten gespielt wird, stellt den Übersetzer in der Regel vor nur annäherungsweise lösbare, häufig unlösbare Probleme. Gespielt werden kann mit der Polysemie von Wörtern und Syntagmen, mit der Kontrastierung oder dem Gleichzeitigmeinen von wörtlicher (konkreter) und übertragener (metaphorischer) Bedeutung von Ausdrücken, mit der phonetischen oder graphischen Ähnlichkeit von Wörtern, mit „sprechenden Namen“ (*Father Coffey. I knew his name was like a coffin*), mit festen oder relativ festen Syntagmen (*Auf großem Fuße lesen. Freut Euch des Lesens* – Werbung einer Tageszeitung). Zu den Übersetzungsproblemen, die Sprachspiele stellen, und den Übersetzungsverfahren, die angewendet werden, s. etwa F. J. Hausmann (1974), N. Hofmann (1980, Kap. 8), R. Zimmer (1981), H. Grassegger (1985), C. Schmitt (1997), D. Delabastita (2004, 2004a), S. I. Klitgård (2005), R. Kohlmayer (2017).

Beispiel II.3.-14

Das *Father-Coffey*-Beispiel stammt aus „Ulysses“ von James Joyce. Zur Übersetzungsproblematik führt F. Senn (1968:367) aus:

> In keiner anderen Sprache ist Coffey einem Wort für Sarg (coffin) gleich. Coffey ist, nebenbei gesagt, der wirkliche Name des Priesters im Friedhof Glasnevin von 1904 – Joyce ist naturalistisch genau. Der Übersetzer, der die Assoziation glaubhaft machen will, ist auf einen Behelf angewiesen. Zum Beispiel eine Erklärung in einer Klammer: „Pater Coffey. Wusste doch, dass sein Name an coffin (Sarg) erinnert“ (D 120). Die französische und die spanische Übersetzung entscheiden sich in derartigen Fällen meist für einen anderen Namen. Das Wort für Sarg (cercueil, ataúd) wird Grundlage für „Le Père Serqreux“ (F 102) und „El padre Esaúd“ (SP 138). Einen Mittelweg scheint die serbo-kroatische Übersetzung eingeschlagen zu haben, wo der Name „Otac Covey“ noch immer einen irischen Einschlag aufweist (im Gegensatz zu Serqreux oder Esaúd) und dennoch einem Wort „kovceg“ ähnlich sieht.

Um Sprachspiel handelt es sich auch dann, wenn lexikalische oder syntaktische Möglichkeiten einer Sprache in ungewöhnlicher (d. h. von den Gebrauchsnormen einer Sprache abweichenden) Weise ausgenützt werden (*Donaudampfschifffahrtsgesellschaftskapitänswitwenrentenauszahlungstag*), wenn Sätze/Satzteile durch überraschende lexikalische oder syntaktische Parallelismen miteinander verbunden werden (*Einem nackten Hohen sieht niemand den Hohen an. Erst die Uniform erhöht ihn).*[83] oder wenn reimende oder alliterierende Formen eine textstrukturierende Funktion haben (*Veni, vidi, vici*). Folgende Beispiele sollen einige typische Fälle des Sprachspiels mit ihren Übersetzungsvarianten illustrieren.

Beispiel II.3.-15

Günter Grass, „Die Blechtrommel": Wenn meine Großmutter nach solch einem Hausputzbackwaschundbügelsonnabend [...] ganz und gar in den Badezuber stieg [...].[84]

engl.: When, after one of these Saturdays spent in housecleaning, baking, washing, and ironing [...] my grandmother immersed herself from top to toe in the tub [...].

frz.: Quand ma grand-mère, après un samedi de grand ménage-cuisine-lavage-repassage [...] entrait tout entière dans le cuvier [...].

Beispiel II.3.-16

Günter Grass, „Die Blechtrommel": Gewiss um der Redensart recht zu geben, die da besagt, man könne einen Streit vom Zaune brechen, brach sich der Sägemeister je eine weiße und eine rote Latte aus dem Zaun, zerschlug die polnischen Latten auf Koljaiczeks Kaschubenrücken [...].[85]

engl.: Whereupon the boss had broken one white and one red slat out of the fence and smashed the patriotic slat into tinder over Koljaiczek's Kachubian back.

frz.: Histoire probablement de montrer de quel bois il se chauffait, le patron de la scierie arracha de la clôture une latte rouge et une blanche et, cognant sur le dos kachoube de Koljaiczek à grands coups de lattes polonaises, il en fit un joli tas de petit bois tricolore.

83 Beispiel aus H. Wiesner, „Lapidare Geschichten", München 1967, 53.

84 G. Grass, „Die Blechtrommel", Frankfurt a. M. 1962 (= Fischer Bücherei), 12; G. Grass, „The Tin Drum", 1965 (Penguin Books), 15; G. Grass, „Le tambour", 1969 (Editions du Seuil. Le livre de poche), Bd. I/II, hier I, 13.

85 G. Grass, a. a. O., 19; engl. 23; frz. I, 25.

Auf die Spitze getrieben wird das Spiel mit Sprache in L. Carrolls „Alice's Adventures in Wonderland". M. Gardner weist in seiner Einführung zur englischen Ausgabe darauf hin, „that many characters and episodes in *Alice* are a direct result of puns and other linguistic jokes, and would have taken quite different forms if Carroll had been writing, say, in French".[86] In der Wiedergabe der Sprachspiele zeigen die Übersetzungen ganz unterschiedliche Lösungen. Zwei Beispiele:

Beispiel II.3.-17

L. Carroll, „Alice in Wonderland": „You promised to tell me your history, you know", said Alice [...] „Mine is a long and a sad tale!" said the Mouse, turning to Alice, and sighing. „It *is* a long tail, certainly", said Alice, looking down with wonder at the Mouse's tail [...][87]

dt. A: „Was ich hinter mir habe, ist sehr lang und traurig", sagte die Maus, wandte sich zu Alice herum und seufzte. „Allerdings, du *hast* was Langes hinter dir", sagte Alice und schaute verwundert auf den langen, gewundenen Mauseschwanz [...]

dt. B: „Ach", seufzte das Mäuslein, „ihr macht euch ja aus meinem Erzählen doch nichts; meine Geschichten sind euch zu langschwänzig." Dabei sah sie Alice fragend an. „Langschwänzig! das ist wahr!" rief Alice und sah mit Verwunderung auf den langen, geringelten Schwanz der Maus.

dt. C: „Meine Geschichte ist traurig", sagte die Maus. „Aber ich bin von Natur aus weitschweifig, und deswegen fürchte ich, meine Geschichte könnte es auch werden." „Was deine Person angeht, so hast du recht",

86 L. Carroll, „The Annotated Alice. Alice's Adventures in Wonderland *and* Through the Looking-Glass." With an Introduction and Notes by Martin Gardner, 1965 (Penguin Books), hier 8 f.

87 L. Carroll, a. a. O., 50; dt. A = L. C., „Alice im Wunderland." Englisch und Deutsch, München o. J. (Goldmanns Gelbe Taschenbücher, Übertragung von K. Schrey), 41; dt. B = L. C., „Alice im Wunderland. Eine Geschichte für Kinder, Zürich/Köln 1972 (bt Kinder-Taschenbuch, Übersetzung von A. Zimmermann, bearbeitet von P. Kent), 44 f.; dt. C = L. C., „Alice im Wunderland", Frankfurt a. M. 1973 (insel taschenbuch, übersetzt und mit einem Nachwort von C. Enzensberger), 32; dt. D = L. C., „Alice im Wunderland", München 1973 (dtv junior, Prosa-Übersetzung von L. Remané, Nachdichtungen von M. Remané), 50; L. C., „Les aventures d'Alice au pays des merveilles", Paris 1970 (Bilingue Aubier Flammarion), 117.

sagte Alice und sah dabei mit Staunen auf den langen Schwanz der Maus hinunter.
dt. D: „Mein Lebensbericht ist lang und hat ein trauriges Ende“, begann die Maus seufzend. Alice war gerade in die Betrachtung des langen Schwanzes der Maus vertieft und hatte deshalb nur die letzte Hälfte des Satzes gehört. „Ja, lang ist er, aber warum bezeichnest du sein Ende als traurig?“ forschte sie erstaunt, [...]
frz.: „*C'est que* ... c'est long et triste!“ dit la Souris en se tournant vers Alice et en exhalant un soupir. „Vos *queues*, à vous autres souris, sont longues sans doute, dit Alice, en abaissant avec étonnement son regard vers l'appendice caudal de son interlocutrice; mais pourquoi dire qu'elles sont tristes?“

Beispiel II.3.-18
L. Carroll, „Alice in Wonderland“: „When we were little“, the Mock Turtle went on at last, more calmly, though still sobbing a little now and then, „we went to school in the sea. The master was an old Turtle – we used to call him Tortoise –“ „Why did you call him Tortoise, if he wasn't one?“ Alice asked. „We called him Tortoise because he taught us“, said the Mock Turtle angrily. „Really you are very dull!“[88]
dt. A: „Als wir noch klein waren“, so fuhr der Mockturtel endlich fort – er war jetzt etwas ruhiger, aber dann und wann schluchzte er immer noch –, „da gingen wir mitten im Meer in die Schule. Der Lehrer war ein alter Herr – wir nannten ihn Seeturtel –“ „Warum nannten Sie ihn denn Seeturtel, wenn er kein Seeturtel war?“ fragte Alice. „Wir nannten ihn Seeturtel, weil er uns so gut *sehen* konnte“, sagte die falsche Schildkröte ärgerlich, „Sie sind aber wirklich schwer von Begriff!“
dt. B: „Warum nanntet ihr sie Fräulein Schalthier?“ fragte Alice. „Sie schalt uns hier und da, oder sie schalt uns alle Tage, darum“, sagte die falsche Suppenschildkröte ärgerlich. „Du bist wirklich sehr dumm.“
dt. C: „Warum denn Schaltier, wenn er doch keins war?“ fragte Alice. „Wir nannten ihn Schaltier, denn er schalt hier“, sagte die falsche Suppenschildkröte ungehalten; „du bist wirklich sehr schwer von Begriff.“

88 L. Carroll, a. a. O., 126 f.; dt. A, 147; dt. B, 142; dt. C, 98; dt. D, 153; frz., 229.

dt. D: „Warum nanntet ihr ihn ‚Herzog', wenn er keiner war?" fiel Alice ihr ins Wort. „Wir nannten ihn ‚Herzog', weil er uns ‚erzog'", versetzte die Falsche Suppenschildkröte ärgerlich. „Du bist wirklich schwer von Begriff."
frz.: „Pourquoi l'appeliez-vous la Tortoise, puisque c'était une tortue?" s'enquit Alice. „Nous l'appelions la Tortoise parce que, tous les mois, elle nous faisait passer sous la toise, répondit la Tortue „fantaisie". Vraiment, je vous trouve l'esprit bien obtus."

Viele Witze leben vom Sprachspiel (vgl. B. Marfurt 1977); die Problematik der Witzübersetzung kann folgendes Beispiel illustrieren, an dem zugleich die Rolle der soziokulturellen Bedeutung, die den Witz erst möglich macht, illustriert werden kann: Es geht um das in unserer Kultur (immer noch?) verbreitete Stereotyp, dass Frauen als geschwätzig gelten – ein Stereotyp, das sich in zahlreichen Sprichwörtern, Redensarten und eben auch Witzen niedergeschlagen hat.[89]

Beispiel II.3.-19

– Elle: Après avoir fait voir ma langue au médecin, celui-ci m'a dit que tout mon mal provenait du surménage. – Lui: Tu vois! Combien de fois ne t'ai-je pas dit: ne parle pas tant!

In der dt. Übersetzung geht die (implizite) wortspielerische Komponente verloren (frz. *langue* – dt. *Zunge/Sprache*), d. h. die Komponente, die den doch ziemlich anspruchslosen Witz (etwas) geistreicher macht:

Sie: „Nachdem ich dem Arzt meine Zunge gezeigt hatte, hat er gesagt, bei mir käme alles von der Überarbeitung." Er: „Siehst du! Wie oft hab ich dir schon gesagt: sprich nicht so viel!" („Rire et sourire." Französische Witze, München 1975 (1967) (= dtv zweisprachig), 14 f.)

89 Auf Bierdeckeln der Brauerei Hürlimann ist das Bild eines Glases mit Bier zu sehen, umrahmt von folgendem Text: „Frauen brauchen täglich 5000 Wörter. (Männer nur 2000. Der stille Geniesser schweigt.) Hürlimann. Nur für Männer." Das scheint auch im Jahre 2010 noch anzukommen – jedenfalls bei biertrinkenden, stillen Genießern ...

Sprachspiele sind keineswegs nur in der schönen Literatur oder in der Werbung anzutreffen. In Überschriften zu Zeitungs- und Zeitschriftenartikeln, die als Blickfang dienen sollen, werden sie gerne verwendet. Bei folgender Überschrift wird die Kenntnis der intertextuellen Bedeutung vorausgesetzt (*There is no business like show business*):

Beispiel II.3.-20
THERE'S NO
BUSINESS
LIKE SHOE
BUSINESS
The fabulous Ferragamos keep their
position at the top of the tree when it comes to footwear.
(SCANORAMA, December 1990/January 1991)

Sprachspiele finden sich in den verschiedensten Texten und Textgattungen, mit unterschiedlicher Frequenz und unterschiedlichen Funktionen. Während aber Sprachspiele in nicht-literarischen Texten und außerhalb der Werbung häufig nur beiläufig-ornamentalen Wert haben, in einer Hierarchie der in der Übersetzung zu erhaltenden Werte demnach weiter unten rangieren, sind sie in literarischen Texten (wie auch in der Werbesprache) von zentraler Bedeutung (man denke an obige Beispiele aus G. Grass und L. Carroll). Die Übersetzung stößt hier nicht selten an Grenzen, die auch der (sprach-)schöpferischste Übersetzer nicht überwinden kann. Textstellen, in denen sprachliche Inhalte an spezifisch einzelsprachliche Formen gebunden sind, bzw. in denen sprachliche Formen bestimmte inhaltliche Verknüpfungen erst ermöglichen, erweisen sich als unübersetzbar. Und weil solche Sprachspiele nicht Spiele mit bloßen Formen sind, sondern (meistens) auch Spiele mit ästhetischen und thematischen Bedeutungen, ist die Möglichkeit des Einsatzes kompensatorischer Verfahren begrenzt. Wenn der englische „Blechtrommel"-Übersetzer die Meinung vertritt:

> Schließlich braucht ein Wortspiel nicht unbedingt an derselben Stelle wie im Original zu stehen. Im nächsten oder übernächsten Satz kann sich ein anderes ganz natürlich aus der englischen Sprache ergeben.[90]

90 R. Manheim, „Aus der Übersetzerküche", in: Der Übersetzer 7/1971.

– so halten wir dieses Verfahren in vielen Fällen nur für eine ausgesprochene Notlösung (wobei freilich eine Notlösung oft besser ist als keine Lösung). Denn in anspruchsvolleren literarischen Texten stehen Sprachspiele nicht zufällig und austauschbar an einer bestimmten Stelle; sie sind nicht bloßes Ornament. Theoretisch könnten mit Sprachspielen zusammenhängende Übersetzungsprobleme zwar mit kommentierenden Verfahren gelöst werden, d. h., das AS-Spiel wird in einer Fußnote oder im Text selbst erklärt (dies ist der Fall in der in *Beispiel II.3.-14* angeführten dt. Übersetzung der Father-Coffin-Stelle). Wenn aber das Sprachspiel zu den entscheidenden stilistisch-ästhetischen Qualitäten des AS-Textes gehört, so wird durch die bloß kommentierende Wiedergabe dieser Qualitäten in der ZS die ästhetische Identität des Originals mehr oder weniger stark beeinträchtigt oder gar zerstört. Ein Witz, der erklärt werden muss, funktioniert bekanntlich nicht mehr wie ein (richtiger) Witz; ein Sprachspiel, das kommentiert wird, verliert (mindestens teilweise) seinen spielerischen Charakter.[91] So bleibt dem Übersetzer nur noch die (schöpferische) Bearbeitung oder die produktive Annäherung, wie die beiden folgenden Beispiele zeigen.

Beispiel II.3.-21

In einem norw. Kriminalroman[92] findet sich folgender vulgärer Sprachwitz:

> „... og så sa den ene hollenderen, men du vet hollendere, de sier f når de mener v – altså han skulle si, og han pekte på kartet, at, han sa: Fi kommer akkurat fra den berømte Hardangerfidda. Men billettøren, han så bare rolig på ham og sa: Åja? Den i Kinsarvik eller den i Odda?“

Wörtliche Übersetzung:

> „... Und so sagte der eine Holländer, aber weißt du, die Holländer sagen f wenn sie v meinen – also, er wollte sagen, und er zeigte auf die Karte – er sagte also: Wir [*fi* statt norw. *vi*] kommen von der berühmten Hardangerfidda (gemeint ist Hardanger*v*idda [die Hardan-

91 In Comics wiederum verbieten sich Erläuterungen in der Regel nur schon deshalb, weil der Platz dafür fehlt (H. Grassegger 1985:102).

92 Gunnar Staalesen, „I mørket er alle ulver grå“, Oslo 1983, 30; G. S., „Im Dunkeln sind alle Wölfe grau“, Mönkeberg 1987, 27.

> gerhochebene], wenn auf Norwegisch ausgesprochen als *fidda*, ergibt sich die phonetische Ähnlichkeit zu *fitte*, d. h. *Fotze*]. Aber der Schaffner schaute sie nur ganz ruhig an und sagte: ‚Ah ja – die in Kinsarvik oder die in Odda?'

Gedruckte Übersetzung:

> „... sie 'ne hübsche Französin und er so'n Ornithologe oder so, jedenfalls säuselt er rum und will ihr seine ganzen Viecher beschreiben und da sagt sie, weißt ja, mit so'm süßen Akzent und so, sie sagt also: Ach, wie schön, isch liebe Vögeln!"

Beispiel II.3.-22

In der Einleitung zur zweisprachigen Ausgabe einer Auswahl von Christian Morgensterns „Galgenlieder"[93] schreibt der Übersetzer Max Knight:

> Because of the Galgenlieder's dependence on the German language, they have been said to defy translation. In the present collection, some poems based on puns were translated by trying a similar pun (e. g., „Das Gebet"), others were rendered by analogy – by an experimental „approach" (e. g., „Der Werwolf").

Im Falle des berühmten Gedichts „Der Mond" wird der erklärende Kommentar auf kongeniale Weise Bestandteil des Gedichtes selbst: „an A describing and a Z/(read „Ab" and „Zu" in Germany)". Um eine produktive Bearbeitung/Neuschöpfung handelt es sich bei der als *approach* charakterisierten Wiedergabe von „Der Werwolf" (nur die erste und die dritte Strophe werden angeführt):[94]

Der Werwolf	*The Banshee* [An Approach]
Ein Werwolf eines Nachts entwich von Weib und Kind, und sich begab an eines Dorfschullehrers Grab	One night, a banshee slunk away from mate and child, and in the gloom went to a village teacher's tomb,

93 „The Gallow Songs. Christian Morgenstern's *Galgenlieder*." A Selection. Translated, with an Introduction, by Max Knight, Berkeley/Los Angeles 1964.

und bat ihn: Bitte, beuge mich!	requesting him: „Inflect me, pray."
[...]	[...]
„Der Werwolf, – sprach der gute Mann,	„The banSHEE, in the subject's place;
„des Weswolfs, Genetiv sodann,	„the banHERS, the possessive case."
„dem Wemwolf, Dativ, wie man's nennt,	„The banHER, next, is what they call"
„den Wenwolf, – damit hat's ein End'."	„objective case – and that is all."

Als Sprachspiel ist, wie das Morgenstern-Beispiel zeigt, auch die **Sprachthematisierung** (Metasprache) zu betrachten, d. h., im Text werden grammatische Eigenschaften, Polysemien, stilistische Qualitäten, etymologische Zusammenhänge usw. explizit oder implizit zum Gegenstand der Aussage gemacht.[95] Nicht wenige sprachreflektierende philosophische Texte basieren auf solchen (in vielen Fällen einzelsprachspezifischen) Sprachthematisierungen. Ebenso anschauliche wie extreme Beispiele dafür finden sich im Werk Martin Heideggers.

Beispiel II.3.-23

> Das Bergende und Verbergende hat sein Wesen im Be-wahren, im Ver-wahren, eigentlich im Wahrenden. Die Wahr, das Wahrende, bedeutet anfänglich die Hut, das Hütende. (M. Heidegger, „Was heißt Denken?", Tübingen 1954, 97)

Die englische Übersetzung von „Sein und Zeit" bietet ein reiches Anschauungs- und Analysematerial für die Übersetzungsprobleme, die Heideggers Sprachspiele stellen, und für die Verfahren, die angewandt werden, um sie im Engl. wiederzugeben („Being and Time", Oxford 1973 [1962]). Im Vorwort weisen die Übersetzer J. Macquarrie und E. Robinson u. a. auf folgende Übersetzungsschwierigkeiten hin:

> As long as an author is using words in their ordinary ways, the translator should not have much trouble in showing what he is trying to

94 Zu „Der Werwolf", s. auch E. Lesner (2011).
95 Zur Übersetzung expliziter Sprachthematisierungen, s. das Kapitel „Die Übersetzung von Metasprache" in R. Zimmer (1981).

say. But Heidegger is constantly using words in ways which are by no means ordinary, and a great part of his merit lies in the freshness and penetration which his very innovations reflect. He tends to discard much of the traditional philosophical terminology, substituting an elaborate vocabulary of his own. He occasionally coins new expressions from older roots, and he takes full advantage of the ease with which the German language lends itself to the formation of new compounds. He also uses familiar expressions in new ways. Adverbs, prepositions, pronouns, conjunctions are made to do service as nouns; words which have undergone a long history of semantical change are used afresh in their older senses; specialized modern idioms are generalized far beyond the limits within which they would ordinarily be applicable. Puns are by no means uncommon and frequently a key-word may be used in several senses, successively or even simultaneously. He is especially fond of ringing the changes on words with a common stem or a common prefix. He tends on the whole to avoid personal constructions, and often uses abstract nouns (‚Dasein', ‚Zeitlichkeit', ‚Sorge', ‚In-der-Welt-sein', and so forth) as subjects of sentences where a personal subject would ordinarily be found. Like Aristotle or Wittgenstein, he likes to talk about his words, and seldom makes an innovation without explaining it; but sometimes he will have used a word in a special sense many times before he gets round to the explanation; and he may often use it in the ordinary senses as well. (13 f.)

3.8 Hierarchie der in der Übersetzung zu erhaltenden Werte

R.W. Jumpelt weist in seiner Pionierarbeit zur „Übersetzung naturwissenschaftlicher und technischer Literatur" (1961) auf die Erfahrungstatsache hin, „dass es keine globale und unterschiedslose Erhaltung aller Werte durch die Übersetzung gibt, sondern dass sie in sich stets die Notwendigkeit einer Wahl beschließt" (46). Der Übersetzer, der eine solche Wahl bewusst vollzieht, hat bei jedem Text als Ganzem wie auch bei Textsegmenten die Aufgabe, eine Hierarchie der in der Übersetzung zu erhaltenden Werte aufzustellen, aufgrund deren er eine **Hierarchie der Äquivalenzforderungen** bezüglich des betreffenden Textes bzw. des betreffenden Textsegmentes ableiten kann. Diese Hierarchie steht in unmittelbarem Zusammenhang mit der impliziten bzw. impliziten und expliziten Übersetzungstheorie des Übersetzers (s. o., I.2.1). Sie ist, betrachtet man Übersetzen als Entscheidungsprozess (J. Levý, 1981 [1967], s. auch I.6.6), einer der Faktoren, die im konkreten Übersetzungsfall die Wahl einer Übersetzungslösung mitbestimmen; es kommt ihr, sieht man Übersetzen im Bild des Spiels, eine wichtige strategische Rolle bei der Festlegung der einzelnen (Übersetzungs-)Spielzüge zu.[96] Der Aufstellung einer solchen Hierarchie der zu erhaltenden Werte muss eine **übersetzungsrelevante Textanalyse** vorausgehen. In der Erarbeitung der Methodik und des begrifflichen Instrumentariums einer solchen Textanalyse wie auch in der Zusammenfassung und Systematisierung dieser Textanalysen in übersetzungsrelevanten Textmerkmalstypologien liegt eine vordringliche, bisher erst in Ansätzen gelöste Aufgabe der Übersetzungswissenschaft. Mit übersetzungsrelevanter Textanalyse hat man sich bisher hauptsächlich aus übersetzungskritischer Sicht beschäftigt (K. Reiß 1971); um eine theoretische Grundlegung, die zugleich übersetzungspraktische und -didaktische Aspekte mit einbezieht, geht es C. Nord (2009).[97]

Eine Methode der übersetzungsrelevanten Textanalyse erarbeiten H. Gerzymisch-Arbogast/K. Mudersbach (1998). Sie gehen von drei Ansätzen der übersetzerischen Texterschließung aus, die als **Aspektra**, **Holontra** und **Relatra** bezeichnet werden. Das **aspektive Textverständnis** zielt auf die Herausarbeitung (einzelner) formaler (sprachlich-stilistischer) und inhaltlicher Eigenschaften und Auffälligkeiten eines Textes/von Textsegmenten. Beim **holistischen Textverständnis** handelt es sich um die hinter einem Text stehenden Systeme des Sach-, Fach- und Kulturwissens. Beim **relationalen Textverständnis** geht es um interne Textbezüge und um die Bezüge des Textes/von Textelementen zu Wissenssystemen sowie um die Möglichkeiten der Wiedergabe dieser Elemente und Strukturen in der ZS.

96 Zur Wahl von Übersetzungslösungen (und Übersetzungsstrategien), s. etwa A. Kucharska (2001), K. Schulte/H. Roussel (2007), M. Ivanova (2009), K. B. Henjum (2013).

97 Beispiele für übersetzungsrelevante Analysen von Texten unterschiedlicher Textgattungen finden sich in H. Kittel u. a., Hrsg. (2004, Kap. VIII).

3.9 Exkurs: Kommentierende Übersetzungsverfahren

Textverarbeitende Aktivitäten wie (einen Text in einer anderen Sprache) **zusammenfassen**, **kommentieren**, (für eine bestimmte Rezipientengruppe) **bearbeiten**, (teilweise) **in ein anderes Medium umsetzen**, **übersetzen** usw. weisen ohne Zweifel Gemeinsamkeiten auf. Mehr noch: Übersetzen kommt in vielen Fällen nicht ohne kommentierende, interpretierende, bearbeitende, kürzende und erweiternde Verfahren aus, wenn bestimmte Werte des AS-Textes dem zielsprachlichen Leser vermittelt werden sollen, bzw. wenn die Übersetzung versteh- und lesbar sein soll („Verstehbarkeit" kann allerdings nicht als genereller Äquivalenzmaßstab gelten, s. o., II.3.2.3). Geht man von einem alltagssprachlichen und -sachlichen Verständnis der Funktion der Übersetzung aus, nämlich das, was in einer Sprache gesagt ist, Lesern in einer anderen Sprache zu vermitteln, so kann diese Funktion oft nur durch den Einsatz kommentierender Übersetzungsverfahren erfüllt werden, mit denen insbesondere im Fall von Eins-zu-Null-Entsprechungen (Lücken) oder Eins-zu-Teil-Entsprechungen das, was zunächst nicht oder nur unzulänglich übersetzt werden kann, recht eigentlich übersetzbar gemacht wird.

Auf das **Problem der Übersetzbarkeit** ist in II.1 ausführlich eingegangen worden. Wenn hier der Begriff der (prinzipiellen) Übersetzbarkeit verwendet wird, dann ausschließlich in rationaler Hinsicht. Er besagt in keiner Weise, dass mit einer Übersetzung, die mit den verschiedensten Formen des Kommentierens arbeitet, um Übersetzbarkeit herzustellen, die gleichen *unmittelbaren* Effekte erzielt werden wie durch den Originaltext. Ebenso wenig besagt er, dass die grammatischen, semantischen, kommunikativen und Äußerungs-Bedeutungen von AS-Einheiten durch gleichrangige, auf allen Bedeutungsebenen identische Äquivalente in der ZS substituiert werden können. Gemeint ist damit nicht mehr (aber auch nicht weniger!), als dass dem Leser über die Darstellungsfunktion der Sprache (K. Bühler 1934) in der Form eines Kommentars etwa die konnotativen Werte oder die intralinguistischen Bedeutungen des AS-Textes erkenntnis- und verstandesmäßig vermittelt werden können – und auch dies vielleicht nicht in ihrer ganzen Potentialität, sondern nur annäherungsweise. Gerade bei literarischen Texten zeigt sich, dass der „Sprung in die Metasprache", das heißt der Weg der Kommentierung, oft weder ein hilfreicher noch ein gangbarer Ausweg aus der Übersetzungsnot ist, wenn der literarisch-ästhetische Charakter des Textes in der Übersetzung bewahrt werden soll. Es kann nicht genug betont werden, dass der Begriff der Übersetzbarkeit, wie er hier unter (eng) linguistischem Aspekt gesehen wird, zu unterscheiden ist von Begriffen der Übersetzbarkeit, die von der Frage nach der Möglichkeit der unmittelbaren Wiedergabe ästhetischer, stilistischer, konnotativer, assoziativer, sprachspielerischer Texteigenschaften ausgehen. Übersetzung als Kunst heißt, das Unmögliche zu versuchen, das Unmögliche möglich zu machen und die (unvermeidbaren) Verluste möglichst gering zu halten.

Als **Kommentare** fungieren Fußnoten, Anmerkungen und/oder Zusätze im Text. Dazu einige Beispiele: In einer Fußnote zum Personenverzeichnis erklärt der Übersetzer von August Strindbergs „Fadren" die Bedeutung des Namens CORPORAL NOYD (metasprachlicher Kommentar):

Beispiel II.3.-24

„Noyd" is an approximate phonetic pronunciation of the Corporal's name, Nöjd, which means „satisfied" (translator). (A. Strindberg, „Five Plays", Translated, with an Introduction, by H. G. Carlson, 1981)

Das folgende Beispiel ist ein Kommentar, in dem ein AS-Phraseologismus, der in wörtlicher Übersetzung nicht unmittelbar verständlich oder missverständlich ist, erläutert wird. Das Beispiel stammt aus der Erzählung „Bei unserem Batjko Machno" in Isaak Babels „Die Reiterarmee" (aus dem Russischen übersetzt von Peter Urban), Zürich 1998. Im zweitletzten Abschnitt äußert sich die „Rotznase Kikin, ein Melder", folgendermaßen:

Beispiel II.3.-25

– Da redet das Volk über die Machno-Kämpfer, über ihren Heldenmut, – stieß er mürrisch hervor, – aber wenn du mit denen nur mal n bißchen Salz gegessen hast, dann weißt du, daß jeder von denen einen Stein unterm Hemd trägt ...

Es geht um den Ausdruck *einen Stein unter dem Hemd tragen,* der kaum wörtlich gemeint sein kann. Nach einigem Nachdenken macht man vielleicht einen Interpretationsversuch mit Bedeutungsübertragungen: *Stein* als ‚Herz', d. h. die Machno-Kämpfer sind völlig gefühllos („das steinerne Herz") oder *Stein* als ‚Waffe' (ein Hyponym steht für das Hyperonym), d. h. Machno-Kämpfer greifen schnell und heimtückisch zu einer versteckten

Waffe. Aber so ganz einleuchten wollen diese Erklärungen nicht im Zusammenhang der Äußerung. So schlägt man im Anhang nach und findet zu *Stein unter dem Hemd* folgende Erklärung: „populäre russ. Redewendung, meint: der Mensch ist unberechenbar; noch tut er freundlich, und gleich haut er dir den Stein über den Schädel." – Nicht kommentiert wird der Ausdruck *mit jmdm. (ein bisschen) Salz gegessen haben*, der möglicherweise ebenso erklärungsbedürftig ist. Vielleicht helfen aber der Kontext („wenn ... dann *weißt* du ...") und/oder enzyklopädisches Wissen weiter: In Russland spielt die Begrüßung mit Brot und Salz eine wichtige Rolle; in der Bibel isst der auferstandene Jesus mit seinen Jüngern Salz; in den von Karl Simrock gesammelten deutschen Sprichwörtern (Reclam) findet sich „Traue keinem, du habest denn ein Scheffel Salz mit ihm gegessen". Man wird also diesen Ausdruck interpretieren können als ‚jmdn. kennen, mit jmdm. vertraut/freundschaftlich verbunden sein'.

Ein **interpretierender** (und teilweise metasprachlicher) **Kommentar** findet sich in einer Anmerkung zur englischen Übersetzung eines Abschnittes aus Friedrich Nietzsches „Jenseits von Gut und Böse" (Nr. 42):

Beispiel II.3.-26

> *attempters ... attempt ... temptation: Versucher ... Versuch ... Versuchung.* ‚*Versucher*' also means ‚experimenter', ‚*Versuch*' experiment. The point is that these ‚coming philosophers' will not be dogmatics. Compare *Gay Science* 51: ‚Give me any kind of sceptical proposal to which I am permitted to reply: „Let's try it! [*Versuchen wir's!*]" But I want to hear nothing more of any thing or any question which does not permit of experimentation ...' The play upon *Versuch* and *Versuchung* is very frequent in Nietzsche's work. (F. Nietzsche, „Beyond Good and Evil." Translated, with an Introduction and Commentary, by R. J. Hollingdale, 1973, 221).

Diese Anmerkung bezieht sich auf folgende Textstelle:

> A new species of philosophers is appearing: I venture to baptize these philosophers with a name not without danger in it. As I divine them, as they let themselves be divined – for it pertains to their nature to *want* to remain a riddle in some respects – these philosophers of the future might rightly, but perhaps also wrongly, be described as *attempters.* This name itself is in the end only an attempt and, if you will, a temptation. (52)

Im Original lautet die Stelle folgendermaßen:

> Eine neue Gattung von Philosophen kommt herauf: ich wage es, sie auf einen nicht ungefährlichen Namen zu taufen. So wie ich sie errate, so wie sie sich erraten lassen – denn es gehört zu ihrer Art, irgendworin Rätsel bleiben zu *wollen* –, möchten diese Philosophen der Zukunft ein Recht, vielleicht auch ein Unrecht darauf haben, als *Versucher* bezeichnet zu werden. Dieser Name selbst ist zuletzt nur ein Versuch, und, wenn man will, eine Versuchung. (F. Nietzsche, „Werke"; Bd. II, 605)

Als **terminologischer Kommentar** (d. h., es handelt sich um das Verfahren der Explikation) fungiert folgende Fußnote in der schwedischen Übersetzung von Dorothy Sayers „Murder must advertise":

Beispiel II.3.-27

> [Fußnote:] Enligt engelsk lag går „kronvittne", d. v. s. en brottsling som lämnar bevis mot sine medskyldiga, straffri. (D. Sayers, „Mördande reklam", 238)

Die betreffende Textstelle lautet folgendermaßen:

> It never occurred to you, I suppose, to turn King's Evidence and expose the whole system. (D. L. Sayers, „Murder Must Advertise", 246)

In der schwedischen Übersetzung:

> Kom ni aldrig att tänka på, att ni skulle kunna bli kronvittne och avslöja det hela? (238)

Die deutsche Übersetzung kommentiert dagegen nicht (dabei gibt es in Deutschland erst seit 2009 eine Kronzeugenregelung, die mit der englischen Praxis vergleichbar ist):

> Der Gedanke, als Kronzeuge aufzutreten und die ganze Bande bloßzustellen, ist Ihnen wohl gar nicht gekommen? (D. L. Sayers, „Mord braucht Reklame", 196)

Um einen **erläuternden Zusatz** im Text selbst handelt es sich in folgendem Beispiel aus M. Sjöwall/P. Wahlöö, „Den vedervärdige mannen från Säffle. Roman om ett brott“:

Beispiel II.3.-28

> [Stockholm såg annorlunda ut då.] Gamla Stan hade varit rena småstadsidyllen. (15)

In der deutschen Übersetzung („Das Ekel aus Säffle. Kriminalroman“):

> Gamla Stan, die Altstadt, war damals ein richtiges Kleinstadtidyll gewesen. (15)

(In der norwegischen Übersetzung bleibt *Gamla Stan* unkommentiert: „Gamla stan var rene småbyidyllen.“ M. Sjöwall/P. Wahlöö, „Udyret fra Säffle. Roman om en forbrytelse“, 15)

Ähnlich gelagert ist folgendes Beispiel mit einer Textstelle aus Max Frischs „Montauk“:

Beispiel II.3.-29

> Sie möchte nicht, dass ich je zu einer Tagung der GRUPPE 47 erscheine. (Max Frisch, „Montauk“, 147)
> She did not want me to attend meetings of the writers' group, GRUPPE 47. (101)

Wenn wir versuchsweise annehmen, dass die engl. Übersetzung der Originaltext wäre, so würde die (Rück-)Übersetzung resultieren in entweder a) ... *der Schriftstellergruppe/-vereinigung GRUPPE 47,* oder eventuell b) ... *der GRUPPE 47,* wenn der Übersetzer den Wissensstand der deutschen Leser so einschätzt, dass er die Explikation für unnötig hält.

Die *Beispiele II.3.-28/29* machen deutlich, dass Textzusätze u. a. die Funktion haben, implizite Information in der Übersetzung explizit zu machen. Die Frage, die sich dem Übersetzer immer wieder stellt, ist dabei: Welche implizite Information muss notwendigerweise expliziert werden? Schwedische Leser haben bezüglich *Gamla Stan* ein gemeinsames Hintergrundswissen:

Es handelt sich dabei um „die Stadt zwischen den Brücken" mit engen Gassen und einer mittelalterlich anmutenden Architektonik; alte Kirchen, das Reichtagsgebäude und das Königliche Schloss prägen das Bild. In Bezug auf *Beispiel II.3.-29* ist es allerdings keineswegs sicher, dass der Durchschnitts-Frisch-Leser von heute weiß, was mit der Gruppe 47 gemeint ist. Die engl. Übersetzung dieser Textstelle dürfte für den englischen Leser verständlicher sein als die Originaltextstelle für viele deutschsprachige Leser.

Von den kommentierenden Übersetzungsverfahren zu unterscheiden sind die freistehenden, nicht in die Übersetzung integrierten Kommentare, in denen die Übersetzer auf ihre Übersetzungsprinzipien und -methoden, auf Übersetzungsprobleme und -entscheidungen eingehen (s. o., I.2.5). Solche Kommentare enthalten oft auch Informationen zum Text, die dem Übersetzer als so wichtig scheinen, dass er sie in dieser Form vermittelt. So findet sich in den dt. Übersetzungen der Romane Henning Mankells folgende „Vorbemerkung des Übersetzers" (Wolfgang Butt):

> Der mit den schwedischen Verhältnissen vertraute Leser wird in der vorliegenden Übersetzung das in Schweden durchgängig gebrauchte Du als Anredeform vermissen. Es wurde, soweit es sich nicht um ein kollegiales oder freundschaftliches Du handelt, durch das den deutschen Gepflogenheiten entsprechende Sie ersetzt, auch wenn damit ein Stück schwedischer Authentizität des Textes verlorengeht.

Das Verfahren des Kommentierens ist nicht auf Übersetzungen beschränkt: Ältere Originalliteratur erscheint in kommentierten Ausgaben, die das Verständnis erleichtern sollen, ebenso werden modernen Texten gelegentlich sprachliche (und sachliche) Erläuterungen beigegeben.

Beispiel II.3.-30

Stößt der Leser von R. K. Narayans „Malgudi Days" auf die Stelle „I can buy some *jaggery* and coconut tomorrow" (19), dann kann er im „Glossary" nachlesen: „*jaggery*: product similar to brown sugar, made by boiling sugarcane juice".

Unauffällig-selbstverständlich erscheint das kommentierende Verfahren in Originaltexten, wenn beispielsweise fachsprachliche Termini erläutert/definiert, regionale/dialektale Ausdrücke oder ungewöhnliche oder wenig frequente Wörter umschrieben und komplizierte Sachverhalte paraphrasiert werden. Mit solchen „Hilfen" – sie treten auch in der Form von Präzisierungen, Wiederholungen, Ergänzungen, Hervorhebungen auf (vgl. W. Heinemann/D. Viehweger 1991:109) – versucht der Textproduzent, das Textverstehen sicherzustellen. Man siehe dazu folgendes Beispiel (Unsere *Hervorhebung*):

Beispiel II.3.-31

Miserable Zustände beim ostdeutschen Inkasso
[...] Viele der rund 8000 Kombinate der früheren DDR hätten Außenstände, *also unbezahlte Rechnungen,* in Millionenhöhe. [...] Ein Inkasso-Wesen, *das heißt eine betriebliche Organisation, die für das pünktliche Bezahlen von Rechnungen sorgt,* ist [...] in der ehemaligen DDR praktisch unbekannt. (*Süddeutsche Zeitung,* 24./25./26. 12. 1990)

In unserer Zeit müsste man wahrscheinlich auch den Ausdruck *Kombinat* erläutern, und früher oder später dürfte auch die Auflösung des Akronyms DDR nicht mehr allgemein geläufig sein ...

Ob und inwieweit Fußnoten, Anmerkungen und kommentierende Textzusätze empfehlenswerte, ja berechtigte Übersetzungsverfahren sind, wird unterschiedlich beurteilt. P. Newmark (1981:148 f.) spricht sich gegen Anmerkungen und für Zusätze im Text aus: „[...] it is better to write the background into the text to make it meaningful rather than as a note." Und: „The text should be self-sufficient." Apodiktisch urteilt M. Ammann (1989:53):

> Im Grunde genommen sind Erläuterungen (in Form von Fußnoten) oft lediglich Ausdruck für die Mühe, die der Translator mit dem Text hatte. Der Translator möchte das Ergebnis seiner Recherchen unbedingt vorlegen. Nichts dagegen. Nur sollte er dies m. E. nicht im Translat tun.

Ein Blick auf die obigen Beispiele zeigt, dass diese Behauptung kaum haltbar ist. Die angeführten Übersetzungsvorschläge können nicht als missglückt bezeichnet werden; die betreffenden Kommentare sind in ihrer Mehrheit dem Leser der Übersetzungen durchaus dienlich. Selbstverständlich sind im Einzelfall (vielleicht sogar bessere) Alternativen denkbar, und über die Art und die Notwendigkeit des einen oder anderen Kommentars lässt sich diskutieren.

Einen Extremfall in dieser Beziehung stellt die Neuübersetzung von T. S. Eliots „The Waste Land" durch K. Junkes-Kirchen (1988) dar: Verstehens-,

Interpretations- und Übersetzungsprobleme werden eingehend behandelt und die Übersetzungsentscheidungen ausführlich begründet. Kein Wunder, dass der Kommentar, der das „Bedeutungspotential" des Originals möglichst umfassend vermitteln will, umfangmäßig ein Mehrfaches des Originaltextes ausmacht (s. o., II.3.3.4).

Grundsätzlich ist anzumerken, dass sich über die Legitimität kommentierender Übersetzungsverfahren *a priori* nichts sagen lässt – wie sich denn die Übersetzungswissenschaft überhaupt hüten sollte, für die Praxis apodiktisch Anweisungen zu formulieren. Als empirische Wissenschaft sollte sie die angewendeten Verfahren, ihre Funktionen, ihr Vorkommen und quantitative Verteilung in verschiedenen Textsorten, ausgehend von konkreten Übersetzungsfällen, beschreiben. Erst dann (wenn überhaupt) kann eine übersetzungskritische Bewertung der angewendeten Verfahren erfolgen.[98]

3.10 Zusammenfassung

In Kapitel 3 wird der Begriff der Äquivalenz differenziert und operationalisiert. Fünf Bezugsrahmen der Übersetzungsäquivalenz werden unterschieden und mit Äquivalenztypen gekoppelt: der außerspachliche Sachverhalt mit der denotativen Äquivalenz, die Art der Verbalisierung mit der konnotativen Äquivalenz, die Text- und Sprachnormen mit der textnormativen Äquivalenz, der Empfängerbezug mit der pragmatischen Äquivalenz und die ästhetischen Eigenschaften eines Textes mit der formal-ästhetischen Äquivalenz. Die fünf Äquivalenztypen werden mit zahlreichen Übersetzungsbeispielen illustriert. In einem Exkurs werden kommentierende Übersetzungsverfahren (Fußnote, Anmerkung, Textzusätze) behandelt.

---

98 Bedenkenswert ist der Hinweis von H. Turk (1989:38 f.), dass es seit dem 18. Jahrhundert dem „Selbstverständnis der Übersetzer" widerspreche, „der Übersetzung durch Anmerkungen oder Kommentare aufzuhelfen", würden diese „Zusatztexte" doch belegen, „dass die Übersetzung eigentlich nicht gelungen ist". – Dabei ist nicht auszuschließen, dass Selbstverständnis, d. h. Theorie, und Praxis in diesem Zusammenhang unter Umständen ebenso wenig miteinander übereinstimmen wie theoretische Äußerungen von Übersetzern zu ihren Übersetzungsprinzipien mit ihrem tatsächlichen übersetzerischen Verhalten (d. h. explizite und implizite Übersetzungstheorie der Übersetzer weichen voneinander ab, s. o., I.2.1). – Zum Kommentar in Bibelübersetzungen der Aufklärung, s. D. Weidner (2017).

4 Übersetzungsrelevante Textgattungen

4.1 Fiktiv- und Sachtexte und ihre Unterscheidungskriterien

In der Textlinguistik gibt es eine ganze Reihe von Ansätzen und Versuchen, Textsorten oder Textgattungen zu unterscheiden und Texttypologien mit Hilfe textinterner und -externer Kriterien und Merkmale zu erstellen. Von einer „geschlossenen und in sich stimmigen Texttypologie" ist man freilich „noch weit entfernt" (K. Brinker 2010:121). Unter dem Aspekt der Übersetzung scheint es uns sinnvoll, die **zwei Hauptgattungen Fiktivtexte und Sachtexte** anzusetzen (vgl. auch I.2.5 und I.9.2); dies im Unterschied etwa zu R.W. Jumpelt (1961) mit sechs Übersetzungsgattungen und K. Reiß (1971) mit drei fundamentalen Texttypen.[99]

R.W. Jumpelt (1961:25) unterscheidet folgende Übersetzungsgattungen: 1. die ästhetische (künstlerische) Übersetzung, 2. die religiöse Übersetzung, 3. die pragmatische Übersetzung (dazu gehören Texte der Natur- und der angewandten Wissenschaften, der Sozialwissenschaften und eine Reihe „spezieller Arten" wie offizielle Dokumente, Werbetexte, Pressenachrichten usw.), 4. die ethnographische Übersetzung, 5. die sprachwissenschaftliche Übersetzung, 6. die geisteswissenschaftliche Übersetzung.

K. Reiß (1971) geht von den Sprachfunktionen K. Bühlers (1934) aus; je nach der Dominanz einer Funktion im Text werden unterschieden: 1. inhaltsbetonte Texte (die Darstellungsfunktion der Sprache dominiert, d. h. der Text ist sach- bzw. informativ orientiert), 2. formbetonte Texte (die Ausdrucksfunktion dominiert, d. h. der formal-ästhetische und expressive Aspekt ist vorrangig), und 3. appellbetonte Texte (die Appellfunktion dominiert, d. h. die Beeinflussung des Empfängers steht im Vordergrund.

In K. Reiß (1976:18) werden die drei Haupttypen als informative, expressive und operative Texte bezeichnet.

---

99 Eine Übersicht über die Forschungslage im Bereich der übersetzungsbezogenen Texttypologie gibt I.-A. Busch-Lauer (2004). Für die Textsorten in Naturwissenschaft und Technik sei auf die breit angelegte, theoretisch und empirisch fundierte Untersuchung von S. Göpferich (1995) hingewiesen.

Es handelt sich dabei um eine **idealtypische Unterscheidung** und jede der beiden Hauptgattungen könnte unter Anwendung weiterer Kriterien kommunikativer, linguistischer und literarisch-ästhetischer Art weiter untergliedert werden. Dass die Zuordnung einzelner Textsorten, wie sie in der Alltagssprache benannt werden,[100] zu diesen Hauptgattungen nicht immer einfach ist, versteht sich von selbst (die Probleme fangen nicht erst bei Schriften religiösen Inhalts an, sondern schon bei Textsorten wie Reiseprospekt, Brief oder Kontaktanzeige). Die Zuordnung zur einen oder anderen Kategorie kann sich ändern, weil sich die Interpretation eines Textes ändert. So ist, von einem bestimmten theologischen Gesichtspunkt aus, die Bibel als Sachtext zu lesen, von anderen Gesichtspunkten aus als fiktiver Text. Ebenso kann die Zuordnung aufgrund unterschiedlicher Rezeptionsinteressen der Leser unterschiedlich sein. Es ist denkbar, dass ein literarischer Text nicht als fiktiver, sondern als Sachtext rezipiert wird, wenn man sich für geographische Beschreibungen in älteren literarischen Texten oder für Beschreibungen von gesellschaftlichen Zuständen in älteren Romanen aus der Sicht des Geographen oder des Sozialwissenschaftlers interessiert.

Bezüglich der Werke von V. S. Naipaul merkt U. Schoettli an:

> Sein stofflich und sprachlich in orientalischer Breite angelegtes, intellektuell in okzidentaler Tiefe und Analyse verankertes Werk gehört zur Weltliteratur. Das inzwischen zwanzig Haupttitel umfassende Opus wird von englischen Herausgebern in „Fiction" und „Non-Fiction" unterteilt; Kategorien, die sich indessen seit Naipauls ersten Büchern so klar nicht auseinanderhalten lassen und die in der Entwicklung des Werks – wie „The Enigma of Arrival", als „Fiction" aufgeführt, und „India", mit dem Etikett „Non-Fiction" versehen, beweisen – noch fragwürdiger geworden sind. (*Neue Zürcher Zeitung*, 18./19. 5. 1991).

Interessant sind in diesem Zusammenhang die Überlegungen W. Baumgartners (1991) zu August Strindbergs „Plaidoyer d'un fou": Eine „faktische" Lesart ist möglich und legitim (d. h. man liest den Text als Autobiographie, in der schonungslos die „Wahrheit" über die Ehe mit Siri von Essen dargestellt wird), aber auch eine fiktive bietet sich an (literarische Selektion und Kombination von Realitätsfragmenten, Stilisierung, ästhetische Überstrukturierung).

---

100 M. Dimter (1981:33) hat in der Duden-Rechtschreibung von 1973 nicht weniger als 1642 alltagssprachliche Namen für Textklassen ermittelt; 480 davon stehen für grundlegende, „die restlichen 1163" [sic] für abgeleitete Textklassen.

Im Unterschied zu Auffassungen, wie sie von der funktionalistischen Translationswissenschaft vertreten werden (s. o., II.2.9), gehen wir davon aus, dass zwischen Fiktivtexten und Sachtexten nicht nur graduelle, sondern **qualitative Unterschiede** bestehen. Dies lässt sich gerade aus der Perspektive des Lesers begründen: Der Leser als Rezipient – und der Übersetzer als Rezipient *sui generis und* als Sekundärsender (s. o., I.6.7) – tritt einem Text mit unterschiedlichen Erwartungen entgegen, je nachdem, ob er ihn der Kategorie Fiktivtexte bzw. der ästhetischen Kommunikation *oder* ob er ihn der Kategorie Sachtexte bzw. der sachlich/fachlich orientierten Kommunikation zurechnet. Es sind unterschiedliche Erwartungen, aus denen der Übersetzer unterschiedliche Forderungen hinsichtlich der Übersetzungsäquivalenz ableitet. Mittels der Kriterien 1. praktische Folgen, 2. Fiktionalität und 3. Ästhetizität wird im Folgenden versucht, Fiktiv- und Sachkommunikation in übersetzungsrelevanter Sicht voneinander abzugrenzen.[101] Ein viertes Kriterium, das auf einer anderen, im Wesentlichen sprachbezogenen Ebene liegt, ergibt sich aus den unterschiedlichen Rollen, die den intralinguistischen, den soziokulturellen und den intertextuellen Bedeutungen in Fiktiv- und Sachtexten zukommen.[102]

Unter dem Begriff des Sachtextes wird hier, ausgehend von sprachlichen Kriterien und Texteigenschaften, eine höchst heterogene Textmasse zusammengefasst. In sprachlicher, also in engerer linguistischer Hinsicht lassen sich unter dem Aspekt der Übersetzung und der Anforderungen an den Übersetzer in Bezug auf Sprach- und Sach-/Fachwissen **drei Kategorien von Sachtexten** unterscheiden (eine Einteilung, die uns insbesondere auch in übersetzungsdidaktischer Hinsicht relevant zu sein scheint):

---

101 Man kann auch auf einem anderen, nicht übersetzungsbezogenen Weg zur Unterscheidung von zwei (bzw. drei) Haupt-Textgattungen kommen. Nach H. Steger (1988) bezieht sich die Sprache von Sachtexten auf spezielle Ausschnitte von Welt. Dies im Unterschied zur Alltagssprache, die sich auf die alltägliche Lebenspraxis bezieht und zur Sprache literarischer Texte, die sich auf die in diesen Texten geschaffene Welt bezieht. Die „Wahrheit" alltagssprachlich gefasster Sachverhalte ist eine andere als die „Wahrheit" fachsprachlich beschriebener Sachverhalte, und wieder etwas anderes ist die „Wahrheit", wie sie in literarischen Texten vermittelt wird. Für W. Wilss (1988:112 ff.) besteht zwischen literarischen und fachsprachlichen Texten ein entscheidender Unterschied im Hinblick auf die Dimension der Kreativität.

102 S. dazu Überlegungen von J. Anderegg (1973), S. J. SchmidtSchmidt (1972) und J. Landwehr (1975). Bei der Verwendung des Begriffs der intralinguistischen Bedeutungen schließen wir uns L. Barchudarow (1979:142 ff., mit guten Beispielen) an.

1. Sachtexte, die überwiegend allgemeinsprachlichen Charakter haben und die primär der nicht-fachlichen Kommunikation dienen (Beispiel: Gebrauchsanleitungen) = **Gebrauchstexte verschiedenster Art**
2. Sachtexte, die allgemeinsprachlichen und fachsprachlichen Charakter haben und die der fachlichen Kommunikation mit und unter Nicht-Fachleuten, zum Teil aber auch mit und unter Fachleuten dienen (Beispiel: populärwissenschaftliche Schriften, Einführungswerke in Fachgebiete) = **Fachtexte im weiteren Sinne**
3. Sachtexte, die spezifisch fachsprachlichen Charakter haben, und die der Kommunikation unter Fachleuten und Spezialisten dienen (Beispiel: wissenschaftlich-technische Fachliteratur) = **Fachtexte im engeren Sinne**

Bei den Fachtexten im engeren Sinne unterscheiden wir wiederum drei Untergruppen:

A. **Fachtexte, deren Wortschatz durch internationale Sprachnormung mehrsprachig terminologisiert ist**, und zwar in der Weise, dass sich die Benennungen in den verschiedenen Sprachen in eindeutiger Weise auf eindeutig definierte Begriffe beziehen. Die Übersetzung solcher Texte – man denke an naturwissenschaftliche Texte, deren Wortschatz ganz oder teilweise aus Internationalismen besteht, die auf griechisch-lateinischen Wortstämmen basieren – kann von anderen Voraussetzungen bezüglich Sprach- und Sachwissen des Übersetzers (s.M. Gerbert 1972:69 f.) ausgehen als die Untergruppen B. und C.
B. **Fachtexte, deren Wortschatz nicht oder nur teilweise mehrsprachig terminologisiert ist**. Bei diesen Texten stellt sich die Aufgabe der übersetzungsbezogenen Terminologiearbeit (s. dazu R. Arntz/H. Picht/F. Mayer 2004, I. Hohnhold 1990; zur dolmetschorientierten Terminologiearbeit, s. M. Will 2009).
C. **Fachtexte, deren Wortschatz sich auf landesspezifische Sachverhalte bezieht**, d. h. Fachtexte im juristischen, soziologischen und ökonomischen Bereich, die gebunden sind an institutionelle Verhältnisse in einem bestimmten Land. Bei diesen Texten stellt sich insbesondere das Problem der Wiedergabe landeskonventioneller Elemente (s. o., II.3.3.4).

4.1.1 Das Kriterium der praktischen Folgen

Teilnahme bzw. Nicht-Teilnahme an ästhetischer Kommunikation und die Art dieser Teilnahme ziehen in der Regel keine gesellschaftlichen Sanktionen nach sich. Auch dient uns ein Fiktivtext im Allgemeinen nicht als Anleitung in unserem praktischen Handeln. Das Lesen literarischer Texte geschieht gleichsam in einem Freiraum („Freizeit") – es sei denn, es handle sich um „lesende" Literaturwissenschaftler, oder um Sprachwissenschaftler beim Suchen nach Belegen für grammatische Erscheinungen, oder um Historiker, die Romane als Quellenmaterial benutzen. Ob man Kafkas „Prozess" liest oder nicht liest, und auf welche Weise man ihn versteht, hat im gesellschaftlichen Zusammenhang kaum Konsequenzen. Für die Übersetzung bedeutet das: Es ist ärgerlich, wenn ein literarischer Text dilettantisch übersetzt ist oder wenn der Übersetzer selbstherrlich (manchmal nicht nur mit subjektiv, sondern auch objektiv guten Gründen) den Originaltext in der Übersetzung verändert. Folgen hat dies vielleicht für den Übersetzer selbst oder für das Ansehen eines Verlags, kaum jedoch für den Leser in seiner alltäglichen Lebenspraxis.

Diese generalisierende Aussage wäre nicht nur in literaturgeschichtlicher Hinsicht zu differenzieren (man denke an die Selbstmorde im Gefolge von Goethes „Die Leiden des jungen Werther") und in politischer Hinsicht zu modifizieren. Es gibt Beispiele genug, die zeigen, mit welchen Folgen für einzelne Menschen und Gruppen die Teilnahme an ästhetischer Kommunikation verbunden sein kann. Und aus übersetzungskritischer Sicht ist hinzuzufügen: Durch „schlechte" Übersetzungen (mehr wohl noch durch Nicht-Übersetzung) kann das „kulturelle Ansehen" eines Landes im Ausland beschädigt werden.

Schon das Auszählen der Wörter in folgendem Beispiel zeigt, dass die schwedische Übersetzung von Hermann Hesses „Steppenwolf" kaum denselben Inhalt vermitteln kann wie das deutsche Original oder wie die englische Übersetzung:

Beispiel II.4.-1

a. Noch ehe die Besichtigung der beiden Räume und die andern Verhandlungen beendet waren, war meine Mittagszeit abgelaufen, und ich mußte in mein Geschäft gehen. (H. Hesse, „Der Steppenwolf", 7) = 24 Wörter

b. Min middagsrast var emellertid till ända, og jag måste gå till mitt arbete. (‚Meine Mittagspause war jedoch zu Ende, und ich musste zur Arbeit gehen.') (H. Hesse, „Stäppvargen", 11) = 13 Wörter
c. Before both rooms were inspected and the arrangements settled, my luncheon hour was over and I had to go back to business. (H. Hesse, „Steppenwolf", 5) = 22 Wörter

Es ist allerdings zu bezweifeln, ob der schwedische Leser bei dieser Textstelle überhaupt etwas „vermisst", wenn er die stark verkürzte Version liest.

Anders bei Sachtexten: Unterstellen wir, dass diese Sachwissen und Handlungsanweisungen vermitteln, die im gesellschaftlichen Zusammenhang oder in unserer Lebenspraxis notwendig oder bedeutungsvoll sind, so haben Teilnahme bzw. Nicht-Teilnahme an der Sachkommunikation, richtiges, ungenaues oder falsches Verstehen soziale Folgen. Dabei kann es sich auch um praktische Folgen handeln, wenn wir beispielsweise an Bedienungsanleitungen denken. Man vergleiche dazu folgende Stelle aus einer mehrsprachigen Gebrauchsanweisung für einen Kaffeeautomaten:

Beispiel II.4.-2

a. La kaffetrakteren gå to omganger kun med vann før De tar den i bruk første gang.
b. Lassen Sie beim ersten Durchgang nur Wasser durchlaufen.
c. Kør maskinen igennem to gange med koldt vand inden De brygger kaffe første gang.
d. Laat de koffiezetter eerst twee keer alleen met water werken.

Praktische Folge: Während der Norweger, der Däne und der Holländer den Kaffeeautomaten vor dem ersten Gebrauch zweimal mit Wasser allein in Betrieb setzen, kann sich der Deutsche mit einem Durchgang begnügen ...

Gravierender ist folgender Fall: In der Gebrauchsanweisung für einen in Schweden hergestellten *Snow Racer* heißt es in einem Abschnitt mit der Überschrift VARNING:

Beispiel II.4.-3

a. VARNING – LÄS DETTA FÖRST
Snow Racern är svårare att styra vid höga hastigheter och om man åker två på den.
b. CAUTION – READ THIS FIRST
Remember that the greater the speed the harder the Snow Racer is to steer – and that also applies when it is carrying two people.
c. ACHTUNG – VOR GEBRAUCH LESEN
Der Snow Racer lässt sich schwerer lenken bei Mehrbelastung und bei höherer Geschwindigkeit.
d. ATTENTION – LISEZ D'ABORD CESI [sic]
Le Snow Racer est plus difficile à conduire à grande vitesse et quand on s'y met à deux.

Während also der schwedische, englische und französische Leser der Gebrauchsanweisung genau erfahren, was gefährlich ist (wenn nämlich zwei Personen auf dem Rennschlitten fahren), ist in der deutschen Übersetzung von *Mehrbelastung* die Rede. Das aber ist ein ganz unbestimmter Begriff, besonders wenn man sich vor Augen hält, dass (laut Gebrauchsanweisung) die Benutzer dieses Schlittens Kinder ab sieben Jahren sind.

4.1.2 Das Kriterium der Fiktionalität

Der Fiktivtext stellt seine Welt, seine Wirklichkeit im Text und durch den Text selbst her, bzw. der Leser konstruiert diese Wirklichkeit im Leseprozess; der Fiktivtext zeichnet sich durch „immanente Sinnhaftigkeit" aus (J. Anderegg 1973:96). Übereinstimmungen mit lebenden oder toten Personen, mit realen historisch-gesellschaftlichen Zuständen oder geographischen Gegebenheiten können aber vorliegen; deshalb die Warnungen von Autoren fiktiver Texte, deren „Wirklichkeit" nicht mit der Wirklichkeit zu verwechseln. So schreibt Robert Barnard in einer „Author's Note" zu seinem Kriminalroman „Death in a Cold Climate" (1980):

> Setting a book in a real town always involves the danger that the reader will assume that the characters as well as the topography are based on reality. I should like to insist, therefore, with even more force than usual, that though I have re-

mained fairly faithful to the geographical facts in depicting Tromsø, the characters are entirely fictitious: the policemen are not Tromsø policemen, the students are not Tromsø students, and above all the Professor of English is not Tromsø's Professor of English.

Beispiel II.4.-4
Die R. K. Narayans „Malgudi Days" beigelegte Skizze der Ortschaft Malgudi könnte uns helfen, den Weg von der Malgudi Railroad Station zu Old East India Co. zu finden, wenn wir mit der Eisenbahn in Malgudi ankommen. Nur: Malgudi ist, wie Narayan in „Author's Introduction" ausführt, „imaginary and not to be found on any map". Zugleich weist Narayan auf die Universalität seines Malgudi hin: „If I explain that Malgudi is a small town in South India I shall only be expressing a half-truth, for the characteristics of Malgudi seem to me universal. I can detect Malgudi characters even in New York: for instance, West Twenty-third Street, where I have lived for months at a time off and on since 1959, possesses every element of Malgudi, with its landmarks and humanity remaining unchanged [...]."

Außerdem schafft die Einbildungskraft der Dichter Wirklichkeiten, die oft höchst authentisch wirken: „Genau so muss Wallenstein gesprochen haben" (Schillers „Wallenstein"), „Genau so muss es im Land der Liliputaner ausgesehen haben" (Swifts „Gulliver's Travels"). Aber diesen vom literarischen Text hergestellten Wirklichkeiten steht der Leser auf andere Weise gegenüber als den Inhalten von Sachtexten, die erst dadurch sinnvoll werden, dass sie sich auf Gegenstände und Sachverhalte außerhalb des Textes beziehen, mit anderen Worten, dass sie überprüfbar (verifizierbar) sind. Einem Sachtext kann bekanntlich nichts Schlimmeres widerfahren, als wenn man ihm vorwerfen muss, einer solchen Überprüfung mit der Wirklichkeit nicht standzuhalten, d. h. Wirklichkeiten zu beschreiben, die außerhalb des Textes gar nicht existieren: Entlarvung des Sachtextes als Fiktivtext.

Aber selbst wenn die Wirklichkeiten, die der Fiktivtext beschreibt, zugleich ihre realen Entsprechungen haben, verhält sich der Übersetzer ihnen gegenüber anders. Der Sachtextübersetzer, der eine „Diskrepanz zwischen Text und Realität" (P. A. Schmitt 1999:83 ff.) feststellt, fühlt sich im Allgemeinen verpflichtet, den Text zu korrigieren.[103] Nicht so (jedenfalls nicht so ohne Weiteres) beim literarischen Text: Die Freiheitsstatue, die der Held von Franz Kafkas „Amerika“ zu Gesicht bekommt, hält ein Schwert in der Hand – in der realen Welt ist es eine Fackel (s. o., II.2.4). Der kompetente Übersetzer wird diese Diskrepanz kaum korrigieren, und er wird sie in der Regel auch nicht kommentieren.[104]

In Adelbert von Chamissos Peter Schlemihl findet sich folgende Textstelle: *Ich verfolgte durch beide Amerika die Bergkette, die die höchsten bekannten Unebenheiten unserer Kugel in sich faßt.* Die Übersetzer gehen mit der Tatsache, dass zu der Zeit, als Chamisso seine Erzählung schrieb, die Berge des Himalaya noch nicht als die höchsten der Welt galten, unterschiedlich um, wie etwa die dänische oder die englisch-amerikanische Übersetzung zeigen: *saa gik jeg videre langs den lange Bjergkæde, der strekker sig gennem baade Nord- og Sydamerika. Det er nogle af de højeste Bjerge paa vor Klode* (‚Das sind einige der höchsten Berge auf unserer Erdkugel.‘); *I followed in both the Americas the vast chain of the Andes, once considered the loftiest on our globe* (s. dazu K. B. Henjum 2013:286 f.).

Beispiel II.4.-5

In Thomas Manns „Lotte in Weimar“ wird an einer Stelle Miss Cuzzle als „Angelsächsin“ bezeichnet. In der englischen Übersetzung wird dies als *Irishwoman* wiedergegeben. In einem Abschnitt über „Zielsprachlicher Empfängerbezug“ bemerkt J. C. Guess (1977:175):

> An dieser Stelle ist auch Lowe-Porters Verbesserung eines kulturellen ‚Schnitzers‘ von Thomas Mann zu erwähnen, der vielleicht für deutschsprachige Leser relativ unwichtig ist, aber in der englischsprachigen Welt die Gemüter erhitzen könnte. Es handelt sich näm-

103 E. Fleischmann/P. A. Schmitt (2004:537) merken dazu an: „Eine rechtliche Verpflichtung, AT [Ausgangstext]-Defekte zu erkennen und im ZT [Zieltext] zu beheben, besteht für Übersetzer zwar nicht, doch verbietet schon das Handlungsziel, einen zweckgerechten ZT zu produzieren, eine Übernahme von AT-Mängeln in den ZT.“

104 Dies wäre kein übersetzungsrelevanter Kommentar, sondern ein philologischer Textkommentar. Darum handelt es sich bei H. Binders „Kafka-Kommentar“ (1976) zu „Der Verschollene (Amerika)“, dem der Hinweis auf die betreffende Textstelle zu verdanken ist.

> lich um seine Bezeichnung der reisenden Irin Miss Cuzzle als ‚Angelsächsin', was unbedingt in ‚Irishwoman' geändert werden musste.

Das ist nun allerdings wenig überzeugend, führt doch Thomas Mann einige Seiten vorher Miss Cuzzle als „englische Dame" ein, um dies wenig später zu präzisieren: „Eigentlich war sie Irin." Es liegt also keineswegs ein „kultureller Schnitzer" Thomas Manns vor, wohl aber eine den Leser bevormundende „Verbesserung" des Originaltextes durch die Übersetzerin (Leserunterschätzung).

Die unterschiedlichen Rezeptionserwartungen bei Fiktiv- und bei Sachtexten lassen sich an einem Beispiel aus dem Roman „örtlich betäubt" von Günter Grass veranschaulichen. Der Protagonist muss eine langwierige Zahnbehandlung über sich ergehen lassen, die in allen Einzelheiten unter Verwendung der entsprechenden Fachtermini geschildert wird:

Beispiel II.4.-6

a. Statt dessen plapperte es in meinem rückwärtigen Gebiet: „... echter Tiefbiss mit mesialer Ruhelage ... Aktivierung der schiefen Ebene durch Beschleifen der Occlusalflächen ... Extraktion von 4 plus 4 ... offener Biss vorn ... Kreuzbiss seitlich ... palatinale Nonocclusion ... echte Progenie ..." (83)
b. Instead there was this babbling behind me: „... true overbite with Class 2 malocclusion ... Correct plane by grinding occlusal surfaces ... Extraction of the first bicuspids ... Open bite front ... cross bite on the side ... anterior inocclusion ... true prognathism ..." (G. Grass, „Local Anaesthetic", 119 f.)
c. I stället hördes det lågmälda rabblandet i bakgrunden: „... normalt djupbett i mesialläge ... Aktivering av ojämnheter genom nedslipning av cuspor ... Extraktion av 4 plus 4 ... öppet bett framtill ... korsbett sida ... palatinal nonocklusion ... äkta progenie ..." (G. Grass, „Lokalbedövad", 100)

Interessieren wir uns als Leser solcher Textstellen dafür, ob die geschilderten zahnheilkundlichen Sachverhalte mit tatsächlichen odontologischen Befunden übereinstimmen? Lesen wir diese Textstellen überhaupt im Hinblick auf ihren konkreten Informationsgehalt? Es dürfte dem Leser viel weniger darauf ankommen, *was* beschrieben wird, als *dass* und *wie* es beschrieben wird. Entscheidend sind die Information ‚komplizierter odontologischer Befund' und die Konnotation [+ zahnheilkundliche Fachsprache]. In der **Hierarchie der in der Übersetzung zu erhaltenden Werte** (s. o., II.3.8) steht diese Konnotation an oberster Stelle. Damit soll keineswegs gesagt sein, dass es nicht *auch* auf möglichst genaue inhaltliche Wiedergabe ankommt. Aber wenn wir von der Annahme ausgehen, dass der Übersetzer vor der Wahl steht, die Information (Denotation) zu vermitteln oder die Konnotation, dann dürften starke Gründe für die Priorität der Konnotation vorliegen, unter Umständen auf Kosten der Genauigkeit der Informationswiedergabe. Von der Übersetzung von Sachtexten, die mit dem Anspruch auftreten, Gegenstände und Sachverhalte außerhalb des Textes zu erfassen und zu vermitteln, verlangen wir dagegen, dass die Inhalte des Originals unverändert in der ZS vermittelt werden.[105]

4.1.3 Das Kriterium der Ästhetizität

Literarische Texte werden unter ästhetischem Aspekt rezipiert. Das bedeutet, dass man sie auf der Basis der individuellen „ästhetischen Kompetenz" (S. J. Schmidt 1972:65) auf sprachlich-stilistische und ästhetische Normen bezieht, die sich literatur- und literatursprachgeschichtlich herausgebildet haben. Selbst (oder gerade) die fachsprachlichen Elemente in Günter Grass' „örtlich betäubt" werden in der ästhetischen Kommunikation als künstlerisch absichtsvoll eingesetzte Stilmittel wahrgenommen. Besonders auffällig ist der ästhetische Charakter literarischer Texte dort, wo literatursprachliche Normen durchbrochen werden: bei „abweichenden" und literarisch innovativen Texten.

105 H.-R. Fluck (1997:260) stellt die Verbindung her zwischen der Forderung nach inhaltlicher Invarianz und dem bei mir an erster Stelle angeführten Kriterium praktische Folgen: „Begeht der technische Übersetzer Fehler, können dadurch erhebliche Kosten oder Konsequenzen hervorgerufen werden. Daher ist das Prinzip der inhaltlichen Invarianz bei der Fachübersetzung unbedingt zu befolgen."

Man vergleiche die folgende Textstelle aus James Joyce's „Ulysses" mit den Versuchen Hans Wollschlägers (1979) und Georg Goyerts (1956), Sprachexperimente nachzuvollziehen (s. dazu H. Versteegen 1988):

Beispiel II.4-7

When?
Going to a dark bed there was a square round Sinbad the Sailor roc's auk's egg in the night of the bed of all the auks of the rocs of Darkinbad the Brightdayler.
Where? (658)

Wann?
Es begab sich zu finsterem Bette ein vierschrötig rundes Sinnbad des Sehfragers Rock Alkes Ei in der Nacht des Bettes der Alke aller der Rocke von Finstbatt dem Helltagler.
Wohin? (Übersetzung von H. Wollschläger, 938 f.)

Wann?
Auf das dunkle Bett zu kam ein viereckiges rundes Sindbad des Seefahrers Rocks Alks Ei ins Dunkel des Bettes aller Alken der Rocks des Dunkelindbad des Hellichtfahrers.
Wohin? (Übersetzung von G. Goyert, 760)

In einem Sachtext dagegen wird abweichender Sprachgebrauch kaum mit dem Hinweis auf dessen Ästhetizität „entschuldigt". So sind Fehler, wie man sie etwa in Broschüren findet, in denen sich Wirtschaftsbetriebe oder Städte/Regionen als Wirtschaftsstandorte präsentieren, manchmal mehr als peinlich. Eine Broschüre der Stadt Bergen („BERGEN – DIE ÖLSTADT") enthält u. a. folgende Passagen:

Beispiel II.4.-8

Bergen — Zentrum für Dienstleistungen

- Die Stadt Bergen ist gerade gross genug, um Dienstleistungen jeglicher Art, die von einem modernen, industriealisierten Zentrum erwartet werden; ausführen zu können. Da Bergen schon immer an Dienstleistungszentrum für die Nordsee war, ist die Flexibilität auf diesem Gebiet, den Aktivitäten verbunden mit den Ölfeldern im nördlichen Teil der Nordsee, besonders angepasst. Man findet undernehmen, die sich auf hochentwickelte industrielle Technologie spezialisiert haben. Hier werden technische Berater beschäftigt, die mit ihrer Unterstützung und Hilfestellung bei Planung, Überwachung (supervision) von Aufträgen aller Art zur Verfügung stehen.

- Norwegens führende Banken und Versicherungsgesellschaften haben ihre Niederlassungen in Bergen und bieten ihre umfangereichen internationalen Dienstleistungen an.

- Die Betriebsamkeit in der Nordsee hat der Forschung in Bergen zu neuen Impulsen verholfen. Die Unterwassertechnologie hebt sich hierbei als besonders interessantes Gebiet heraus. Bergen hat heute viele Forschungsinstitutionen, die sich mit dem Fachgebiet Unterwassertechnologie beschäftigen. Die Entwicklung der Tiefwasserfelder TROLL und 34/4 machen Bergen auf diesem Gebiet speziell interessant.

Und wer kennt nicht die touristischen Broschüren, deren sprachlich-stilistische Schnitzer, unbeholfen und unfreiwillig komisch wie sie sind, für Gesprächs- und Lachstoff sorgen.

Zur Ästhetizität ist auch die latente oder manifeste **Vieldeutigkeit literarischer Texte** zu rechnen, die sich aus deren „Unbestimmtheitsstellen“

und „Leerstellen" ergibt, die vom Leser unterschiedlich gefüllt oder aber auch offen gelassen werden (W. Iser 1976). Diese Vieldeutigkeit und Mehrschichtigkeit fiktiver Texte entsteht nicht zuletzt dadurch, dass mit der Sprache auf syntagmatischer und paradigmatischer Ebene gespielt wird. Sprachliche Formen werden spielerisch miteinander verknüpft und vertauscht (s. o., II.3.7.3.); dadurch können sich neue oder mindestens ungewohnte inhaltliche Zusammenhänge ergeben. Man vergleiche dazu einen Abschnitt aus Gerold Späths „Sindbadland" (1984):

Beispiel II.4-9

Der fleißige Landmann

In der Heide durch den Morgentau gestiefelt, da gräbt ein scheuer Mann im Sand, sieben Tage machen ihm noch lange keine Woche, mag auch das Volk um ihn herum schon nach kläglichen täglichen sieben acht Stunden mehr als gnug han, was ein müdes Gesocks! er stellt sich vor, wie die Militärtrottel, welch Wort ein Pleonasmus, von Triest bis Danzig einen sogenannten Bombenteppich ausrollen, das wäre, wie er weiß dass man's im Alpenland nennt, ein Läufer im Korridor, Muster unsichtbar aus tödlichem Gestrahle, und es gibt noch einen zweiten, doppelt geriegelt macht militärlogischerweise besser alles kaputt, Läufer zwo liegt weiter westlich, streckt sich von dort wo Marseille war bis dort wo einmal Rotterdam, auf dieser Strecke hätt's beinah mal ein karlkühnes Mittelreich gegeben, der Mann spricht Schnellfeuerstakkato, sozusagen alle wären nun doot, selbstverständlich, nur ich nicht hier allein, sagt er, im Umfeld von ner lütten Kilomeile, und alle acht Jahre vielleicht mal für paar Monate eine nicht zu dumme, nicht zu zickige Menschin, eine im Freiland zwischen und hinter Korridoren und anderm Strahlengeflecke nomadisierende Metzin, aber sonst: endlich alleine! endlich mondgroße Einsamkeit! ich und die Gedanken! Waldrand und Wolken! er zieht einen aus dem Flachmann und schnalzt, bei der Arbeit spuckt der gute Bauer nicht in die Hände, er fährt nur immer mal wieder mit der Hand über seine schweißglänzende Stirn und ist weiter fleißig. (56 f.)

Da ist von einem Bombenteppich die Rede, der dadurch zum *Teppich* wie bei jedem zuhause wird, weil ihn Militärtrottel *ausrollen*, und zwar in einem *Korridor*. Damit ist der geopolitische Begriff und zugleich der Wohnungs-

korridor gemeint, indem *Teppich* als *Läufer* im Text synonymisch wieder aufgenommen wird. Die Übersetzung dieser Mehrdeutigkeiten beispielsweise ins Norwegische stellt allerdings kein Problem dar, weil die entsprechenden norwegischen Ausdrücke dieselbe Struktur aufweisen wie die deutschen. Doch erst der Autor selbst wies in einem Gespräch auf die eigentliche Schwierigkeit dieses Textes hin, die nicht im sprachlichen Bereich liegt: Es handelt sich bei diesem Abschnitt um eine Hommage an Arno Schmidt. Sobald man das weiß, fällt es (jedenfalls dem Arno Schmidt-Kenner) wie Schuppen von den Augen: Da ist der „scheue Mann", der „Schnellfeuerstakkato" spricht, da ist der „Flachmann", da sind die plattdeutschen Wörter – und da sind die Sprachspielereien. Und da sind, ganz in Schmidtscher Manier, die Anspielungen auf andere Werke: die atomar verseuchte Erde in „Kaff auch Mare Crisium" (1960) und der ABC-Krieg, wie er im dritten Teil („Schwarze Spiegel") der Romantrilogie „Nobodaddy's Kinder" geschildert wird. Hier taucht auch die „Menschin" des Späth-Textes auf, die für einige Zeit bei dem Mann lebt, der als einer der letzten den Krieg überlebt und in der Lüneburger Heide eine Hütte gebaut hat. Dieses Wissen um den Bezug auf Arno Schmidt hat nun allerdings auch übersetzungspraktische Folgen: Die Heide der ersten Zeile des Späth-Textes ist bei diesen Wissensvoraussetzungen nicht mehr irgendeine Heidelandschaft,[106] sondern konkret die Lüneburger Heide.

Es muss allerdings unterschieden werden zwischen ästhetisch wirksamen (oder jedenfalls intendierten) und ästhetisch unwirksamen (zufälligen) Mehrdeutigkeiten; eine Unterscheidung, die im Einzelfall nicht immer einfach ist, für die Übersetzung aber Konsequenzen hat. Die Mehrheit der lexikalischen und grammatischen Mehrdeutigkeiten, wie sie in I.9.1 behandelt worden sind, stellen **keine übersetzungsrelevanten Mehrdeutigkeiten** dar; dazu werden sie erst, wenn ganz spezifische Kotext-/Kontextmerkmale vorliegen (z. B. im Kontext eines Witzes). (Anders verhält es sich bei den in II.3.7.3. angeführten Mehrdeutigkeiten, die in einem sprachspielerischen Kotext stehen.)

106 Wie in der norwegischen Übersetzung, wo es heißt „ute på heiene" ‚draußen auf der Heide'.

Beispiel II.4-10
In Günter Grass' „örtlich betäubt" findet sich folgender Dialog:

> ‚Ein Hund ist nicht zum Verbrennen da.' ‚Menschen auch nicht.' ‚Zugegeben. Aber warum ein Hund?' ‚Weil die Berliner Hunde am meisten lieben.' (93)

Natürlich ist hier von der Hundeliebe der Berliner die Rede – und nicht von der Liebespotenz der Hunde in Berlin. Weil es sich um keine übersetzungsrelevante Mehrdeutigkeit handelt, wird es dem norwegischen Übersetzer leicht fallen, sich für die Fassung mit den Hunde liebenden Berlinern („Fordi berlinerne elsker hunder mest") und nicht für „Fordi hundene i Berlin elsker mest" (‚Weil die Hunde in Berlin am meisten lieben') zu entscheiden.

Von der **literarischen Übersetzung** erwarten wir, dass sie **die ästhetischen Qualitäten des Originaltextes in der Übersetzung so weit wie möglich erhält**; sei es durch Verwendung entsprechender literatursprachlicher Mittel in der ZS, sei es durch Nach- oder Neuschöpfung.[107] Und wir erwarten von der „guten" Übersetzung – als utopisches Ziel –, dass sie dem Charakter der Vieldeutigkeit und Unbestimmtheit Rechnung trägt, dass sie also gegenüber der kreativen Verstehensleistung des Lesers ebenso offen ist wie der Originaltext gegenüber dem Originalleser.

Gerade bei der sprachspielerischen Ausnützung des Mehrdeutigkeitspotentials der Sprache stößt die Übersetzung immer wieder an die Grenzen ihrer Möglichkeiten. Das Mittel des Kommentars ist dabei nur sehr beschränkt anwendbar, wenn die „Literarizität" des Textes erhalten bleiben soll. Hart ins Gericht mit den „Literalisten" unter den Übersetzern geht E. Seidensticker (1989:142 f.): „He faces puns and honorifics with grim determination, he annotates as he translates, he spares himself none of the pro-

107 S. dazu die Studie von H. Kittel (1990), die von der Frage ausgeht: „How will a translator cope with a narrative device such as grammatically and syntactically marked *free indirect discourse* [erlebte Rede] in the first person, which has not yet been described by grammarians, and which has no established precedents in the source literature or in the target literature?"

blems – except the problem of what is to be done about the literary quality of the original."

Anders verhält es sich mit der **Sachkommunikation**: Wir erwarten bei ihr, dass sich der Informationsgehalt mit möglichst geringem sprachlich-stilistischem Verstehensaufwand dem Text entnehmen lässt (s. dazu E. A. Nida 1976:74). Für die Übersetzung bedeutet das, dass sie sich im Rahmen oft eingeschränkter und spezialisierter Sprach- und Textnormen bewegen muss und dass sie, anders als bei literarischen Texten, nur die usuell für die betreffende Textkategorie gültigen Ausdrucksmöglichkeiten ausnützen sollte. Für die **Sachtextübersetzung** gilt die **Forderung nach sprachlich-stilistischer Adäquatheit**, die sich erstens auf **grammatische Korrektheit** und zweitens auf die **Einhaltung der für die betreffenden Texte geltenden sprachlich-stilistischen Gebrauchsnormen** bezieht.

Sachtexte sind (oder sie sollten es jedenfalls sein) auf **sprachlich-stilistische und inhaltliche Eindeutigkeit** hin angelegt, um zu gewährleisten, dass die Gegenstände und Sachverhalte, um die es in den betreffenden Texten geht, für den Leser eindeutig erfassbar gemacht werden. Unbestimmtheiten, Mehrdeutigkeiten und Leerstellen sind höchst unerwünscht. Nach H.-R. Fluck (1997:265) können „Sachbezogenheit, Eindeutigkeit, Klarheit, Effizienz und Ökonomie" in der naturwissenschaftlich-technischen Fachsprache als „Universalien" gelten.

Allerdings sind viele Sachtexte in sprachlich-stilistischer und inhaltlicher Hinsicht alles andere als eindeutig, klar, effizient und ökonomisch. Nach E. Fleischmann/P. A. Schmitt (2004:537) sind Texte, die unter hohem Zeitdruck entstehen, „besonders anfällig" für Defekte, und dies treffe für viele Fachtexte zu. Um solche „schlechten" Texte übersetzen zu können, muss der Übersetzer (selbst im Idealfall, dass er mit dem Verfasser, d. h. dem Fachmann, zusammenarbeiten kann) über ein gewisses Maß an Sachwissen verfügen. Die „Verbesserung" von AS-Sachtexten in der Übersetzung dürfte dabei nicht einmal der Ausnahmefall sein. Hier liegt ein entscheidender Unterschied zwischen Fiktiv- und Sachtexten; die Eigenschaft der „Ganzheit des literarischen Textes" – man kann auch von dessen (relativer) Autonomie sprechen – macht es aus, dass man als Übersetzer (wie auch als Herausgeber) sehr gute Gründe haben muss, wenn man eine Originalvorlage „verbessern" zu müssen glaubt. Bei Sachtexten dagegen sind bearbeitende (d. h. textproduzierende) Eingriffe oft unerlässlich, wenn die Übersetzung als Übersetzung tatsächlich fungieren, mit anderen Worten: brauchbar sein soll für den Auftraggeber und den Benutzer der Übersetzung (s. o., II.4.1.2).

Von der Übersetzung eines Sachtextes erwarten wir, dass die Eindeutigkeit des Originaltextes in der ZS gewahrt bleibt, indem etwa im Bereich der Terminologie die standardisierten ZS-Entsprechungen verwendet werden. Und dort, wo der AS-Text unklar oder missverständlich ist, erwarten wir vom Übersetzer, dass er aufgrund seines Sachwissens den AS-Text in der ZS „verbessert".[108]

4.1.4 Intralinguistische, soziokulturelle und intertextuelle Bedeutungen

Intralinguistische, soziokulturelle und intertextuelle Bedeutungen und damit verbundene Übersetzungsprobleme haben in Fiktivtexten in der Regel ein anderes Gewicht als in Sachtexten. Während aber die 3 oben behandelten Kriterien einen qualitativen Unterschied zwischen Fiktiv- und Sachtexten begründen, handelt es sich bei diesen Bedeutungskomponenten um Unterscheidungskriterien **gradueller Art**.

Intralinguistische Bedeutungen liegen vor, wenn zwischen sprachlichen Einheiten bestehende Beziehungen bedeutungstragend sind, etwa als sprachliche Assoziationen, die sich aufgrund phonetischer, graphematischer, morphologischer und lexikalischer Ähnlichkeiten ergeben. Beispiele für die Ausnützung dieser intralinguistischen Bedeutungen bieten die in *Beispiel II.3.-26* angeführte Nietzsche-Stelle, bei der es um die formale Ähnlichkeit zwischen *Versuch*, *Versuchung* und *Versucher* geht, und *Beispiel II.4-9* (*den Bombenteppich ausrollen*).

Geht man von R. Jakobsons (1960) Sprachfunktionen aus, so handelt es sich bei den intralinguistischen Bedeutungen um die **poetische** und die **metasprachliche Sprachfunktion**. Die poetische Sprachfunktion ist dadurch gekennzeichnet, dass die syntagmatischen Beziehungen zwischen Sprachzeichen den Vorrang haben vor dem Bezug der sprachlichen Zeichen

---

108 Wenn K. Reiß/H. J. Vermeer (1984:26) schreiben: „Den Translator (als Translator) interessieren weder objektive Realität noch Wahrheitswerte", so sieht das in der Übersetzungswirklichkeit (nicht zuletzt aus der Sicht der Auftraggeber) bei Sachtextübersetzungen anders aus. Der Übersetzer muss sich für Realitäten und Wahrheitswerte seiner Übersetzungsvorlagen interessieren, denn nur dann kann er sachliche Fehler des Originaltextes in der Übersetzung korrigieren. Dabei zeigt sich auch, dass bei vielen Sachtexten keineswegs der Text die „primäre Translationseinheit" (K. Reiß/H. J.Vermeer 1984:30) ist, sondern das Fachwort, insofern man *primäre Übersetzungseinheit* versteht als *primäre übersetzungsrelevante Einheit.*

auf außersprachliche Gegenstände und Sachverhalte. Dies wirkt sich bei der Übersetzung dahingehend aus, dass die Wahrung poetischer Eigenschaften häufig nur unter Veränderung des Denotats möglich ist. Ein Beispiel dafür sind die Übersetzungen einer Stelle aus der 5. Szene des 1. Aktes von Mozarts „Don Giovanni“:

Beispiel II.4-11

Giovanni (piano a Leporello)
Udisti? qualche bella
Dal vago abbandonata. Poverina!
Cerchiamo di consolare il suo *tormento.*
Leporello
(Così ne consolò milleotto*cento.*)

In einer deutschen Übersetzung, die den Reim bewahrt, verringert der Übersetzer die Zahl der von Don Giovanni „getrösteten“ Frauen von 1800 auf 1000:[109]

G.: Komm lass uns, sie zu trösten, näher *gehen*!
L.: So hab’ ich ihn schon Tausend trösten *sehen.*

In den „wortgetreuen“ deutschen und englischen Übersetzungen bleibt es dagegen bei 1800, allerdings auf Kosten des Reims:[110]

G.: Versuchen wir, sie in ihrer Qual zu trösten
L.: (So tröstete er ihrer tausendachthundert.)
G.: Let’s attempt to console her in her sorrow.
L.: (As he’s consoled some eighteen hundred.)

Das folgende Beispiel zeigt, wie sich in der Übersetzung eine intralinguistische Bedeutung ergeben kann, die im Originaltext nicht vorliegt. Es geht dabei um die Erscheinung der sprachlichen Assoziation, die aufgrund phonetischer Ähnlichkeit zustande kommt:

---

109 W. A. Mozart, „Don Giovanni“, München 1981.
110 „Neue wörtliche deutsche Übersetzung von Karl Dietrich Gräwe“, in: W. A. Mozart, „Don Giovanni“, Hamburg 1981.

Beispiel II.4.-12

Im Zusammenhang mit der Aufführung von „Die Frau vom Meer“ unter Direktor Anno am Lessingtheater in Berlin schreibt Ibsen an Julius Hoffory (14. 2. 1889):

> Herr Anno wünscht also, dass auf dem Plakat und bei der Aufführung der in Deutschland ungebräuchliche Name Bolette mit „Babette“ oder einem andern Mädchennamen ersetzt wird. Da mein Stück ja nicht in Deutschland spielt [„Schauplatz der Handlung ist ein kleiner, an einem Fjord im nördlichen Norwegen gelegener Ort“], so kann wahrscheinlich der von ihm angeführte Grund kaum sein einziger oder wichtigster sein. Ich vermute, dass er noch einen anderen Grund hat, und ich komme seinem Wunsch deshalb gerne entgegen. Babette kann also statt Bolette eingesetzt werden, – vorausgesetzt natürlich, dass Arnholms Bemerkung, der Name sei unschön, dem deutschen Zuhörer nicht unerklärlich vorkommt. Dazu kann ich ja keine feste Meinung haben; ich verlasse mich also diesbezüglich ganz auf Sie. (Unsere Übersetzung)

Welches dieser „andere Grund“ ist, liegt auf der Hand: Beim Namen Bolette (das norw. *o* wird wie dt. *u* ausgesprochen) assoziiert man den Ausdruck *Bulette* ‚Frikadelle‘. – Wenn Ibsen auf die Bemerkung Arnholms hinweist, der Name Bolette sei unschön, so ist damit zugleich die konnotative Dimension der stilistischen Wirkung genannt. Es handelt sich um folgende Stelle aus dem 2. Akt: „*Bolette* […] Ich weiß noch genau, wie ich einmal bittere Tränen vergoss, weil er [Oberlehrer Arnholm] gesagt hatte, er fände, Bolette sei ein hässlicher Name.“ (Übersetzung von H. E. Gerlach). Diese Übersetzung zeigt zugleich, dass sich der Übersetzer nicht um die unerwünschte intralinguistische Bedeutung des Namens *Bolette* kümmert.

Zu den intralinguistischen Bedeutungen rechnen wir auch die **intratextuelle Bedeutung**, die sich durch strukturelle oder thematische Bezüge im selben Text ergibt, wie sie etwa in folgendem Beispiel vorliegen:[111]

111 S. dazu die ausführliche Analyse in W. Koller (1988).

Beispiel II.4.-13

In Henrik Ibsens „Vildanden“ („Die Wildente“) wird der alte Werle zu Beginn des ersten Aktes von einem Diener folgendermaßen charakterisiert: *Han har nok vær't en svær buk i sine dage.* Am Ende dieses Aktes wendet sich Werles Sohn mit folgenden Worten an seinen Vater: *Se, far, – der leger kammerherrerne blindebuk med fru Sørby.* In der deutschen Übersetzung von H. E. Gerlach lesen sich die beiden Stellen folgendermaßen: *Denn früher, da ist er ja mächtig hinter den Weibern hergewesen* und *Sieh doch, Vater – da spielen die Kammerherren Blindekuh mit Frau Sörby.* Im norwegischen Original bilden die beiden Repliken auf kunst- und sinnvolle Weise eine Klammer. Dies betrifft sowohl die **formale Ebene**, indem der Ausdruck *buk* (‚Bock‘) wiederholt wird, als auch die **inhaltliche Ebene**: Der alte Werle wird als Bock charakterisiert (mit der sexuellen Komponente); *blindebukk* (‚blinder Bock‘) weist auf das für das Stück zentrale Motiv der Blindheit, des Verlusts des Augenlichts; und das *Blindekuh-* (d. h. ‚Blindebock‘-)*Spielen* der Kammerherren mit Frau Sørby hat einen stark erotischen Unterton. Zugleich muss der Ausdruck *buk* im Kontext der Tiermetaphorik in Ibsens Werk gesehen werden. Wie aber soll der Übersetzer diesen Zusammenhang in die ZS retten, wo es im Deutschen nun einmal heißt *BlindeKUH spielen*? Natürlich bietet sich auch hier der Sprung in den Kommentar, in Fußnote oder Anmerkung als letzten Ausweg aus der Übersetzungsnot an. Aber gerade in einem Bühnentext ist dies kaum ein gangbarer Ausweg. Und selbst wenn der Text als Lesedrama herausgegeben wird, so schränkt ein Kommentar die interpretatorische Freiheit des Lesers ein, wozu auch die Freiheit gehört, die *bukk*-Klammer gar nicht (bewusst) zu realisieren.

Soziokulturelle Bedeutungen sind spezifisch für Kulturen, Länder, soziale Gruppen oder Religionsgemeinschaften; sie sind mitgemeint, und ihre Kenntnis wird beim Leser/Hörer vorausgesetzt. Sie sind zu sehen im Zusammenhang mit der Kulturspezifik der Übersetzung bzw. der Verankerung von Texten in einem bestimmten kommunikativen Zusammenhang (s. o., I.7.1). Soziokulturelle Bedeutungen spielen eine entscheidende Rolle in *Beispiel II.3.-19* und in *Beispiel II.1.-1.*

Beispiel II.4.-14

So sind für uns bestimmte soziokulturelle Bedeutungen mit dem Ausdruck (und der Sache) *Hund* verbunden. In Kindlers „Literaturlexikon" heißt es zu Thomas Manns „Herr und Hund":

> [...] und es ist der Gipfel der heiteren Ironie dieser Erzählung, dass mit der Anwendung des Wortes ‚Humanität' auf die Beziehung des Herrn zu seinem Hund der höchste Begriff Thomas Mannschen Denkens fällt.

Wenn in Günter Grass' „örtlich betäubt" gegen den Vietnam-Krieg protestierende Schüler planen, auf dem Kurfürstendamm einen Hund zu verbrennen, so setzt dies beim Leser das (nord-)europäische Bild des Hundes voraus. Aus der Sicht eines Moslems ist dies, wie G. Rabassa (1989:2) anmerkt, kulturspezifisch:

> [...] the dog is considered a vile creature, worthy of a swift kick, while others, notably those of northern Europe, dote on him.

Die Vermittlung von solchen soziokulturellen Bedeutungen ist (wenn überhaupt) oft nur in der Form von Kommentaren möglich, wie folgendes Beispiel zeigt:

Beispiel II.4.-15

L. L. Albertsen (1978) diskutiert die Übersetzungsproblematik bei konnotativ geladenen Namen in literarischen Texten: Stadtviertelbezeichnungen haben oft soziale Konnotationen: *Østerbro* = Kopenhagener Stadtteil. Übersetzungsvariante a): das *Kopenhagener Viertel Østerbro.* Mit dem kommentierenden Zusatz *Kopenhagener Viertel* wird nur geographische Angabe vermittelt. Übersetzungsvariante b): *das vornehme Österbroviertel/das vornehme Kopenhagener Viertel Østerbro.* Im Zusatz *vornehm* wird die soziale Konnotation vermittelt.[112]

112 Zu Namen als Übersetzungsproblem, s. P. Newmark (2004), A. F. Kelletat (1999).

Intertextuelle Bedeutungen, die einen literarischen Text in die literarische Textwelt einbetten, ergeben sich durch unterschiedliche Techniken des (impliziten oder expliziten) inhaltlichen und formalen Anspielens auf andere (eigene oder fremde) Texte und Autoren (s. dazu B. Schultze 2004, A. Majkiewicz 2015). Beispiele dafür sind der oben behandelte Text von G. Späth (*Beispiel II.4.-9*, mit der Anspielung auf Arno Schmidt) und *Beispiel II.3-20* (*There is no business like shoe business*). Wenn Friedrich Dürrenmatt (*Beispiel II.2.-3*) den Namen *Kristin* ersetzt durch *Jenny*, so wird dadurch eine intertextuelle Bedeutung eingebaut, die sich durch den Bezug auf Bertolt Brechts „Dreigroschenoper" ergibt. Dieser Verweis muss wiederum im Kontext von Dürrenmatts Erklärung gesehen werden, sein „Play Strindberg" transformiere eine „bürgerliche Ehetragödie" in eine „Komödie über bürgerliche Ehetragödien".

in\
fo

Die Wiedergabe intralinguistischer, soziokultureller und intertextueller Bedeutungen stellt den Übersetzer oft vor unlösbare Probleme. Hier könnte man von der **Progressivität der Übersetzung** sprechen: Jede teilweise geglückte, sich immer nur annähernde, tentative Lösung eines Übersetzungsproblems vermindert den Grad der Unübersetzbarkeit und ist ein Schritt auf dem Weg zur Utopie der vollkommenen Vermittlung des Originals, der (theoretisch wie praktisch unmöglichen) „idealen Übersetzung".

4.2. Textgattungsbezogene Übersetzungstheorien

Die übersetzungswissenschaftliche Relevanz der Unterscheidung der zwei Haupt-Textgattungen Fiktivtexte und Sachtexte wird dadurch untermauert, dass die ersten (wissenschaftlichen Ansprüchen genügenden) **Theorien von Textgattungen**, deren Ausarbeitung in den Bereich der textbezogenen Übersetzungswissenschaft gehört (s. o., I.8.1), **Theorien der literarischen und der naturwissenschaftlich-technischen Übersetzung** sind. Zu nennen sind insbesondere R. Kloepfers (1967), J. Levýs (1969), R.-R. Wuthenows (1969) und R. de Beaugrandes (1978) Theorien der literarischen Übersetzung (s. auch F. Apel 1983, J. Albrecht 1998, N. Greiner 2004) und R.W. Jumpelts (1961), W. Hornungs u. a. (1974) und I. Pinchucks (1977) Theorien der Übersetzung wissenschaftlicher und technischer Literatur (s. auch P. A. Schmitt 1999).[113] Im Folgenden sollen Ansätze und zentrale Punkte der Untersuchungen von R. Kloepfer, J. Levý und R.W. Jumpelt vorgestellt werden; es sind dies übersetzungswissenschaftliche Pionierarbeiten, die in einer „Einführung in die Übersetzungswissenschaft" gewürdigt werden müssen.

4.2.1 Literarische Übersetzung (Kloepfer und Levý)

R. Kloepfer geht in seiner „Theorie der literarischen Übersetzung" (1967) davon aus, dass die literarische Übersetzung mit ihrem im Gegensatz zur nicht-literarischen Übersetzung individuellen Gepräge einer eigenen Theorie bedarf, die sich eng an die Theorie der Dichtkunst und der Hermeneutik anschließen muss. Die Theorie der wissenschaftlichen, nicht-literarischen Übersetzung erwartet er dagegen von der strukturalistischen Sprachwissenschaft und der Informationstheorie. Eine allgemeine linguistische Theorie des Übersetzens – wie sie etwa von G. Mounin (1963) vorgelegt wird – lehnt er ab, weil diese dem literarischen Sprachgebrauch nicht gerecht werden könne. In diesem Sinne sei zwischen dem **Übersetzen als Kunst**, das sich auf literarische Texte bezieht, und dem **Dolmetschen**, das sich auf den gesamten nicht-literarischen Bereich bezieht, zu unterscheiden.[114]

Die **Grundfragen des Übersetzens** (und auch die Antworten darauf) sind nach R. Kloepfer im 18. und 19. Jahrhundert formuliert und gegeben worden: von D. Diderot und J. G. Hamann, von J.W. von Goethe, F. Schleiermacher und W. von Humboldt. Als „Grundformen der Übersetzungstheorie" werden behandelt:

- Übersetzung aus göttlicher in menschliche Sprache
- primitive Wörtlichkeit (Interlinearversion)
- freie Übersetzung, ausgehend von Ciceros Aussage: „Ich übersetzte die Gedanken, ihre Formen, oder, wie man auch sagen kann, ihre Fi-

113 Zu verschiedenen Textgattungen in übersetzungstheoretischer und -praktischer Perspektive, s. die einschlägigen Beiträge in H. Kittel u. a., Hrsg. (2004, Kap. VII) und in M. Snell-Hornby u. a. Hrsg. (1999). Das Spektrum reicht von wissenschaftlich-technischen, geistes- und sozialwissenschaftlichen Texten und Gebrauchstexten über Werbetexte, Operntexte, Dramen und schönliterarische Texte bis zu Comics und Kinder- und Jugendliteratur.

114 Eine große Zahl von Arbeiten zur literarischen Übersetzung spricht denn auch von der „Kunst der Übersetzung". – Vgl. auch F. Schleiermachers Unterscheidung von Übersetzen und Dolmetschen, s. o., I.2.4.

guren, jedoch in eine Sprache, die unserer Gepflogenheit angemessen ist (verbis ad nostram consuetudinem aptis). Daher hatte ich nicht Wort für Wort wiederzugeben, vielmehr die allgemeine Stilart (genus) und die Bedeutung (vis) der fremden Wörter“ (zit. nach H. Friedrich 1965:7)

- treue Übersetzung

Der treuen Übersetzung – treu im Sinne der „zwiefachen Verantwortung dem Original und dem Leser gegenüber“ (16) – widmet R. Kloepfer am meisten Aufmerksamkeit; in historischer Perspektive wird die theoretische Auseinandersetzung mit dem Übersetzen, wie wir sie bei Hieronymus und Luther, in der italienischen Renaissance und im französischen Humanismus, in der Aufklärungszeit und im Zeitalter der „Wende zur modernen Übersetzungstheorie“ (18./19. Jahrhundert) finden, dargestellt.

Zur „Übersetzungstheorie im 20. Jahrhundert“ bemerkt R. Kloepfer, dass sie sich meist im Rahmen einseitiger Fragen bewege; nur bei wenigen Autoren könne man „eine echte Fortsetzung der klassischen Theorie feststellen“ (56). Dabei werden u. a. die Arbeiten von B. Croce, R. Pannwitz, J. Ortega y Gasset, F. Rosenzweig, M. Buber, P. Valéry, insbesondere aber von W. Schadewaldt behandelt. Zentral für die literarische Übersetzungstheorie ist nach R. Kloepfer die Auseinandersetzung mit **F. Schleiermachers Antithese von Verfremden und Verdeutschen**, die ihre Synthese in der „Mittellinie“ von W. Schadewaldts dokumentarischer Übersetzungsmethode findet:

> Zu dieser sich öffnenden Grenze oder Mittellinie hin, in dieses „Niemandsland“ muss sich der Übersetzer wagen. Seine Sprachwelt darf nicht irgendwie gegeben oder beliebig entwickelt sein, sondern muss im Ringen mit der Sprachwelt des Originals und nach deren Maßgabe im deutschen Wortlaut neu errichtet werden, gleichsam „ein ‚Griechisch‘ im Bereich der deutschen Zunge“. (75)

R. Kloepfers Theorie der literarischen Übersetzung beschränkt sich letztlich auf die **Diskussion der Übersetzungsmethode**, die ein adäquates Wiedergeben des sprachlichen Kunstwerkes in einer fremden Sprache erlaubt und ein möglichst genaues Verstehen des Fremden gewährleistet. Diese Zielsetzung zeigt sich besonders deutlich in den Analysen von Texten von Plautus, Dante und Rimbaud, in denen es um das Wie des übersetzerischen Nachvollzuges geht. Diese Analysen führen (im Anschluss an die Diskussion der Übersetzungsmethoden verschiedener Übersetzer) im Falle einer Plautus-Szene und eines Rimbaud-Gedichtes zu Verbesserungsvorschlägen, die R. Kloepfer als „Schema" verstanden wissen will, durch das „alle paar Jahre durch entsprechenden Ersatz die Übersetzung wieder zur nötigen Aktualität kommt" (96); dies bezieht sich auf eine Plautus-Stelle, wo zeitbedingte Modetorheiten eine Rolle spielen.

In einem abschließenden Kapitel über „Dichtkunst – Hermeneutik – Übersetzungskunst" zieht R. Kloepfer (in zum Teil etwas dunklen Worten) das Fazit seiner Abhandlung. Anknüpfend an P. Valéry ist von der Unerreichbarkeit des Zieles als dessen Vollendung (123), von den „vielen Weisen des Verstehens" und von der Übersetzung als „einer Art der Progression" (125) die Rede. Und die „Theorie der literarischen Übersetzung" schließt mit den Sätzen:

> Übersetzung ist Dichtung – nicht irgendeine Dichtung, etwa Nachdichtung oder Umdichtung, sondern die Dichtung der Dichtung. Novalis spricht vielleicht in diesem Sinne vom Übersetzer als dem Dichter des Dichters. (126)

Man könnte sich keinen größeren Unterschied vorstellen als den zwischen der Arbeit R. Kloepfers und J. Levýs „Die literarische Übersetzung. Theorie einer Kunstgattung" (1969), obwohl beide die Übersetzung dichterischer Werke als ihren Gegenstand haben. Für R. Kloepfer ist es selbstverständlich, dass die Methoden der Linguistik in der Theorie der literarischen Übersetzung fehl am Platze sind. J. Levý stellt dagegen fest, dass die neuen linguistischen Methoden „in den kommenden Jahren möglicherweise auch das Denken über Fragen der künstlerischen Übersetzung grundlegend beeinflussen werden" (22).

Wie fruchtbar die **Anwendung der strukturalistischen Methoden der Prager Schule** auf ein Textmaterial ist, das nicht selten als einer exakteren Analyse unzugänglich betrachtet wird, macht J. Levýs literarische Übersetzungstheorie auf überzeugende Weise einsichtig. Dabei geht es um die Dialektik des Allgemeinen und des Einzelnen (allgemeine semantische, stilistische und künstlerisch-ästhetische Merkmale eines Textes versus besondere und individuelle Merkmale, 91), des Ganzen und der Teile (102), von Inhalt und Form (108), und um die Zusammenhänge zwischen dem einzelnen Werk und der Funktion der Übersetzung im Rahmen einer Kultur, einer Epoche und der National- und Weltliteratur (173). Stützt sich R. Kloepfer bei der Beschreibung der Literatursprache auf P. Valéry („Das höchste Ziel dieser Kunst ist dann erreicht, wenn ihr Leser keinen anderen vollkommenen und notwendigen Ausdruck für die Wirkung, die ein Werk auf ihn ausübt, finden kann als dies Werk selbst", 9), so stellt J. Levý fest, dass die französische Ästhetik des Übersetzens seiner Betrachtungsweise „relativ am entferntesten" (30) ist. Nicht verwunderlich ist auch, dass die historische Einleitung bei J. Levý sehr kurz ausfällt; dem Stand der theoretischen Beschäftigung mit den Fragen des Übersetzens widmet er nur 20 Seiten, während zwei Drittel des Buches von R. Kloepfer Referat und kritische Auseinandersetzung mit den „Grundformen der Übersetzungstheorie" von den Anfängen bis W. Schadewaldt darstellen.

J. Levý erläutert einleitend, was er unter der „richtigen" Übersetzungsmethode versteht. Die **Übersetzungsmethoden**, die sich in Dichotomien wie wörtlich und frei, philologisch und künstlerisch, verfremdend und verdeutschend bzw. adaptierend fassen, teilt er in zwei Hauptgruppen ein:

- **illusionistische Methoden**, die zu einer Übersetzung führen, die beim Leser die Illusion wecken sollen, ein Original zu lesen
- **antiillusionistische Methoden** lassen eine solche Illusion nie aufkommen; der Leser ist sich vielmehr immer bewusst, kein Original, sondern eine Übersetzung zu lesen. Der Übersetzer will kein Originalwerk vortäuschen, sondern er kommentiert es und spricht den Leser „mit persönlichen und aktuellen Anspielungen" an (32). (Die antiillusionistische Übersetzung ist nach J. Levý selten.)

J. Levýs Konzeption ist die der „illusionistischen", „funktionellen" (wenn man sie vom linguistischen Standpunkt aus betrachtet) oder „realistischen" Übersetzung (vom ästhetischen Standpunkt aus), wobei, wie aus folgendem Zitat hervorgeht, der Begriff der **Wirkung** im Vordergrund steht (allerdings nicht ohne bedeutsame Einschränkung) und die strukturalistische Auffassung zur Geltung kommt:

> Es wird uns keineswegs um eine Erhaltung des ‚Werks an sich' gehen, sondern um die Wahrung seines Wertes für den Aufnehmenden (also der distinktiven bzw. soziologischen Funktionen seiner Elemente). Wir werden nicht darauf bestehen, dass das Erlebnis des Lesers des Originals mit dem des Lesers der Übersetzung identisch sein muss, sondern auf einer Identität aus der Sicht der Funktion in der Gesamtstruktur der kulturhistorischen Zusammenhänge beider Leser. Es geht um eine Unterordnung der Einzelheiten unter das Ganze, sei es in Bezug auf die Funktion im System, sei es in Bezug auf eine typisierte Gültigkeit. (32)

Unter der illusionistischen Methode will J. Levý jedoch nicht ein Adaptieren verstanden wissen, das alles austilgt, was an den fremden Kontext erinnert.

Die **Substitution** (d. h. die Ersetzung von in einem spezifischen fremden Milieu verankerten Begriffen mit Begriffen aus dem Milieu der ZS; zur Adaptation, s. o., II.3.3.4) ist nur „ein Ausweg aus der Not“ (91).

in\ fo

In welchem Umfange die Substitution gerechtfertigt ist, wird in der theoretischen Auseinandersetzung mit dem Übersetzen noch und noch diskutiert und stellt sich dem Übersetzer immer wieder als praktisches Problem. Zwei gegensätzliche Standpunkte lassen sich nach J. Levý unterscheiden: der **klassizistische** der adaptierenden Übersetzung und der **romantische** der „wortgetreuen“ Übersetzung (d. h. im Wesentlichen F. Schleiermachers Standpunkt). Führt erstere Übersetzungsmethode zu einer Lokalisierung und Aktualisierung im Bereich der ZS auf Kosten der besonderen AS-kontextbedingten Momente, so bewahrt letztere gerade diese Momente, allerdings auf Kosten der Allgemeinverständlichkeit.

Das Problem der Substitution stellt sich insbesondere bei Namen (s. o., II.4.1.4); es wird von J. Levý eingehend behandelt. Für die Beurteilung der Frage, wann sich das Verfahren der **Übersetzung** (möglich bei Namen in mittelalterlichen Allegorien: *Everyman/Jedermann*), wann die **Substitution** (Ersetzung des Namens *Archetriclin* in Villons „Ballade et Oraison“ durch *Salomo*) und wann die **Transkription** (Übernahme von Namen wie *Soames, Swithin, Jolyon* der „Forsyte Saga“ in den ZS-Text) anbietet, muss auch hier immer von der **Wirkung** auf den Leser der Übersetzung ausgegangen werden. Dieses Prinzip ist bei der Beurteilung aller übersetzungstechnischen Probleme anzuwenden.

Im ersten Teil seines Buches beschäftigt sich J. Levý – um in Kürze noch einige inhaltliche Hinweise zu geben – im Kapitel „Der Vorgang des Übersetzens“ einerseits mit der Entstehung des literarischen Werkes und seiner Übersetzung, andererseits mit den verschiedenen **Phasen der übersetzerischen Arbeit**, die folgendermaßen charakterisiert werden:

- Erfassen der Vorlage (wörtlich-philologisches und stilistisches Erfassen sowie Erfassen des Kunstwerkes als Ganzes)
- Interpretation der Vorlage (Suchen nach dem objektiven Kern der Vorlage)

- Umsetzung der Vorlage (künstlerisch gültige Umformulierung unter Beachtung der Inkongruenz verschiedener sprachlicher und stilistischer Systeme)

Im Kapitel „Die ästhetischen Probleme des Übersetzens“ steht die Frage nach den **Normen der künstlerischen Übersetzung** im Vordergrund. Diese Normen sind die **Wahrhaftigkeit** der Übersetzung, wobei der Aspekt der Wirkungsgleichheit eine zentrale Rolle spielt, und ihre **Schönheit**. Es geht mit anderen Worten um den Begriff der Übersetzungstreue und um das Übersetzen als schöpferisch-künstlerische, häufig sprachschöpferische Tätigkeit. Ferner beschäftigt sich J. Levý in „Zwei Kapitel aus der Poetik des Übersetzens“ mit dem künstlerischen und dem „übersetzerischen“ Stil und mit dem Problem der Übersetzung von Buchtiteln. Ein weiteres Kapitel ist der Übersetzung von Theaterstücken gewidmet. Und schließlich werden im Kapitel „Die Übersetzung als literarhistorisches Problem“ Maßstäbe und Methoden der Übersetzungsanalyse sowie die Funktion der Übersetzung in den Nationalliteraturen und in der Weltliteratur erörtert. J. Levýs Buch macht deutlich, dass die Übersetzungsforschung die Isolation nationaler Sprach- und Literaturbetrachtung durchbrechen muss. Verständnis für die Probleme des Übersetzens ist Einsicht in das Andere und Fremde. Und durch Kontrastierung mit dem Fremden wiederum kann das Bekannte und Selbstverständliche in seinen Wesenszügen und seiner Relativität erkannt werden. – Der zweite Teil des Buches gilt der Beschreibung und Analyse von Problemen der Gedichtübersetzung.

R. Kloepfers und besonders J. Levýs Theorien der literarischen Übersetzung sind als Grundlage für die Erforschung von Geschichte und Wirkungsgeschichte einzelner Übersetzungen und Übersetzungsgattungen, für die vergleichende (linguistisch und literaturwissenschaftlich orientierte) Stilistik und für die vergleichende Literaturwissenschaft auch heute noch unentbehrlich. In ihnen wird das Phänomen Übersetzung für den literarischen Bereich in seiner Eigenart und Eigengesetzlichkeit als Forschungsgegenstand umrissen, und zwar als literarisch-ästhetisches, stilistisches, linguistisches, rezeptions- und kulturgeschichtliches Phänomen.

4.2.2 Naturwissenschaftlich-technische Übersetzung (Jumpelt)

Im wissenschaftlichen Ansatz, in der Methodik und in der thematischen Ausrichtung unterscheidet sich R.W. Jumpelts Buch „Die Übersetzung naturwissenschaftlicher und technischer Literatur“ (1961) grundlegend von R. Kloepfers und J. Levýs Arbeiten zur literarischen Übersetzung. R.W. Jumpelt geht davon aus, dass die Übersetzung „Gegenstand der Sprachwissenschaft“ ist (6), wobei er allerdings einräumt (mit implizitem Bezug auf die literarische Übersetzung), dass die Übersetzung „Vorgänge enthält, deren wissenschaftliche Analyse mit der Untersuchung der lexikalischen, morphologischen und syntaktischen Probleme nicht erschöpft werden kann“ (7). Er weist aber die (bekanntlich weit verbreitete) Auffassung zurück, eigentliche Probleme gebe es bei der naturwissenschaftlich-technischen Übersetzung nicht, „die Wörter seien in Wissenschaft und Technik international und den Rest besorge ein Minimum an grammatischen Kenntnissen aus der Schulzeit“ (8 f.). R.W. Jumpelt will mit seiner Untersuchung zeigen, „welche Unterschiede, offene und verdeckte, selbst bei benachbarten Sprachen auch in Technik und Naturwissenschaften der Kommunikation Grenzen setzen“ (9). Er vertritt die Auffassung, dass die Textgattung der Hauptfaktor ist, „der alle Kriterien [d. h. Übersetzungsprinzipien und -verfahren] bestimmt“ (24). Die naturwissenschaftlich-technische Übersetzung als eine Art der pragmatischen Übersetzungsgattung (zu den Textgattungen, s. o., II.4.1) „muss primär die Inhalte der Aussagen wiedergeben“ (26); es geht also um **inhaltliche Invarianz**. Die Darstellungsfunktion der Sprache steht in naturwissenschaftlich-technischen Texten im Vordergrund; andere Sprachfunktionen, wie die ästhetische oder die appellative, spielen, wenn überhaupt, eine untergeordnete Rolle.

R.W. Jumpelt analysiert und beschreibt im Hauptteil seines Buches die Bedingungen, Probleme und Verfahren der Herstellung inhaltlicher Invarianz. Ausführlich geht er auf die Umsetzungsprozeduren (Übersetzungsprozeduren) der Modulation und der Transposition ein. Unter **Modulation** werden inhaltliche Verschiebungen verstanden: Während es beim dt. Verb *sich verziehen* (von Material) keine Rolle spielt, in welcher Richtung die Bewegung verläuft, muss sich der Übersetzer im Engl. entscheiden, ob es sich um *to warp* handelt (Bewegung in allen Richtungen) oder um *to twist* (nur in diagonaler Richtung) (72). **Transpositionen** sind dagegen die grammatischen Veränderungen, die notwendig sind, um inhaltliche Invarianz zu gewährleisten. Man versteht darunter die Erscheinung, dass bestimmte Wortarten oder grammatische Kategorien der AS in der ZS durch andere Wortarten oder grammatische Kategorien ersetzt werden, wie im folgenden Beispiel:

Beispiel II.4.-16
engl. Verb → dt. Substantiv: as the pressure *increases* → mit dem *Ansteigen* des Druckes
engl. *ing*-Form → finite Konstruktion im Dt.: thoroughly mix the solution by *running* the pump to circulate the mixture with the feed-cock closed → die Lösung gründlich durchmischen, indem man die Pumpe bei geschlossenem Hahn laufen lässt
engl. Adjektiv + Substantiv → dt. Zusammensetzung: *muscular activity* → *Muskeltätigkeit, electrical engineer* → *Elektroingenieur* (R.W. Jumpelt 1961:87, 94, 101)

In weiteren Kapiteln analysiert R.W. Jumpelt die Zuordnungen im Bereich **komplexer Sinneinheiten** (Ableitungen, Zusammensetzungen, Wortgruppen) und im Bereich der **fachsprachlichen Terminologie**, wobei insbesondere die **Benennungsgrundsätze** (Grundsätze bei der Bildung und Anwendung von Termini) dargestellt werden (s. o., II.3.3.4).

Zusammenfassend lässt sich feststellen: R.W. Jumpelt (1961) konzentriert sich auf die Beschreibung von Umsetzungsprozeduren, die beim Übersetzen „mit einer gewissen Zwangsläufigkeit oder [...] mit einer hohen Wahrscheinlichkeit wiederkehren" (175). Er untersucht **sprachliche Bedingungen und Erscheinungen, die objektivierbar sind**, und das heißt, die verallgemeinert und als Regelmäßigkeiten des Übersetzens beschrieben werden können, und zwar eingeschränkt auf naturwissenschaftlich-technische Texte. Es zeigt sich, dass in dieser Textgattung der Bereich des in diesem Sinne regelhaft Erfassbaren relativ groß ist, wesentlich größer als etwa bei literarischen Texten.

Die naturwissenschaftlich-technische Übersetzung ist darum einer Objektivierung leichter zugänglich, weil eine Reihe von den die Übersetzung bestimmenden Variablen und Faktoren konstant ist, bzw. weil ihre sprachlich-textuellen Auswirkungen regelhaft sind:[115]

115 Zu den sprachlich-stilistischen Merkmalen von Fachtexten, s. H.-R. Fluck (1996:47–109), E. Fleischmann/P. A. Schmitt (2004), S. Göpferich (1995, 2004). – Diese hier für Fachtexte generell als charakteristisch hervorgehobenen Punkte sind allerdings zu relativieren, s. dazu P. A. Schmitt (2002).

- Das übergeordnete Übersetzungsprinzip kann in der Regel eindeutig angegeben werden: Es handelt sich um die **Forderung nach denotativer (inhaltlicher) Äquivalenz** (s. o., II.3.3.).
- Die Variationsbreite im syntaktischen Bereich ist eingeschränkt: Die Syntax der technisch-wissenschaftlichen Sprache folgt einer relativ begrenzten Zahl von Mustern.
- Die Variationsbreite im lexikalischen Bereich ist eingeschränkt durch die Terminologisierung.
- Die Variationsbreite im individualstilistischen Bereich ist stark eingeschränkt: Die Gebrauchsnormen in der wissenschaftlich-technischen Sprache sind relativ fest.
- Der Empfängerbezug stellt kein grundsätzliches Problem dar: Die Übersetzungen naturwissenschaftlich-technischer Texte richten sich in der ZS im Allgemeinen an Leser, deren Wissens- und Verstehenshintergrund mit dem der Leser der AS-Fassungen vergleichbar ist. Sie werden von den Mitgliedern einer internationalen wissenschaftlichen Gemeinschaft rezipiert, die auf ähnliche Weise ausgebildet sind und ähnliche fachliche Rollen und Funktionen innehaben.[116]

4.2.3 Schlussbemerkung

Aus den Befunden der vorangehenden Abschnitte den Schluss zu ziehen, dass sich ein linguistisches Herangehen an literarische Texte verbietet, wäre falsch (s. o., I.8.2). Nicht zuletzt ist die linguistische Analyse als Ausgangspunkt einer wissenschaftlichen Übersetzungskritik unentbehrlich. Sie muss sich jedoch ihrer Grenzen bewusst sein, aber auch ihrer Möglichkeiten, die sich aus der Differenzierung des Äquivalenzbegriffs ergeben. Immer hat jedoch die linguistische Analyse literarischer Texte dem im Vergleich mit Sachtexten in der Regel komplexeren Bedingungsgefüge Rechnung zu tragen. Um zu wiederholen, was im Einführungskapitel hervorgehoben wurde: Eine Übersetzung ist nicht nur die Konfrontation eines Ausgangstextes mit den sprachlich-stilistischen Mitteln und Möglichkeiten einer ZS. Als **textreproduzierende Operation** ist sie das aber in einem für den Begriff der

116 Unübersehbar ist, dass nicht nur die internationale, sondern mehr und mehr auch die nationale Fachkommunikation vom Englisch-Amerikanischen beherrscht werden; die Konsequenzen einer monolingualen wissenschaftlich-technischen Sprach- und Textkultur, die zunehmend ohne Übersetzung auskommt, sind in der Übersetzungsforschung noch kaum thematisiert worden (s. o., I.4.2).

Übersetzung fundamentalen Sinn – und dies unabhängig davon, ob es sich um Sachtexte oder literarische Texte handelt. Die Berücksichtigung der für die beiden Haupttextgattungen zum Teil graduell, zum Teil wesensmäßig unterschiedlichen Bedingungen und Faktoren sprachlich-textueller und außersprachlicher Art ist dabei von grundlegender Bedeutung für eine fruchtbare Arbeit mit dem Phänomen Übersetzung.

Wenn man Übersetzung wie in diesem Buch als sprachlich-textuelle Kulturtechnik auffasst, bedeutet dies, dass **Sprache, Text und Kultur als aufs engste miteinander verflochten** gesehen werden. Konzentriert man sich auf den sprachlichen-textuellen Aspekt, besteht die Gefahr eines Reduktionismus, der zur Folge haben kann, dass linguistische Befunde unter Absehung von der Komplexität der übersetzerischen Bedingungsfaktoren verallgemeinert werden. Allerdings gilt auch für die Übersetzungswissenschaft, wenn sie sich als empirische Wissenschaft versteht, dass sie selektiv sein muss, und das heißt notwendigerweise auch **reduktiv** und **abstrahierend**. In der Fokussierung auf den sprachlich-textuellen Aspekt liegt zweifellos eine solche Reduktion und Abstraktion; unter wissenschaftlichem Aspekt ist dies aber nicht nur legitim, sondern unverzichtbar, wenn substantielle und gültige Ergebnisse erzielt werden sollen – substantiell und gültig freilich immer nur im Rahmen und unter Berücksichtigung der durch den wissenschaftlichen Ansatz vorgegebenen Grenzen.

4.3 Zusammenfassung

In Kapitel 4 werden Fiktiv- und Sachtext als die zwei übersetzungsrelevanten Haupttextgattungen unterschieden. Dieser Unterscheidung dienen drei Kriterien qualitativer Art: praktische Folgen, Fiktionalität und Ästhetizität. Außerdem wird auf intralinguistische, soziokulturelle und intertextuelle Bedeutungen eingegangen. Abschließend werden Theorien der literarischen und der naturwissenschaftlich-technischen Übersetzung vorgestellt.

Literaturverzeichnis

Agricola, E. (1968): *Syntaktische Mehrdeutigkeit (Polysyntaktizität) bei der Analyse des Deutschen und des Englischen*, Berlin (= Schriften zur Phonetik, Sprachwissenschaft und Kommunikationsforschung, 12).

Aboluwade, I. (2011): Zum Stellenwert der Skopostheorie bei der englischen Übersetzung von Hans Paasches Novella „Die Forschungsreise des Afrikaners Lukanga Mukara ins innerste Deutschland" In: Mayanja, S. (Hrsg.), *Übersetzungsgermanistik aus einer afrikanischen Perspektive*, Göttingen, 29–33.

Agricola, E. (1972): *Semantische Relationen im Text und im System*, The Hague/Paris (= Janua Linguarum, Series Minor, 113).

Ahlstedt, E. (1990): Le français de Strindberg. Analyse du manuscrit autographe de deux nouvelles des *Mariés II*. In: *Moderna språk*, 84, 132–139.

Ahrens, B. (2004): *Prosodie beim Simultandolmetschen*. Frankfurt a. M. (= FTSK, 41).

Ajouri, P. (2013): Probleme der Empirisierung einer Gattung. Zum Erwartungshorizont und der sozialen Funktion des politischen Romans im 18. Jahrhundert In: Ajouri, P./Mellmann, K./Rauen, C. (Hrsg.), *Empirie in der Literaturwissenschaft*, Münster, 283–305 (= poetogenesis, 8).

Albertsen, L. L. (1978): Prinzipien der literarischen Übersetzung. In: *Nordeuropa. Studien*, 11, 133–149.

Albrecht, J. (1987): Wissenschaftstheoretischer Status und praktischer Nutzen der Übersetzungswissenschaft. In: Ehnert, R./Schleyer, W. (Hrsg.), 9–23.

Albrecht, J. (1998): *Literarische Übersetzung*. Geschichte, Theorie, Kulturelle Wirkung, Darmstadt.

Albrecht, J. (2004): The different branches of descriptive linguistics and translation. In: Kittel, H. u. a. (Hrsg.), 243–259.

Albrecht, J. (2005): *Linguistik und Übersetzung*, Tübingen (= Grundlagen der Übersetzungsforschung, 2).

Albrecht, J. (2007): Bedeutung der Übersetzung für die Entwicklung der Kultursprachen. In: Kittel, H. u. a. (Hrsg.), 1088–1108.

Albrecht, J. u. a. (Hrsg.) (1987): *Translation und interkulturelle Kommunikation*, Frankfurt a. M./Bern (= FAS Publikationen des Fachbereichs Angewandte Sprachwissenschaft der Johannes Gutenberg-Universität Mainz in Germersheim, A/8).

Albrecht, J./Gerzymisch-Arbogast, H./Rothfuß-Bastian, D. (Hrsg.) (2004): *Übersetzung – Translation – Traduction*. Neue Forschungsfragen in der Diskussion. Festschrift für Werner Koller, Tübingen (= Jahrbuch Übersetzen und Dolmetschen, 5).

Ammann, M. (1989): *Grundlagen der modernen Translationstheorie – Ein Leitfaden für Studierende*, Heidelberg (= th – translatorisches handeln, 1).

Ammon, U. (1998): *Ist Deutsch noch internationale Wissenschaftssprache?* Englisch auch für die Hochschullehre in den deutschsprachigen Ländern, Berlin/New York.

Anastasiadis, A. (2008): *Der Norden im Süden*. Kostantinos Chatzopoulos (1868-1920) als Übersetzer deutscher Literatur. Frankfurt a. M. u. a. (= FTSK, 48).

Anderegg, J. (1973): *Fiktion und Kommunikation*. Ein Beitrag zur Theorie der Prosa, Göttingen.

André, J. St. (Hrsg.) (2010): *Thinking through translation with metaphors*, Manchester.

Andres, D. (2002): *Konsekutivdolmetschen und Notation*. Frankfurt a. M. u. a. (= FTSK, 34).

Antos, G. (1982): *Grundlagen einer Theorie des Formulierens*. Textherstellung in geschriebener und gesprochener Sprache, Tübingen (= Reihe Germanistische Linguistik, 39).

Apel, F. (1982): *Sprachbewegung*. Eine historisch-poetologische Untersuchung zum Problem des Übersetzens, Heidelberg (= Beiträge zur neueren Literaturgeschichte, Folge 3, 52).

Apel, F. (1983): *Literarische Übersetzung*, Stuttgart (= Sammlung Metzler, M 206).

Arnaudova, S. (2015): Formen und Funktionen von Mehrsprachigkeit und Sprachwechsel in literarischen Texten der Gegenwart. In: Grozeva, M. (Hrsg.), *Germanistik in Bulgarien: Band 1, Sofia*, 209–216.

Arntz, R. (1985): Perspektiven und Probleme einer praxisbezogenen Übersetzerausbildung. In: *Lebende Sprachen*, 30, 117–122.

Arntz, R. (Hrsg.) (1988): *Textlinguistik und Fachsprache*. Akten des Internationalen übersetzungswissenschaftlichen AILA-Symposions (1987), Hildesheim/Zürich (= Studien zu Sprache und Technik, 1).

Arntz, R./Picht, H./Mayer, F. (2004): *Einführung in die Terminologiearbeit*, 5. Aufl. Hildesheim/Zürich (= Studien zu Sprache und Technik, 2).

Arntz, R./Thome, G. (Hrsg.) (1990): *Übersetzungswissenschaft*. Ergebnisse und Perspektiven. Festschrift für Wolfram Wilss zum 65. Geburtstag, Tübingen (= Tübinger Beiträge zur Linguistik, 354).

Arrojo, R. (2004): Translation as an object of reflection in psychoanalysis. In: Kittel, H. u. a. (Hrsg.), 171–175.

Arrowsmith, W./Shattuck, R. (Hrsg.) (1961): *The Craft and Context of Translation*. A Symposium, Austin/Texas.

Asimakoulas, D. (2005): Brecht in dark times: Translations of his works under the Greek junta (1967–1974). In: *Target*, 17, 93–110.

Atayan, V. (2010): *Methoden der Übersetzungskritik.* Ein theorie- und anwendungsbasierter Vergleich, Saarbrücken.

Baeva, G. A. (2012): Übersetzung versus Übertragung. Zum Problem der interlingualen Übersetzung (am Beispiel vom „Nibelungenlied"). *Presses du Centre d'Etudes Médiévales,* 13-14, 490–495.

Baker, M. (1992/2011): *In other words.* A coursebook on translation, London.

Baker, M. (2004): Linguistic models and methods in the study of translation. In: Kittel, H. u. a. (Hrsg.), 285–294.

Baker, M. (Hrsg.) (2010): *Critical readings in translation studies,* London/New York.

Baker, M./Saldanha, G. (Hrsg.) (2008): *Routledge encyclopedia of translation studies,* 2. Aufl. London.

Bakker, M./Naaijkens, T. (1991): A postscript: Fans of Holmes. In: Leuven-Zwart, K. M. van/Naaijkens, T. (Hrsg.), 193–208.

Barchudarow, L. (1979): *Sprache und Übersetzung.* Probleme der allgemeinen und speziellen Übersetzungstheorie, Moskau/Leipzig.

Barczaitis, R. (1985): *‚Kein simpel-biedrer Sprachferge'.* Arno Schmidt als Übersetzer, Frankfurt a. M.

Bassnett-McGuire, S. (1980): *Translation studies,* London/New York.

Bassnett, S./Lefevere, A. (Hrsg.) (1990): *Translation, history and culture,* London/New York.

Bátori, I./Weber, H. J. (Hrsg.) (1986): *Neue Ansätze in Maschineller Sprachübersetzung: Wissensrepräsentation und Textbezug,* Tübingen (= Sprache und Information, 13).

Baumgartner, W. (1991): Romanstrukturen in Strindbergs Autobiographie „Plaidoyer d'un fou". In: Braunmüller, K./Brøndsted, M. (Hrsg.), *Deutsch-nordische Begegnungen,* Odense, 252–266.

Beaugrande, R. de (1978): *Factors in a theory of poetic translating,* Assen (= Approaches to Translation Studies, 5).

Beaugrande, R.-A. de/Dressler, W. U. (1981): *Einführung in die Textlinguistik,* Tübingen (= Konzepte der Sprach- und Literaturwissenschaft, 28).

Becher, J. J. (1661): *Zur mechanischen Sprachübersetzung.* Ein Programmierversuch aus dem Jahre 1661. J. J. Becher, Allgemeine Verschlüsselung der Sprachen (Character, pro Notitia Linguarum Universali). Mit einer interpretierenden Einleitung von Prof. Dr. W. G. Waffenschmidt, Stuttgart 1962 (= Veröffentlichungen der Wirtschaftshochschule Mannheim, I, 10).

Belke, H. (1973): *Literarische Gebrauchsformen,* Düsseldorf (= Grundstudium Literaturwissenschaft, 9).

Benjamin, A. (1989): *Translation and the nature of philosophy.* A new theory of words, London/New York.

Benjamin, W. (1923): Die Aufgabe des Übersetzers. In: Störig, H. J. (Hrsg.) 1973, 156–169.

Bentahila, A./Davies, E. (1989): Culture and language use: A problem for foreign language teaching. In: *International Review of Applied Linguistics*, 27, 99–112.

Berglund, L. O. (1987): The ethics of ineffective translation. In: *Lebende Sprachen*, 32, 7–11.

Bernardo, A. M. (2004): Quo vadis, Übersetzungswissenschaft? Haupttendenzen der aktuellen Übersetzungsforschung. In: Albrecht, J./Gerzymisch-Arbogast, H./Rothfuß-Bastian, D. (Hrsg.), 23–32.

Bernardo, A. M. (2007): Die Leistungen der Leipziger Schule in der deutschsprachigen Übersetzungswissenschaft. In: Wotjak, G. (Hrsg.), 45–58.

Best, J./Kalina, S. (Hrsg.) (2002): *Übersetzen und Dolmetschen.* Eine Orientierungshilfe, Tübingen (= Uni-Taschenbücher, 2329).

Bierwisch, M. (1967): Einige semantische Universalien in deutschen Adjektiven. In: Steger, H. (Hrsg.), *Vorschläge für eine strukturale Grammatik des Deutschen*, Darmstadt 1970, 269–318.

Biguenet, J./Schulte, R. (Hrsg.) (1989): *The craft of translation*, Chicago/London.

Birkenhauer, K. (1986): Literarische Übersetzer. In: *Übersetzer – Kuriere des Geistes*, 506–512.

Blanke, D. (2006): *Interlinguistische Beiträge.* Zum Wesen und zur Funktion internationaler Plansprachen, Frankfurt a. M.

Blatt, A./Freigang, K.-H./Schmitz, K.-D./Thome, G. (1985): *Computer und Übersetzen.* Eine Einführung, Hildesheim/Zürich/New York (= Hildesheimer Beiträge zu den Erziehungs- und Sozialwissenschaften, 21).

Bloomfield, L. (1935): *Language*, London (New York 1933).

Bödeker, B./Freese, K. (1987): Die Übersetzung von Realienbezeichnungen bei literarischen Texten: Eine Prototypologie. In: *TextconText*, 2, 137–165.

Boecker, E. (1973): *William Faulkner's later novels in German.* A study in the theory and practice of translation, Tübingen (= Linguistische Arbeiten, 10).

Bohnenkamp, A. (2004): „Hybrid" statt „verfremdend"? Überlegungen zu einem Topos der Übersetzungstheorie. In: Colliander, P. u. a. (Hrsg.), 9–26.

Bouton, L. F. (1976): The problem of equivalence in contrastive analysis. In: *International Review of Applied Linguistics*, 143–163.

Bowen, M. (1999): Geschichte des Dolmetschens. In: Snell-Hornby, M. u. a. (Hrsg.), 43–46.

Boytcheva, S. (2010): Fremdsprachigkeit in literarischen Texten. Topoi der Fremdheit in der literarischen Sprache eines deutsch schreibenden Bulgaren. In: Krause,

W.-D. (Hrsg.), *Das Fremde und der Text.* Fremdsprachige Kommunikation und ihre Ergebnisse, Potsdam, 153–164.

Braem, H. M. (Hrsg.) (1979): *Übersetzerwerkstatt*, München (= dtv zweisprachig).

Bretthauer, P. (1987): Der Übersetzer als Kulturexperte. In: *TextconText*, 2, 216–226.

Brinker, K. (2010): *Linguistische Textanalyse.* Eine Einführung in Grundbegriffe und Methoden, 7. Aufl. Berlin (= Grundlagen der Germanistik, 29).

Broeck, R. van den (1981): The limits of translatability exemplified by metaphor translation. In: Even-Zohar, I./Toury, G. (Hrsg.), 73–87.

Broeck, R. van den (1986): Contrastive discourse analysis as a tool for the interpretation of shifts in translated texts. In: House, J./Blum-Kulka, S. (Hrsg.), 37–47.

Brower, R. A. (Hrsg.) (1966): *On translation*, New York (1959).

Bruns, A. (1977): *Übersetzung als Rezeption.* Deutsche Übersetzer skandinavischer Literatur von 1860 bis 1900, Neumünster (= Skandinavistische Studien, 8).

Bühler, K. (1934): *Sprachtheorie.* Die Darstellungsfunktion der Sprache, Stuttgart (2. Aufl. 1965).

Busch-Lauer, I.-A. (2004): Textwissenschaftliche Grundlagen und übersetzungsrelevante Texttypologie. In: Kittel, H. u. a. (Hrsg.), 607–618.

Cary, E. (1956): *La traduction dans le monde moderne*, Genf.

Cassirer, E. (1953): *Philosophie der symbolischen Formen.* Erster Teil: Die Sprache, 2. Aufl. Darmstadt.

Catford, J. C. (1965): *A linguistic theory of translation.* An Essay in Applied Linguistics, London (= Language and Language Learning).

Chesterman, A. (2004): Translation as an object of research. In: Kittel, H. u. a. (Hrsg.), 93–100.

Chesterman, A. u. a. (Hrsg.) (2000): *Translation in context.* Selected papers from the EST Congress, Granada 1998, Amsterdam/Philadelphia (= Benjamins Translation Library, 39).

Chomsky, N. (1965): *Aspects of the Theory of Syntax*, Cambridge, Mass. (dt. *Aspekte der Syntax-Theorie*, Frankfurt a. M. 1969).

Chomsky, N. (1966): *Cartesian linguistics.* A chapter in the history of rationalist thought, New York/London (dt. *Cartesianische Linguistik.* Ein Kapitel in der Geschichte des Rationalismus, Tübingen 1971).

Colina, S. (2009): Further evidence for a functionalist approach to translation quality evaluation. In: *Target*, 21, 235–264.

Colliander, P. u. a. (Hrsg.) (2004): *Linguistische Aspekte in der Übersetzungswissenschaft*, Tübingen.

Coseriu, E. (1970): Über Leistung und Grenzen der kontrastiven Grammatik. In: Moser, H. (Hrsg.), *Probleme der kontrastiven Grammatik*, Düsseldorf, 9–30.

Coseriu, E. (1971): Thesen zum Thema „Sprache und Dichtung". In: Stempel, W.-D. (Hrsg.), *Beiträge zur Textlinguistik*, München (= Internationale Bibliothek für allgemeine Linguistik, 1), 183–188.

Coseriu, E. (1981): Falsche und richtige Fragestellungen in der Übersetzungstheorie. In: Wilss, W. (Hrsg.) 1981, 27–47.

Crystal, D. (2010): *The Cambridge encyclopedia of language*, Cambridge.

Czennia, B. (1992): *Figurenrede als Übersetzungsproblem.* Untersucht am Romanwerk von Charles Dickens und ausgewählten deutschen Übersetzungen, Frankfurt a. M. (= Neue Studien zur Anglistik und Amerikanistik, 58).

Czennia, B. (2004): Dialektale und soziolektale Elemente als Übersetzungsproblem. In: Kittel, H. u. a. (Hrsg.), 505–512.

Dedecius, K. (1961): Slawische Lyrik – übersetzt – übertragen – nachgedichtet. In: Störig, H. J. (Hrsg.) 1973, 442–462.

Delabastita, D. (2004): Wordplay as a translation problem: A linguistic perspective. In: Kittel, H. u. a. (Hrsg.), 600–606.

Delabastita, D. (2004a): Literary style in translation: Wordplay. In: Kittel, H. u. a. (Hrsg.), 870–874.

Delisle, J. (1984): *L'analyse du discours comme méthode de traduction.* Initiation à la traduction française de textes pragmatiques anglais, Ottawa (= cahiers de traductologie, 2).

Delisle, J./Lee-Jahnke, H./Cormier, M. C. (Hrsg.) (1999): *Terminologie de la traduction*, Amsterdam.

Derrida, J. (1985): Des Tours de Babel. In: Graham, J. F. (Hrsg.), 209–248 (engl. Übersetzung im gleichen Band, 165–205).

Derrida, J. (1988): *The ear of the other.* Otobiography, transference, translation, Lincoln/London.

Detken, A. (1997): *Döblins »Berlin Alexanderplatz« übersetzt.* Ein multilingualer kontrastiver Vergleich, Göttingen.

Díaz-Diocaretz, M. (1985): *Translating poetic discourse: questions on feminist strategies in Adrienne Rich*, Amsterdam (= Critical Theory, 2).

Dimter, M. (1981): *Textklassenkonzepte heutiger Alltagssprache.* Kommunikationssituation, Textfunktion und Textinhalt als Kategorien alltagssprachlicher Textklassifikation, Tübingen (= Reihe Germanistische Linguistik, 32).

Dukate, A. (2009): Translation, Manipulation and Interpreting. Frankfurt. a. M. (= FTSK, 53).

Dürbeck, H. (1973): Neuere Untersuchungen zur Sapir-Whorf-Hypothese. In: *Linguistics*, 145, 5–45.

Eco, U. (2002): *Die Suche nach der vollkommenen Sprache.* Aus dem italienischen von Burkhart Kroeber. München (= dtv-Taschenbuch, 30829) (Originaltitel: *La ricerca della lingua perfetta nella cultura Europea*).

Ehnert, R./Schleyer, W. (Hrsg.) (1987): *Übersetzen im Fremdsprachenunterricht.* Beiträge zur Übersetzungswissenschaft – Annäherungen an eine Übersetzungsdidaktik, Regensburg (= Materialien Deutsch als Fremdsprache, 26).

Eichinger, L. M. (2016): Gottfried Wilhelm Leibniz und das Chinesische, oder: Auf der Suche nach der Universalsprache. In: *Deutsche Sprache*, 44, 343–356.

Eroms, H.-W. (2008): *Stil und Stilistik.* Eine Einführung, Berlin (= Grundlagen der Germanistik, 45).

Essler, W. K. (1971): *Wissenschaftstheorie II.* Theorie und Erfahrung, Freiburg/München.

Even-Zohar, I./Toury, G. (Hrsg.) (1981): *Translation theory and intercultural relations*, Tel Aviv (= poetics today, 2/4).

Fabricius-Hansen, C. (1986): Zum Satzbau des Deutschen aus norwegischer Sicht. In: *Zielsprache Deutsch*, 17, 18–23.

Fabricius-Hansen, C. (2004): Paralleltext und Übersetzung aus sprachwissenschaftlicher Sicht. In: Kittel, H. u. a. (Hrsg.), 322–329.

Farghal, M./Al-Hamly, M. (2010): Domesticating pragmatics and culture in translation. In: Forum. International Journal of Interpretation and Translation, 8, 73–101.

Feihl, S. (2009): *Resultativkonstruktionen mit Prädikatsadjektiv und ihre Übersetzung aus dem Deutschen ins Französische, Italienische, Spanische und Portugiesische.* Frankfurt a.M. u.a. (= FTSK, 55).

Finck, A./Weichselbaum, H. (Hrsg.) (1991): *Trakl in fremden Sprachen.* Internationales Forum der Trakl-Übersetzer, Salzburg (= Trakl-Studien, 17).

Firth, J. R. (1964): *The tongues of men & speech*, London (= Language and Language Learning).

Fleischer, W./Michel, G./Starke, G. (1996): *Stilistik der deutschen Gegenwartssprache*, 2. Aufl. Frankfurt a. M./Berlin.

Fleischmann, E./Schmitt, P. A. (2004): Fachsprachen und Übersetzung. In: Kittel, H. u. a. (Hrsg.), 531–542.

Fleischmann, E./Schmitt, P. A./Wotjak, G. (Hrsg.) (2004): *Translationskompetenz*, Tübingen (= Studien zur Translation, 14).

Flotow, L. von (1997): *Translation and gender.* Translating in the era of feminism, Manchester.

Flotow, L. von (1999): Feministische Aspekte. In: Snell-Hornby, M. u. a. (Hrsg.), 130–132.

Flotow, L. von (2004): Translation as an object of reflection in gender studies. In: Kittel, H. u. a. (Hrsg.), 248–252.

Fluck, H.-R. (1996): *Fachsprachen.* Einführung und Bibliographie, 5. Aufl. Tübingen/Basel (= Uni-Taschenbücher, 483).

Fluck, H.-R. (1997): *Fachdeutsch in Naturwissenschaft und Technik.* Einführung in die Fachsprachen und die Didaktik/Methodik des fachorientierten Fremdsprachenunterrichts (Deutsch als Fremdsprache), 2. Aufl. Heidelberg.

Frank, A. P. (1987): Einleitung. In: Schultze, B. (Hrsg.), ix–xvii.

Frank, A. P. (1988): Rückblick und Ausblick. In: Kittel, H. (Hrsg.), 180–206.

Fränzel, W. (1914): *Geschichte des Übersetzens im 18. Jahrhundert,* Leipzig (= Beiträge zur Kultur- und Universalgeschichte, 25).

Frawley, W. (1983): Prolegomenon to a Theory of Translation. In: Frawley, W. (Hrsg.), 159–175.

Frawley, W. (Hrsg.) (1983): *Translation: literary, linguistic and philosophical perspectives,* Newark/London.

Freese, K. (1987): Einige Übersetzungsprobleme in den Dialogen von August Strindbergs Roman *Röda Rummet* (Das rote Zimmer). In: Schultze, B. (Hrsg.), 237–252.

Friedrich, H. (1965): *Zur Frage der Übersetzungskunst,* Heidelberg (= Sitzungsberichte der Heidelberger Akademie der Wissenschaften. Philosophisch-historische Klasse, 3).

Frielinghaus, H. (Hrsg.) (2002): *Der Butt spricht viele Sprachen.* Grass-Übersetzer erzählen, Göttingen.

Fuchs, G. (1936): *Studien zur Übersetzungstheorie und -praxis des Gottsched-Kreises,* Freiburg/Schweiz.

Funke, O. (1929): *Zum Weltsprachenproblem in England im 17. Jahrhundert,* Heidelberg (= Anglistische Forschungen, 69).

Gadamer, H.-G. (1960): Sprache als Medium der hermeneutischen Erfahrung. Aus: *Wahrheit und Methode.* Grundzüge einer philosophischen Hermeneutik, Tübingen (der Ausschnitt, der das Übersetzen betrifft, in: Störig, H. J., Hrsg. 1973, 402–409).

Gardt, A. (1989): *James Joyce auf deutsch: Möglichkeiten der literarischen Übersetzung,* Frankfurt a. M./Bern (= Aspekte der englischen Geistes- und Kulturgeschichte, 18).

Gebhardt, P. (1970): *A. W. Schlegels Shakespeare-Übersetzung.* Untersuchungen zu seinem Übersetzungsverfahren am Beispiel des Hamlet, Göttingen (= Palaestra, 257).

Geckeler, H. (2002): Anfänge und Ausbau des Wortfeldgedankens. In: Cruse, D. A. u. a. (Hrsg.), *Lexikologie.* Ein internationales Handbuch zur Natur und Struktur von Wörtern und Wortschätzen. Bd. 1, Berlin/New York (= Handbücher zur Sprach- und Kommunikationswissenschaft, 21:1), 713–728.

Gelhaus, H. (1989): *Der Streit um Luthers Bibelverdeutschung im 16. und 17. Jahrhundert.* Mit der Identifizierung Friedrich Traubs, Tübingen (= Reihe Germanistische Linguistik, 89).

Gentes, E. (2017): *(Un-)Sichtbarkeit der literarischen Selbstübersetzung in der romanischsprachigen Gegenwartsliteratur.* Eine literatur- und übersetzungssoziologische Annäherung, Düsseldorf (= Dissertation).

Gerbert, M. (1972): Technische Übersetzungen und das Problem des Fachwissens. In: Spitzbardt, H. (Hrsg.), 59–72.

Gerlach-Berthaud, C. (2016): Adelbert von Chamisso als Selbstübersetzer. In: Berbig, R. u. a. (Hrsg.), *Phantastik und Skepsis.* Adelbert von Chamissos Lebens- und Schreibwelten, Göttingen (= Chamisso-Studien, 1), 277–303.

Gerzymisch-Arbogast, H. (1987): Leksemantische Isotopien als Invarianten im Übersetzungsprozeß. Am Beispiel des Englischen und Deutschen. In: Albrecht, J. u. a. (Hrsg.), 75–87.

Gerzymisch-Arbogast, H. (1994): *Übersetzungswissenschaftliches Propädeutikum*, Tübingen (= Uni-Taschenbücher, 1782).

Gerzymisch-Arbogast, H. (2007): Am Anfang war die Leipziger Schule ... In: Wotjak, G. (Hrsg.), 79–94.

Gerzymisch-Arbogast, H./Mudersbach, K. (1998): *Methoden des wissenschaftlichen Übersetzens*, Tübingen (= Uni-Taschenbücher, 1990).

Gile, D. (2004): Issues in research into conference interpreting. In: Kittel, H. u. a. (Hrsg.), 767–779.

Gile, D. (2009): *Basic concepts and models for interpreter and translator training*, Amsterdam (= Benjamins Translation Library, 8).

Gipper, H. (1972): *Gibt es ein sprachliches Relativitätsprinzip?* Untersuchungen zur Sapir-Whorf-Hypothese, Frankfurt a. M. (= Conditio humana).

Gipper, H. (1974): Inhaltbezogene Grammatik. In: Arnold, H. L./Sinemus, V. (Hrsg.), *Grundzüge der Literatur- und Sprachwissenschaft.* Bd. 2: Sprachwissenschaft, München, 133–150.

Gloning, T. (2002): Ausprägungen der Wortfeldtheorie. In: Cruse, D. A. u. a. (Hrsg.), *Lexikologie.* Ein internationales Handbuch zur Natur und Struktur von Wörtern und Wortschätzen. Bd. 1, Berlin/New York (= Handbücher zur Sprach- und Kommunikationswissenschaft, 21:1), 728–737.

Gnilka, J./Rüger, H. P. (Hrsg.) (1985): *Die Übersetzung der Bibel – Aufgabe der Theologie*, Bielefeld (= Texte und Arbeiten zur Bibel, 2).

Göpferich, S. (1995): *Textsorten in Naturwissenschaften und Technik*. Pragmatische Typologie – Kontrastierung – Translation, Tübingen (= Forum für Fachsprachen-Forschung, 27).

Göpferich, S. (1999): Paralleltexte. In: Snell-Hornby, M. u. a. (Hrsg.), 184–186.

Göpferich, S. (2004): Sprachwissenschaftliche Übersetzungsanalysen und Übersetzungsvergleiche am Beispiel von technischen Texten. In: Kittel, H. u. a. (Hrsg.), 719–727.

Göpferich, S. (2008): *Translationsprozessforschung*. Stand – Methoden – Perspektiven, Tübingen (= Translationswissenschaft, 4).

Gorlée, D. L. (2004): Translation as a semiotic problem, including intersemiotic translation. In: Kittel, H. u. a. (Hrsg.), 53–51.

Gorp, H. van (2004): Translation and comparable transfer operations. In: Kittel, H. u. a. (Hrsg.), 62–68.

Göske, D. (1990): *Herman Melville in deutscher Sprache*. Studien zur übersetzerischen Rezeption seiner bedeutendsten Erzählungen, Frankfurt a. M./Bern (= Neue Studien zur Anglistik und Amerikanistik, 47).

Göttert, K.-H./Jungen, O. (2004): *Einführung in die Stilistik*, München (= Uni-Taschenbücher, 2567).

Graeber, W. (Hrsg.) (1990): *Französische Übersetzervorreden des 18. Jahrhunderts*, Frankfurt a. M./New York (= Studien und Dokumente zur Geschichte der Romanischen Literaturen, 21).

Graeber, W. (2004): Normen und Konventionen der äußeren Textgestalt. In: Kittel, H. u. a. (Hrsg.), 915–920.

Graham, J. F. (Hrsg.) (1985): *Difference in translation*, Ithaca/London.

Grassegger, H. (1985): *Sprachspiel und Übersetzung*. Eine Studie anhand der Comic-Serie *Asterix*, Tübingen.

Greiner, N. (2004): *Übersetzung und Literaturwissenschaft*, Tübingen (= Grundlagen der Übersetzungsforschung, 1).

Greiner, N. (2004a): Stil als Übersetzungsproblem: Sprachvarietäten. In: Kittel, H. u. a. (Hrsg.), 899–907.

Grimberg, M. (1998): *Die Rezeption der französischen Komödie*. Ein Korpus von Übersetzervorreden (1694–1802), Bern/Berlin (= Collection Contacts. Série II, 24).

Grünbeck, B. (1976/1983): *Moderne deutsch-französische Stilistik auf der Basis des Übersetzungsvergleichs*. Teil I: Ordungsliebe und logisierende Präzision als Übersetzungsdominanten, Teile II/III: Konzision als Übersetzungsdominante/Harmonie als Übersetzungsdominante, Heidelberg (= Sammlung romanischer Elementar- und Handbücher, Reihe 5, 12/15).

Gu, M. (2016): Kruso und die sieben Samurai. Das Übertragen von kulturspezifischen Elementen. Eine Illusion? In: *Jahrbuch für internationale Germanistik*, Bern, 48/2, 67–78.

Guess, J. C. (1977): *Thomas Manns englische „Lotte"*. Eine übersetzungskritische Untersuchung der englischen Übertragung von Thomas Manns „Lotte in Weimar" unter Anwendung eines Rahmenmodells der Übersetzungskritik, (Diss.) München.

Haarmann, H. (1975): *Soziologie und Politik der Sprachen Europas*, München.

Haarmann, H. (2005): *Schwarz. Eine kleine Kulturgeschichte*, Frankfurt a. M.

Habermas, J. (1968): *Technik und Wissenschaft als „Ideologie"*, Frankfurt a. M.

Halverson, S. (1997): The concept of equivalence in translation studies: mach ado about something. In: *Target*, 9, 207–233.

Handwerker, B. (2004): Übersetzung und sprachliche Mehrdeutigkeit. In: Kittel, H. u. a. (Hrsg.), 362–369.

Hansen, G. (2006): *Erfolgreich übersetzen*. Entdecken und Beheben von Störquellen, Tübingen (= Translationswissenschaft, 3).

Hansen, G./Malmkjær, K./Gile, D. (Hrsg.) (2004): *Claims, changes and challenges in translation studies*, Amsterdam (= Benjamins Translation Library, 50).

Hansen-Schirra, S./Kiraly, D. (Hrsg.) (2013): *Projekte und Projektionen in der translatorischen Kompetenzentwicklung*. Frankfurt a. M. u. a. (= FTSK, 61).

Harbsmeier, M. u. a. (Hrsg.) (2008): *The translation of literature from Antiquity/Übersetzung antiker Literatur*. Funktionen und Konzeptionen im 19. und 20. Jahrhundert, Berlin/New York.

Härtl, H. (2009): Linguistische Relativität und „Sprache-und-Denken"-Debatte: Implikationen, Probleme und mögliche Lösungen aus Sicht der kognitionswissenschaftlichen Linguistik. In: *Zeitschrift für Angewandte Linguistik*, 51, 5–81.

Hauenschild, Ch. (2004): Maschinelle Übersetzung – die gegenwärtige Situation. In: Kittel, H. u. a. (Hrsg.), 756–766.

Haupenthal, R. (Hrsg.) (1976): *Plansprachen*. Beiträge zur Interlinguistik, Darmstadt (= Wege der Forschung, 325).

Hausmann, F. J. (1974): *Studien zu einer Linguistik des Wortspiels*. Das Wortspiel im „Canard enchaîné", Tübingen (= Beihefte zur Zeitschrift für romanische Philologie, 143).

Hausmann F.-R. (1997): *Zwischen Panegyricus und Poetik*. Französische Übersetzervorreden des 16. und frühen 17. Jahrhunderts, Tübingen. <http://www.freidok.uni-freiburg.de/volltexte/357/>

Heidermann, W. (2007): Retten, was der Rettung hoffentlich gar nicht bedarf! Der *Index Translationum* der UNESCO. In: Wotjak, G. (Hrsg.), 133–142.

Heinemann, W./Viehweger, D. (1991): *Textlinguistik.* Eine Einführung, Tübingen (= Reihe Germanistische Linguistik, 115).

Helmich, W. (2016): *Ästhetik der Mehrsprachigkeit.* Zum Sprachwechsel in der neueren romanischen und deutschen Literatur, Heidelberg.

Henjum, K. B. (2003): *Literarische Sprache der Nähe in Original und Übersetzung.* Untersucht am Beispiel der Verbspitzenstellung im Deutschen und im Norwegischen, Diss. Bergen.

Henjum, K. B. (2004): Gesprochensprachlichkeit als Übersetzungsproblem. In: Kittel, H. u. a. (Hrsg.), 512–520.

Henjum, K. B. (2013): *Peter Schlemihl* und einige seiner Übersetzungen: Übersetzungsstrategien und Lesereinschätzung. In: Federhofer, M.-T./Weber J. (Hrsg.), *Korrespondenzen und Transformationen.* Neue Perspektiven auf Adelbert von Chamisso, Göttingen, 279–303.

Henjum, K. B. (2018): Die Übersetzung dialektaler und gesprochensprachlicher Figurenrede. Am Beispiel von Alfred Döblins *Berlin Alexanderplatz* und seinen beiden Übersetzungen ins Norwegische. In: Kvam, S. u. a. (Hrsg.), *Spielräume der Translation,* Münster/New York, 161–174.

Henle, P. (Hrsg.) (1969): *Sprache, Denken, Kultur,* Frankfurt a. M. (= Theorie, 2) (amerik. Ausgabe 1958).

Henschelmann, K. (1979): Texttypologie und Übersetzen. In: Mair, W./Sallager, E. (Hrsg.), *Sprachtheorie und Sprachenpraxis.* Festschrift für Henri Vernay, Tübingen (= Tübinger Beiträge zur Linguistik, 112), 53–70.

Henschelmann, K. (1980): *Technik des Übersetzens Französisch – Deutsch,* Heidelberg.

Henschelmann, K. (2004): Übersetzungsverfahren. In: Kittel, H. u. a. (Hrsg.), 388–406.

Hermans, T. (1985): Translation Studies and a New Paradigm. In: Hermans, T. (Hrsg.), 7–15.

Hermans, T. (2004): Metaphor and image in the discourse on translation: A historical survey. In: Kittel, H. u. a. (Hrsg.), 118–128.

Hermans, T. (2007): Concepts and theories of translation in the European Renaissance. In: Kittel, H. u. a. (Hrsg.), 1420–1428.

Hermans, T./Koller, W. (2004): The relation between translations and their sources, and the ontological status of translations. In: Kittel, H. u. a. (Hrsg.), 23–30.

Hjelmslev, L. (1968): *Die Sprache.* Eine Einführung, Darmstadt (dän. Ausgabe 1963).

Hockett, C. F. (1958): *A course in modern linguistics,* New York.

Hofmann, N. (1980): *Redundanz und Äquivalenz in der literarischen Übersetzung:* dargestellt an fünf deutschen Übersetzungen des *Hamlet,* Tübingen (= Studien zur englischen Philologie, N. F., 20).

Hohnhold, I. (1990): *Übersetzungsorientierte Terminologiearbeit.* Eine Grundlegung für Praktiker, Stuttgart.

Holmes, J. S. (1988): *Translated!* Papers on literary translation and translation studies, Amsterdam (= Approaches to Translation Studies, 7).

Holmes, J. S. (Hrsg.) (1970): *The nature of translation.* Essays on the theory and practice of literary translation, The Hague/Paris.

Holzer, P./Feyrer, C. (Hrsg.) (1998): *Text, Sprache und Kultur,* Frankfurt a. M./Berlin,

Holz-Mänttäri, J. (1984): *Translatorisches Handeln.* Theorie und Methode, Helsinki (= Annales Academiae Scientiarum Fennicae, B, 226).

Holz-Mänttäri, J. (1986): Translatorisches Handeln – theoretisch fundierte Berufsprofile. In: Snell-Hornby, M. (Hrsg.), 348–374.

Hönig, H. G./Kußmaul, P. (1982): *Strategie der Übersetzung.* Ein Lehr- und Arbeitsbuch, Tübingen (= Tübinger Beiträge zur Linguistik, 205) (6. Aufl. 2003).

Hörmann, H. (1970): *Psychologie der Sprache,* Berlin/Heidelberg.

Hornung, W./Kretschmar, E./Ortmann, H./Wüsteneck, H. (1974): *Die Übersetzung wissenschaftlicher Literatur aus dem Russischen ins Deutsche.* Ein Leitfaden, Leipzig.

House, J. (1997): *Translation quality assessment,* Tübingen (= Tübinger Beiträge zur Linguistik, 410)

House, J. (2002): Möglichkeiten der Übersetzungskritik. In: Best, J./Kalina, S. (Hrsg.), 101–109.

House, J. (2004): Linguistic aspects of the translation of children's books. In: Kittel, H. u. a. (Hrsg.), 683–697.

House, J. (2004a): Concepts and methods of translation criticism: A linguistic perspective. In: Kittel, H. u. a. (Hrsg.), 698–719.

House, J. (2004b): Culture-specific elements in translation. In: Kittel, H. u. a. (Hrsg.), 494–504.

House, J./Koller, W./Schubert, K. (Hrsg.) (2004): *Neue Perspektiven in der Übersetzungs- und Dolmetschwissenschaft.* Festschrift für Heidrun Gerzymisch-Arbogast, Bochum (= Reihe Fremdsprachen in Lehre und Forschung, 35).

Huber, T. (1968): *Studien zur Theorie des Übersetzens im Zeitalter der deutschen Aufklärung 1730–1770,* Meisenheim am Glan (= Deutsche Studien, 7).

Hultsch, A. (2018): Fremdübersetzung – Selbstübersetzung – Mehrsprachigkeit, oder Das Vordringen tschechischer Gegenwartsautor_innen in die nichtslavische Welt. In: Hitzke, D./Finkelstein M. (Hrsg.), *Slavische Literaturen der Gegenwart als Weltliteratur – Hybride Konstellationen,* Innsbruck, 35–61.

Humboldt, W. von (1816): Einleitung zu „Agamemnon". In: Störig, H. J. (Hrsg.), 71–96.

Hutchins, W. J. (1986): *Machine translation: Past, Present, Future,* Chichester.

Iser, W. (1976): *Der Akt des Lesens.* Theorie ästhetischer Wirkung, München (= Uni-Taschenbücher, 636).

Italiaander, R. (Hrsg.) (1965): *Übersetzen.* Vorträge und Beiträge vom Internationalen Kongreß literarischer Übersetzer in Hamburg (1965, Frankfurt a. M./Bonn.

Ivanova, M. (2009): Märchen übersetzen. Übersetzungsfälle und Übersetzungsstrategien. In: Burneva, N. u. a. (Hrsg.), *Translation.* Bulgarisch-deutsche Perspektiven, Dresden, 131–152.

Ivir, V. (2004): Descriptive and prescriptive approaches in the linguistic study of translation. In: Kittel, H. u. a. (Hrsg.), 276–284.

Jäger, G. (1975): *Translation und Translationslinguistik,* Halle (Saale) (= Linguistische Studien).

Jäger, G. (1976): Zum Problem von ‚Lücken' und ‚Umschreibung' bei der Translation. In: Eichler, E. u. a. (Hrsg.), *Beiträge zur konfrontierenden Sprachwissenschaft,* Halle/Saale (= Linguistische Studien), 42–57.

Jakobson, R. (1959): On linguistic aspects of translation. In: Brower, R. A. (Hrsg.), 232–239. Dt. Übersetzung: Linguistische Aspekte der Übersetzung, in: Wilss, W. (Hrsg.) 1981, 189–198.

Jakobson, R. (1960): Linguistics and poetics. In: Sebeok, T. A. (Hrsg.), *Style in language,* Cambridge, Mass., 350–377. Dt. Übersetzung: Linguistik und Poetik. In: Ihwe, J. (Hrsg.), *Literaturwissenschaft und Linguistik,* Bd. I, Frankfurt a. M. 1972, 99–135.

Johnson, B. (1985): Taking fidelity philosophically. In: Graham, J. F. (Hrsg.), 142–148.

Joseph, J. E. (1996): The immediate sources of the "Sapir-Whorf hypothesis". In: *Historiographia linguistica,* 23/3, 365–404.

Jumpelt, R. W. (1961): *Die Übersetzung naturwissenschaftlicher und technischer Literatur.* Sprachliche Maßstäbe und Methoden zur Bestimmung ihrer Wesenszüge und Probleme, Berlin-Schöneberg.

Jüngst, H. E. (2010): *Audiovisuelles Übersetzen. Ein Lehr- und Arbeitsbuch,* Tübingen (= Narr Studienbücher).

Junkes-Kirchen, K. (1988): *T. S. Eliots* The Waste Land *Deutsch.* Theorie und Praxis einer Gedichtübersetzung nach literatur- und übersetzungswissenschaftlichen Gesichtspunkten, Frankfurt a. M./Bern (= Trierer Studien zur Literatur, 17).

Jürgensen, R. (1990): *Die deutschen Übersetzungen der „Astrée" des Honoré d'Urfé,* Tübingen (= Frühe Neuzeit, 2).

Kade, O. (1964): Qualitätsstufen der Übersetzung. In: *Fremdsprachen,* 250–260.

Kade, O. (1968): *Zufall und Gesetzmäßigkeit in der Übersetzung,* Leipzig (= Beihefte zur Zeitschrift Fremdsprachen, I).

Kade, O. (1968a): Kommunikationswissenschaftliche Probleme der Translation. In: Neubert, A. (Hrsg.), 3–19.

Kade, O. (1971): Zum Verhältnis von Translation und Transformation. In: *Studien zur Übersetzungswissenschaft*, Leipzig (= Beihefte zur Zeitschrift Fremdsprachen, III/IV), 7–26.

Kade, O. (1971a): Das Problem der Übersetzbarkeit aus der Sicht der marxistisch-leninistischen Erkenntnistheorie. In: *Linguistische Arbeitsberichte* (Leipzig), 4, 13–28.

Kade, O. (1980): *Die Sprachmittlung als gesellschaftliche Erscheinung und Gegenstand wissenschaftlicher Untersuchung*, Leipzig.

Kade, O. (Hrsg.) (1979): *Sprachliches und Außersprachliches in der Kommunikation*, Leipzig (= Übersetzungswissenschaftliche Beiträge, 2).

Kade, O. (Hrsg.) (1981): *Probleme des übersetzungswissenschaftlichen Textvergleichs*, Leipzig (= Übersetzungswissenschaftliche Beiträge, 4).

Kadrić, M. (2011): *Dialog als Prinzip. Für eine emanzipatorische Praxis und Didaktik des Übersetzens.* Tübingen (= Translationswissenschaft, 6).

Kadrić, M./Kaindl, K./Cooke, M. (2011): *Translatorische Methodik.* 5., überarbeitete Auflage, Wien (= Basiswissen Translation).

Kaemmerling, E. (1980): Dramenübersetzung und semiotische Übersetzungsanalyse. *Va et Vient*, Samuel Becketts Eigenübersetzung von *Come and Go* (1966), in einer den semantisch funktionalen Zuschauerbezug bedenkenden Analyse. In: Eschbach, A./Rader, W. (Hrsg.), *Literatursemiotik II.* Methoden – Analysen – Tendenzen, Tübingen, 55–85.

Kaindl, K. (1999): Übersetzungskritik. In: Snell-Hornby, M. u. a. (Hrsg.), 373–378.

Kalina, S./Buhl, S./Gerzymisch-Arbogast, H. (Hrsg.) (2000): *Dolmetschen: Theorie, Praxis, Didaktik,* St. Ingbert.

Katz, J. J./Fodor, J. A. (1963): Die Struktur einer semantischen Theorie. In: Steger, H. (Hrsg.), *Vorschläge für eine strukturale Grammatik des Deutschen,* Darmstadt 1970 (= Wege der Forschung, 146), 202–268.

Katzner, K. (2002): *The languages of the eorld*, London/New York.

Keller, R. (Hrsg.) (1997): *Linguistik und Literaturübersetzen*, Tübingen (= Transfer, 11).

Kelletat, A. F. (1987): Die Rückschritte der Übersetzungstheorie. In: Ehnert, R./ Schleyer, W. (Hrsg.), 33–49.

Kelletat, A. F. (1999): Eigennamen. In: Snell-Hornby, M. u. a. (Hrsg.), 297–298.

Kelletat, A. F. (2001): *Dolmetschen.* Beiträge aus Forschung, Lehre und Praxis. Frankfurt a. M. u. a. (= FTSK, 30).

Kelletat, A. F. (Hrsg.) (1996): *Übersetzerische Kompetenz.* Beiträge zur universitären Übersetzerausbildung in Deutschland und Skandinavien, Frankfurt a. M. (= FTSK 22)

Kelly, L. G. (1979): *The true interpreter.* A history of translation theory and practice in the West, Oxford.

Kim, J.-Y. (2015): Kulturspezifika in den ins Koreanische übersetzten Kinder- und Jugendbüchern von Christine Nöstlinger. In: Drumbl, J./Hornung, A. (Hrsg.), *Internationale Tagung der Deutschlehrerinnen und Deutschlehrer 2013.* Konferenzbeiträge, Band 3, Kultur, Literatur, Landeskunde; 2. Sektionen E5, E8. Bozen, 257–267.

Kittel, H. (1990): An innovative mode of literary self-revelation: free indirect discourse in Charles Brockden Brown's *Edgar Huntly* and in its German translation. In: *Amerikastudien*, 35, 54–66.

Kittel, H. (Hrsg.) (1988): *Die literarische Übersetzung.* Stand und Perspektiven ihrer Erforschung, Berlin (= Göttinger Beiträge zur Internationalen Übersetzungsforschung, 2).

Kittel, H. u. a. (Hrsg.) (2004/2007/2011): *Übersetzung – Translation – Traduction.* Ein internationales Handbuch zur Übersetzungsforschung. An International Encyclopedia of Translation Studies. Bd. 1–3, Berlin/New York (= Handbücher zur Sprach- und Kommunikationswissenschaft, 26:1–3).

Kitzbichler, J. (2008): Für wen übersetzen? Beobachtungen in Übersetzungsvorreden. In: Harbsmeier, M. u. a. (Hrsg.), 61–80.

Kjär, U. (1988): *„Der Schrank seufzt". Metaphern im Bereich des Verbs und ihre Übersetzung*, Göteborg (= Göteborger Germanistische Forschungen, 30).

Kleihues, A./Naumann, B./Pankow, E. (Hrsg.), *Intermedien.* Zur kulturellen und artistischen Übertragung, Zürich, 255–267.

Klitgård, I. (2005): Taking the pun by the horns: The translation of wordplay in James Joyce's *Ulysses.* In: *Target*, 17, 71–92

Kloepfer, R. (1967): *Die Theorie der literarischen Übersetzung.* Romanisch-deutscher Sprachbereich, München (= Freiburger Schriften zur romanischen Philologie, 12).

Kohlmayer, R. (1988): Der Literaturübersetzer zwischen Original und Markt. Eine Kritik funktionalistischer Übersetzungstheorien. In: *Lebende Sprachen*, 33, 145–156.

Kohlmayer, R. (2017): *Deutsche Sprachkomik.* Ein Überblick für Übersetzer und Germanisten. Frankfurt a. M. u. a. (= FTSK, 68).

Kolb, W. (1999): Sprachvarietäten (Dialekt/Soziolekt). In: Snell-Hornby, M. u. a. (Hrsg.), 278–280.

Koller, W. (1971): Übersetzen, Übersetzung und Übersetzer. Zu schwedischen Symposien über Probleme der Übersetzung. In: *Babel*, 3–11.

Koller, W. (1972): *Grundprobleme der Übersetzungstheorie.* Unter besonderer Berücksichtigung schwedisch-deutscher Übersetzungsfälle, Bern/München (= Stockholmer Germanistische Forschungen, 9).

Koller, W. (1977): *Redensarten.* Linguistische Aspekte, Vorkommensanalysen, Sprachspiel, Tübingen (= Reihe Germanistische Linguistik, 5).

Koller, W. (1987): Fiktiv- und Sachtexte unter dem Aspekt der Übersetzung. In: Destro, A. u. a. (Hrsg.), 193–211.

Koller, W. (1987a): Überlegungen zu einem Phraseologie-Wörterbuch für Fremdsprachenunterricht und Übersetzungspraxis. In: Burger, H./Zett, R. (Hrsg.), *Aktuelle Probleme der Phraseologie*, Bern/Frankfurt a. M. (= Zürcher Germanistische Studien, 9), 109–120.

Koller, W. (1988): Die literarische Übersetzung unter linguistischem Aspekt. Bedingungsfaktoren der Übersetzung am Beispiel Henrik Ibsens. In: Kittel, H. (Hrsg.), 64–91.

Koller, W. (1990): Zum Gegenstand der Übersetzungswissenschaft. In: Arntz, R./ Thome, G. (Hrsg.), 19–30.

Koller, W. (1995): The concept of equivalence and the object of translation studies. In: *Target*, 7, 191–222.

Koller, W. (1997): Normen der Übersetzung und Normativität in der Übersetzungswissenschaft. In: Mattheier, K. J. (Hrsg.), *Norm und Variation*, Frankfurt a. M. (= forum Angewandte Linguistik, 32), 81–91.

Koller, W. (2000): Grundfragen der Übersetzungswissenschaft – Nachtrag zu Leipzig 1970. In: Schmitt, P. A. (Hrsg.), 121–135.

Koller, W. (2001): Linguistik und kulturelle Dimension der Übersetzung – in den 70er Jahren und heute. In: Thome, G./Giehl, C./Gerzymisch-Arbogast, H. (Hrsg.), *Kultur und Übersetzung: Methodologische Probleme des Kulturtransfers*, Tübingen (= Jahrbuch der Deutschen Gesellschaft für Übersetzungs- und Dolmetschwissenschaft, 2), 115–130.

Koller, W. (2004): Der Begriff der Äquivalenz in der Übersetzungswissenschaft. In: Kittel, H. u. a. (Hrsg.), 343–354.

Koller, W. (2004a): Semiotische „Äquivalenzen" in Naipauls *The Enigma of Arrival/ Das Rätsel der Ankunft.* In: House J./Koller, W./Schubert, K. (Hrsg.), 113–128.

Koller, W. (2004b): Die Übersetzung als Gegenstand der Sprachwissenschaft. In: Kittel, H. u. a. (Hrsg.), 180–191.

Koller, W. (2007): Übersetzung und deutsche Sprachgeschichte. In: Kittel, H. u. a. (Hrsg.), 1701–1712.

Königs, F. G. (1981): Zur Frage der Übersetzungseinheit und ihre Relevanz für den Fremdsprachenunterricht. In: *Linguistische Berichte*, 74, 82–103.

Königs, F. G. (1987): Übersetzungsdidaktik: Forschungsstand, Forschungsperspektiven und Konsequenzen für die Praxis. In: Ehnert, R./Schleyer, W. (Hrsg.), 91–109.

Korlén, G. (1966): Konstruktive Übersetzungskritik als Aufgabe der schwedischen Universitätsgermanistik. In: *Babel*, 26–31.

Krings, H. P. (1986): *Was in den Köpfen von Übersetzern vorgeht.* Eine empirische Untersuchung zur Struktur des Übersetzungsprozesses an fortgeschrittenen Französischlernern, Tübingen (= Tübinger Beiträge zur Linguistik, 291).

Krzeszowski, T. P. (1990): *Contrasting languages.* the scope of contrastive linguistics, Berlin/New York (= Trends in Linguistics. Studies and Monographs, 51).

Kubczak, H. (1987): Ist aus systemlinguistischer Sicht Übersetzung möglich? In: Albrecht, J. u. a. (Hrsg.), 47–62.

Kucharska, A. (2001): *Übersetzungsstrategien paraliterarischer Texte am Beispiel der Essays von Robert Musil, Elias Canetti und Thomas Mann*, Poznań.

Kühlwein, W./Thome, G./Wilss, W. (Hrsg.) (1981): *Kontrastive Linguistik und Übersetzungswissenschaft.* Akten des Internationalen Kolloquiums Trier/Saarbrücken 25.–30. 9. 1978, München.

Kujamäki, P. (2004): Übersetzung von Realienbezeichnungen in literarischen Texten. In: Kittel, H. u. a. (Hrsg.), 920–925.

Die Kunst der Übersetzung (1963): München (= Achte Folge des Jahrbuchs Gestalt und Gedanke).

Kupsch-Losereit, S. (2004): Interferenz in der Übersetzung. In: Kittel, H. u. a. (Hrsg.), 543–550.

Kurth, E.-N. (1995): *Metaphernübersetzung.* Dargestellt an grotesken Metaphern im Frühwerk Charles Dickens (sic) in der Wiedergabe deutscher Übersetzungen, Frankfurt a. M. usw. (= Europäische Hochschulschriften, XVIII, 81).

Kusurman, M./Lysenkkowa, E. L. (2004): Wolfgang Borcherts Übersetzer über ihre Arbeit. In: *Internationale Wolfgang-Borchert-Gesellschaft: Jahresheft*, 16, 14–23.

Kußmaul, P. (1986): Übersetzen als Entscheidungsprozeß. Die Rolle der Fehleranalyse in der Übersetzungsdidaktik. In: Snell-Hornby, M. (Hrsg.), 206–229.

Kußmaul, P. (1999): Kreativität. In: Snell-Hornby, M. u. a. (Hrsg.), 178–180.

Kußmaul, P. (2000): *Kreatives Übersetzen*, Tübingen (= Studien zur Translation, 10).

Kußmaul, P. (2015): *Verstehen und Übersetzen.* Ein Lehr- und Arbeitsbuch, 3., überarbeitete und erweiterte Auflage, Tübingen (= Narr Studienbücher).

Kutz, W. (1981): Zur Auflösung der Nulläquivalenz russischsprachiger Realienbenennungen im Deutschen. In: Kade, O. (Hrsg.), 106–139.

Lambert, J. (1991): Shifts, Oppositions and Goals in Translation Studies: Towards a Genealogy of Concepts. In: Leuven-Zwart, K. M. van/Naaijkens, T. (Hrsg.), 25–37.

Language and Machines (1966): Computers in translation and linguistics. A report by the Automatic Language Processing Advisory Committee, National Academy of Sciences/National Research Council, Washington.

Landwehr, J. (1975): *Text und Fiktion.* Zu einigen literaturwissenschaftlichen und kommunikationstheoretischen Grundbegriffen, München (= Kritische Information, 30).

Large, A. (1985): *The artificial language movement,* Oxford/New York (= The Language Library).

Larose, R. (1989): *Théories contemporaines de la traduction,* 2. Aufl. Sillery/Québec.

Lauscher, S. (1998): Zum Kulturbegriff in deutschen Arbeiten zur Translationswissenschaft. Eine Bestandsaufnahme. In: Holzer, P./Feyrer, C. (Hrsg.), 277–289

Leech, G. N. (1966): *English in advertising.* A linguistic study of advertising in Great Britain, London (= English Language Series).

Leech, G. (1974): *Semantics,* Harmondsworth.

Lefevere, A./Bassnett, S. (1990): Proust's grandmother and the Thousand and One Nights. The 'cultural turn' in translation studies. In: Bassnett, S./Lefevere, A. (Hrsg.), 1–13.

Lehrberger, J./Bourbeau, L. (1988): *Machine translation.* Linguistic characteristics of MT systems and general methodology of evaluation, Amsterdam/Philadelphia (= Lingvisticæ investigationes: supplementa, 15).

Leisi, E. (1973): *Praxis der englischen Semantik,* Heidelberg.

Lenneberg, E. H. (1972) (1996): *Biologische Grundlagen der Sprache,* Frankfurt a. M. (amerikanische Ausgabe 1967).

Leonhardt, J. (2009): *Latein.* Geschichte einer Weltsprache, München.

Lesner, E. (2011): Zur Anwendung einer rekonstruierenden Übersetzungsmethode als Technik zur Überwindung der sprachlichen Unübersetzbarkeit am Beispiel des Gedichtes „Der Werwolf" von Christian Morgenstern. In: *Studia niemcoznawcze,* 48, 505–517.

Leuven-Zwart, K. M. van (1989/1990): Translation and original: similarities and dissimilarities. In: *Target,* 1, 151–181; 2, 69–95.

Leuven-Zwart, K. M. van/Naaijkens, T. (Hrsg.) (1991): *Translation studies: the state of the art,* Amsterdam/Atlanta, GA (= Approaches to Translation Studies, 9).

Levenston, E. A. (1965): The „translation-paradigm". A technique for contrastive syntax. In: *International Review of Applied Linguistics,* 221–225.

Levý, J. (1969): *Die literarische Übersetzung.* Theorie einer Kunstgattung, Frankfurt a. M./Bonn.

Levý, J. (1981) [1967]: Übersetzen als Entscheidungsprozeß. In: Wilss, W. (Hrsg.), 219–235.

Liedtke, F. (1997): Übersetzen in funktionaler Sicht. In: Keller, R. (Hrsg.), 17–33.

Linke, A./Nussbaumer, M./Portmann, P. R. (1996): *Studienbuch Linguistik*, 3. Aufl. Tübingen (= Reihe Germanistische Linguistik, 121).

Lipiński, K. (1989): Über die Sonderstellung der literarischen Übersetzung. In: Katny, A. (Hrsg.), 211–220.

Löffler, H. (2010): *Germanistische Soziolinguistik*, 4. Aufl. Berlin (= Grundlagen der Germanistik, 28).

Lörscher, W. (1988): Modelle des Übersetzungsprozesses: Anspruch und Wirklichkeit. In: *Fremdsprachen lehren und lernen*, 17, 62–83.

Lörscher, W. (1991): *Translation performance, translation process, and translation strategies.* A psycholinguistic investigation, Tübingen (= Language in Performance, 4).

Lörscher, W. (2004): Gegenstandsbestimmung, Definitionen und Modelle der Übersetzung aus sprachwissenschaftlicher Sicht. In: Kittel, H. u. a. (Hrsg.), 259–268.

Lörscher, W. (2004a): Der Übersetzungsprozess: Probleme der Beschreibung und Erklärung. In: Kittel, H. u. a. (Hrsg.), 294–301.

Lukačovičová, I. (1997): Übersetzerische Kompetenz und Substitution. In: *Der Ginkgo-Baum*, 15, 392–397

Luther, M. (1530): Sendbrief vom Dolmetschen. In: Störig, H. J. (Hrsg.) 1973, 14–32.

Magnusson, G. (1987): *Från tyska till svenska.* Översättningsproblem i sakprosa, Malmö.

Majkiewicz, A. (2015): „Schwache" und „starke" Intertextualität als Übersetzungsproblem. In: Haro, P. A. de/Silván, A. (Hrsg.), *Translatio y cultura*, Madrid, 487-495.

Malblanc, A. (1968): *Stylistique comparée du français et de l'allemand.* Essai de représentation linguistique comparée et Etude de traduction, 4. Aufl. Paris (= Bibliothèque de stylistique comparée, II).

Malmberg, B. (1986): Arbitrary and motivated in language and in translation – a theoretical introduction. In: Wollin, L./Lindquist, H. (Hrsg.), 12–24.

Malone, J. L. (1988): *The science of linguistics and the art of translation.* Some tools from linguistics for the analysis and practice of translation, Albany.

Mango, D. di (2018) *The role of theory in translator training*, Tübingen (= Translationswissenschaft, 11).

Marfurt, B. (1977): *Textsorte Witz.* Möglichkeiten einer sprachwissenschaftlichen Textsorten-Bestimmung, Tübingen (= Linguistische Arbeiten, 52).

Margot, J.-C. (1979): *Traduire sans trahir.* La théorie de la traduction et son application aux textes bibliques, Lausanne (= Éditions L'Age d'Homme).

Marín y Presno, A.-R. (2005) : Zur Rezeption der Novelle «Rinconete y Cortadillo» von Miguel de Cervantes im deutschsprachigen Raum, Frankfurt a.M. u.a. (= FTSK, 43).

Martín de León, C., (2008): Skopos and beyond: A critical study of functionalism. In: *Target*, 19, 1–28.

Martínez, J. A. A. (2012): Interkulturelle und interlinguale Sprachelemente als Phänomen und Translationsproblem der deutschsprachigen Migrationsliteratur. In: Lawick, H. von/Jirku, B. E. (Hrsg.), *Übersetzen als Performanz.* Translation und Translationswissenschaft in performativem Licht, Wien/Berlin, 193–205 (= Representation – Transformation, 8).

Meyer, G. (1891): Weltsprache und Weltsprachen. In: Haupenthal, R. (Hrsg.), *Plansprachen.* Beiträge zur Interlinguistik, Darmstadt 1976, 27–45.

Michel, G. (2001): *Stilistische Textanalyse.* Eine Einführung. Hrsg. v. Karl-Heinz Siehr und Christine Keßler. Frankfurt a. M. usw. (= Sprache – System und Tätigkeit, 38).

Mitrache, L. (2006): *Metaphern in literarischen Übersetzungen.* Eine vergleichende Analyse der sechs deutschen Übersetzungen von Strindbergs *Hemsöborna*, Uppsala (= Studia Germanistica Upsaliensia, 51).

Motsch, W. (2004): Übersetzbarkeit unter sprachlichen und textuellen Aspekten. In: Kittel, H. u. a. (Hrsg.), 370–375.

Mounin, G. (1963): *Les problèmes théoriques de la traduction*, Gallimard (= Bibliothèque des idées).

Müller, U. (2009): Von den 'falshcen Freunden'. Das Übersetzen aus alten Sprachen (Mittelhochdeutsch) als interkulturelles Problem. In: Hess-Lüttich, E. W. B. u.a. (Hrsg.), *Translation und Transgression.* Interkulturelle Aspekte der Übersetzung(swissenschaft), Frankfurt a.M. u.a., 213-229.

Munday, J. (2008): *Introducing translation studies.* Theories and applications, London/New York.

Münzberg, F. (2003): *Die Darstellungsfunktion der Übersetzung*: zur Rekonstruktion von Übersetzungsmodellen aus dem 18. Jahrhundert, Frankfurt a. M.

Nemser, W./Slama-Cazacu, T. (1970): A contribution to contrastive linguistics (A psycholinguistic approach: contact analysis). In: *Revue Roumaine de Linguistique*, 101–128.

Neubert, A. (1968): Pragmatische Aspekte der Übersetzung. In: Neubert, A. (Hrsg.), 21–33.

Neubert, A. (1983): Translation und Texttheorie. In: Jäger, G./Neubert, A. (Hrsg.), 100–110.

Neubert, A. (1988): Textbezogene Äquivalenz. In: Arntz, R. (Hrsg.), 77–86.

Neubert, A. (2004): Translation as a topic of linguistics and text science. In: Kittel, H. u. a. (Hrsg.), 229–235.

Neubert, A. (2004a): Equivalence in translation. In: Kittel, H. u. a. (Hrsg.), 329–342.

Newmark, P. (1981): *Approaches to translation*, Oxford/New York (= Language Teaching Methodology Series).

Newmark, P. (1986): Translation studies: eight tentative directions for research and some dead ducks. In: Wollin, L./Lindquist, H. (Hrsg.), 37–50.

Newmark, P. (2004): Names as a translation problem. In: Kittel, H. u. a. (Hrsg.), 527–530.

Nickel, G. (1980): Kontrastive Linguistik. In: Althaus, H. P./Henne, H./Wiegand, H. E. (Hrsg.), *Lexikon der Germanistischen Linguistik*, 2. Aufl. Tübingen, 633–636.

Nida, E. A. (1964): *Toward a science of translating*. With special reference to principles and procedures involved in Bible translating, Leiden.

Nida, E. A. (1969): Science of translation. In: *Language*, 483–498.

Nida, E. A. (1976): Translation as communication. In: Nickel, G. (Hrsg.), *Proceedings of the Fourth International Congress of Applied Linguistics*, Bd. 2, Stuttgart, 61–82.

Nida, E. A. (2001): *Contexts in translating*, Amsterdam (= Benjamins Translation Library, 41).

Nida, E. A./Taber, C. R. (1969): *The theory and practice of translation*, Leiden (dt.: *Theorie und Praxis des Übersetzens*, unter besonderer Berücksichtigung der Bibelübersetzung, Weltbund der Bibelgesellschaften, 1969).

Nikula, H. (1998): Zur Übersetzung von Gedichten oder: die Bedeutung des Ausgangstextes In: Kelletat, A. F. (Hrsg.), *Übersetzen und Dolmetschen*, München, 185–202 (= Jahrbuch Deutsch als Fremdsprache, 24).

Nirenburg, S./Somers, H. L./Wilks, Y. (Hrsg.) (2003): *Readings in machine translation*, Cambridge, Mass.

Nord, B. (2002): Hilfsmittel beim Übersetzen. Eine empirische Studie zum Rechercheverhalten professionaller Übersetzer, Frankfurt a. M. u. a. (= FTSK, 32).

Nord, C. (1988): Übersetzungshandwerk – Übersetzungskunst. Was bringt die Translationstheorie für das literarische Übersetzen? In: *Lebende Sprachen*, 33, 51–57.

Nord, C. (1989): Loyalität statt Treue. Vorschläge zu einer funktionalen Übersetzungstypologie. In: *Lebende Sprachen*, 34, 100–105.

Nord, C. (1997): So treu wie möglich? Die linguistische Markierung kommunikativer Funktionen und ihre Bedeutung für die Übersetzung literarischer Texte. In: Keller, R. (Hrsg.), 35–59

Nord, C. (2004): Die Übersetzung von Titeln und Überschriften aus sprachwissenschaftlicher Sicht. In: Kittel, H. u. a. (Hrsg.), 573–579.

Nord, C. (2009): *Textanalyse und Übersetzen.* Theoretische Grundlagen, Methode und didaktische Anwendung einer übersetzungsrelevanten Textanalyse, 4. Aufl. Heidelberg.

Nord, C. (2014): Kultur und Sprache – wer definiert hier wen? Eine Standordbestimmung aus skopostheoretischer und übersetzungspraktischer Sicht. In: Pasewalck, S./Neidlinger, D./Loogus, T. (Hrsg.), *Interkulturalität und (literarisches) Übersetzen*, Tübingen, 47-56.

Nossack, H. E. (1965): Übersetzen und übersetzt werden. In: Italiaander, R. (Hrsg.), 9–18.

Nover, G. (1982): *Die deutschen Übersetzungen und Bearbeitungen englischer Komödien im 18. Jahrhundert*, Frankfurt a. M./Bern (= Europäische Hochschulschriften, I, 462).

Oettinger, A. G. (1960): *Automatic language translation.* Lexical and technical aspects, with particular reference to Russian, Cambridge/Mass. (= Harvard Monographs in Applied Science, 8).

Öhman, S. (1951): *Wortinhalt und Weltbild.* Vergleichende und methodologische Studien zu Bedeutungslehre und Wortfeldtheorie, Stockholm.

Oittinen, R. (1999): Kinderliteratur. In: Snell-Hornby, M. u. a. (Hrsg.), 250–253.

Osswald, P. (1977): *Wortfeldtheorie und Sprachvergleich*: Französisch *campagne* und deutsch *Landschaft*, 2. Aufl. Tübingen (= Tübinger Beiträge zur Linguistik, 4).

Paepcke, F. (1986): Textverstehen – Textübersetzen – Übersetzungskritik. In: Snell-Hornby, M. (Hrsg.), 106–132.

Pause, E. (1983): Context and translation. In: Bäuerle, R./Schwarze, C./Stechow, A. von (Hrsg.), *Meaning, use, and interpretation of Language*, Berlin/New York, 384–399.

Petrbok, V. (2014): Selbstübersetzung als Ausdruck der literarischen Zweisprachigkeit in den böhmischen Ländern. Voraussetzungen, Motive, Wirkung. In: *Zeitschrift für interkulturelle Germanistik, 5/2, 103–116.*

Petrilli, S. (Hrsg.) (2003): Translation Translation, Amsterdam/New York (= Approaches to Translation Studies, 21).

Pilch, H./Richter, H. (Hrsg.) (1970): *Theorie und Empirie in der Sprachforschung*, Basel/München (= Bibliotheca Phonetica, 9).

Pinchuck, I. (1977): *Scientific and technical translation*, London.

Pisarz-Ramirèz, G. (2007): Übersetzungskultur in der DDR – eine Fallstudie. In: Kittel, H. u. a. (Hrsg.), 1779–1799.

Pisarska, A. (1989): *Creativity of translators.* The translation of metaphorical expressions in non-literary texts, Poznan (= Seria Filologia Angielska, 23).

Pisarska, A. (2004): Metaphor and other tropes as translation problems: A linguistic perspective. In: Kittel, H. u. a. (Hrsg.), 520–527.

Plack, I. (2002): *Die deutschsprachige Rezeption von Luigi Pirandellos Bühnenwerk.* Frankfurt a. M. u. a. (= FTSK, 31).

Plotke, S. (2017): Humanistische Transpositionen. Die ersten deutschen Übersetzungen von Andrea Alciatos Emblembuch. In: Toepfer, A./Kipf, J. K./Robert, J. (Hrsg.), *Humanistische Antikenübersetzung und frühneuzeitliche Poetik in Deutschland (1450-1620)*, Berlin, 223–241 (= Frühe Neuzeit, 211).

Pöchhacker, F. (2000): Dolmetschwissenschaft: Zu Gegenstand und Gliederung der Disziplin. In: Kalina S. u. a. (Hrsg.), 3–18.

Porsiel, J. (Hrsg.) (2017): *Maschinelle Übersetzung.* Grundlagen für den professionellen Einsatz. Berlin.

Porzig, W. (1971): *Das Wunder der Sprache.* Probleme, Methoden und Ergebnisse der Sprachwissenschaft, 5. Aufl. Bern/München (1. Aufl. 1950).

Pym, A. (1997): Koller's Äquivalenz revisited. In: *The Translator*, 3, 71–79.

Pym, A. (2004): The use of translation in international organizations. In: Kittel, H. u. a. (Hrsg.), 85–92.

Quah, C. K. (2006) *Translation and technology*, Basingstoke (= Palgrave Textbooks in Translating and Interpreting).

Rabassa, G. (1989): No two snowflakes are alike: translation as metaphor. In: Biguenet, J./Schulte, R. (Hrsg.), 1–12.

Radaelli, G. (2011): *Literarische Mehrsprachigkeit.* Sprachwechsel bei Elias Canetti und Ingeborg Bachmann. Berlin (= Deutsche Literatur, 3).

Rath, B. (2008): Imaginationen einer anderen Sprache. Pseudoübersetzung in Erzähltexten. In: *Zeitschrift für deutschsprachige Kultur & Literatur*, 17, 155–183.

Reich, W. (1960) Vorbemerkung. In: Strindberg, A., *Dramen.* Neu übertragen von Willi Reich. Mit einem Essay ‚Zum Verständnis des Werkes' von Hans Schwarz. Berlin (= Rowohlts Klassiker der Literatur und der Wissenschaft; Skandinavische Literatur, 1).

Reinart, S. (2014): *Lost in Translation (Criticism)?* Auf dem Weg zu einer konstruktiven Übersetzungskritik, Berlin (= Transkulturität – Translation – Transfer, 5).

Reinart, S. (2018): *Untertitelung in einem Synchronisationsland.* „When wor(l)ds collide?" Berlin u. a. (= FTSK, 69).

Reiß, K. (1970): Das Jahrhundert der Übersetzungen, oder: Die Übersetzung in Bildern und Vergleichen. In: *Linguistica Antverpiensia*, 175–195.

Reiß, K. (1971): *Möglichkeiten und Grenzen der Übersetzungskritik.* Kategorien und Kriterien für eine sachgerechte Beurteilung von Übersetzungen, München.

Reiß, K. (1976): *Texttyp und Übersetzungsmethode.* Der operative Text, Kronberg/Ts. (= Monographien Literatur + Sprache + Didaktik, 11) (3. Aufl. 2008).
Reiß, K. (1985): Was heißt Übersetzen? In: Gnilka, J./Rüger, H. P. (Hrsg.), 33–47.
Reiß, K. (1986): Übersetzungstheorien und ihre Relevanz für die Praxis. In: *Lebende Sprachen*, 31, 1–5.
Reiß, K. (1988): „Der" Text und der Übersetzer. In: Arntz, R. (Hrsg.), 67–75.
Reiß, K./Vermeer, H. J. (1984): *Grundlegung einer allgemeinen Translationstheorie*, Tübingen (= Linguistische Arbeiten, 147).
Rickheit, G./Strohner, H. (1989): Textreproduktion. In: Antos, G./Krings, H. P. (Hrsg.), *Textproduktion.* Ein interdiszplinärer Forschungsüberblick, Tübingen (= Konzepte der Sprach- und Literaturwissenschaft, 48), 220–256.
Risku, H. (2016): *Translationsmanagement.* Interkulturelle Fachkommunikation im Informationszeitalter, 3. Auflage, Tübingen (= Translationswissenschaft, 1).
Roelcke, T. (2010): *Fachsprachen*, 3. Aufl. Berlin (= Grundlagen der Germanistik, 37).
Rosenzweig, F. (1926): Die Schrift und Luther. In: Störig, H. J. (Hrsg.) 1973, 194–222.
Rossipal, H. (1973): Konnotationsbereiche, Stiloppositionen und die sogenannten „Sprachen" in der Sprache. In: *Germanistische Linguistik*, 4, 1–87.
Rothkegel, A. (1986): Textverstehen und Transfer in der maschinellen Übersetzung. In: Bátori, I. S./Weber, H. J. (Hrsg.), 197–227.
Rothkegel. A. (1988): Modellierungen in der Maschinellen Übersetzung. In: Bátori, I. S./Hahn, U. u. a. (Hrsg.), *Computerlinguistik und ihre theoretischen Grundlagen*, Berlin/Heidelberg, 117–135.
Rothkegel, A. (1989): Maschinelle Übersetzung: Probleme und Lösungen. In: Lenders, W. (Hrsg.), *Linguistische Datenverarbeitung und Neue Medien*, Tübingen (= forum Angewandte Linguistik, 17), 83–99.
Rothkegel, A. (2004): Geschichte der maschinellen und maschinenunterstützten Übersetzung. In: Kittel, H. u. a. (Hrsg.), 748–756.
Rothkegel, A./Sandig, B. (Hrsg.) (1984): *Text – Textsorten – Semantik.* Linguistische Modelle und maschinelle Verfahren, Hamburg (= Papiere zur Textlinguistik, 52).
Rudloff, M. (2004): Gedanken zu Karl-May-Übersetzungen. Übersetzung in die Welthilfssprache Ido erstmals nachgewiesen In: *Mitteilungen der Karl-May-Gesellschaft*, 36/2, 50–57.
Sager, J. C. (1986): Die Übersetzung im Kommunikationsprozess: der Übersetzer in der Industrie. In: Snell-Hornby, M. (Hrsg.), 331–347.
Salim-Mohammad, H. (2007): *Probleme der Metaphernübersetzung aus dem Deutschen ins Arabische am Beispiel des Romans „Die Blechtrommel" von Günter Grass*, Frankfurt a. M. u. a. (= Angewandte Sprachwissenschaft, 21).

Sandig, B. (1978): *Stilistik*. Sprachpragmatische Grundlegung der Stilbeschreibung, Berlin/New York.

Sandig, B. (2006): *Textstilistik des Deutschen*, Berlin/New York.

Santaemilia, J. (Hrsg.) (2005): *Gender, sex and translation*, London.

Savory, T. (1968): *The art of translation*, Boston (London 1957).

Schadewaldt, W. (1966): Aus der Werkstatt meines Übersetzens. In: *Schweizer Monatshefte*, 46, 851–859.

Schaff, A. (1964): *Sprache und Erkenntnis*, Wien/Frankfurt.

Schäffner, C. (2004): Systematische Übersetzungsdefinitionen. In: Kittel, H. u. a. (Hrsg.), 101–117.

Schippan, T. (1992): *Lexikologie der deutschen Gegenwartssprache*, Tübingen (2. Aufl. 2002).

Schlegel, A.W. (1826): Über die Bhagavad-Gita. In: Störig, H. J. (Hrsg.) 1973, 97–100.

Schleiermacher, F. (1813): Ueber die verschiedenen Methoden des Uebersezens. In: Störig, H. J. (Hrsg.) 1973, 38–70.

Schmidt, L. (Hrsg.) (1973): *Wortfeldforschung*. Zur Geschichte und Theorie des sprachlichen Feldes, Darmstadt (= Wege der Forschung, 250).

Schmidt, S. J. (1972): Ist ‚Fiktionalität' eine linguistische oder eine texttheoretische Kategorie? In: Gülich, E./Raible, W. (Hrsg.), *Textsorten*. Differenzierungskriterien aus linguistischer Sicht, Frankfurt a. M. (= Athenäum-Skripten Linguistik, 5), 59–71.

Schmitt, C. (1997): Form und rhetorische Figur als Übersetzungsproblem. Zur Wiedergabe von Wortspielen in Astérix-Translaten. In: Keller, R. (Hrsg.), 141–159.

Schmitt, P. A. (1999): *Translation und Technik*. Tübingen (= Studien zur Translation, 6) (2. Aufl. 2006).

Schmitt, P. A. (1999a): Technische Arbeitsmittel. In: Snell-Hornby, M. u. a. (Hrsg.), 186–199.

Schmitt, P. A. (2002): Fachübersetzen – eine Widerlegung von Vorurteilen. In: Best, J./Kalina, S. (Hrsg.), 60–73.

Schmitt, P. A. (Hrsg.) (2000): *Paradigmenwechsel in der Translation. Festschrift zum 70. Geburtstag von Albrecht Neubert*, Tübingen.

Schmitz, K.-D. (1986): *Computer in der Übersetzerpraxis*. Ergebnisse einer Umfrage, Saarbrücken (= Linguistische Arbeiten des SFB 100, N. F., 15).

Schmitz, K.-D./Freigang, K.-H. (2002): Terminologieverwaltung und Sprachdatenverarbeitung. In: Best, J./Kalina, S. (Hrsg.), 85–100.

Schreiber, M. (1993): *Übersetzung und Bearbeitung*. Zur Differenzierung und Abgrenzung des Übersetzungsbegriffs, Tübingen (= Tübinger Beiträge zur Linguistik, 389).

Schreiber, M. (2004): Übersetzung und andere Formen der Textverarbeitung und Textreproduktion aus sprachwissenschaftlicher Sicht. In: Kittel, H. u. a. (Hrsg.), 268–276.

Schreiber, M. (2004a): Kontrastive Linguistik und sprachenpaarbezogene Translationswissenschaft. In: Hansen, G. u. a. (Hrsg.), 83–98.

Schulte, K./Roussel, H. (2007): *Exil, Textverfahren und Übersetzungsstrategie.* „Der Ausflug der toten Mädchen" von Anna Seghers im Prisma verschiedener Übertragungen, vornehmlich ins Französische. In: Koepke, W. u.a. (Hrsg.), Exilforschung. Übersetzung als transkultureller Prozess. München (= Exilforschung. Ein internationales Jahrbuch, 25), München, 90–111.

Schultze, B. (2004): Spielarten von Intertextualität in literarischen Übersetzungen. In: Kittel, H. u. a. (Hrsg.), 948–961.

Schultze, B. (2004a): Kulturelle Schlüsselbegriffe und Kulturwörter in Übersetzungen fiktionaler und weiterer Textsorten. In: Kittel, H. u. a. (Hrsg.), 926–936.

Schultze, B. (Hrsg.) (1987): *Die literarische Übersetzung.* Fallstudien zu ihrer Kulturgeschichte, Berlin (= Göttinger Beiträge zur Internationalen Übersetzungsforschung, 1).

Schwarze, S. (1995): Übersetzervorreden als diskursives Modell in der italienischen Übersetzungstheorie des 18. Jahrhunderts. In: *Romanistik in Geschichte und Gegenwart,* 1,1, 43–62.

Schwarze, S. (1999): ‚Il traduttore a chi legge': Übersetzervorreden als ‚Fliegenwedel' und Ort theoretischer Reflexion. In: Cusatelli, G. (Hrsg.), *Gelehrte, Gelehrsamkeit und gelehrte Gesellschaften in Deutschland und Italien im Zeitalter der Aufklärung.* Kontakte, Übersetzungen, Institutionen, Tübingen (= Hallesche Beiträge zur europäischen Aufklärung, 8), 127–149.

Searle, J. R. (1971): *Sprechakte.* Ein sprachphilosophischer Essay, Frankfurt a. M. (engl. Ausgabe 1969).

Seidensticker, E. (1989): On trying to translate Japanese. In: Biguenet, J./Schulte, R. (Hrsg.), 142–153.

Seleskovitch, D. (1988): *Der Konferenzdolmetscher.* Sprache und Kommunikation, Heidelberg (= TextconText, Beihefte, 2).

Seleskovith, D. (2004): The practice and theory of consecutive and simultaneous interpretation.In: Kittel, H. u. a. (Hrsg.), 779–789.

Seleskovitch, D./Lederer, M. (1984): *Interpréter pour traduire,* Paris (= Publications de la Sorbonne, Littératures I, 10).

Seleskovitch, D./Lederer, M. (1989): *Pédagogie raisonnée de l'interprétation,* Bruxelles/ Luxembourg (= Collection „Traductologie", 4).

Senger, A. (1971): *Deutsche Übersetzungstheorie im 18. Jahrhundert (1734–1746)*, Bonn (= Abhandlungen zur Kunst-, Musik- und Literaturwissenschaft, 97).

Senn, F. (1968): „Ulysses" in der Übersetzung. In: *Sprache im technischen Zeitalter*, 346–375.

Sieradzka-Kulasa, M. (2000): Zur translatorischen Typik und Funktion von „Realien" als Bezeichnung von Kulturspezifika. In: Wawrzyniak, K./Dryżycki, K. (Hrsg.), *Germanistik als interkultureller und interdisziplinärer Brückenschlag*, Rzeszów, 51–63.

Siever, H. (2010): *Übersetzen Spanisch – Deutsch*. Ein Arbeitsbuch. 2. Auflage, Tübingen (= narr studienbücher).

Siever, H. (2015): *Übersetzungswissenschaft*. Eine Einführung, Tübingen (= narr bachelor-wissen).

Skudlik, S. (1990): *Sprachen in den Wissenschaften*. Deutsch und Englisch in der internationalen Kommunikation, Tübingen (= Forum für Fachsprachen-Forschung, 10).

Snell-Hornby, M. (1986): Übersetzen, Sprache, Kultur. In: Snell-Hornby, M. (Hrsg.), 9–29.

Snell-Hornby, M. (1988): *Translation studies*. An integrated approach, Amsterdam/Philadelphia (2. Aufl. 1995).

Snell-Hornby, M. (2006): *The turns of translation studies*. New paradigms or shifting viewpoints? Amsterdam (= Benjamins Translation Library, 66).

Snell-Hornby, M. (Hrsg.) (1986): *Übersetzungswissenschaft – eine Neuorientierung*. Zur Integrierung von Theorie und Praxis, Tübingen (= Uni-Taschenbücher, 1415).

Snell-Hornby, M. u. a. (Hrsg.) (1999): *Handbuch Translation*, 2. Aufl. Tübingen.

Sorvali, I. (2004): The problem of the unit of translation: A linguistic perspective. In: Kittel, H. u. a. (Hrsg.), 354–362.

Sowinski, B. (1999): *Stilistik*. Stiltheorien und Stilanalysen, 2. Aufl. Stuttgart/Weimar (= Sammlung Metzler, 263).

Spedicato, E. (2008): *Literatur auf der Leinwand*. Am Beispiel von Luchino Viscontis *Morte a Venezia*, Würzburg.

Spedicato, E. (2008a): Literaturverfilmung als Äquivalenz-Phänomen. Stefan Zweigs Novelle *Angst* (1913) und Roberto Rossellinis gleichnamiger Film (1954). In: Spedicato, E./Hanuschek, S. (Hrsg.), *Literaturverfilmung*. Perspektiven und Analysen, Würzburg, 71–103.

Springer, M. (1989): Das Redigieren wissenschaftlicher Texte als Übersetzungsproblem. In: Antos, G./Augst, G. (Hrsg.), *Textoptimierung*. Das Verständlichermachen von Texten als linguistisches, psychologisches und praktisches Problem, Frankfurt a. M./Bern (= Theorie und Vermittlung der Sprache, 11), 162–168.

Sgambati, G. (2017): Die Selbstübersetzung im transkulturellen Raum am Beispiel Ilma Rakusas. In: Bernardo, A. M./Alves, F. M./Abrantes, A. M. (Hrsg.), *Vom Experiment zur Neuorientierung: Forschungswege der Germanistik im 21. Jahrhundert, Berlin*, 153–160.

Stachowitz, R. (1973): *Voraussetzungen für maschinelle Übersetzung: Probleme, Lösungen, Aussichten*, Frankfurt a. M. (= Athenäum-Skripten Linguistik, 8).

Stackelberg, J. von (1984): *Übersetzungen aus zweiter Hand.* Rezeptionsvorgänge in der europäischen Literatur vom 14. bis zum 18. Jahrhundert, Berlin/New York.

Steger, H. (1988): Erscheinungsformen der deutschen Sprache. In: *Deutsche Sprache*, 16, 289–319.

Steinbuch, K. (1962): Können Automaten Schrift „lesen" und Sprache „verstehen"? In: Frank, H. (Hrsg.), *Kybernetik.* Brücke zwischen den Wissenschaften, Frankfurt a. M., 215–217.

Steiner, E. (2004): The heterogeneity of individual languages as a translation problem. In: Kittel, H. u. a. (Hrsg.), 446–454.

Steiner, G. (1975): *After Babel.* Aspects of Language and Translation, New York/London.

Steiner, G. (2004): Translation als *conditio humana.* In: Kittel, H. u. a. (Hrsg.), 1–11.

Stellbrink, H.-J. (1989) Der Literaturübersetzer zwischen Original und Markt. In: *Lebende Sprachen*, 2, 91.

Steuer, P. R. (2004): *ein allzu weites Feld?* Zu Übersetzungstheorie und Übersetzungspraxis anhand der Kulturspezifika in fünf Übersetzungen des Romans „Ein weites Feld" von Günter Grass. Stockholm (= Acta Universitatis Stockholmiensis. Stockholmer germanistische Forschungen, 65).

Stolze, R. (1982): *Grundlagen der Textübersetzung*, Heidelberg (= Sammlung Groos, 13).

Stolze, R. (1986): Zur Bedeutung von Hermeneutik und Textlinguistik beim Übersetzen. In: Snell-Hornby, M. (Hrsg.), 133–159.

Stolze, R. (1987): Die textlinguistisch fundierte Interpretation als Übersetzungsgrundlage. In: *Lebende Sprachen*, 32, 105–108.

Stolze, R. (1989): Die literarische Übersetzung als nachgestaltete Erfahrung. In: *Bulletin CILA*, 49, 61–75.

Stolze, R. (2003): *Hermeneutik und Translation*, Tübingen (= Tübinger Beiträge zur Linguistik, 467).

Stolze, R. (2008): *Übersetzungstheorien.* Eine Einführung, 5. Auflage, Tübingen (= narr studienbücher).

Störig, H. J. (Hrsg.) (1973): *Das Problem des Übersetzens*, 2. Aufl. Darmstadt (= Wege der Forschung, 8).

Sturge, K. (2007): Ideology and translation in Germany: 1933–1945. In: Kittel, H. u. a. (Hrsg.), 1769–1778

Švejcer, A. D. (1987): *Übersetzung und Linguistik*, Berlin (= Sammlung Akademie-Verlag, 47).

Švejcer, A. D. (2004): Possibilities and limitations of linguistic approaches to translation. In: Kittel, H. u. a. (Hrsg.), 236–242.

Taborek, J. (2014): Der *dass*-Satz im Deutschen und seine polnischen Äquivalente. Eine korpusbasierte Untersuchungaanalyse am Beispiel des Romans Parfüm von Patrick Süskind. In: Łyp-Bielecka, A. (Hrsg.), *Mehr als Worte*. Sprachwissenschaftliche Studien, Katowice, 307-318.

Thiel, G./Thome, G. (1987): *Resolutionen*. Ein empirisch entwickelter Beitrag zur Textanalyse, Tübingen (= Tübinger Beiträge zur Linguistik, 314).

Thome, G. (2004): Typologie der Übersetzungsschwierigkeiten aus sprachwissenschaftlicher Sicht. In: Kittel, H. u. a. (Hrsg.), 436–446.

Thome, G. (1989): *Rezension* von Snell-Hornby, M., Hrsg. (1986). In: *Linguistische Berichte*, 119, 89–91.

Thome, G. (1990): Tendenzen und Perspektiven der Übersetzungswissenschaft zu Beginn der neunziger Jahre. In: Arntz R./Thome G. (Hrsg.), 1–18.

Thome, G./Thiel, G. (1996): *VERMUTEN*. Nominale Ausdrucksmittel im Wissenschaftsjournalismus (Deutsch – Englisch – Französisch), Tübingen (= Forum für Fachsprachenforschung, 29).

Thome, G./Giehl C./Gerzymisch-Arbogast, H. (Hrsg.) (2001): *Kultur und Übersetzung: Methodologische Probleme des Kulturtransfers*, Tübingen (= Jahrbuch der Deutschen Gesellschaft für Übersetzungs- und Dolmetschwissenschaft, 2).

Toury, G. (1980): *In Search of A Theory of Translation*, Tel Aviv (= Meaning & Art, 2).

Toury, G. (1984): Translation, literary translation and pseudotranslation. In: Shaffer, E. S. (Hrsg.), *Comparative Criticism*, Bd. VI, Cambridge, 73–85.

Toury, G. (1985): A rationale for descriptive translation studies. In: Hermans, T. (Hrsg.), 16–41.

Toury, Gideon (1995): *Descriptive translation studies and beyond*, Amsterdam/Philadelphia (= Benjamins Translation Library, 4).

Trier, J. (1931): *Der deutsche Wortschatz im Sinnbezirk des Verstandes*. Die Geschichte eines sprachlichen Feldes, Heidelberg (= Germanische Bibliothek) (Auszug in: Schmidt, L., Hrsg., *Wortfeldforschung*, Darmstadt 1973, 1–38).

Tscharner, E. H. von (1932): Chinesische Gedichte in deutscher Sprache. Probleme der Übersetzungskunst. In: Störig, H. J. (Hrsg.) 1973, 242–272.

Turk, H. (1989): Probleme der Übersetzungsanalyse und der Übersetzungstheorie. In: *Probleme der Übersetzung* (= *Jahrbuch für Internationale Germanistik*, 2/XXI), 8–82.

Übersetzen I/II (1967): (= Sprache im technischen Zeitalter, 21/23).

Übersetzer – Kuriere des Geistes (1986): Vom Übersetzen ins Deutsche. In: *Zeitschrift für Kulturaustausch*, 4/36, 503–647.

Vannerem, M./Snell-Hornby, M. (1986): Die Szene hinter dem Text: „scenes-and-frames semantics" in der Übersetzung. In: Snell-Hornby, M. (Hrsg.), 184–205.

Venuti, L. (2008): *The translator's invisibility*. A history of translation, 2. Aufl. London/New York.

Venuti, L. (Hrsg.) (2000): *The translation studies reader*, London/New York.

Vermeer, H. J. (1986): Übersetzen als kultureller Transfer. In: Snell-Hornby, M. (Hrsg.), 30–53.

Vermeer, H. J. (1987): Literarische Übersetzung als Versuch interkultureller Kommunikation. In: Wierlacher, A. (Hrsg.), *Perspektiven und Verfahren interkultureller Germanistik*, München (= Publikationen der Gesellschaft für interkulturelle Germanistik, 3), 541–549.

Vermeer, H. J. (1987a): Rezension von Wollin, L./Lindquist, H., Hrsg. (1986). In: *TextconText*, 2, 166–176.

Vermeer, H. J. (1996): *A skopos theory of translation (some arguments for and against)*, Heidelberg.

Vermeer, H. J. (2006): *Versuch einer Intertheorie der Translation*, Berlin.

Versteegen, H. (1988): *James Joyces „Ulysses" in vier deutschen Übersetzungen*, Frankfurt a. M./Bern (= Studien zur englischen und amerikanischen Literatur, 12).

Vinay, J.-P./Darbelnet, J. (1971): *Stylistique comparée du français et de l'anglais*. Méthode de traduction, Paris (= Bibliothèque de stylistique comparée, I) (1. Aufl. 1958).

Vodička, F. (1976): *Die Struktur der literarischen Entwicklung*, München (= Theorie und Geschichte der Literatur und der schönen Künste, 34).

Waard, J. de/Nida, E. A. (1986): *From one language to another*. Functional equivalence in Bible translating, Nashville/Camden.

Wagner, K. H. (1974): Kontrastive Linguistik. In: Arnold, H. L./Sinemus, V. (Hrsg.), *Grundzüge der Literatur- und Sprachwissenschaft*. Bd. 2: Sprachwissenschaft, München, 370–386.

Wandruszka, M. (1967): Die maschinelle Übersetzung und die Dichtung. In: *Poetica*, 1, 3–7.

Wandruszka, M. (1969): *Sprachen – vergleichbar und unvergleichlich*, München.

Wandruszka, M. (1971): *Interlinguistik: Umrisse einer neuen Sprachwissenschaft*, München.

Weber, W. (1991): Trakls Lyrik auf dem Weg ins Russische. In: Finck, A./Weichselbaum, H. (Hrsg.), 40–48.

Weidner, D. (2017): Rationalisierung, Histsorisierung, Poetisierung. Zu Kommentierungsverfahren in Bibelübersetzungen der Aufklärung. In: Almog, Y./Sauter, C./Weidner, D. (Hrsg.), *Kommentar und Säkularisierung in der Moderne*. Vom Umgang mit heiligen und kanonischen Texten, Paderborn, 33–48.

Weinrich, H. (1970): Erlernbarkeit, Übersetzbarkeit, Formalisierbarkeit. In: Pilch, H./Richter, H. (Hrsg.), *Theorie und Empirie in der Sprachforschung*, Basel/München, 76–80.

Weisgerber, L. (1971): *Grundzüge der inhaltbezogenen Grammatik*, 4. Aufl. Düsseldorf (= Von den Kräften der deutschen Sprache, I).

Weisgerber, L. (1973): *Die sprachliche Gestaltung der Welt*, 4. Aufl. Düsseldort (= Von den Kräften der deutschen Sprache, II).

Weissmann, D. (2013): From staged to disguised self-translation. Heine and Celan in France. In: *Arcadia*, 48/2, 436–445.

Wendt, H. F. (1987): *Sprachen*, Frankfurt a. M.

Weppen, E. E. von der (1982): *Denotative Äquivalenz in der französisch-deutschen Übersetzung*. Kriterien und ihre Ermittlung, Frankfurt a. M./Bern (= Europäische Hochschulschriften, XIII, 80).

Werlen, I. (2002): Das Worten der Welt. In: Cruse, D. A. u. a. (Hrsg.), *Lexikologie*. Ein internationales Handbuch zur Natur und Struktur von Wörtern und Wortschätzen. Bd. 1, Berlin/New York (= Handbücher zur Sprach- und Kommunikationswissenschaft, 21:1), 380–391.

Wheatley, E. (2007): Concepts and models of translation in Medieval Europe. In: Kittel, H. u. a. (Hrsg.), 1300–1307.

Whorf, B. L. (1956): *Language, thought, and reality*. Selected writings, Cambridge/Mass. (dt. Teilübersetzung: *Sprache, Denken, Wirklichkeit*. Beiträge zur Metalinguistik und Sprachphilosophie, Reinbek bei Hamburg 1963, 24. Aufl. 2008).

Wienold, G. (1980): Das Konzept der Textverarbeitung und die Semiotik der Literatur. In: Eschbach, A./Rader, W. (Hrsg.), *Literatursemiotik I*. Methoden – Analysen – Tendenzen, Tübingen, 201–209.

Wienold, G. (2004): Translation between distant languages: The case of German and Japanese. In: Kittel, H. u. a. (Hrsg.), 415–430.

Will, M. (2009): *Dolmetschorientierte Terminologiearbeit*. Modell und Methode, Tübingen (= Translationswissenschaft, 5).

Wilss, W. (1974): Probleme und Perspektiven der Übersetzungskritik. In: *International Review of Applied Linguistics*, 23–41.

Wilss, W. (1977): *Übersetzungswissenschaft.* Probleme und Methoden, Stuttgart.

Wilss, W. (1985): Zum Theorie-Praxis-Bezug in der Übersetzungswissenschaft. Neue Entwicklungen. In: Gnilka, J./Rüger, H. P. (Hrsg.), 19–32.

Wilss, W. (1988): *Kognition und Übersetzen.* Zu Theorie und Praxis der menschlichen und der maschinellen Übersetzung, Tübingen (= Konzepte der Sprach- und Literaturwissenschaft, 41).

Wilss, W. (2004): Übersetzen als wissensbasierte Tätigkeit. In: Kittel, H. u. a. (Hrsg.), 219–228.

Wilss, W. (Hrsg.) (1981): *Übersetzungswissenschaft*, Darmstadt (= Wege der Forschung, 535).

Winter, W. (1961): Impossibilities of translation. In: Arrowsmith, W./Shattuck, R. (Hrsg.), 68–82.

Wittig, C. (1987): *Subjektivität und Objektivität beim Übersetzen* – dargestellt am Beispiel von Martin Andersen Nexøs „Lotterisvensken", Frankfurt a. M./Bern (= Beiträge zur Skandinavistik, 7).

Wolf, M. (1999): Postkolonialismus. In: Snell-Hornby, M. u. a. (Hrsg.), 102–104.

Wolf, M./Fukari, A. (Hrsg.) (2007): *Constructing a sociology of translation*, Amsterdam/Philadelphia (= Benjamins Translation Library, 74).

Wollin, L./Lindquist, H. (Hrsg.) (1986): *Translation studies in Scandinavia*, Lund (= Lund Studies in English, 75).

Wotjak, G. (1997): Äquivalenz und kein Ende? Nochmals zur semantischen, kommunikativen und translatorisch-diskursiven Äquivalenz. In: Wotjak, G./Schmidt, H. (Hrsg.), 133–170.

Wotjak, G. (2002): Die Leipziger Übersetzungswissenschaftliche Schule. Anmerkungen eines Zeitzeugen. In: Zybatow, L. N. (Hrsg.), 87–119.

Wotjak, G. (Hrsg.) (2007): *Quo vadis Translatologie?* Ein halbes Jahrhundert universitäre Ausbildung von Dolmetschern und Übersetzern in Leipzig. Rückschau, Zwischenbilanz und Perspektiven aus der Außensicht, Berlin.

Wotjak, G./Schmidt, H. (Hrsg.) (1997): *Modelle der Translation.* Festschrift für Albrecht Neubert, Frankfurt a. M. (= Leipziger Schriften zur Kultur-, Literatur-, Sprach- und Übersetzungswissenschaft, 2).

Workman, S. K. (1940): *Fifteenth century translation as an influence on English prose*, Princeton (= Princeton Studies in English, 18).

Worth, V. (1988): *Practising translation in Renaissance France.* The example of Étienne Dolet, Oxford.

Wuthenow, R.-R. (1969): *Das fremde Kunstwerk.* Aspekte der literarischen Übersetzung, Göttingen (= Palaestra, 252).

Zimmer, R. (1981): *Probleme der Übersetzung formbetonter Sprache.* Ein Beitrag zur Übersetzungskritik, Tübingen (= Beihefte zur Zeitschrift für romanische Philologie, 181).

Zybatow, L. N. (2004): Was sagt die Wissenschaft zur Wissenschaft zur Translationswissenschaft? In: Albrecht, J./Gerzymisch-Arbogast, H./Rothfuß-Bastian, D. (Hrsg.), 253–271.

Zybatow, L. N. (Hrsg.) (2002): *Translation zwischen Theorie und Praxis.* Innsbrucker Ringvorlesungen zur Translationswissenschaft, Frankfurt (= Forum Translationswissenschaft, 1).

Namensregister

Sachregister